D1674262

Bilanz-, Prüfungs- und Steuerwesen

Band 5

Derivative Finanzinstrumente und hedge accounting

Bilanzierung nach HGB und IAS 39

Von
Dr. Christian Schwarz

Erich Schmidt Verlag

Bibliografische Information der Deutschen Bibliothek

Die Deutsche Bibliothek verzeichnet diese Publikation
in der Deutschen Nationalbibliografie; detaillierte bibliografische
Daten sind im Internet über dnb.ddb.de abrufbar.

**Weitere Informationen
zu diesem Titel finden Sie im Internet unter**
ESV.info/3 503 09755 4

ISBN-13: 978 3 503 09755 5
ISBN-10: 3 503 09755 4
ISSN: 1862-0922

Dieses Papier erfüllt die Frankfurter Forderungen
der Deutschen Bibliothek und der Gesellschaft für das Buch
bezüglich der Alterungsbeständigkeit und entspricht
sowohl den strengen Bestimmungen der US Norm Ansi/Niso
Z 39.48-1992 als auch der ISO-Norm 9706.

Druck und Bindung: Hubert & Co, Göttingen

Geleitwort

Die bilanzierenden Unternehmungen in Deutschland stehen vor großen Herausforderungen im externen Rechnungswesen. So haben mit Verabschiedung der IFRS-Verordnung nicht nur völlig neue, von einer supranationalen Organisation entwickelte Rechnungslegungsvorschriften Einzug gehalten, auch das HGB-Bilanzrecht selbst steht mit der endgültigen Umsetzung der *fair value*-Richtlinie vor einer grundlegenden Reform. Im Zentrum dieser Reform und der Diskussionen um die IFRS stehen die Bilanzierungs- und Bewertungsregeln für Finanzinstrumente. Dabei geht es insbesondere um die Problematik der bilanziellen Abbildung von Sicherungsbeziehungen, die im Rahmen des Risikomanagements meist mit Hilfe derivativer Finanzinstrumente hergestellt werden.

In der vorliegenden Schrift, die der Rechts- und Wirtschaftswissenschaftlichen Fakultät der Universität des Saarlandes als Dissertation vorgelegt und mit hervorragendem Ergebnis angenommen wurde, wird analysiert, inwiefern es in den beiden für deutsche Unternehmungen relevanten Rechnungslegungswelten gelingt, die mit den heute üblichen Risikomanagementsystemen erreichten Absicherungsmaßnahmen in Jahresabschlüssen nach HGB und IFRS abzubilden.

Christian Schwarz hat sich damit einem sehr aktuellen, wenn nicht dem aktuellsten Gebiet des externen Rechnungswesens zugewandt. Dies gilt nicht nur hinsichtlich der theoretischen, sondern auch hinsichtlich der praktischen Bedeutung, müssen doch kapitalmarktorientierte Konzerne seit dem 1. Januar 2005 Konzernabschlüsse grundsätzlich nach IFRS aufstellen und veröffentlichen. Christian Schwarz hat sich nicht darauf beschränkt, die neue Situation mit der bisherigen kritisch zu vergleichen. Vielmehr hat er zunächst die HGB-Rechnungslegung einer kritischen Analyse unterzogen, die außerordentlich ertragreich ist und auch schon dann wissenschaftliche Bedeutung hätte, wenn es die IFRS-Regelungen gar nicht gäbe. Um so mehr erweist sich diese Analyse als nützlich, als nun auf gesichertem Fundament ein kritischer Vergleich mit der neuen Situation durchgeführt werden kann. Verglichen mit der bisher vorliegenden Literatur lässt sich eindeutig und ohne Übertreibung feststellen, dass eine theoretisch so fundierte vergleichende Analyse zum gewählten Thema bisher noch nicht vorgelegt wurde. Christian Schwarz erweist sich als profunder Kenner sowohl des HGB- als auch des IFRS-Bilanzrechts in Bezug auf Finanzinstrumente.

Besonders hervorzuheben ist, dass die komplexen Regelungsinhalte für die bilanzielle Abbildung von Mikro-, Makro- und Portfolio-*hedges* in außerordentlich anschaulicher und eingängiger Weise kritisch aufbereitet werden; dies gilt für die HGB-Normen und die unkodifizierten Grundsätze ordnungsmäßiger Buchführung einerseits wie für die Standards (IAS 32 und IAS 39) im IFRS-Regelwerk andererseits.

Ich wünsche der Schrift eine gute Aufnahme in Theorie und Praxis und die ihr gebührende Beachtung.

Saarbrücken, im September 2006   Univ.-Prof. Dr. Hartmut Bieg

Vorwort

Die vorliegende Arbeit entstand während meiner Tätigkeit als Wissenschaftlicher Mitarbeiter am Lehrstuhl für Allgemeine Betriebswirtschaftslehre, insbesondere Bankbetriebslehre, an der Universität des Saarlandes, Saarbrücken. Sie wurde im Sommersemester 2006 unter dem Titel „Die bilanzielle Abbildung von derivativen Finanzinstrumenten und Sicherungsbeziehungen (*hedge accounting*) nach HGB und IAS 39" von der Rechts- und Wirtschaftswissenschaftlichen Fakultät der Universität des Saarlandes als Dissertation angenommen.

Meinem verehrten akademischen Lehrer, Herrn Prof. Dr. Hartmut Bieg, gilt mein besonderer und aufrichtiger Dank für die wissenschaftliche Betreuung meines Promotionsvorhabens und die großzügige Unterstützung, die er mir dabei in vielerlei Hinsicht hat zukommen lassen. Herrn Prof. Dr. Horst Glaser danke ich herzlich für die engagierte Übernahme des Korreferats. Für ihre Mitwirkung im Disputationsausschuss bin ich Herrn Prof. Dr. Heinz Kußmaul und Herrn Dr. Johannes Wirth zu Dank verpflichtet.

Den derzeitigen und ehemaligen Kollegen des Lehrstuhls danke ich für das gezeigte Interesse am Gelingen dieser Arbeit und die gewährte Unterstützung. Herausheben möchte ich an dieser Stelle Herrn Dr. Gregor Krämer für seine stets vorhandene Diskussions- und Hilfsbereitschaft sowie Herrn Thomas Kern, der mir mit wertvollen Anregungen beim Überwinden so mancher Klippe hilfreich zur Seite stand.

Den Herausgebern, den Herren Prof. Dr. Karlheinz Küting, Prof. Dr. Claus-Peter Weber und Prof. Dr. Heinz Kußmaul, danke ich für die Aufnahme der Arbeit in die Schriftenreihe zum Bilanz-, Prüfungs- und Steuerwesen. Herrn Dr. Joachim Schmidt und seinem Team vom Erich Schmidt Verlag gebührt mein Dank für die gute und stets entgegenkommende Zusammenarbeit bei der Veröffentlichung dieser Schrift.

Ein sehr herzliches Dankeschön schulde ich meinen Freunden Judith und Gunna Focken, Dr. Marcus Kizaoui, Tina und Jürgen Wagner sowie vor allem Silke Blatt. Sie haben mich nicht nur beim Korrektur lesen der Arbeit sehr unterstützt, sondern waren auch während des Entstehens der Arbeit eine große moralische und stets motivierende

Stütze. Letzteres gilt auch für die mir freundschaftlich verbundenen Kollegen vom Lehrstuhl für Betriebswirtschaftliche Steuerlehre, Dr. Stefan Beckmann, Stephan Meyering und Dr. Lutz Richter.

Meinem Bruder Michael danke ich insbesondere für die geduldige Unterweisung und Betreuung in PC-technischen Angelegenheiten, die er mir seit meiner Jugend hat zuteil werden lassen. Das dabei hängengebliebene Wissen hat mir bei der Fertigstellung dieser Schrift außerordentlich geholfen.

Der wichtigste Dank gebührt jedoch meinen Eltern, Christel und Norbert Schwarz. Sie haben meine schulische und universitäre Ausbildung stets großzügig und liebevoll begleitet und unterstützt. Auch auf der letzten steinigen Wegstrecke zur Promotion waren sie ein unverzichtbarer Rückhalt, ohne den diese Dissertation so nicht zustande gekommen wäre. Ihnen ist diese Arbeit gewidmet.

St. Ingbert, im September 2006   Christian Schwarz

Inhaltsübersicht

Inhaltsverzeichnis

Abbildungsverzeichnis

Abkürzungs- und Symbolverzeichnis

%	Prozent
ΔG	Wertänderung Grundgeschäft
ΔS	Wertänderung Sicherungsgeschäft
§	Paragraf
§§	Paragrafen
a.A.	anderer Ansicht
Abs.	Absatz
ADHGB	Allgemeines Deutsches Handelsgesetzbuch
ADHGB 1870	Gesetz betreffend die Kommanditgesellschaften auf Aktien und die Aktiengesellschaften vom 11. Juni 1870
ADHGB 1884	Gesetz betreffend die Kommanditgesellschaften auf Aktien und die Aktiengesellschaften vom 18. Juli 1884
AG	Aktiengesellschaft, auch: *Application Guidance*
AktG	Aktiengesetz vom 6. September 1965 i.d.F. vom 22. September 2005
AktG 1965	Aktiengesetz vom 6. September 1965 i.d.F. vom 6. September 1965
ALR	Allgemeines Landrecht für die Preußischen Staaten von 1794
Art.	Artikel
AT	Allgemeiner Teil
Aufl.	Auflage
BaFin	Bundesanstalt für Finanzdienstleistungsaufsicht
BAKred	Bundesaufsichtsamt für das Kreditwesen
BC	*Basis for Conclusions*

BFA	Bankenfachausschuss
BFH	Bundesfinanzhof
BGB	Bürgerliches Gesetzbuch
BGBl.	Bundesgesetzblatt
BilMoG	Bilanzrechtsmodernisierungsgesetz
BilReG	Bilanzrechtsreformgesetz
BiRiLiG	Gesetz zur Durchführung der Vierten, Siebenten und Achten Richtlinie des Rates der Europäischen Gemeinschaften zur Koordinierung des Gesellschaftsrechts (Bilanzrichtlinien-Gesetz)
BR	Bundesrat
Bsp.	Beispiel
bspw.	beispielsweise
BStBl.	Bundessteuerblatt
BT	Bundestag
BTO	Besonderer Teil betreffend die Aufbau- und Ablauforganisation
BTR	Besonderer Teil betreffend die Risikosteuerungs- und -controllingprozesse
bzw.	beziehungsweise
CICA	*Canadian Institute of Chartered Accountants*
d.	durch
d. Verf.	der Verfasser
d.h.	das heißt
DAX	Deutscher Aktienindex
DM	Deutsche Mark
DRSC	Deutsches Rechnungslegungs Standards Committee

DTB	Deutsche Terminbörse
e.G.	eingetragene Genossenschaft
e.V.	eingetragener Verein
ED	*exposure draft*
EDV	Elektronische Datenverarbeitung
EG	Europäische Gemeinschaft(en)
EGBRL	Vierte Richtlinie 78/660/EWG des Rates vom 25. Juli 1978 (EG-Bilanzrichtlinie)
EStG	Einkommensteuergesetz
et al.	*et alii*
etc.	*et cetera*
EU	Europäische Union
EURIBOR	*European Interbank Offered Rate*
EWG	Europäische Wirtschaftsgemeinschaft
EWS	Europäisches Währungssystem
EWS II	Europäisches Währungssystem II
EZB	Europäische Zentralbank
f.	folgende (Seite)
F.	*Framework*
ff.	fortfolgende (Seiten)
FRA	Forward Rate Agreement
FV-RL	Richtlinie 2003/51/EG des Europäischen Parlaments und des Rates vom 18. Juni 2003 (*fair value*-Richtlinie)
GBP	*Great Britain Pound*
gem.	gemäß

GenG   Genossenschaftsgesetz

ggf.   gegebenenfalls

gl.A.   gleiche Auffassung

GmbH   Gesellschaft mit beschränkter Haftung

GmbHG   Gesetz betreffend die Gesellschaften mit beschränkter
                              Haftung

GoB   Grundsätze ordnungsmäßiger Buchführung

h.M.   herrschende Meinung

Hervorh. d. Verf.   Hervorhebung durch Verfasser

HFA   Hauptfachausschuss

HGB   Handelsgesetzbuch vom 10. Mai 1897 i.d.F. vom 3.
                              August 2005

HGB 1897   Handelsgesetzbuch vom 10. Mai 1897

hrsg.   herausgegeben

HVB   Hypovereinsbank

i.d.F.   in der Fassung

i.d.R.   in der Regel

i.S.   im Sinne

i.S.v.   im Sinne von

i.V.m.   in Verbindung mit

i.w.S.   im weiteren Sinne

IAS   *International Accounting Standards*

IASB   *International Accounting Standards Board*

IASC   *International Accounting Standards Committee*

IDW   Institut der Wirtschaftsprüfer

IFRIC   *International Financial Reporting Interpretations
                              Committee*

IFRS	*International Financial Reporting Standards*
IFRS-VO	Verordnung (EG) Nr. 1606/2002 des Europäischen Parlaments und des Rates vom 19. Juli 2002 (IFRS-Verordnung)
IG	*Guidance on Implementing*
IGC	*Implementation Guidance Committee*
IN	*introduction*
InsO	Insolvenzordnung
IOSCO	*International Organization of Securities Commissions*
JWG	*Joint Working Group*
KAGG	Kapitalanlagegesellschaftengesetz
KapAEG	Kapitalaufnahmeerleichterungsgesetz
KapCoRiLiG	Kapitalgesellschaften- & Co. Richtlinie-Gesetz
KG	Kommanditgesellschaft
KGaA	Kommanditgesellschaft auf Aktien
KOM	Mitteilung der Europäischen Kommission
KonTraG	Gesetz zur Kontrolle und Transparenz im Unternehmensbereich
KWG	Gesetz über das Kreditwesen (Kreditwesengesetz)
LIBOR	*London Interbank Offered Rate*
LZB	Landeszentralbank
m.E.	meines Erachtens
m.w.N.	mit weiteren Nachweisen
MaH	Mindestanforderungen an das Betreiben von Handelsgeschäften der Kreditinstitute

MaIR	Mindestanforderungen an die Ausgestaltung der Internen Revision der Kreditinstitute
MaK	Mindestanforderungen an das Kreditgeschäft der Kreditinstitute
MaRisk	Mindestanforderungen an das Risikomanagement
mind.	mindestens
Mio.	Million
Mrd.	Milliarde
MRL	Richtlinie 2003/51/EG des Europäischen Parlaments und des Rates vom 18. Juni 2003 (Modernisierungsrichtlinie)
NASDAQ	*National Association of Securities Dealers Automated Quotations*
Nr.	Nummer
o.Ä.	oder Ähnliches
o.J.	ohne Jahr
o.O.	ohne Ort
o.V.	ohne Verfasser
OHG	Offene Handelsgesellschaft
OTC	*over the counter* (außerbörslicher Handel)
p.a.	*per annum*
PKW	Personenkraftwagen
PublG	Gesetz über die Rechnungslegung von bestimmten Unternehmen und Konzernen (Publizitätsgesetz)
PWC	PricewaterhouseCoopers
rev.	*revised*

RFH	Reichsfinanzhof
RGBl.	Reichsgesetzblatt
Rn.	Randnummer
S.	Seite, auch: Satz
SEC	*Securities and Exchange Commission*
SIC	*Standing Interpretation Committee*
sog.	so genannte
Sp.	Spalte
StGB	Strafgesetzbuch
TEUR	Tausend Euro
Tz.	Textziffer
u.a.	unter anderem, auch: und andere
u.U.	unter Umständen
USA	*United States of America*
USD	*US-Dollar*
US-GAAP	*United States Generally Accepted Accounting Principles*
usw.	und so weiter
v.	vom
v.a.	vor allem
Verf.	Verfasser
vgl.	vergleiche
VO	Verordnung
vs.	versus

WpHG   Gesetz über den Wertpapierhandel (Wertpapierhandels-
                                 gesetz)

z.B.   zum Beispiel

1 Problemstellung, Zielsetzung und Aufbau der Arbeit

Die Rechnungslegung in Deutschland steckt in einem gewaltigen Umbruchprozess. Neben die tradierten Vorschriften des Handelsgesetzbuches sind durch den Erlass der IFRS-Verordnung[1] durch das Europäische Parlament und den Rat der Europäischen Union (EU) im Juli 2002 die neuen Vorschriften der *International Financial Reporting Standards* getreten. Letztere sind aufgrund der Verordnung für den Konzernabschluss kapitalmarktorientierter Unternehmen grundsätzlich ab 2005 zwingend anzuwenden.[2] Der deutsche Gesetzgeber hat mit Verabschiedung des Bilanzrechtsreformgesetzes (BilReG)[3] im Dezember 2004 die Verwendung dieser von einer supranationalen Institution mit Sitz in London aufgestellten Standards auch für den Konzernabschluss nicht-kapitalmarktorientierter Unternehmen zugelassen und sogar eine Ausdehnung auf den Einzelabschluss, allerdings nur für Informationszwecke, erlaubt.[4]

Gleichzeitig steht auch dem HGB-Bilanzrecht selbst eine möglicherweise revolutionäre Änderung ins Haus, die eng mit der gerade beschriebenen Entwicklung verbunden ist. So hat die Europäische Kommission beschlossen, ihre bilanzrechtlichen Richtlinien an die IFRS-Regeln anzupassen und hierzu u.a. im September 2001 die sog. *fair value*-Richtlinie[5] und im Juli 2003 die sog. Modernisierungsrichtlinie[6] verabschiedet. Während die erstgenannte Richtlinie die zwingende bzw. freiwillige *fair value*-

---

[1] Verordnung Nr. 1606/2002 des Europäischen Parlaments und des Rates vom 19. Juli 2002 betreffend die Anwendung internationaler Rechnungslegungsstandards.

[2] Vgl. Art. 4 IFRS-VO.

[3] Gesetz zur Einführung internationaler Rechnungslegungsstandards und zur Sicherung der Qualität der Abschlussprüfung (Bilanzrechtsreformgesetz – BilReG) vom 4. Dezember 2004.

[4] Vgl. § 315a HGB. Für gesellschafts- und steuerrechtliche Zwecke muss nach wie vor ein HGB-Abschluss aufgestellt werden. Vgl. hierzu Abschnitt 3.1.

[5] Richtlinie 2001/65/EG des Europäischen Parlaments und des Rates vom 27. September 2001 zur Änderung der Richtlinien 78/660/EWG, 83/349/EWG und 86/635/EWG des Rates im Hinblick auf die im Jahresabschluss bzw. im konsolidierten Abschluss von Gesellschaften bestimmter Rechtsformen und von Banken und anderen Finanzinstituten zulässigen Wertansätze.

[6] Richtlinie 2003/51/EG des Europäischen Parlaments und des Rates vom 18. Juni 2003 zur Änderung der Richtlinien 78/660/EWG, 83/349/EWG, 86/635/EWG und 91/674/EWG über den Jahresabschluss und den konsolidierten Abschluss von Gesellschaften bestimmter Rechtsformen, von Banken und anderen Finanzinstituten sowie von Versicherungsunternehmen.

Bewertung bestimmter Finanzinstrumente vorsieht, erlaubt es die letztgenannte Richtlinie, auch sämtliche Nicht-Finanzinstrumente zum *fair value* anzusetzen.[7] Eines der prägendsten Prinzipien des HGB-Bilanzrechts – das sog. Realisationsprinzip – würde somit, je nachdem, wie stark der deutsche Gesetzgeber bei der Umsetzung der Richtlinien von den eingeräumten Mitgliedstaatenwahlrechten Gebrauch macht, mehr oder weniger aufgeweicht werden.

Wohl kaum ein Thema wurde in der internationalen Rechnungslegungswelt in den vergangenen Jahren so intensiv und kontrovers diskutiert wie die Frage der Bilanzierung und Bewertung von Finanzinstrumenten. Die in schöner Regelmäßigkeit verabschiedeten Überarbeitungen, Ergänzungen und Änderungen der einschlägigen Standards IAS 32, IAS 39 und neuerdings auch IFRS 7, haben etwas von einer „unendlichen Geschichte". Im Zentrum dieser Diskussion standen und stehen insbesondere die *hedge accounting*-Vorschriften. Dabei handelt es sich um spezielle, gleichermaßen detailreiche wie komplexe Bilanzierungs- und Bewertungsregeln, die dafür sorgen sollen, dass die im Rahmen des Risikomanagementprozesses meist mit Hilfe von derivativen Finanzinstrumenten erreichten Absicherungszusammenhänge auch entsprechend im Jahresabschluss gezeigt werden können. Wendet man stattdessen die „herkömmlichen" Vorschriften an, gelingt es in vielen Fällen nicht, den Sicherungszusammenhang risikoadäquat in Bilanz und Gewinn- und Verlustrechnung abzubilden.

Die soeben beschriebene Konsequenz gilt in gleicher Weise für das traditionelle Handelsbilanzrecht. Auch dort gelingt es häufig nicht, Sicherungsmaßnahmen im Abschluss der Risikosituation entsprechend zu zeigen. Erschwerend kommt hier hinzu, dass das HGB als prinzipienbasiertes Regelwerk diese speziellen *hedge accounting*-Vorschriften nicht explizit vorgibt; sie müssen stattdessen unter Beachtung der Grundsätze ordnungsmäßiger Buchführung selbstständig hergeleitet und begründet werden.

Ziel der vorgelegten Arbeit ist es, zu untersuchen, ob und inwieweit in den beiden Rechnungslegungswelten HGB und IFRS eine risikoadäquate Darstellung der Absicherungen in Bilanz und Gewinn- und Verlustrechnung gelingt, die mit Hilfe der heutzutage üblichen Risikomanagementsysteme realisiert werden. Hierzu werden in Kapitel 2

---

[7]   Vgl. Art. 1 Nr. 12 MRL. Vgl. hierzu auch SCHULZE-OSTERLOH, JOACHIM (HGB-Reform 2004), S. 2567ff.

zunächst einige Grundlagen gelegt. Neben Definitionen und Begrifflichkeiten, die für das Verständnis der Ausführungen in den nachfolgenden Kapiteln notwendig sind, beschäftigt sich dieses Kapitel vor allem mit den Motiven, die mit dem Einsatz von Derivaten verbunden sind. Im Mittelpunkt steht dabei ihre Verwendung als Absicherungsinstrument im Rahmen des Risikomanagements.

Im Kapitel 3 wird ein Überblick über die beiden Rechnungslegungswelten gegeben. Es werden die unterschiedlichen Konzeptionen, die mit dem Abschluss verfolgten Zwecke und die wesentlichen Prinzipien diskutiert. Insbesondere für die bilanzielle Behandlung nach deutschem Handelsrecht sind die an dieser Stelle gemachten Ausführungen von entscheidender Bedeutung, weil die hier identifizierten Bilanzzwecke maßgeblich sind für die deduktive Herleitung der Grundsätze ordnungsmäßiger Buchführung und somit auch für die Behandlung von Sicherungszusammenhängen.

Kapitel 4 beschäftigt sich mit der Frage, wie derivative Finanzinstrumente in Bilanz und Gewinn- und Verlustrechnung nach HGB und IFRS zu behandeln sind, wenn die Derivate mit keiner anderen Position in einem Absicherungszusammenhang stehen und somit einzeln zu betrachten sind. Bereits an dieser Stelle müssen für das Handelsrecht Bilanzierungs- und Bewertungsnormen hergeleitet werden, weil das HGB diesbezüglich keine expliziten Vorschriften enthält. Die IFRS sehen in diesem Zusammenhang dagegen umfassende Regelungen vor, die ausführlich diskutiert werden. Dabei ist es im Hinblick auf die in Kapitel 5 folgenden Ausführungen zum *hedge accounting* erforderlich, nicht nur auf die Behandlung derivativer, sondern auch auf die Behandlung originärer Finanzinstrumente einzugehen.

Im 5. Kapitel wird sowohl für das HGB als auch für die IFRS die Notwendigkeit spezieller *hedge accounting*-Regeln begründet; anschließend werden diese Regeln ausführlich diskutiert. Während es im HGB erneut darum geht, Bilanzierungsnormen deduktiv aus den in Kapitel 3 identifizierten Bilanzzwecken selbstständig herzuleiten, halten die IFRS auch für diese Problematik explizite Regeln bereit, die sich durch Detailreichtum und mitunter hohe Komplexität auszeichnen.

Schließlich wird in Kapitel 6 noch auf die bevorstehende Reform des Handelsbilanzrechts im Zuge der Umsetzung der *fair value*-Richtlinie durch das angekündigte, längst überfällige Bilanzrechtsmodernisierungsgesetz (BilMoG) eingegangen.[8] Da ein entsprechender Gesetzentwurf aber bislang nicht vorgelegt wurde, befassen sich die Ausführungen zunächst mit der Richtlinie selbst. Sodann werden die Möglichkeiten aufgezeigt, die der deutsche Gesetzgeber bei der Umsetzung hat, und es werden die sich bei der Wahl der einen oder anderen Alternative ergebenden Konsequenzen beleuchtet.

---

[8]   Die bei Umsetzung der Modernisierungsrichtlinie bevorstehenden bzw. möglichen Änderungen, insbesondere bei der Bewertung von Nicht-Finanzinstrumenten, bleiben in dieser Arbeit unberücksichtigt.

2 Grundlagen

2.1 Die Finanzinstrumente

2.1.1 Die Definition im deutschen Recht

Der Begriff „Finanzinstrument" kam bis zur Verabschiedung des Bilanzrechtsreform-gesetzes (BilReG) im Dezember 2004 im deutschen Bilanzrecht lediglich im nur für Kredit- und Finanzdienstleistungsinstitute einschlägigen § 340c Abs. 1 Satz 1 HGB vor. Er sieht vor, dass bestimmte Aufwendungen und Erträge, darunter solche aus „Geschäf-ten mit […] Finanzinstrumenten"[9], saldiert und in der Gewinn- und Verlustrechnung der Institute als „Nettoergebnis aus Finanzgeschäften" ausgewiesen werden. Was unter einem Finanzinstrument konkret zu verstehen ist, lässt das Gesetz allerdings offen.

Eine Legaldefinition findet sich dagegen im Kreditwesengesetz. Unter der Bezeichnung „Finanzinstrumente" subsumiert der Gesetzgeber hier „Wertpapiere, Geldmarktinstru-mente, Devisen oder Rechnungseinheiten sowie Derivate"[10]. Diese bankenaufsichts-rechtliche Abgrenzung kann allerdings nicht deckungsgleich mit der handelsrechtlichen Sichtweise sein, denn in dem im vorangegangenen Absatz angesprochenen § 340c Abs. 1 Satz 1 HGB werden die Finanzinstrumente bei den in die Saldierung einzubezie-henden Geschäften neben den Wertpapieren des Handelsbestands, Devisen und Edel-metallen separat aufgeführt; die drei Letztgenannten rechnen folglich nach deutschem Handelsrecht nicht zu den Finanzinstrumenten.[11]

Nach Verabschiedung des BilReG, mit dessen Hilfe die die Anhang- und Risikobericht-erstattung betreffenden Teile der *fair value*-Richtlinie in deutsches Recht transformiert wurden, taucht der Begriff Finanzinstrument nunmehr auch im nicht geschäftszweig-

---

[9]   § 340c Abs. 1 Satz 1 HGB.

[10]   § 1 Abs. 11 Satz 1 KWG.

[11]   Vgl. BARCKOW, ANDREAS (Bilanzierung 2004), S. 11.

spezifischen Teil des HGB auf.[12] So enthalten die novellierten §§ 285 und 289 HGB Vorschriften über Angaben zu Finanzinstrumenten in Anhang und Lagebericht des handelsrechtlichen Einzelabschlusses von Kapitalgesellschaften und haftungsbeschränkten Personengesellschaften[13] und die §§ 314 und 315 HGB gleichlautende Verpflichtungen für den Konzernabschluss. Eine Begriffsdefinition sucht man jedoch weiterhin vergeblich.

Mit der angekündigten Reform des Handelsrechts durch das Bilanzrechtsmodernisierungsgesetz (BilMoG), mit dem die noch nicht durch das BilReG transformierten Teile der *fair value*-Richtlinie in deutsches Recht umgesetzt werden sollen, wird eine Reihe weiterer Vorschriften in den geschäftszweigunabhängigen Teil des handelsrechtlichen Bilanzrechts aufgenommen werden müssen, die sich insbesondere mit der Bewertung von Finanzinstrumenten beschäftigen.[14] Auch wenn es nach der vollständigen Umsetzung der Richtlinie in deutsches Recht erstmals spezielle Bewertungsvorschriften für Finanzinstrumente geben und damit das Thema Finanzinstrumente einen viel breiteren Raum als bisher einnehmen wird, ist nicht zu erwarten, dass der deutsche Gesetzgeber gleichzeitig eine Begriffsdefinition in das HGB aufnimmt. Eine solche Begriffsbestimmung findet sich nämlich weder in der Richtlinie selbst, noch hat das Deutsche Rechnungslegungs Standards Committee (DRSC), das dem Gesetzgeber gemäß § 342 Abs. 1 HGB bei der Normsetzung beratend zur Seite steht und im Jahr 2001 einen Umsetzungsvorschlag gemacht hat, eine solche vorgenommen. Das DRSC hat vielmehr bewusst auf eine Begriffsabgrenzung verzichtet, weil – so die Begründung – aufgrund der rasanten Entwicklung auf dem Gebiet eine allumfassende und bestandsfähige Definition in Form einer Aufzählung einzubeziehender Geschäfte kaum möglich wäre.[15]

---

[12]   Vgl. zum Aufbau des Handelsbilanzrechts Abschnitt 3.2.2.

[13]   Mit haftungsbeschränkten Personengesellschaften sind diejenigen Personengesellschaften gemeint, die gemäß § 264a Abs. 1 HGB den ersten bis fünften Unterabschnitt des Zweiten Abschnitts des Dritten Buches des HGB befolgen müssen.

[14]   Vgl. hierzu ausführlich Kapitel 6.

[15]   Vgl. DEUTSCHER STANDARDISIERUNGSRAT (Stellungnahme 2001), S. 4.

2.1.2 Die Definition nach IFRS

Anders stellt sich die Situation in den IFRS dar, wo in IAS 32.11 eine Definition gegeben wird. Demnach handelt es sich bei einem Finanzinstrument um einen Vertrag, der gleichzeitig bei einem Unternehmen zu einem finanziellen Vermögenswert und bei einem anderen Unternehmen zu einer finanziellen Verbindlichkeit oder einem Eigenkapitalinstrument führt.[16] Die finanziellen Vermögenswerte (*financial assets*) umfassen flüssige Mittel, aktivierte Eigenkapitalinstrumente anderer Unternehmen, Rechte auf Bargeld oder andere finanzielle Vermögenswerte, Rechte auf Tausch von Finanzinstrumenten unter potenziell vorteilhaften Bedingungen sowie unter bestimmten Bedingungen Verträge, die in eigenen Eigenkapitalinstrumenten des Unternehmens erfüllt werden oder erfüllt werden können.[17]

Eine finanzielle Verbindlichkeit (*financial liability*) ist hingegen jede vertragliche Verpflichtung, die zur Lieferung von Bargeld bzw. anderen finanziellen Vermögenswerten oder zum Tausch von Finanzinstrumenten unter potenziell unvorteilhaften Bedingungen verpflichtet sowie unter bestimmten Bedingungen ein Vertrag, der in eigenen Eigenkapitalinstrumenten des Unternehmens erfüllt werden wird oder erfüllt werden kann.

Kennzeichnend für ein Eigenkapitalinstrument (*equity instrument*) ist schließlich insbesondere[18], dass ein vertraglicher Residualanspruch an den Vermögenswerten eines Unternehmens nach Abzug aller Schulden besteht. Darunter fallen z.B. Aktien[19] oder GmbH-Anteile.

---

[16] So stellt eine Aktie bzw. eine Schuldverschreibung für das Unternehmen, das sie im Bestand hat, einen finanziellen Vermögenswert dar (Aktivseite), für das emittierende Unternehmen ist sie dagegen ein Eigenkapitalinstrument bzw. eine finanzielle Verbindlichkeit (Passivseite).

[17] Vgl. zu dieser und den nachfolgenden Definitionen IAS 32.11.

[18] Um ein Finanzinstrument als Eigenkapitalinstrument ausweisen zu können, müssen noch weitere in IAS 32.16 genannte Voraussetzungen erfüllt sein, die dafür sorgen, dass viele im deutschen Handelsrecht als Eigenkapital klassifizierte Instrumente in einer IFRS-Bilanz als Fremdkapital auszuweisen sind. So verlangt der Standard, dass Eigenkapitalinstrumente vom Kapitalgeber nicht gekündigt werden können. Betroffen davon sind etwa Genossenschaften, deren Mitglieder gemäß §§ 65, 67b GenG einzelne Geschäftsanteile sowie die gesamte Mitgliedschaft unter Wahrung bestimmter Kündigungsfristen kündigen können. Ähnliches gilt auch für bestimmte Vorzugsaktien. Die Abgrenzung von Eigenkapital und Fremdkapital spielt im Hinblick auf das Thema dieser Arbeit keine Rolle, weshalb eine eingehende Diskussion an dieser Stelle unterbleiben kann. Vgl. hierzu ausführlich etwa BIEG, HARTMUT ET AL. (IFRS 2006), S. 201 ff.

[19] Vgl. jedoch die Ausführungen in der vorangehenden Fußnote.

Damit verzichten auch die IFRS auf eine konkrete Nennung von Instrumenten; sie enthalten vielmehr recht allgemein gehaltene Umschreibungen. Dies ist einerseits im Hinblick auf die Schnelllebigkeit und die ständige Neu- und Weiterentwicklung von Produkten auf diesem Gebiet sinnvoll, andererseits helfen diese abstrakten, wenig greifbaren Formulierungen in der Praxis mitunter auch nicht unbedingt weiter bei der Entscheidung, ob ein konkreter Vertrag als Finanzinstrument zu klassifizieren ist oder nicht. Dies gilt umso mehr, als das *board* bei der Einstufung bestimmter Sachverhalte seinen eigenen Definitionen vergleichsweise wenig Beachtung schenkt.[20] So dürften etwa Forderungen an Kunden, wenn man die Definition ernst nimmt, nicht als Finanzinstrument im Sinne des Standards eingestuft werden, weil es sich bei dem Kunden nicht um ein Unternehmen[21], sondern um eine Privatperson handelt. Trotzdem spricht das *board* z.B. bei seinen Bemerkungen zur Forderungsbewertung in IAS 39.BC122 explizit auch Kredite an Privatkunden an und subsumiert sie damit offenbar doch unter den Finanzinstrumenten. Das eben Gesagte gilt analog für Kredite an staatliche Stellen. Auch die Einschränkung auf „Verträge" ist zu restriktiv, weil so z.B. Schadenersatzansprüche bzw. -verpflichtungen u.U. von der Definition nicht erfasst werden. Nachdem das *board* selbst seine Begriffsbestimmung offenbar nicht so wörtlich nimmt, werden die Definitionsbestandteile „Unternehmen" und „Vertrag" von der Praxis weitgehend ignoriert.

2.1.3 Zusammenfassende Bewertung

Obwohl das Handelsrecht den Begriff Finanzinstrument in der zurzeit geltenden Fassung nicht definiert und, wie eben erläutert, wohl auch in Zukunft nicht konkretisieren wird, kann es m.E. spätestens nach der überfälligen Umsetzung der *fair value*-Richtlinie grundsätzlich keine Unterschiede zwischen der handelsrechtlichen Sichtweise und den Definitionen in IAS 32 geben. Begründen lässt sich dies mit der Tatsache, dass durch die *fair value*-Richtlinie gerade eine Übereinstimmung zwischen den europäischen Bilanzrichtlinien (und damit auch dem HGB) einerseits und den IFRS anderer-

---

[20]   Vgl. hierzu und zum Folgenden LÜDENBACH, NORBERT/HOFFMANN, WOLF-DIETER (IFRS 2005), S. 1280f.

[21]   Dies ist jedenfalls die offizielle deutsche Übersetzung des IASB für den in der englischen Fassung des Standards verwendeten Begriff „*entity*". Eine bessere Übersetzung, die die hier angesprochenen Probleme vermeiden würde, wäre „Wirtschaftseinheit" oder „Person".

seits im Hinblick auf die Behandlung von Finanzinstrumenten erreicht werden soll. Dies kann freilich nur gelingen, wenn der Begriff Finanzinstrumente nach den Richtlinien bzw. nach HGB den gleichen Inhalt hat wie in den IFRS. Dass die Richtlinie die Begriffsdefinitionen der IFRS stillschweigend voraussetzt, wird auch dadurch deutlich, dass sie sich auch ansonsten der Terminologie der für die Behandlung von Finanzinstrumenten maßgeblichen Standards IAS 32 und IAS 39 – allerdings in der zur Zeit der Veröffentlichung der Richtlinie geltenden alten Fassung! – bedient, ohne dabei jeweils die in den Standards enthaltenen Definitionen wiederzugeben.[22]

Folgt man der hier vertretenen Ansicht, dass den durch das BilReG bereits ins HGB aufgenommenen sowie den durch das BilMoG noch hinzukommenden Regelungen über Finanzinstrumente grundsätzlich die gleiche Begriffsdefinition zugrunde liegen muss wie in den IFRS, dann muss aber zugleich darauf hingewiesen werden, dass dieses Begriffsverständnis der neu aufgenommenen bzw. aufzunehmenden Regelungen nicht kompatibel ist mit dem bereits vor Umsetzung der *fair value*-Richtlinie existierenden § 340c Abs. 1 Satz 1 HGB. Nach dessen Wortlaut zählen nämlich insbesondere die Wertpapiere des Handelsbestandes und Devisen ganz offensichtlich nicht zu den Finanzinstrumenten, werden sie doch neben den Finanzinstrumenten separat aufgeführt. Nach IFRS sind die Wertpapiere des Handelsbestandes wie auch die Devisen allerdings unzweifelhaft Teil der Finanzinstrumente.[23] Der deutsche Gesetzgeber sollte diese Inkonsistenz im Zuge des BilMoG beseitigen, indem er in § 340c Abs. 1 Satz 1 HGB auf eine separate Aufzählung der Wertpapiere des Handelsbestandes und der Devisen verzichtet.

Im Ergebnis kann somit sowohl für das HGB als auch für die IFRS von einer einheitlichen – wenn auch nicht wirklich gelungenen – Definition des Begriffs Finanzinstrumente ausgegangen werden, nämlich der des eben erläuterten IAS 32.11.

---

[22] Vgl. hierzu später ausführlich Abschnitt 6.1.2.

[23] Vgl. zur Kategorisierung der Finanzinstrumente ausführlich Abschnitt 4.2.2.3.2.

2.2 Die derivativen Finanzinstrumente

2.2.1 Der Begriff

2.2.1.1 Grundsätzliches

Finanzinstrumente werden in der Finanzwirtschaft in originäre und derivative Finanzinstrumente unterteilt. Zu den originären, häufig auch als „traditionell" bezeichneten Finanzinstrumenten zählen z.B. Aktien, Schuldverschreibungen und (Buch-) Forderungen. Ihr Handel ist durch den Abschluss von Kassageschäften gekennzeichnet, d.h., Vertragsabschluss und Erfüllung fallen zeitlich zusammen.[24]

Den Begriff Derivat findet man lange vor seiner Verwendung in der Betriebswirtschaftslehre in der Chemie, wo er eine chemische Verbindung bezeichnet, die aus einer anderen abgeleitet wird.[25] Die Bezeichnung geht zurück auf das lateinische Verb *derivare*, was im Deutschen soviel wie ableiten oder umleiten bedeutet. In der Finanzwirtschaft hat man diese Bezeichnung übernommen, weil hier völlig analog zu der Vorgehensweise in der Chemie Finanzprodukte entstehen, die aus Elementen anderer Produkte abgeleitet bzw. zusammengesetzt wurden; man spricht in diesem Zusammenhang auch von der Finanzchemie oder vom *financial engineering*.[26] Kennzeichnend für Derivate – der Begriff derivative Finanzinstrumente wird in dieser Arbeit synonym verwendet – ist folglich, dass sie von anderen Objekten, den sog. Basiswerten (*underlyings*), abgeleitet wurden; ihr Wert ist abhängig von dem Wert des zugrunde liegenden Basiswerts. Darüber hinaus – und dies unterscheidet sie von originären Finanzinstrumenten – fallen Vertragsabschluss und Erfüllung bei Derivaten zeitlich auseinander; es handelt sich damit um Termingeschäfte.[27]

---

[24]   Vgl. BIEG, HARTMUT (Grundlagen I 2002), S. 429.

[25]   Vgl. WILLNOW, JOACHIM (Finanzinstrumente 1996), S. 10; STULZ, RENÉ M (Risk 2003), S. 3.

[26]   Vgl. BIEG, HARTMUT/KUßMAUL, HEINZ (Finanzierung 2000), S. 32f.

[27]   Vgl. SCHLAG, CHRISTIAN (Derivate 1999), S. 348; BEIKE, ROLF/BARCKOW, ANDREAS (Risk-Management 2002), S. 1f.

Gelegentlich findet sich in der Literatur an dieser Stelle die Aussage, Derivate würden aus den Konditionenelementen der eben angesprochenen traditionellen Finanzinstrumente gebildet.[28] Damit erfasst man aber nur einen Teil der Instrumente, nämlich solche, deren *underlying* aus dem Bereich der Finanzwirtschaft (z.B. Zinssätze, Aktienkurse und Wechselkurse bzw. entsprechende Indizes) stammt; man spricht insoweit auch von Finanzderivaten[29]. Daneben existieren aber auch Derivate, deren Basiswert aus dem güterwirtschaftlichen Bereich entlehnt wurde (z.B. Rohstoffpreise, Warenpreise bzw. entsprechende Indizes) und die man daher auch als *commodity*-Derivate bezeichnet.[30] In der jüngeren Vergangenheit haben sich zudem Derivate entwickelt, die keinem der beiden Bereiche zugeordnet werden können. Als *underlyings* fungieren hier beispielsweise Bonitätsratings (Kreditderivate) oder klimatologische (Wetterderivate) sowie geologische Variablen (Katastrophenderivate).[31] Zwar stehen zumindest die Anfang der 1990er Jahre aufgekommenen Kreditderivate in enger Verbindung zum finanzwirtschaftlichen Bereich, allerdings unterscheiden sie sich von den anderen Finanzderivaten dadurch, dass sie keine Marktpreise bzw. Marktpreisrisiken zum Gegenstand haben.[32] Sie stellen vielmehr auf Adressenausfallrisiken ab. Aus diesem Grund werden sie in der nachfolgenden zusammenfassenden Abbildung 1 auch unter den sonstigen Derivaten aufgeführt.

---

[28]   So etwa bei BIEG, HARTMUT (Grundlagen I 2002), S. 429.

[29]   Damit sind die Begriffe „derivatives Finanzinstrument" und „Finanzderivat" streng genommen nicht deckungsgleich. Finanzderivate stellen vielmehr eine Teilmenge der derivativen Finanzinstrumente dar.

[30]   Vgl. BIEG, HARTMUT/KUSSMAUL, HEINZ (Finanzierung 2000), S. 365; BEIKE, ROLF/BARCKOW, ANDREAS (Risk-Management 2002), S. 3.

[31]   Vgl. RUDOLPH, BERND/SCHÄFER, KLAUS (Finanzmarktinstrumente 2005), S. 14f.

[32]   Vgl. grundlegend HOHL, STEFAN/LIEBIG, THILO (Kreditderivate 1999), S. 501ff.

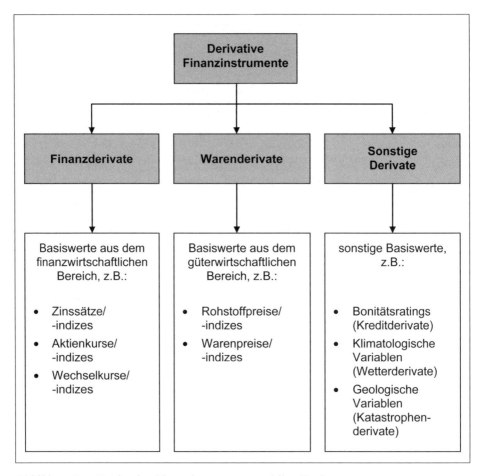

Abbildung 1:   Derivative Finanzinstrumente und ihre Basiswerte

Derivate werden oft auch als Finanzinnovationen[33] bezeichnet.[34] Damit soll zum Ausdruck gebracht werden, dass es sich um vergleichsweise „junge" Finanzprodukte handelt. Tatsächlich erlangten Finanzderivate erst in den 1970er Jahren zunehmend praktische Bedeutung, als nach dem Zusammenbruch des Bretton Woods-Systems die Notwendigkeit entstand, sich gegen Zins- und Wechselkursrisiken abzusichern.[35] Seitdem hat der Handel mit Finanzderivaten so stark zugenommen, dass das Handels-

---

[33]   Vgl. zum Begriff ausführlich EILENBERGER, GUIDO (Finanzinnovationen 1996), S. 172ff.

[34]   Vgl. EILENBERGER, GUIDO (Derivate 1996), S. 111; BEIKE, ROLF/BARCKOW, ANDREAS (Risk-Management 2002), S. 2.

[35]   Vgl. hierzu Abschnitt 2.2.4.1.

volumen häufig das des entsprechenden originären Instruments überschreitet.[36] Dies und die Tatsache, dass sich viele dieser Instrumente seit mehreren Jahrzehnten am Markt etabliert haben, lassen die Bezeichnung als „Finanzinnovation" jedoch zunehmend als unpassend erscheinen. Hinzu kommt, dass die Einordnung als Innovation sehr subjektiven Charakter hat. Was für einen Marktteilnehmer bzw. ein bestimmtes Land eine Innovation sein mag, ist möglicherweise für einen anderen Marktteilnehmer bzw. in einem anderen Land schon so etabliert und verbreitet, dass man es dort schwerlich als Neuerung bezeichnen kann.[37]

2.2.1.2 Die Definition im deutschen Recht

Auch zur Definition eines derivativen Finanzinstruments bzw. zur Abgrenzung von originären und derivativen Finanzinstrumenten macht das Handelsgesetzbuch keinerlei Angaben.[38] Eine Definition für den Begriff Derivat findet sich allerdings wiederum im Bankenaufsichtsrecht und – in nahezu identischer Form[39] – im Wertpapierhandelsrecht. Ein derivatives Finanzinstrument liegt demnach vor, wenn es sich um ein Termingeschäft handelt, dessen Wert „unmittelbar oder mittelbar[40] abhängt von

1. dem Börsen- oder Marktpreis von Wertpapieren,

2. dem Börsen- oder Marktpreis von Geldmarktinstrumenten,

3. dem Kurs von Devisen oder Rechnungseinheiten,

4. Zinssätzen oder anderen Erträgen oder

5. dem Börsen- oder Marktpreis von Waren oder Edelmetallen."[41]

---

[36] Vgl. WILLNOW, JOACHIM (Finanzinstrumente 1996), S. 10f.; MEISTER, EDGAR (Derivate 1999), S. 362.

[37] Vgl. BÜSCHGEN, HANS E. (Finanzmanagement 1997), S. 193f.; TEBROKE, HERMANN-JOSEF (Finanzinnovationen 2001), Sp. 811.

[38] Der durch das BilReG geänderte § 285 HGB enthält lediglich den Hinweis, dass zu den derivativen Finanzinstrumenten „auch Verträge über den Erwerb oder die Veräußerung von Waren" zählen, sofern bestimmte Voraussetzungen erfüllt sind.

[39] Vgl. § 2 Abs. 2 WpHG.

[40] Damit fallen auch von den nachfolgenden Marktpreisen abhängige Indizes unter diese Definition.

[41] § 1 Abs. 11 Satz 4 KWG.

2.2.1.3 Die Definition nach IFRS

Die IFRS definieren in IAS 39.9, dass ein Derivat im Sinne des Standards dann vorliegt, wenn ein Finanzinstrument oder ein anderer Vertrag die „drei nachstehenden Merkmale aufweist:

(a) sein Wert verändert sich infolge einer Änderung eines bestimmten Zinssatzes, Preises eines Finanzinstruments, Rohstoffpreises, Wechselkurses, Preis- oder Zinsindexes, Bonitätsratings oder Kreditindexes oder einer ähnlichen Variablen, sofern im Fall einer nicht-finanziellen Variablen die Variable nicht spezifisch für eine Partei des Vertrags ist[42] (auch „Basis" genannt);

(b) es erfordert keine Anschaffungsauszahlung oder eine, die im Vergleich zu anderen Vertragsformen, von denen zu erwarten ist, dass sie in ähnlicher Weise auf Änderungen der Marktbedingungen reagieren, geringer ist; und

(c) es wird zu einem späteren Zeitpunkt beglichen."[43]

Sofern es sich um nicht-finanzielle *underlyings* handelt, liegt ein Derivat im Sinne des Standards allerdings nur vor, wenn der Kontrakt in bar, in anderen Finanzinstrumenten oder durch den Tausch von Finanzinstrumenten erfüllt werden kann. Ausgenommen sind zudem solche Verträge über nicht finanzielle Posten, die zum Zweck des Empfangs oder der Lieferung gemäß dem erwarteten Einkaufs-, Verkaufs- oder Nutzungsbedarf des Unternehmens abgeschlossen wurden und in diesem Sinne weiter behalten werden.[44]

---

[42] Der letzte – isoliert betrachtet schwer verständliche – Halbsatz dient der Abgrenzung zu IFRS 4, der sich mit der Behandlung von Versicherungsverträgen auseinander setzt. Damit fallen Derivate mit nicht-finanziellen Basen, wie klimatologische und geologische Variablen, nur dann unter den Derivatebegriff des IAS 39, wenn auf Seiten des Bilanzierenden kein tatsächliches eigenes Risiko besteht (dies ist mit dem Begriff „spezifisch" gemeint) und das Derivat damit nicht als Versicherung aufzufassen (und folglich nach IFRS 4 zu behandeln) ist, sondern der Spekulation dient. Vgl. IAS 39.AG1, IAS 39.AG12A sowie LÜDENBACH, NORBERT/HOFFMANN, WOLF-DIETER (IFRS 2005), S. 1282.

[43] IAS 39.9.

[44] Vgl. IAS 39.5ff.

2.2.1.4 Zusammenfassende Bewertung

Vergleicht man die beiden Definitionen, so stellt man fest, dass in beiden Fällen das Vorliegen eines Termingeschäfts und die Abhängigkeit des Werts des Derivats von einem Preis, Kurs oder Index gefordert wird. Allerdings ist der Kreis der zulässigen *underlyings* nach IFRS weiter gefasst.[45] So fallen etwa die erst in den letzten Jahren entwickelten Instrumente, die sich auf Bonitätsratings bzw. -indizes oder klimatologische oder geologische Variablen beziehen, zwar unter die Definition des IAS 39[46], nicht aber unter die des KWG. An dieser Stelle wird deutlich, dass es für einen Normsetzer ausgesprochen schwierig ist, mit der rasanten Entwicklung auf diesem Gebiet Schritt zu halten. Dem deutschen Gesetzgeber ist es nicht gelungen, die Definition im Aufsichtsrecht von vornherein so zu formulieren, dass auch Produktinnovationen dadurch noch erfasst werden, denn es ist m.E. nicht anzunehmen, dass es sich hierbei um eine planmäßige Ausgrenzung der genannten Produkte durch den deutschen Gesetzgeber handelt.[47]

Darüber hinaus führt IAS 39.9 ein Kriterium auf, welches das KWG explizit nicht nennt, nämlich das der nicht vorhandenen bzw. vergleichsweise geringen Anschaffungsauszahlung. Daraus ergeben sich aber in der praktischen Anwendung keine Unterschiede, weil das genannte Merkmal letztlich durch das Kriterium „Termingeschäft" abgedeckt ist.[48] Ein solches zeichnet sich gerade dadurch aus, dass zwar der Vertrag heute geschlossen wird, die Erfüllungshandlungen beider Vertragspartner allerdings erst zu einem späteren Zeitpunkt erfolgen. Es kann also bei Termingeschäften grundsätzlich zu keiner Zahlung bei Vertragsabschluss kommen. Eine Ausnahme stellen bei Optionsgeschäften zu leistende Prämien und Marginzahlungen bei Futures dar, was aber aufgrund der Formulierung in Buchstabe b) der obigen Definition einer Klassifizierung als Derivat nicht im Wege steht. Das Erfordernis der fehlenden bzw. geringen Anschaf-

---

[45] So auch BARCKOW, ANDREAS (Bilanzierung 2004), S. 15f.

[46] Voraussetzung ist, dass es sich nicht um Versicherungsverträge i.S.v. IFRS 4 handelt; vgl. Fußnote 42.

[47] Derivate gelten gemäß § 19 KWG als Kredite i.S.v. § 13 bis § 14 KWG, d.h., sie sind bei der Berechnung der Groß- und Millionenkredite mit einzubeziehen. Es ist kein Grund ersichtlich, weshalb hierbei z.B. ein Wetterderivat anderes zu behandeln sein soll als ein Derivat mit einem anderen *underlying*, das unter die Definition in § 1 Abs. 11 Satz 4 KWG fällt.

[48] Dies übersieht offensichtlich BARCKOW, ANDREAS (Bilanzierung 2004), S. 16, der hier einen wesentlichen Unterschied erkannt haben will.

fungsauszahlung ist damit eher als ein auf derivative Finanzinstrumente zutreffendes
Merkmal – welches im Rahmen der Bilanzierung eine entscheidende Rolle spielt – und
weniger als ein echtes Ausschlusskriterium zu sehen.

		KWG	IAS 39
Termingeschäft		ja	ja
Mögliche Basiswerte	**Wertpapierpreise/-indizes**	ja	ja
	Geldmarktinstrumentenpreise/-indizes	ja	ja
	Wechselkurse/-indizes	ja	ja
	Zinssätze/-indizes	ja	ja
	Rohstoffpreise/-indizes	ja	ja
	Bonitätsratings/-indizes	nein	ja
	Klimatologische oder geologische Variablen	nein	ja
Keine bzw. geringe Anschaffungsauszahlung		(ja)[49]	ja

Abbildung 2:   Vergleich der Derivatedefinitionen nach KWG und IAS 39[50]

Die Frage, ob die Definition des KWG für die Zwecke der Bilanzierung ersatzweise
herangezogen werden kann, muss m.E. – genau wie bei den Finanzinstrumenten – klar
verneint werden. Zum einen gilt es auch hier zu bedenken, dass die durch die Umsetzung der *fair value*-Richtlinie neu ins HGB aufgenommenen Regelungen dazu
dienen, das deutsche Bilanzrecht mit den IFRS-Vorschriften – und dabei insbesondere
mit der dort vorgesehenen grundsätzlichen erfolgswirksamen *fair value*-Bewertung für
derivative Finanzinstrumente[51] – in Einklang zu bringen. Dies gelingt nur, wenn der
Derivatebegriff im HGB die gleiche Auslegung erfährt wie nach IAS 39. Darüber
hinaus ist die durch die KWG-Vorschriften vorgenommene Beschränkung auf Derivate

---

[49]   Indirekt über das Kriterium „Termingeschäft".

[50]   In Anlehnung an BARCKOW, ANDREAS (Bilanzierung 2004), S. 16.

[51]   Vgl. Abschnitt 4.2.3.

mit bestimmten Basiswerten auch im Hinblick auf die Abbildung im Jahresabschluss nicht sinnvoll, weil die hierbei auftretenden grundsätzlichen Probleme unabhängig vom zugrunde liegenden *underlying* sind.

Weil der Fokus dieser Arbeit im Bereich der Finanzwirtschaft und insbesondere in der Absicherung finanzieller Positionen liegt, sind ausschließlich Finanzderivate Gegenstand der nachfolgenden Ausführungen. Wenn also zukünftig von Derivaten oder derivativen Finanzinstrumenten die Rede ist, sind damit grundsätzlich solche mit Basiswerten aus dem finanzwirtschaftlichen Bereich gemeint. *Commodity*-Derivate bleiben damit ebenso wie solche mit klimatologischen oder geologischen Variablen unberücksichtigt. Zwar dienen auch die in letzter Zeit enorm an Bedeutung gewonnenen Kreditderivate der Absicherung finanzieller Posten, allerdings zeichnen sie sich durch einige Besonderheiten aus, auf die im Rahmen dieser Arbeit nicht eingegangen werden soll.

2.2.2 Bedingte versus unbedingte Derivategeschäfte

In Abhängigkeit von dem Grad der Erfüllungspflicht unterscheidet man unbedingte und bedingte Derivategeschäfte.[52] Erstere zeichnen sich dadurch aus, dass sich beide Vertragsparteien verpflichten, die vertraglich vereinbarten Leistungen unabhängig vom Eintritt weiterer Bedingungen – und damit „unbedingt" – zu erfüllen. Man spricht hier auch von sog. Festgeschäften oder von Termingeschäften im engeren Sinn. Vertreter dieser Gruppe sind Futures, Forward Rate Agreements und Swaps.[53]

Dagegen sind bedingte Termingeschäfte dadurch gekennzeichnet, dass die Vornahme des Erfüllungsgeschäfts an eine bestimmte Bedingung geknüpft ist. In der Regel handelt es sich dabei um das Recht – die Option –, nicht aber die Pflicht eines Vertragspartners, von seinem Kontrahenten den Vollzug des vereinbarten Geschäfts zu verlangen. Daher bezeichnet man solche Termingeschäfte als Optionsgeschäfte. Hierunter sind neben den Optionen auch Zinsbegrenzungsvereinbarungen zu subsumieren.

---

[52] Vgl. hierzu und zum Folgenden BIEG, HARTMUT (Grundlagen I 2002), S. 429ff.; RUDOLPH, BERND/SCHÄFER, KLAUS (Finanzmarktinstrumente 2005), S. 13ff.

[53] Vgl. zu den – auch im folgenden Absatz – genannten Derivaten BIEG, HARTMUT/KUßMAUL, HEINZ (Finanzierung 2000), S. 339ff.

Der Grad der Erfüllungspflicht hat entscheidenden Einfluss auf das Gewinn- und Verlustprofil eines Derivats. So sind unbedingte Termingeschäfte durch ein symmetrisches Chance-/Risikoprofil gekennzeichnet, d.h., bei einer bestimmten Wertänderung des *underlying* geht der Gewinn des einen Vertragspartners mit einem betragsmäßig identischen Verlust des anderen Vertragspartners einher. Anders verhält es sich diesbezüglich bei den bedingten Termingeschäften. Hier wird der Optionsinhaber von seinem Optionsrecht nur dann Gebrauch machen, wenn die Ausübung der Option für ihn vorteilhaft ist. Dies ist z.B. dann der Fall, wenn er den Basiswert mit Hilfe der Option günstiger beschaffen kann als über den Kassamarkt. Ansonsten wird er die Option verfallen lassen. Sein Kontraktpartner, der sog. Stillhalter, ist aufgrund des asymmetrischen Risikoprofils hier benachteiligt und wird dem Optionsberechtigten das Recht nur dann einräumen, wenn er hierfür eine Gegenleistung erhält, nämlich die Optionsprämie.[54]

Aus den verschiedenartigen Risikoprofilen resultiert ein weiterer wesentlicher Unterschied zwischen bedingten und unbedingten Termingeschäften. Soweit das Derivat zu Absicherungszwecken eingesetzt wird, bedeutet der Abschluss eines unbedingten Termingeschäfts nicht nur eine Absicherung gegen einen möglichen Verlust aus dem abgesicherten Geschäft. Man nimmt sich damit gleichzeitig die Chance, von einer positiven Entwicklung des *underlying* zu profitieren.[55] Bei bedingten Termingeschäften erhält man sich dagegen die Möglichkeit, an einer positiven Wertentwicklung beim abgesicherten Geschäft zu partizipieren, denn in diesem Fall macht man von seinem Optionsrecht einfach keinen Gebrauch und lässt es verfallen. Der Gewinn aus der Wertsteigerung beim Basiswert wird lediglich durch die – im Nachhinein unnötigerweise – gezahlte Optionsprämie gemindert.[56]

Die nachfolgende Abbildung 3 zeigt eine zusammenfassende Systematisierung der (derivativen) Finanzinstrumente.

---

[54]   Vgl. BEIKE, ROLF/BARCKOW, ANDREAS (Risk-Management 2002), S. 4ff.; MÜLLER-MÖHL, ERNST (Optionen 2002), S. 23ff.; RUDOLPH, BERND/SCHÄFER, KLAUS (Finanzmarktinstrumente 2005), S. 19ff.

[55]   Vgl. BIEG, HARTMUT (OPTIONEN III 2003), S. 381.

[56]   Vgl. Eilenberger, Guido (Optionspositionen 1996), S. 314; BEIKE, ROLF/BARCKOW, ANDREAS (Risk-Management 2002), S. 5f.

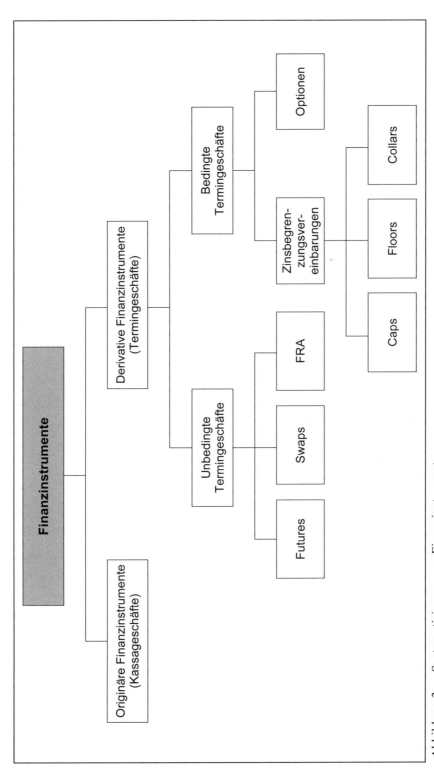

Abbildung 3:   Systematisierung von Finanzinstrumenten

2.2.3 Die eingebetteten Derivate (*embedded derivatives*)

Derivate können auch Bestandteile von anderen (originären) Finanzinstrumenten sein. Sie werden in ein Trägerinstrument (Basisvertrag, *host contract*) „eingebettet" und erweitern es auf diese Weise um die Ausstattungsmerkmale derivativer Instrumente. Entscheidend ist, dass die beiden Komponenten, das Trägerinstrument und das eingebettete Derivat, rechtlich nicht zerlegbar sind und daher auch nicht separat veräußert werden können.[57]

Ein klassisches Beispiel für solch ein strukturiertes Finanzinstrument[58] (*compound instrument*) stellen Wandelschuldverschreibungen dar, bei denen eine klassische Anleihe mit einer Wandeloption kombiniert wurde. Hierbei hat der Gläubiger der Schuldverschreibung ein Wandlungsrecht (Umtauschrecht), d.h., er kann die Anleihe innerhalb einer bestimmten Frist (Wandlungsfrist) in einem festgelegten Verhältnis (Wandlungsverhältnis) und eventuell unter Zuzahlung in Aktien der emittierenden Gesellschaft umtauschen.[59] Optionsschuldverschreibungen fallen dagegen nicht unter die eben gegebene Definition, weil die Option hier separat veräußert werden kann[60].

2.2.4 Der Handel mit Derivaten

2.2.4.1 Die historische Entwicklung

Wenn man bedenkt, dass es sich bei Derivategeschäften im Grunde um nichts anderes als um Termingeschäfte handelt, lassen sich deren Wurzeln bis zurück ins antike Griechenland verfolgen. Dort war es beispielsweise üblich, die kommende Olivenernte zu einem vorher festgelegten Preis per Termin zu verkaufen.[61] Die ersten organisierten

---

[57]   Vgl. SCHARPF, PAUL/LUZ, GÜNTHER (Bilanzierung 2000), S. 653ff.; BARCKOW, ANDREAS (Bilanzierung 2004), S. 17.

[58]   Gelegentlich werden sie auch als hybride Instrumente bezeichnet, allerdings ist dieser Ausdruck in der Finanzwirtschaft bereits durch solche Instrumente belegt, die sowohl Eigen- als auch Fremdkapitalcharakteristika aufweisen. Vgl. BARCKOW, ANDREAS (Bilanzierung 2004), S. 17.

[59]   Vgl. BIEG, HARTMUT/KUßMAUL, HEINZ (Finanzierung 2000), S. 256ff.

[60]   Vgl. BIEG, HARTMUT/KUßMAUL, HEINZ (Finanzierung 2000), S. 259.

[61]   Vgl. WILLNOW, JOACHIM (Finanzinstrumente 1996), S. 10f.

Terminmärkte traten dann im 17. Jahrhundert in den Niederlanden auf. Handelsgegenstände waren auch hier in erster Linie Waren wie Kräuter und Gewürze sowie insbesondere Tulpen.[62]

Nach und nach breitete sich der (börsenmäßige) Terminhandel auch in anderen Ländern aus. So wurde im März 1848 der erste Kontrakt an der *Chicago Board of Trade* (CBOT), abgeschlossen.[63] Auch in Deutschland kamen im 19. Jahrhundert Termingeschäfte auf. Genau wie anderswo merkte man hier sehr schnell, dass sich mit (spekulativen) Termingeschäften in kurzer Zeit und vor allem mit sehr geringem Einsatz sehr viel Geld verdienen lässt und so kam es in Berlin zu wilden Spekulationen auf den Getreidepreis. Dass die Kursentwicklung an einer Börse aber auch in die andere Richtung umschlagen kann, wurde spätestens klar, als diese Spekulationsblase 1896 platzte. Weil sich viele das Geld für ihre Spekulation durch (unbesicherte) Kredite besorgt hatten, führte dies zu einer Pleitewelle, weshalb sich die Regierung genötigt sah, den Warenterminhandel gänzlich zu verbieten. Erst nach der Börsengesetz-Novelle von 1908 kam es ab 1925 in Berlin an der dortigen Börse zu einem lebendigen Terminhandel, der aber bereits wenige Jahre später infolge der Weltwirtschaftskrise 1931 wieder eingestellt wurde.[64]

Seine heutige herausragende Bedeutung verdankt der Terminhandel insbesondere dem Zusammenbruch des Bretton Woods-Systems[65] Anfang der Siebziger Jahre des 20. Jahrhunderts. Das Wechselkursabkommen, das kurz vor dem Ende des Zweiten Weltkrieges installiert wurde, stand für ein System fester Wechselkurse, bei dem der USD als Leitwährung diente. Die anderen beteiligten Währungen, darunter ab 1952 auch die DM, hatten eine feste Parität zum USD, die lediglich innerhalb einer engen Bandbreite von +/- 1% schwanken konnte. Der Niedergang des Systems liegt in der als Folge des Vietnamkrieges immer stärker werdenden Inflation in den USA begründet. Diese bedrohte aufgrund der fixen Wechselkurse nun auch die anderen beteiligten Länder (Infla-

---

[62]   Vgl. SIEBERS, ALFRED (Warentermingeschäfte 1996), S. 2ff.

[63]   Vgl. BECKER, ULRICH (Terminhandel 1994), S. 633f.

[64]   Vgl. HARTMANN, ALOIS/MARTENS, KLAUS (Börsenterminhandel 1970), S. 29ff.; RUDOLPH, BERND (Risikomanagement 1995), S. 8f.

[65]   Vgl. zum Bretton Woods-System BOFINGER, PETER (Währungssysteme 2001), Sp. 2194ff.; HARBRECHT, WOLFGANG (Währungsfonds 2001), Sp. 1076ff.

tionsimport), darunter auch die an Geldwertstabilität in hohem Maße interessierte Bundesrepublik Deutschland. Um den inflationären Tendenzen entgegenzuwirken, wurde die zulässige Bandbreite zunächst im Dezember 1971 auf +/- 2,25% erhöht. Als auch das nicht ausreichte, wurde das gesamte Abkommen schließlich im März 1973 aufgekündigt. Von nun an konnten sich die Wechselkurse völlig frei zueinander bewegen und dadurch ergab sich für international tätige Unternehmen die Notwendigkeit, sich gegen Wechselkurs- und Zinsrisiken abzusichern. Als logische Konsequenz installierte man an den vorhandenen amerikanischen (Warentermin-)Börsen, zunächst 1972 an der *Chicago Mercantile Exchange* (CME), Terminmärkte, an denen man sich gegen diese neuen Risiken absichern konnte. Wenig später, im Jahr 1973, folgte dann die Gründung einer eigenen Terminbörse für Finanzderivate, der *Chicago Board Options Exchange* (CBOE) sowie 1975 die Einführung des Terminhandels am *Chicago Board of Trade* (CBOT).[66]

Auch in Deutschland wurde der 1931 eingestellte Börsenhandel mit Termingeschäften Anfang der 1970er Jahre wieder aufgenommen, er führte aber lange Zeit nur ein Schattendasein. Der Durchbruch gelang hierzulande erst mit der Schaffung der Deutschen Terminbörse (DTB) im Januar 1990. Sie firmiert nach dem Zusammenschluss mit der schweizerischen *Swiss Options and Financial Futures Exchange* (SOFFEX) inzwischen unter dem Namen EUREX und gilt heute noch vor der durch Zusammenschluss der Terminbörsen Paris, London, Brüssel, Amsterdam und Lissabon entstandenen Euronext sowie den genannten amerikanischen Börsen als die größte[67] Terminbörse der Welt.[68]

Die rasante Entwicklung, die seither stattgefunden hat – der Nominalwert der jährlich weltweit an organisierten Märkten gehandelten Derivate stieg von 123.381 Mrd. USD in 1990 auf 1.408.380 Mrd. USD in 2005[69] –, ist nicht zuletzt auch eine Folge des zunehmenden Wettbewerbsdrucks im Bankbereich. Die immer enger werdenden Zinsmargen veranlassten Banken dazu, ihre Aktivitäten im provisionstragenden (außerbilanziellen)

---

[66]   Vgl. RUDOLPH, BERND (Risikomanagement 1995), S. 8f.; RUDOLPH, BERND/SCHÄFER, KLAUS (Finanzmarktinstrumente 2005), S. 49f.

[67]   Gemessen in Anzahl der gehandelten Kontrakte in Millionen. Vgl. DEUTSCHE BÖRSE GROUP (Geschäftsbericht 2005), S. 86.

[68]   Vgl. RUDOLPH, BERND/SCHÄFER, KLAUS (Finanzmarktinstrumente 2005), S. 49f.

[69]   Vgl. Abbildung 4.

Geschäft zu intensivieren, um sich auf diese Weise neue Ertragsquellen erschließen zu können. Möglich wurde sie jedoch erst durch die Liberalisierung und Internationalisierung des Kapitalverkehrs und die rasante Entwicklung der Informationstechnologie.[70]

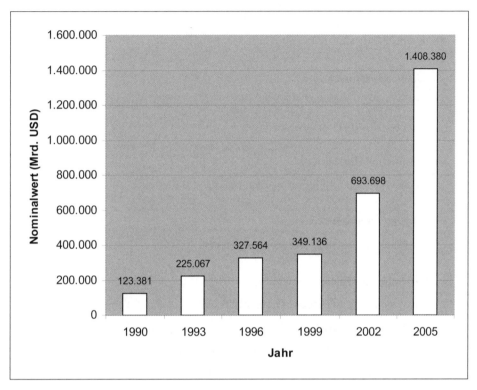

Abbildung 4: Entwicklung des Jahresumsatzes der weltweit an organisierten Börsen gehandelten Derivate[71]

2.2.4.2 Die Handelsorte

2.2.4.2.1 Terminbörse versus OTC-Märkte

Der Handel mit Termingeschäften vollzieht sich sowohl an Börsen als auch außerbörslich (*over the counter*, (OTC)). Während der Börsenhandel eine hohe Standardisierung

---

[70]   Vgl. WILLNOW, JOACHIM (Finanzinstrumente 1996), S. 10f.; MEISTER, EDGAR (Derivate 1999), S. 362.

[71]   Daten entnommen aus RUDOLPH, BERND/SCHÄFER, KLAUS (Finanzmarktinstrumente 2005), S. 51 sowie BANK FÜR INTERNATIONALEN ZAHLUNGSAUSGLEICH (März 2006), S. A108.

aufweist, was einen schnellen und unkomplizierten Vertragsabschluss ermöglicht, erlaubt der außerbörsliche Handel, der insbesondere per Telefon zwischen Banken stattfindet, im Wege von Verhandlungen die Erarbeitung von individuell auf die konkreten Bedürfnisse der Vertragsparteien maßgeschneiderten Lösungen.[72]

Die Standardisierung an den Terminbörsen erfolgt in[73]

- **sachlicher Hinsicht;**

  Der zugrunde liegende Basiswert wird hinsichtlich Art, Menge, Qualität und Preis fest definiert.

- **räumlicher Hinsicht;**

  Handels- und Erfüllungsort werden fixiert.

- **zeitlicher Hinsicht;**

  Die Fälligkeitstermine sind fest vorgegeben.

- **persönlicher Hinsicht;**

  Vertragspartner bei einem Geschäftsabschluss an einer Terminbörse sind nicht die beiden Marktteilnehmer selbst. Stattdessen wird die *clearing*-Stelle der jeweiligen Terminbörse als Vertragspartner zwischengeschaltet; eine Vertragsbeziehung besteht somit nur zwischen dem jeweiligen Marktteilnehmer und der *clearing*-Stelle. Durch diese Konstruktion wird das Erfüllungsrisiko, dem die Marktteilnehmer bei einer unmittelbaren Vertragsbeziehung ausgesetzt wären, praktisch eliminiert.[74]

Aufgrund der Standardisierung ist der Terminhandel an einer Börse im Regelfall wesentlich liquider als der Handel nicht-börsennotierter Kontrakte. Es ist auch jederzeit möglich, eine Position glattzustellen oder sie bei Auslaufen zu verlängern. Hierzu trägt auch das an Terminbörsen häufig anzutreffende sog. *market maker*-System bei. Hierbei verpflichten sich einzelne Broker oder Banken, für bestimmte Werte jederzeit Kurse zu

---

[72] Vgl. SCHLAG, CHRISTIAN (Derivate 1999), S. 350f.

[73] Vgl. RUDOLPH, BERND (Risikomanagement 1995), S. 6f.; BIEG, HARTMUT/KUßMAUL, HEINZ (Finanzierung 2000), S. 186f.

[74] Vgl. BEIKE, ROLF/BARCKOW, ANDREAS (Risk-Management 2002), S. 8f.

stellen, zu denen sie bereit sind, die Handelsobjekte abzugeben oder anzunehmen.[75] Die Funktionsweise einer Terminbörse, insbesondere das dort installierte *margin*-System, wird im Folgenden näher erläutert.

2.2.4.2.2 Die Funktionsweise einer Terminbörse

Die *clearing*-Stelle einer Terminbörse wickelt die Geschäfte ab, reguliert gegebenenfalls die Lieferungs- und Ausgleichsverpflichtungen aus den Kontrakten und trägt so zur Senkung der Sach-, Verhandlungs- und Prüfungskosten der Kontraktpartner bei.[76] Darüber hinaus tritt sie, wie im vorangegangenen Abschnitt erläutert, in die Vereinbarung zwischen den beiden Handelspartnern als Vertragspartner mit allen Rechten und Pflichten ein. Sie hat damit nun zwei Verträge abgeschlossen, deren Wertentwicklung sich exakt gegenläufig verhält. Ausgehend von einem Marktwert von null EUR bei Vertragsschluss, wird ein Vertrag bei Fälligkeit einen positiven Marktwert aufweisen, der andere einen betragsmäßig identischen negativen Marktwert.[77] Damit wird deutlich, dass das Erfüllungsrisiko nicht verschwunden ist, sondern lediglich von den Handelsteilnehmern auf die Börse verlagert wurde. Diese sieht sich nämlich jetzt dem Risiko ausgesetzt, dass sie dem einen Vertragspartner die vertraglich vereinbarte Leistung zukommen lassen muss, sie selbst aber von dem anderen Vertragspartner die von diesem geschuldete Leistung nicht erhält.

Um ein solches Szenario auszuschließen, wurden an Terminbörsen wie der EUREX *margin*-Systeme installiert, wodurch die Marktteilnehmer verpflichtet werden, Marginzahlungen zu leisten, die den jeweils eingegangenen Risikopositionen entsprechen. Hierzu werden die (unrealisierten) Gewinne und Verluste aus den täglichen Börsenkursveränderungen sämtlicher Terminkontrakte eines Marktteilnehmers berechnet und auf einem internen Verrechnungskonto der *clearing*-Stelle, dem *margin account*, verbucht. Am Ende eines jeden Handelstages wird der sich auf diesem Konto ergebende

---

[75] Vgl. BÜSCHGEN, HANS E. (Finanzmanagement 1997), S. 138; BIEG, HARTMUT/KUßMAUL, HEINZ (Finanzierung 2000), S. 187ff.

[76] Vgl. zum *clearing*-System der EUREX ausführlich EUREX (Clearing 2003), S. 1ff. sowie BIEG, HARTMUT/KUßMAUL, HEINZ (Finanzierung 2000), S. 188ff.; RUDOLPH, BERND/SCHÄFER, KLAUS (Finanzmarktinstrumente 2005), S. 56.

[77] Von der theoretisch denkbaren Alternative, dass sich der Marktwert im Vergleich zum Abschlusszeitpunkt nicht verändert hat, wird hier abgesehen.

Saldo dem LZB-Konto des *clearing*-Teilnehmers gutgeschrieben bzw. belastet (*variation margin*). Durch dieses als „*mark-to-market*" bezeichnete Verfahren werden die potenziellen Glattstellungsgewinne bzw. -verluste vorgezogen. Die *clearing*-Stelle erhält also einerseits von dem Vertragspartner, dessen Kontrakt einen im Vergleich zur Situation bei Vertragsabschluss negativen Marktwert aufweist, eine bestimmte Zahlung und muss andererseits dem anderen Vertragspartner, dessen Kontrakt einen betragsmäßig identischen positiven Marktwert besitzt, eine identische Zahlung leisten.[78]

Weil sich diese Prozedur börsentäglich wiederholt, besteht für die *clearing*-Stelle ein Erfüllungsrisiko nur insoweit, als ein Vertragspartner die während des aktuellen Börsentages entstandene Verpflichtung nicht erfüllt; die bis zum Vortag aufgelaufenen Verpflichtungen wurden bereits durch die *margin*-Zahlung am Vortag beglichen. Um sicherzustellen, dass die Marktteilnehmer auch die während des aktuellen Börsentages möglicherweise entstehenden Verpflichtungen erfüllen, müssen sie zusätzlich zu dem täglichen Gewinn- und Verlustausgleich in Form der *variation margin* noch eine zweite Sicherheit leisten, die sog. *initial margin*. Dabei handelt es sich um einen im Zeitpunkt der Positionseröffnung zu erbringenden Mindestkapitaleinschuss, der bis zur Schließung der Position aufrechterhalten werden muss. Ihre Höhe ergibt sich aus der erwarteten Preis-Volatilität des Kontraktes. Sinn und Zweck dieser *initial margin* ist die Abdeckung der möglicherweise bis zum Ende des nächsten Börsentages unter Annahme der ungünstigsten Wertentwicklung (*worst case loss*) zusätzlich entstehenden Verluste. Ist ein Marktteilnehmer nicht mehr in der Lage, seinen täglichen Einschussverpflichtungen aufgrund der börsentäglichen Gewinn- und Verlustberechnung (*variation margin*) nachzukommen, so werden seine Kontrakte automatisch durch die *clearing*-Stelle glattgestellt. Sofern nach einer zwangsweisen Glattstellung noch negative Salden verbleiben, d.h. über die geleisteten *variation margins* hinaus noch Zahlungsverpflichtungen des Marktteilnehmers bestehen, werden diese mit der als Sicherheit hinterlegten *initial margin* verrechnet.[79]

---

[78]   Vgl. zu diesem Absatz LUTZ, STEFAN (Börse 1999), S. 231; BIEG, HARTMUT (Futures I 2003), S. 94; EUREX (Clearing 2003), S. 20.

[79]   Vgl. BIEG, HARTMUT (Futures I 2003), S. 94; EUREX (Clearing 2003), S. 20 und 57. Neben der *variation* und der *initial margin* existiert häufig auch eine so genannte *maintenance margin*. Sie stellt einen Mindestkontostand dar, den das *clearing*-Mitglied auf seinem *margin account* unterhalten muss und beträgt i.d.R. 75% der *initial margin*. Erst wenn diese Grenze z.B. durch die tägliche Verlustverrechnung unterschritten wird, muss der Investor Nachschüsse im Rahmen der

2.2.5 Die Motive für den Einsatz von Derivaten

2.2.5.1 Die Spekulation

Ein mögliches Motiv für den Abschluss eines Derivategeschäfts stellt die Spekulation (*trading*) dar. Der Spekulant hofft darauf, dass sich der Wert des *underlying* im Zeitablauf so entwickelt, dass sich der Marktwert des abgeschlossenen derivativen Geschäfts zu seinen Gunsten verändert. Ziel ist es also letztlich, den Kontrakt zu einem späteren Zeitpunkt gewinnbringend glattzustellen bzw. zu veräußern.[80] Dabei kann der Spekulant von dem sog. Hebeleffekt profitieren, d.h., eine Wertsteigerung des Basiswerts wirkt sich überproportional auf die Wertentwicklung des Derivats aus. Dies hängt damit zusammen, dass für den Abschluss des derivativen Geschäfts verglichen mit dem Kauf des *underlying* selbst kein oder nur eine vergleichsweise geringe Anfangsinvestition getätigt werden muss.[81] Allerdings gilt es zu beachten, dass – bei unbedingten Termingeschäften – neben diesem erheblichen Gewinnpotenzial auch ein beträchtliches Verlustpotenzial besteht, nämlich dann, wenn sich der Wert des *underlying* in die entgegengesetzte Richtung bewegt.

In Abhängigkeit vom (geplanten) zeitlichen Abstand zwischen Kauf und Verkauf unterscheidet man[82]

- *scalping*: zwischen den beiden Geschäften liegen nur wenige Minuten;

- *day trading*: Öffnung und Schließung der Position erfolgen am gleichen Tag, d.h., es bestehen grundsätzlich keine offenen Positionen am Ende bzw. Anfang eines Börsentages;

- *position trading*: die Position wird über einen längeren Zeitraum (Tage, Wochen, Monate) gehalten.

---

variation margins leisten (*margin call*). Die EUREX kennt keine *maintenance margin*. Vgl. ANSTETT, CHRISTOF WERNER (Futures 1997), S. 34.

[80] Vgl. RUDOLPH, BERND/SCHÄFER, KLAUS (Finanzmarktinstrumente 2005), S. 31.

[81] Vgl. GÖPPL, HERMANN/MADJLESSI, FORUHAR (Derivate 1999), S. 356f.; SCHLAG, CHRISTIAN (Derivate 1999), S. 351.

2.2.5.2 Die Arbitrage

Unter Arbitrage versteht man die Ausnutzung ökonomisch nicht gerechtfertigter räumlicher und/oder zeitlicher Preisdifferenzen durch simultane Kauf- und Verkaufstransaktionen. Damit ist es möglich, einen risikolosen Gewinn zu vereinnahmen. Bei der einfachsten Form der Arbitrage, der räumlichen bzw. Inter-Markt-Arbitrage, macht man sich den Umstand zunutze, dass für ein bestimmtes Instrument, z.B. eine Aktie, an unterschiedlichen Märkten aufgrund von Marktunvollkommenheiten unterschiedliche Kurse existieren können. Der Arbitrageur kauft das Instrument an dem Markt mit dem niedrigeren Kurs und verkauft es simultan am höherpreisigen Markt. Dies führt dazu, dass sich die Preise an den beiden Märkten einander annähern.[83]

Arbitragemöglichkeiten bestehen aber nicht nur durch Ausnutzung räumlicher, sondern auch durch Ausnutzung zeitlicher Differenzen. Bei dieser so genannten *cash and carry*-Arbitrage werden Preisunterschiede zwischen Kassa- und Terminmärkten genutzt. So ist es z.B. möglich, dass der heutige Kassakurs einer Aktie niedriger ist als der entsprechende Terminkurs. Damit lässt sich hier ein risikoloser Arbitragegewinn erzielen, in dem man sich z.B. das Instrument am Kassamarkt besorgt und es gleichzeitig per Termin zu dem höheren Preis verkauft. Auch hier führt die Arbitrage zu einer Annäherung der beiden Preise.[84]

Vergegenwärtigt man sich, dass ein Arbitrageur in der Regel nicht in der Lage sein wird, die beiden Geschäfte exakt zeitgleich, sondern „nur" unmittelbar nacheinander, d.h. im Abstand von mehreren Sekunden oder Minuten, abzuschließen, werden Parallelen zum eben angesprochenen *scalping* deutlich. Arbitrage wird daher auch häufig zu Recht als ein Spezialfall der Spekulation angesehen.[85]

---

[82]   Vgl. BERGER, MANFRED (Hedging 1990), S. 253f.; RUDOLPH, BERND (Risikomanagement 1995), S. 16.

[83]   Vgl. RUDOLPH, BERND (Risikomanagement 1995), S. 16; SCHARPF, PAUL/LUZ, GÜNTER (Bilanzierung 2000), S. 619; BEIKE, ROLF/BARCKOW, ANDREAS (Risk-Management 2002), S. 12.

[84]   Vgl. SCHARPF, PAUL/LUZ, GÜNTER (Bilanzierung 2000), S. 620.

[85]   Vgl. GRÜNEWALD, ANDREAS (Finanzterminkontrakte 1993), S. 19; GEBHARDT, GÜNTHER (Probleme 1996), S. 558.

2.2.5.3 Die Absicherung (*hedging*)

2.2.5.3.1 Grundsätzliches

Unter *hedging* wird in dieser Arbeit die Absicherung einer offenen Risikoposition (Grundgeschäft) durch den Aufbau einer dem gleichen Risiko unterliegenden, jedoch wertmäßig gegenläufigen Position (Sicherungsgeschäft) verstanden. Damit können also negative Wertänderungen der einen Position durch im Idealfall betragsmäßig identische, jedoch positive Wertänderungen der anderen Position kompensiert werden.

Grundsätzlich eignen sich sowohl originäre als auch derivative Finanzinstrumente als Absicherungsinstrumente. So lässt sich beispielsweise eine Fremdwährungsforderung sowohl durch das Eingehen einer betrags- und währungsmäßig identischen Verbindlichkeit als auch durch den Abschluss eines Devisenterminverkaufs sichern.[86] In der Praxis werden zu Absicherungszwecken allerdings in der Regel die speziell für diese Belange entwickelten Derivate genutzt.[87] Mit ihnen lassen sich offene Positionen also nicht nur – wie bei der Spekulation – aufbauen, sondern auch schließen. Sie eignen sich in besonderem Maße zu Absicherungszwecken in Risikomanagementsystemen, weil bei Abschluss eines Derivats keine oder nur eine geringe Anfangsauszahlung notwendig ist; sie sind damit äußerst liquiditätsschonend.[88]

2.2.5.3.2 Der Einsatz von Risikomanagementsystemen

Mit Hilfe von Risikomanagementsystemen sollen die Risiken, denen ein Unternehmen ausgesetzt ist, gemessen, bewertet, gesteuert und überwacht werden. Dabei geht es nicht darum, das Eingehen von Risiken gänzlich zu verhindern, sondern vielmehr um die Einhaltung eines von der Unternehmensleitung vorgegebenen Risiko-Rendite-

---

[86] Ein Beispiel für eine Absicherung mittels einer Verbindlichkeit findet sich bei BIEG, HARTMUT (Grundlagen I 2002), S. 432f.

[87] Vgl. WILLNOW, JOACHIM (Finanzinstrumente 1996), S. 17f.

[88] Vgl. hierzu auch Abschnitt 2.2.1.

Verhältnisses. Um dies zu gewährleisten, wird es gegebenenfalls notwendig sein, bestehende Risiken zu reduzieren oder gar vollständig zu eliminieren.[89]

Viele der spektakulären Unternehmenskrisen und -pleiten der vergangenen Jahre haben, wie etwa im Fall der Barings Bank,[90] der ältesten Investmentbank Großbritanniens, die infolge des Geschäftsgebarens eines einzigen Mitarbeiters 1995 zusammenbrach, ihre Ursache im fehlenden Risikobewusstsein und in mangelnden Kontrollmechanismen. Sie haben deutlich gezeigt, dass das Management von Risiken eine aus betriebswirtschaftlicher Sicht sinnvolle und notwendige Aufgabe ist.[91] Auch der Gesetzgeber hat dies erkannt und zumindest Aktiengesellschaften – genauer: deren Vorstand – mit der Einführung des § 91 Abs. 2 AktG durch das KonTraG 1998 explizit dazu verpflichtet, ein „Überwachungssystem einzurichten, damit den Fortbestand der Gesellschaft gefährdende Entwicklungen früh erkannt werden"[92] können. Gleichzeitig wurde in der Gesetzesbegründung festgestellt, dass – obwohl entsprechende Regelungen für andere Rechtsformen nicht getroffen wurden – „die Neuregelung Ausstrahlungswirkung auf den Pflichtenrahmen der Geschäftsführer auch anderer Gesellschaftsformen hat."[93]

Für viele Unternehmen anderer Rechtsformen ergibt sich das Erfordernis eines Risikomanagementsystems indirekt aus dem ebenfalls durch das KonTraG neu gefassten § 289 HGB, nach dem der für alle Kapitalgesellschaften sowie bestimmte Personengesellschaften vorgeschriebene Lagebericht um einen Risikobericht zu ergänzen ist, in dem auf die Risiken der zukünftigen Entwicklung eingegangen werden muss. Dadurch, dass bereits die drohende Zahlungsunfähigkeit die Auslösung eines Insolvenzverfahrens zur Folge haben kann, resultiert für Unternehmen aller Rechtsformen aus § 18 InsO indirekt die Notwendigkeit, zumindest die Liquiditätsrisiken zu überwachen und gegebenenfalls zu steuern.[94]

---

[89] Vgl. SCHEFFLER, JAN (Hedge-Accounting 1994), S. 33ff.; BARCKOW, ANDREAS (Bilanzierung 2004), S. 25.

[90] Vgl. hierzu SCHULZ, BETTINA (Fall Barings 1999), S. 355f.

[91] Vgl. SEIDL, ALBERT (Hedge-Accounting 2000), S. 2f.; PWC (Risikomanagement 2001), S. 14.

[92] § 91 Abs. 2 AktG.

[93] BUNDESREGIERUNG (KonTraG 1997), S. 37.

[94] Vgl. zu diesem Absatz SCHARPF, PAUL/LUZ, GÜNTER (Bilanzierung 2000), S. 48ff. und 60ff.; PWC (Risikomanagement 2001), S. 22ff.

Darüber hinaus existieren für Unternehmen bestimmter Branchen aufsichtsrechtliche Regelungen. Für Kreditinstitute finden sich diese im KWG und in den von der Bundesanstalt für Finanzdienstleistungsaufsicht im Dezember 2005 veröffentlichten „Mindestanforderungen an das Risikomanagement" (MaRisk),[95] die nicht nur ein Risikomanagementsystem vorschreiben, sondern auch bestimmte Anforderungen vorgeben, die bei der Implementierung eines solchen Systems einzuhalten sind.[96] Die entsprechenden Vorschriften gehen qualitativ über die des § 91 Abs. 2 AktG hinaus, denn es wird nicht nur die Einrichtung eines Risiko-Früherkennungssystems gefordert, sondern „ein umfassendes System zur Steuerung, Überwachung und Kontrolle aller Risiken mit Auswirkungen auf die finanzielle Situation der Gesellschaft"[97].

2.2.5.3.3 Die Systematisierung von *hedging*-Strategien

2.2.5.3.3.1 Vorbemerkung

Hedging-Strategien lassen sich nach verschiedenen Kriterien systematisieren. Im Folgenden werden vier für die bilanzielle Behandlung von Absicherungszusammenhängen besonders relevante Kriterien diskutiert.

2.2.5.3.3.2 Der Umfang der abzusichernden Positionen

2.2.5.3.3.2.1 Mikro-, Makro- und Portfolio-*hedge*

Ein insbesondere für die bilanzielle Behandlung von Sicherungszusammenhängen bedeutsamer Aspekt ist die Unterscheidung nach dem Umfang der abgesicherten Geschäfte. Hier werden in der Literatur die Begriffe Mikro-, Makro- und Portfolio-*hedge* verwendet.

---

[95] Vgl. § 25a Abs. 1 Nr. 1 KWG sowie die Abschnitte AT 4.3, BTO 2.2 und BTR der MaRisk. Vgl. zu den MaRisk ausführlich Abschnitt 5.2.1.2.2.4.3.2.

[96] Vgl. SCHARPF, PAUL/LUZ, GÜNTER (Bilanzierung 2000), S. 48ff. und 60ff.; PWC (Risikomanagement 2001), S. 22ff., die sich noch auf die Vorschriften der mit Erlass der MaRisk aufgehobenen Mindestanforderungen an das Betreiben von Handelsgeschäften der Kreditinstitute (MaH) beziehen; diese sind allerdings ohne materielle Änderungen in den MaRisk aufgegangen. Vgl. THEILEIS, ULRICH ET AL. (MaRisk 2006), S. 7f.

[97] PWC (Risikomanagement 2001), S. 23.

Wurde ein einzelnes (Grund-) Geschäft durch den Abschluss eines Sicherungsgeschäfts gegen Wertänderungen immunisiert, so spricht man von einem Mikro-*hedge*.[98] Möchte ein Unternehmen dagegen nicht nur einzelne Geschäfte absichern, sondern mehrere oder gar eine globale, d.h. sämtliche Währungs-, Zins- oder sonstige Preisrisiken umfassende Sicherungsstrategie betreiben, so erweisen sich Mikro-*hedges* für diese Belange aus betriebswirtschaftlicher Sicht als wenig geeignet, weil die Absicherung jedes einzelnen Geschäfts durch ein eigenes Sicherungsgeschäft mit zu hohen Transaktionskosten verbunden wäre. Sinnvoller erscheint es dagegen, wie in modernen Risikomanagementsystemen üblich, mehrere im Bestand des Unternehmens befindliche Positionen zum Zwecke der Absicherung zusammenzufassen.[99] Für ein solches Vorgehen haben sich in der Praxis die Begriffe Makro- und Portfolio-*hedging* etabliert, wobei die Definitionen der Begriffe und ihre konkrete Abgrenzung in der Literatur von den verschiedenen Autoren höchst unterschiedlich vorgenommen werden. Dies wird indes dann zum Problem, wenn etwa über die bilanzielle Zulässigkeit bzw. Behandlung dieser *hedges* diskutiert und gestritten wird,[100] denn dies geschieht meist, ohne die Unterschiede in den Definitionen zur Kenntnis zu nehmen, geschweige denn, dass auf sie hingewiesen wird.

Unter einem Makro-*hedge* wird in dieser Arbeit eine Absicherung verstanden, bei der zwei oder mehr Geschäfte gemeinsam abgesichert werden. Dies geschieht, indem zuvor die offene Netto-Risikoposition der zusammengefassten Geschäfte ermittelt wird, d.h., es findet eine Saldierung statt, bei der die kompensatorischen Wirkungen der beteiligten Instrumente berücksichtigt werden.[101]

Möchte ein Unternehmen zum Beispiel seine USD-Forderungen und -Verbindlichkeiten vor Wechselkursänderungen schützen, wäre es aus ökonomischer Sicht unklug, den Wechselkursrisiken der einzelnen Forderungen bzw. Verbindlichkeiten durch den Abschluss einzelgeschäftsbezogener Devisentermingeschäfte zu begegnen. Dabei ließe

---

[98]   Vgl. SCHEFFLER, JAN (Hedge-Accounting 1994), S. 57; PRAHL, REINHARD/NAUMANN, THOMAS K. (Instruments 2005), S. 93.

[99]   Vgl. BÖCKING, HANS-JOACHIM/BENECKE, BIRKA (§ 340e HGB 2001), S. 1578; SCHWITTERS, JÜRGEN/BOGAJEWSKAJA, JANINA (Bilanzierung 2005), S. 29.

[100] Vgl. hierzu Abschnitt 5.

[101] So auch PRAHL, REINHARD/NAUMANN, THOMAS K. (Instruments 2005), S. 110f.

man nämlich außer Acht, dass sich die wechselkursinduzierten Wertänderungen der USD-Forderungen einerseits und der USD-Verbindlichkeiten andererseits zumindest teilweise automatisch kompensieren.[102] Steigt zum Beispiel der Wechselkurs (in USD pro EUR), so bedeutet dies, dass der Wert der USD-Forderungen des Unternehmens in EUR abnimmt; es liegt ein unrealisierter Aufwand vor. Gleichzeitig fällt jedoch auch der EUR-Wert der USD-Verbindlichkeiten um den gleichen Prozentsatz. Dieser Rückgang der Schulden gemessen in EUR stellt einen unrealisierten Ertrag dar, der den aus der Forderungsbewertung resultierenden Verlust in Abhängigkeit von den jeweiligen Forderungs- bzw. Verbindlichkeitsvolumina teilweise, vollständig oder gar überkompensiert.

Das Abstellen auf die Gesamtrisikoposition ist auch deshalb ratsam, weil man es auf diese Weise vermeidet, vormals geschlossene Positionen wieder zu öffnen. Unterstellt man in dem eben angeführten Beispiel etwa, dass sich USD-Forderungen und USD-Verbindlichkeiten in gleicher Höhe gegenüberstehen, so läge im Hinblick auf das Währungsrisiko eine geschlossene Position vor. Würde man diesen Zusammenhang nicht erkennen und beispielsweise die Forderungsposition mit einem entsprechenden Geschäft absichern, so hätte man nicht nur unnötigerweise eine bereits gesicherte Position gehedged, man hätte zudem eine eigentlich geschlossene Position geöffnet, weil der USD-Verbindlichkeit nun keine sichernde Position mehr gegenüber steht, mit der eventuelle Wertänderungen ausgeglichen werden können. Unter dem Strich würde die Gesamtrisikoposition des Unternehmens durch die Absicherungsmaßname nicht verringert, sondern erhöht.[103]

Teilweise wird davon gesprochen, dass bei einem Makro-*hedge* „die Gesamtposition des Unternehmens"[104] abgesichert werde. Damit wird offenbar unterstellt, die Bank würde etwa im Falle der Absicherung gegen USD-Währungsrisiken tatsächlich sämtliche mit einem USD-Währungsrisiko verbundenen Positionen in die Berechnung der Nettoposition mit einbeziehen. Obwohl das im Hinblick auf die Ausführungen im

---

[102]   Vgl. BIEG, HARTMUT (Grundlagen II 2002), S. 474; PRAHL, REINHARD/NAUMANN, THOMAS K. (Instruments 2005), S. 110f.

[103]   Vgl. SCHMIDT, CLAUDE R. (Hedge Accounting 1996), S. 58.

[104]   BÖCKING, HANS-JOACHIM/BENECKE, BIRKA (§ 340e HGB 2001), S. 1578. Ebenso SCHEFFLER, JAN (Hedge-Accounting 1994), S. 57.

vorangegangenen Absatz durchaus eine ökonomisch sinnvolle Vorgehensweise darstellt, engt es doch einen Makro-*hedge* zu sehr ein. Ein solcher liegt auch dann vor, wenn nur ein Teil der Fremdwährungspositionen mit in die Betrachtung einbezogen wird. Entscheidendes Charakteristikum ist – und das ist gleichzeitig der wesentliche Unterschied zum Mikro-*hedge* – die Berechnung einer Nettoposition.

Zu beachten ist, dass die Begriffsdefinitionen in der Literatur höchst unterschiedlich sind. So versteht BARCKOW unter einem Makro-*hedge* die Absicherung „verschiedenartiger"[105] Grundgeschäfte, wobei er dabei auf Unterschiede hinsichtlich „Art, Volumen, Laufzeit, Risikofaktor etc."[106] abstellt. Bei SCHARPF/LUZ werden dagegen bei einem Makro-*hedge* „gleichartige Grundgeschäfte"[107], die der „gleichen Risikoart"[108] ausgesetzt sind, abgesichert. Die beiden Definitionen unterscheiden sich ganz offensichtlich grundlegend.

Die Begriffsbestimmung von BARCKOW ist m.E. wenig sinnvoll. Wie soll eine auf die Ausschaltung eines Marktrisikos zielende Absicherung stattfinden, wenn die einbezogenen Geschäfte „verschiedenartig" und damit – laut BARCKOW – unterschiedlichen Risiken ausgesetzt sind? So kann eine USD-Forderung zweifellos nicht mittels eines DAX-Futures gesichert werden. Es kann hier sehr wohl ein Diversifikationseffekt und damit eine (wohl eher zufällige) Wertkompensation stattfinden, allerdings keine Risikokompensation. Hier wird offensichtlich Risiko-Diversifikation (Risikostreuung) mit der beim *hedging* stattfindenden Risiko-Kompensation (Risiko-Reduzierung durch Geschäfte, die dem gleichen Risiko unterliegen, jedoch darauf gegenläufig reagieren) verwechselt.

Auch die Definitionen bei SCHARPF/LUZ decken sich nicht exakt mit der in dieser Arbeit verwendeten. So verstehen sie zwar, wie gerade erläutert, unter einem Makro-*hedge* auch eine Absicherung von mehreren Grundgeschäften, die alle der gleichen Risikoart unterliegen. Allerdings sehen sie die eben als Beispiel angeführte Absicherung einer Netto-Risikoposition in USD als Mikro-*hedge*, denn „nachdem es zum einen wirtschaft-

---

[105]   BARCKOW, ANDREAS (Bilanzierung 2004), S. 27.

[106]   BARCKOW, ANDREAS (Bilanzierung 2004), S. 27.

[107]   SCHARPF, PAUL/LUZ, GÜNTER (Bilanzierung 2000), S. 310.

[108]   SCHARPF, PAUL/LUZ, GÜNTER (Bilanzierung 2000), S. 310.

lich sinnvoll ist und im Sinne der Bildung von Bewertungseinheiten gefordert wird, bspw. im Währungsbereich die Nettoposition abzusichern [...], kann diese Form der Sicherung nicht als Makro-*hedge* bezeichnet werden. Die zu einer Nettoposition zusammengefassten Währungsgeschäfte können vielmehr eindeutig identifiziert werden; sie werden ferner durch die Bildung einer Nettoposition zwingend einander eindeutig zugeordnet"[109]. Die Begründung kann in keiner Weise überzeugen. Erstens ist es völlig unverständlich, weshalb die ökonomische Sinnhaftigkeit einer Absicherung maßgeblich für die Einstufung bzw. Bezeichnung als Mikro- oder Makro-*hedge* sein soll. Folgte man der Argumentation, dass wirtschaftlich sinnvolle *hedges* stets Mikro-*hedges* sind, so würde das bedeuten, dass es sich bei Makro-*hedges* stets nur um aus ökonomischer Sicht nicht sinnvolle Maßnahmen handeln kann. Es ist offensichtlich, dass das wohl kaum gemeint sein kann. Zweitens ist auch die mit dem letzten Satz des Zitats verbundene Aussage, bei Makro-*hedges* könnten die Geschäfte nicht eindeutig identifiziert werden, m.E. höchst verwunderlich. Bedingt nicht die Vornahme einer gezielten Absicherung mittels eines Sicherungsgeschäfts eine Identifizierung und Quantifizierung des Risikos, gegen das man sich absichern möchte? Wie kann man Positionen absichern, die man gar nicht identifizieren kann und damit offensichtlich doch auch gar nicht kennt?

Die vorangegangenen Ausführungen haben deutlich gemacht, dass der Begriff Makro-*hedge* nicht nur nicht einheitlich, sondern gelegentlich auf wenig sinnvolle Art und Weise verwendet wird. Noch verwirrender wird die Thematik, wenn neben den Begriff Makro- nun auch noch die Bezeichnung Portfolio-*hedge* tritt. Teilweise wird auf seltsame Weise versucht, ein Abgrenzungskriterium zwischen diesen beiden Begriffen zu finden. So versucht BARCKOW, Portfolio-*hedges* als Zusammenfassung hinsichtlich etwa Art, Volumen, Laufzeit und Risikofaktor *gleichartiger* Grundgeschäfte zu definieren, während Makro-*hedges* für ihn bekanntlich die gemeinsame Betrachtung *verschiedenartiger* Grundgeschäfte beinhalten.[110] Die Unzweckmäßigkeit dieser Abgrenzung ergibt sich schon aus seiner bereits oben kritisierten untauglichen Definition eines Makro-*hedges*.

---

[109]   SCHARPF, PAUL/LUZ, GÜNTER (Bilanzierung 2000), S. 310f.

[110]   Vgl. BARCKOW, ANDREAS (Bilanzierung 2004), S. 27.

Grundsätzlich gilt, dass ein Makro-*hedge* dadurch gekennzeichnet ist, dass aus mehreren zusammengefassten Grundgeschäften die offene Nettoposition ermittelt wird. Es werden also mehrere abzusichernde Geschäfte zu einer Gruppe – man könnte auch sagen: zu einem Portfolio – zusammengefasst. Geht man von der weitgehenden Bedeutungsidentität der Begriffe „Gruppe" und „Portfolio" aus, so kann man – rein sprachlich – grundsätzlich jeden Makro-*hedge* als Absicherung eines Portfolios von Geschäften und somit letztlich als Portfolio-*hedge* bezeichnen. Festzuhalten bleibt daher zunächst, dass die Begriffe Makro- und Portfolio-*hedge* als synonym zu begreifen sind. Dies gilt insbesondere für den Sprachgebrauch nach IFRS.[111]

Speziell in der deutschen Rechnungslegung bezeichnet man mit dem Begriff Portfolio-*hedge* jedoch häufig einen ganz speziellen „*hedge*", nämlich im Zusammenhang mit der Bewertung der Handelsbestände der Kreditinstitute. Insofern spricht man hier auch – und diese Bezeichnung ist schon etwas präziser – von einem Portfolio-Handels-*hedge*.[112] Unter einem Portfolio wird in diesem Rahmen eine homogene Gruppe von Finanzinstrumenten verstanden, die zum Zwecke der gemeinsamen Verwaltung zusammengefasst wurden. Ziel ist es hierbei, aus dem Handel, d.h. dem An- und Verkauf von Finanzinstrumenten, Gewinne zu erzielen. Die Gruppenbildung kann nach verschiedenen Kriterien, z.B. nach Produktarten, nach wesentlichen Risikofaktoren oder nach der organisatorischen Verantwortlichkeit, erfolgen.[113]

Die Besonderheit eines solchen Portfolio-Handels-*hedge* liegt zum einen darin, dass die Zusammenfassung der Geschäfte, also die Portfoliobildung, nicht primär zum Zwecke der Risikoabsicherung oder der kompensatorischen Behandlung der Wertänderungen aus diesen Geschäften im Jahresabschluss erfolgt. Sie ist vielmehr insbesondere bei Kreditinstituten notwendig und verbreitet, um ein effizientes Management ihrer Handelsbestände zu ermöglichen. Insofern ist die Bezeichnung Portfolio-„*hedging*" hier missverständlich, suggeriert sie doch, dass es hierbei um die gezielte Zusammenfassung der sich in einem Portfolio befindenden Geschäfte zum Zwecke ihrer Absicherung

---

[111]　　Vgl. IAS 39.BC11A.

[112]　　Vgl. PRAHL, REINHARD/NAUMANN, THOMAS K. (Instruments 2005), S. 116ff.

[113]　　Vgl. hierzu und zum folgenden Absatz BIEG, HARTMUT (Grundlagen II 2002), S. 475.

geht.[114] Beim Portfolio-Handels-*hedge* handelt es sich je nachdem, nach welchen Kriterien die Portfoliobildung vorgenommen wurde und welche Instrumente infolgedessen einem Portfolio angehören – und das ist der zweite Unterschied – möglicherweise mehr um Wertkompensation als um Risikokompensation, d.h., Ziel ist u.U. „nur" der Ausgleich von Marktwertänderungen der im Portfolio befindlichen Geschäfte.[115] Warum ein so verstandener Portfolio-*hedge* im Rahmen der HGB-Rechnungslegung, nicht jedoch bei Anwendung der IFRS eine Rolle spielen kann, wird erst in Abschnitt 5.2.1.2.2.4 und Abschnitt 5.3.1 aufgegriffen. Die Besonderheit und damit die Existenzberechtigung eines solchen Portfolio-Handels-*hedges* kann erst verdeutlicht werden, wenn zuvor die auf diese Handelsbestände anzuwendenden Rechnungslegungsregeln besprochen worden sind.

2.2.5.3.3.2.2 Die Bedeutung interner Geschäfte

Bei den so genannten internen Geschäften handelt es sich um Transaktionen innerhalb einer berichtenden Einheit, d.h. zwischen organisatorischen Einheiten ein- und desselben Unternehmens (z.B. zwischen der Kreditabteilung, die einen Kredit gegen Zinsrisiken sichern will und der Handelsabteilung) oder – sofern es um die Konzernberichterstattung geht[116] – zwischen zwei Konzernunternehmen.[117] Zwar interessieren interne Geschäfte im Rahmen dieser Arbeit vor allem wegen ihrer herausragenden Bedeutung im Risikomanagement, sie kommen aber auch außerhalb desselben zum Einsatz. Stellt man sich etwa ein international tätiges Unternehmen vor, das nach seinen Niederlas-

---

[114] Dem steht selbstverständlich nicht entgegen, dass den Netto-Risiken des Portfolios mit entsprechenden Sicherungs- bzw. Deckungsgeschäften begegnet wird.

[115] Wenn etwa in einem Portfolio Aktien verschiedener Unternehmen zusammengefasst sind, wird man im Regelfall beobachten können, dass der Kurswert einiger der in dem Portfolio befindlichen Aktien steigen wird, während andere Aktien dafür an Wert einbüßen. Die Diversifikation, also die Aufteilung des Anlagebetrages auf verschiedene Aktien, führt zu einer Wertkompensation. In diesem Fall liegt jedoch keine Risikokompensation in dem in dieser Arbeit verstandenen Sinne vor, denn es gibt keinen ursächlichen Zusammenhang zwischen dem Kursanstieg bei dem einen Teil der Aktien und dem Kursverlust bei dem anderen Teil. Derartige Diversifikationsstrategien werden in der Finanzwirtschaft in der Portfoliotheorie nach MARKOWITZ sowie in dem darauf aufbauenden *Capital Asset Pricing Model* (CAPM) diskutiert. Vgl. hierzu ausführlich BIEG, HARTMUT/KUßMAUL, HEINZ (Entscheidungen 2000), S. 107ff.

[116] Geschäfte, die das Konzernunternehmen A mit dem Konzernunternehmen B tätigt, gelten also nicht im Einzelabschluss von A bzw. B, sondern nur im Konzernabschluss als interne Geschäfte. Die Bezeichnung „intern" ist immer auf die berichtende Einheit zu beziehen.

[117] Vgl. ELKART, WOLFGANG/SCHABER, MATHIAS (Interne Geschäfte 2003), S. 403.

sungsländern in verschiedene, eigenverantwortlich arbeitende *profit center* eingeteilt ist, und geht man beispielhaft davon aus, dass im *profit center* „Deutschland" eine Telekom-Aktie verkauft und gleichzeitig im *profit center* „Frankreich" eine Telekom-Aktie erworben werden soll, dann kann das auf zwei Wegen geschehen.

Der erste – der klassische – Weg besteht darin, dass beide *profit center* ihre Aufträge an ihre Bank geben und sie über die Börse ausführen lassen. Sie können aber andererseits auch ein internes Geschäft abschließen, d.h., das *profit center* „Deutschland" verkauft seine Telekom-Aktie nicht an der Börse, sondern überträgt sie zum aktuellen Börsenkurs an das *profit center* „Frankreich". Dies hat einen entscheidenden Vorteil: man spart die bei der klassischen Verfahrensweise anfallenden Transaktionskosten.[118]

Für den Einsatz interner Geschäfte im Risikomanagement gibt es im Wesentlichen zwei Gründe. Erstens ist es häufig so, dass innerhalb eines Unternehmens bzw. mitunter auch eines Konzerns nur eine bestimmte Organisationseinheit befugt ist, bei Geschäften mit Zinstiteln, Aktien, Währungen oder auch Waren als Schnittstelle nach außen zu fungieren (z.B. die Handelsabteilung). Damit wird ein einheitlicher Auftritt am Markt sichergestellt und erreicht, dass „das Produktmandat bei der Stelle liegt, die hierin die beste Marktkenntnis hat und diese in optimaler Weise zum Einsatz bringen kann"[119]. Die Geschäfte lassen sich dadurch möglicherweise zu günstigeren Konditionen abschließen und es wird verhindert, dass das Unternehmen vom Markt ausarbitriert wird.[120] Interne Geschäfte sind ein Werkzeug, mit dessen Hilfe die verschiedenen Risiken innerhalb des Unternehmens auf die das Produktmandat innehabende Einheit übertragen werden kann; durch sie wird eine solche Bündelung in einer Organisationseinheit erst möglich.[121] Möchte die Kreditabteilung also beispielsweise einen festverzinslichen Kredit über 500.000 EUR absichern, so kontrahiert sie mit der Handelsabteilung zu marktgängigen Konditionen einen internen Swap. Die Handelsabteilung

---

[118]   Ob durch Vornahme des internen Geschäfts letztlich tatsächlich ein Kostenvorteil verbleibt, hängt von der Höhe der Kosten ab, die beim Zusammenbringen des innerbetrieblichen Angebots mit der innerbetrieblichen Nachfrage möglicherweise entstehen. Gerade wenn – wie im nächsten Absatz erläutert – das Mandat für die Vornahme von Börsengeschäften bei einer bestimmten Organisationseinheit liegt, dürften diese Kosten allerdings vergleichsweise gering sein.

[119]   LÖW, EDGAR/LORENZ, KARSTEN (Bewertung 2005), S. 588.

[120]   Vgl. KRUMNOW, JÜRGEN (Motor 1995), S. 17; PRAHL, REINHARD (Quo vadis 2004), S. 235.

[121]   Vgl. KEMMER, MICHAEL/NAUMANN, THOMAS K. (Anwendung Teil 2 2003), S. 798.

wiederum schließt mit einem externen Marktpartner einen (aus ihrer Sicht) entsprechend gegenläufigen Swap ab. Damit hat die Handelsabteilung das abzusichernde Risiko auf den externen Kontraktpartner überwälzt.

Zweitens übernimmt diese zentrale Stelle im Unternehmen bzw. Konzern auch Risikomanagementaufgaben, d.h., sie bündelt gewissermaßen die in den einzelnen Organisationseinheiten bestehenden Risiken, berechnet die offene Netto-Risikoposition (*pre-netting*) und sichert nur diese offene Position durch externe Geschäfte ab. Auf diese Weise lassen sich ebenfalls erhebliche Kosten einsparen, denn es muss nur ein Bruchteil der ansonsten nötigen Geschäfte mit Externen kontrahiert werden; die Geld-/Brief-Spanne verbleibt im Haus.[122] Zudem werden die durchschnittlichen Volumina pro Geschäftsabschluss durch die Bündelung in einer Organisationseinheit tendenziell steigen, was ebenfalls zur Kostenersparnis beitragen kann. Gleichzeitig werden Kontrahenten-Linien[123] geschont und auch das Adressenausfallrisiko begrenzt, denn interne Kontraktpartner können nicht ausfallen.[124]

Interne Geschäfte dienen folglich dazu, ein Makro-*hedging* in die Praxis umzusetzen. Unterstellt man z.B., dass in dem gerade betrachteten Unternehmen noch eine festverzinsliche Verbindlichkeit in Höhe von 460.000 EUR existiert, die ebenfalls abgesichert werden soll, so wäre es aus ökonomischer Sicht nicht sinnvoll, dies durch Abschluss eines weiteren (externen) Swaps zu tun, denn dann bliebe unberücksichtigt, dass sich die Risiken aus dem Kredit und der Verbindlichkeit zumindest teilweise kompensieren. Daher schließt die für den Kredit zuständige Einheit ebenfalls einen internen Kontrakt mit der Handelsabteilung ab. Diese bündelt also die im Unternehmen bestehenden Risiken, berechnet die offene Position aus den beiden Swaps und sichert letztlich noch einen Forderungsbetrag von 40.000 EUR mit Hilfe eines externen Swaps ab.

Es ist wichtig zu erkennen, dass erst durch Abschluss des externen Kontrakts – im gerade angeführten Beispiel also durch den Abschluss des Swaps über 40.000 EUR –

---

[122] Vgl. NAUMANN, THOMAS K. (Bewertungseinheiten 1995), S. 183.

[123] Im außerbörslichen OTC-Handel räumen sich die Handelspartner gegenseitig bestimmte Linien ein, um das Adressenausfallrisiko zu begrenzen.

[124] Vgl. WITTENBRINK, CARSTEN/GÖBEL, GERHARD (Interne Geschäfte 1997), S. 270ff.; KALTENHAUSER, HELMUT/BEGON, CORNELIA (Interne Geschäfte 1998), S. 1191; ELKART, WOLFGANG/SCHABER, MATHIAS (Interne Geschäfte 2003), S. 406f.; HANENBERG, LUDGER/HILLEN, KARL-HEINZ (Bankenaufsicht 2003), S. 576f.

aus Sicht der berichtenden Einheit eine Ausschaltung des Zinsänderungsrisikos stattgefunden hat. Allein durch den Abschluss interner Geschäfte lassen sich Risiken nicht ausschalten, sondern lediglich von einer Organisationseinheit auf die andere übertragen.

2.2.5.3.3.3 Die Identität der Basis

Schließt man zur Absicherung eines Grundgeschäfts ein Sicherungsgeschäft mit der gleichen Basis ab, so spricht man von einem *pure hedge*. Eine Basisidentität wäre beispielsweise dann gegeben, wenn eine USD-Forderungsposition durch den Abschluss eines Terminverkaufs von USD abgesichert werden würde. Absicherungen durch *pure hedges* sind hinsichtlich ihrer Kompensations- bzw. Sicherungswirkung besonders zuverlässig, da sich aufgrund der Basisidentität die Risikofaktoren der Geschäfte entsprechen.[125]

Anders verhält es sich diesbezüglich bei einem *cross hedge*. Hierbei erfolgt keine Absicherung durch ein Geschäft mit identischer, sondern lediglich mit einer ähnlichen Basis. Man verwendet also eine Basis, die auf Änderungen des abzusichernden Marktpreises in möglichst gleicher Weise reagiert. So könnte man die obige USD-Forderung etwa auch durch den Terminverkauf einer anderen Währung absichern, sofern diese andere Währung eine hohe positive Korrelation mit dem Kursverlauf des USD aufweist.[126] Dies ist im Währungsbereich z.B. dann gegeben, wenn Wechselkursschwankungen durch die Vereinbarung von Bandbreiten in Währungssystemen (wie zeitweise beim Europäischen Währungssystem (EWS)) mehr oder weniger enge Grenzen gesetzt sind oder die betreffenden Notenbanken durch bilaterale Vereinbarungen und entsprechende Interventionsmaßnahmen Änderungen der Kursrelation verhindern.[127] Hieraus wird deutlich, dass ein perfekter *hedge*, d.h. eine vollständige und exakte Absicherung, durch einen *cross hedge* kaum zu erreichen sein wird, weil sich Grund- und Sicherungsgeschäft zum Beispiel wegen der vorgesehenen Bandbreiten wertmäßig eben nicht exakt gegenläufig entwickeln.[128] Hinzu kommt die Gefahr, dass

---

[125]   Vgl. auch zum Folgenden LOCAREK-JUNGE, HERMANN (Hedging 2001), S. 1018.

[126]   Vgl. zum Begriff der Korrelation Abschnitt 5.2.1.2.2.2.2.1.2.

[127]   Vgl. GÖTTGENS, MICHAEL (Bankbilanz 1997), S. 72.

[128]   Vgl. SCHMIDT, CLAUDE R. (Hedge Accounting 1996), S. 71.

die in der Vergangenheit beobachtete hohe Korrelation zwischen zwei Basen nicht von Dauer sein muss. Denkbar wäre für das hier angeführte Beispiel etwa, dass die vereinbarten Bandbreiten vergrößert werden oder die Notenbanken ihre Vereinbarung aufheben bzw. sich nicht mehr daran halten wollen oder können. In vielen Fällen, wie beispielsweise im Zinsbereich, sind *cross hedges* die einzige Möglichkeit zur Absicherung, weil gar kein Sicherungsinstrument mit exakt gleicher Basis existiert.[129]

2.2.5.3.3.4 Die Veränderlichkeit der Sicherung

In Abhängigkeit von der Veränderlichkeit der Sicherung kann man statische und dynamische *hedges* unterscheiden.[130] Bei statischen *hedges* wird der durch den Abschluss des gegenläufigen Geschäfts angestrebte Kompensationseffekt erreicht, ohne dass während der Laufzeit die Notwendigkeit besteht, den *hedge* anzupassen (*hedge and forget*). Ein solches Vorgehen ist meist nur bei Mikro-*hedges* möglich, wenn es gelingt, ein Sicherungsgeschäft zu finden, das bei jeder Veränderung des abgesicherten Marktpreises eine im Vergleich zum Grundgeschäft möglichst betragsmäßig identische, gegenläufige Wertänderung aufweist.

Insbesondere bei Makro-*hedges*, d.h. bei der Absicherung mehrerer Grundgeschäfte, wird es dagegen häufig nicht möglich sein, ein Sicherungsgeschäft mit einer solch hohen und vor allem im Zeitablauf konstanten negativen Korrelation mit der abgesicherten Position abzuschließen. Hinzu kommt, dass sich die abzusichernde Netto-Risikoposition im Laufe der Zeit ändert, z.B. weil neue Geschäfte abgeschlossen oder ursprünglich vorhandene Positionen veräußert oder fällig wurden. In diesem Fall ist es daher zwingend erforderlich, dass die Absicherungswirkung regelmäßig während der Laufzeit überprüft wird und gegebenenfalls Anpassungen vorgenommen werden (*hedge and watch*). Man spricht dann von einem dynamischen *hedge*.[131]

---

[129]   Vgl. SCHEFFLER, JAN (Hedge-Accounting 1994), S. 58f.

[130]   Vgl. SCHARPF, PAUL/LUZ, GÜNTER (Bilanzierung 2000), S. 189ff.; LOCAREK-JUNGE, HERMANN (Hedging 2001), S. 1018.

[131]   Vgl. BRACKERT, GERHARD/PRAHL, REINHARD/NAUMANN, THOMAS K. (Verfahren 1995), S. 550.

2.2.5.3.3.5 Der Zeitpunkt der Besicherung

Erfolgt der Abschluss des Sicherungsgeschäfts zeitlich nach der Entstehung des Grundgeschäfts, handelt es sich also um die Absicherung einer bereits bestehenden Position,
so liegt ein Bestands-*hedge* (*cash hedge*) vor.[132] Ein Beispiel hierfür ist die Absicherung
einer bestehenden Fremdwährungsforderung gegen eine unvorteilhafte zukünftige
Wechselkursänderung.

Die Absicherung eines noch nicht bestehenden, jedoch für die Zukunft geplanten
Grundgeschäfts stellt dagegen einen antizipativen *hedge* dar. Erwartet man beispielsweise in der Zukunft einen Zufluss an USD-Mitteln und geht man gleichzeitig davon
aus, dass der Wechselkurs in USD pro EUR bis zu diesem Zeitpunkt steigen wird, so
kann man sich den heute gültigen günstigeren Wechselkurs durch den Abschluss eines
entsprechenden USD-Terminverkaufs sichern. Hierbei schützt sich das Unternehmen
allerdings nicht gegen einen tatsächlichen Verlust, denn auch ohne Abschluss des
Termingeschäfts würde sich aus dem Anstieg des Wechselkurses keine negative
Erfolgswirkung in der Gewinn- und Verlustrechnung ergeben. Es handelt sich vielmehr
um die Absicherung gegen einen Opportunitätsverlust, also um die Differenz zwischen
dem bestmöglichen und dem erreichten Erfolg.[133]

Die nachfolgende Abbildung 4 fasst die in Abschnitt 2.2.5.3.3 aufgezeigten *hedging-*
Strategien übersichtsartig zusammen.

---

[132]   Vgl. SCHARPF, PAUL/LUZ, GÜNTER (Bilanzierung 2000), S. 189ff.; LOCAREK-JUNGE, HERMANN
         (Hedging 2001), S. 1018.
[133]   Vgl. SCHEFFLER, JAN (Hedge-Accounting 1994), S. 59f.

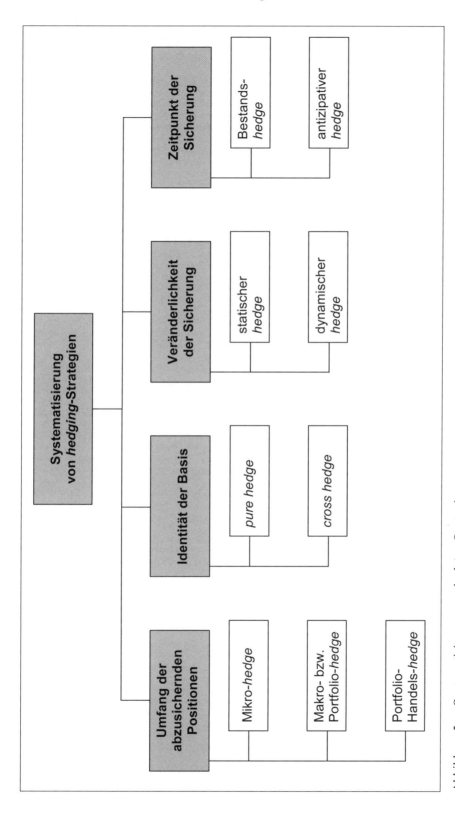

Abbildung 5: Systematisierung von *hedging*-Strategien

3 Überblick über die beiden Rechnungslegungs- welten

3.1 Vorbemerkungen

Schon seit geraumer Zeit sind die von den deutschen Unternehmen anzuwendenden Bilanzierungsvorschriften stark von Harmonisierungsbemühungen auf der europäischen Ebene beeinflusst.[134] Den Beginn dieser Bestrebungen im Bereich des Bilanzrechts markiert die Vierte Richtlinie 78/660/EWG des Rates vom 25. Juli 1978 über den Jahresabschluß von Gesellschaften bestimmter Rechtsformen – kurz: Bilanzrichtlinie –, deren Ziel es war, die für Kapitalgesellschaften einschlägigen nationalen Rechnungslegungsvorschriften der Mitgliedstaaten einander anzugleichen. Ihr folgten im Laufe der Jahre weitere Rechtsakte, darunter 1983 die Konzernbilanzrichtlinie[135], 1984 die Prüferbefähigungsrichtlinie[136] sowie zwei Richtlinien – 1986 die Bank-[137] und 1991 die Versicherungsbilanzrichtlinie[138]–, die sich mit spezifischen Vorschriften für Unternehmen bestimmter Branchen auseinander setzen.[139]

Gemeinsames Merkmal aller genannten Rechtsakte ist, dass sie im Wege einer Richtlinie ergangen sind. Diese Richtlinien stellen kein unmittelbar geltendes Recht dar, sondern sie bedürfen zuvor der Umsetzung in nationales Recht durch den nationalen Gesetzgeber. Kennzeichnend für Richtlinien ist ferner – und das gilt nicht nur für die an dieser Stelle interessierenden Bilanzrichtlinien –, dass sie häufig Mitgliedstaatenwahl-

---

[134]   Vgl. hierzu HOSSFELD, CHRISTOPHER (Jahresabschlüsse 1996), S. 5ff.

[135]   Siebente Richtlinie des Rates vom 13. Juni 1983 aufgrund von Artikel 54 Absatz 3 Buchstabe g) des Vertrages über den konsolidierten Abschluß (83/349/EWG).

[136]   Achte Richtlinie des Rates vom 10. April 1984 aufgrund von Artikel 54 Absatz 3 Buchstabe g) des Vertrages über die Zulassung der mit der Pflichtprüfung der Rechnungslegungsunterlagen beauftragten Personen (84/253/EWG).

[137]   Richtlinie 86/635/EWG des Rates vom 8. Dezember 1986 über den Jahresabschluß und den konsolidierten Abschluß von Banken und anderen Finanzinstituten.

[138]   Richtlinie 91/674/EWG des Rates vom 19. Dezember 1991 über den Jahresabschluß und den konsolidierten Abschluß von Versicherungsunternehmen.

[139]   Vgl. zu den genannten Richtlinien BANK, GERHARD (EG-Richtlinien 1995), S. 25ff.; WEBER-BRAUN, ELKE (Umsetzung 1995), S. 3ff.

rechte enthalten, die den nationalen Gesetzgebern im Zuge der Umsetzung teilweise erhebliche Spielräume einräumen.[140] So haben diese Richtlinien zwar zu einer Anglei-chung der nationalen Vorschriften der Mitgliedstaaten geführt, nicht jedoch zu einer Vereinheitlichung.[141]

Vor diesem Hintergrund ist das jüngste Projekt der Europäischen Union im Bereich des europäischen Bilanzrechts, der Erlass der sog. IFRS-Verordnung[142], als ein gewaltiger Schritt in Richtung einer wirklichen Vereinheitlichung zu sehen. Die Verordnung schreibt die Anwendung der IFRS für den Konzernabschluss von kapitalmarktorien-tierten Mutterunternehmen verbindlich vor.[143] Im Gegensatz zu den Richtlinien stellt die Verordnung – und damit in diesem Fall die IFRS – in jedem Land unmittelbar geltendes Einheitsrecht dar, das von den nationalen Gesetzgebern nicht mehr beeinflusst werden kann.[144] Zu beachten ist, dass jeder Standard der Zustimmung der Kommission bedarf, bevor er als verbindliche Rechtsgrundlage in der EU anzusehen ist. Die Kommission hat im Rahmen des Anerkennungsverfahrens (endorsement) durchaus die Möglichkeit, einen Standard nicht oder in modifizierter Form zu übernehmen. Damit können sich die vom IASB verlautbarten IAS bzw. IFRS von den in der EU anzuwendenden Standards unterscheiden.[145] Grundlage für die Ausführungen in dieser Arbeit sind die Original-standards des IASB. Sofern Differenzen zu den von der EU-Kommission übernomme-nen Fassungen bestehen, wird darauf hingewiesen.

Aufgrund der Einführung der IFRS durch Erlass einer Verordnung, gelten in allen Mit-gliedstaaten für die Konzernabschlüsse der betroffenen Unternehmen die gleichen Regeln. Einflussmöglichkeiten ergeben sich im Rahmen der IFRS-Verordnung nur in-soweit, als der europäische Verordnungsgeber es den Mitgliedstaaten anheim gestellt

---

[140]   So enthält etwa die Bilanzrichtlinie über 40 Mitgliedstaatenwahlrechte, die Konzernbilanzricht-linie mehr als 30. Vgl. SCHWARZ, GÜNTER CHRISTIAN (Europäisches Gesellschaftsrecht 2000), S. 14.

[141]   Vgl zu diesem Absatz NAGEL, BERNHARD (Gesellschaftsrecht 2000), S. 352ff.; SCHWARZ, GÜNTER CHRISTIAN (Europäisches Gesellschaftsrecht 2000), S. 12ff. sowie S. 55f.

[142]   Verordnung Nr. 1606/2002 des Europäischen Parlaments und des Rates vom 19. Juli 2002 betref-fend die Anwendung internationaler Rechnungslegungsstandards.

[143]   Vgl. Art. 4 IFRS-VO.

[144]   Vgl. NAGEL, BERNHARD (Gesellschaftsrecht 2000), S. 352f.; SCHWARZ, GÜNTER CHRISTIAN (Europäisches Gesellschaftsrecht 2000), S. 54f.

hat, den Anwendungsbereich der neuen Regeln über den Konzernabschluss kapitalmarktorientierter Unternehmen hinaus auf den Konzernabschluss anderer (nicht-
kapitalmarktorientierter) Unternehmen sowie auf den Einzelabschluss aller Unternehmen auszudehnen. Der deutsche Gesetzgeber hat sich an dieser Stelle im Rahmen
des BilReG dafür entschieden, die ihm durch die Richtlinie eingeräumten Wahlrechte
seinerseits an die Unternehmen weiterzugeben.[146] Somit dürfen auch nicht-
kapitalmarktorientierte deutsche Unternehmen einen Konzernabschluss nach IFRS anstelle eines entsprechenden HGB-Abschlusses aufstellen. Auch für den Einzelabschluss
aller Unternehmen werden die IFRS zugelassen – allerdings nur im Hinblick auf die
Offenlegungspflichten. Im Hinblick auf die Steuerbemessung sowie als Grundlage für
gesellschaftsrechtliche Fragestellungen ist auch künftig zusätzlich die Aufstellung eines
HGB-Einzelabschlusses erforderlich.[147]

Die nachfolgende Abbildung 6 fasst das Gesagte noch einmal zusammen. Sie verdeutlicht einerseits, dass sich sämtliche Unternehmen auch in Zukunft zumindest im Hinblick auf den Einzelabschluss zwingend weiterhin mit den HGB-Regelungen auseinander setzen müssen. Andererseits zeigt sich, dass die IFRS weit über die verpflichtend
nach diesen Vorschriften zu erstellenden Konzernabschlüsse kapitalmarktorientierter
Mutterunternehmen hinaus an Relevanz gewinnen können, sofern die deutschen Unternehmen von den eingeräumten Wahlrechten Gebrauch machen.

---

[145] Vgl. hierzu BUCHHEIM, REGINE/GRÖNER, SUSANNE/KÜHNE, MAREIKE (Übernahme 2004), S. 1783; BIEG, HARTMUT ET AL. (IFRS 2006), S. 57ff.

[146] Vgl. § 315a HGB sowie BUNDESREGIERUNG (BilReG-Begründung 2004), S. 22ff.

[147] Vgl. BUCHHOLZ, RAINER (Rechnungslegung 2005), S. 11ff.; BIEG, HARTMUT ET AL. (IFRS 2006), S. 6f.

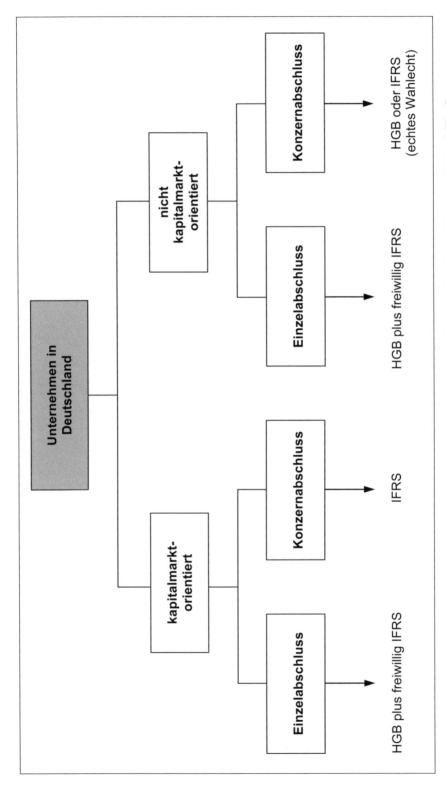

Abbildung 6:   Anzuwendende bzw. anwendbare Rechnungslegungsvorschriften für deutsche Unternehmen nach dem BilReG

3.2 Die Rechnungslegung nach HGB

3.2.1 Vorbemerkungen

Obwohl das deutsche Bilanzrecht in den vergangenen Jahren immer wieder verändert und erweitert wurde[148], so blieben doch die grundsätzlichen und für alle Kaufleute geltenden Regeln seit Jahrzehnten mehr oder weniger unverändert.[149] Die letzte wesentliche Modifikation in diesem Bereich datiert aus dem Jahr 1986, als im Zuge der Umsetzung der EG-Richtlinien zur Rechnungslegung durch das Bilanzrichtliniengesetz (BiRiLiG)[150] das HGB-Bilanzrecht in seiner heute noch gültigen Form entstand. Die Neuerung bestand vor allem darin, dass die zuvor in verschiedenen Gesetzen zu findenden Vorschriften nun im HGB gebündelt wurden und dass Teile der bislang in den §§ 149ff. des AktG 1965 definierten Regelungen, insbesondere solche zur Bewertung, nun in den für alle Kaufleute geltenden Teil des HGB aufgenommen wurden. Alle hiernach erfolgten Gesetzesänderungen, z.B. durch das KonTraG oder das KapAEG, rüttelten nicht an den Grundfesten des deutschen Bilanzrechts, sondern erweiterten im Wesentlichen lediglich die Vorschriften für Kapitalgesellschaften.[151]

20 Jahre nach In-Kraft-Treten des BiRiLiG steht dem HGB-Bilanzrecht eine grundlegende Änderung ins Haus. So muss der Bundestag die *fair value*-Richtlinie in deutsches Recht umsetzen – genauer gesagt hätte er dies, um den Anforderungen der Richtlinie zu genügen, längst tun müssen.[152] Zwar wurden mit dem BilReG bereits Teile der genannten Richtlinie in deutsches Recht transformiert,[153] die Umsetzung der wesent-

---

[148]   Zuletzt durch das Gesetz über die Offenlegung der Vorstandsvergütungen (Vorstandsvergütungs-Offenlegungsgesetz – VorstOG) vom 3. August 2005. Vgl. O.V. (Wirtschaftsgesetze 2006), S. 2.

[149]   Vgl. THIELE, STEFAN ET AL. (Rechnungslegung 2006), S. 5ff.

[150]   Das Bilanzrichtliniengesetz sowie weitere damit verbundene Materialien sind abgedruckt in: BIENER, HERBERT/BERNEKE, WILHELM (Bilanzrichtlinien-Gesetz 1986).

[151]   Eine Übersicht über die Gesetzesänderungen findet sich vor dem Abkürzungsverzeichnis des von JÖRG BAETGE ET AL. herausgegebenen Bilanzrecht-Kommentars.

[152]   In Art. 4 Abs. 1 FV-RL werden die Mitgliedstaaten aufgefordert, der Richtlinie vor dem 1. Januar 2004 nachzukommen.

[153]   Einen Überblick über die vorgenommenen Änderungen geben WENDLANDT, KLAUS/KNORR, LIESEL (Bilanzrechtsreformgesetz 2005), S. 53ff.

lichen Komponente der Richtlinie, die ihr auch den Namen gab, nämlich die *fair value*-Bewertung für Finanzinstrumente, steht aber immer noch aus.[154] Dies soll durch das Bilanzrechtsmodernisierungsgesetz geschehen, dessen Entwurfsfassung schon seit längerem angekündigt wird.[155] Die Veröffentlichung wurde aber immer wieder verschoben – zuletzt wohl aufgrund der vorgezogenen Bundestagswahl 2005.

Leider liegt auch bis zur Drucklegung dieses Buches immer noch kein Entwurf für das BilMoG vor. Neben der bilanziellen Behandlung auf Basis des derzeit geltenden Bilanzrechts, kann daher in Kapitel 6 nur ein Überblick über die möglicherweise bevorstehenden Neuerungen unter Rückgriff auf die Richtlinie gegeben werden. Wie das Handelsgesetzbuch nach Umsetzung der Richtlinie tatsächlich aussehen wird, ist aufgrund der Mitgliedstaatenwahlrechte in der Richtlinie derzeit nicht exakt vorhersehbar.

3.2.2 Die zu beachtenden Gesetzesnormen und die Grundsätze ordnungsmäßiger Buchführung

Die Regelungen des Handelsgesetzbuches stellen ein hierarchisch aufgebautes Normengefüge dar (vgl. Abbildung 7).[156] Zunächst sind im Ersten Abschnitt, den §§ 238-263 HGB, Vorschriften kodifiziert, die von allen Kaufleuten, gleich welcher Rechtsform, Unternehmensgröße oder Branchenzugehörigkeit, zu befolgen sind. Sofern es sich bei dem Bilanzierenden um eine Kapitalgesellschaft oder haftungsbeschränkte Personengesellschaft bzw. eingetragene Genossenschaft handelt, müssen darüber hinaus auch die Vorschriften des Zweiten (§§ 264-335 HGB)[157] bzw. Dritten Abschnitts (§§ 336-339 HGB) beachtet werden. Diese rechtsformspezifischen Regelungen ergänzen (im Sinne von erweitern) nicht nur die für alle Kaufleute geltenden Regeln des Ersten Abschnitts, sie verdrängen diese auch teilweise, d.h., sie treten an deren Stelle bzw. setzen sie außer Kraft. Gleiches gilt für die branchenspezifischen Vorschriften der §§ 340-341p HGB. Sie sind einschlägig, sofern es sich um Kredit- bzw. Finanzdienstleistungsinstitute

---

[154] Vgl. Abschnitt 2.1.1.

[155] Vgl. COENENBERG, ADOLF GERHARD (Jahresabschluss 2005), S. 226f.

[156] Vgl. hierzu ausführlich BIEG, HARTMUT (Rechnungslegung 1999), S. 41ff.

[157] Einen großen Umfang nehmen hierbei die Vorschriften zum Konzernabschluss ein (§§ 290-335 HGB).

(§§ 340-340o HGB) oder Versicherungsunternehmen bzw. Pensionsfonds (§§ 341-341p HGB) handelt.

Auch nach Verabschiedung des Bilanzrichtliniengesetzes existieren jedoch immer noch außerhalb des HGB einige wenige Rechnungslegungsvorschriften. So müssen Aktiengesellschaften zusätzlich die §§ 148-161 AktG[158] und Gesellschaften mit beschränkter Haftung die §§ 42 und 42a GmbHG befolgen. Des Weiteren gibt es größenabhängige Vorschriften im Publizitätsgesetz (PublG). Hierbei handelt es sich im Wesentlichen um – im Vergleich zu dem für alle Kaufleute geltenden Recht – verschärfte Offenlegungs- und Prüfungsvorschriften, denen insbesondere Einzelkaufleute und nicht haftungsbeschränkte Personenhandelsgesellschaften bei Überschreitung bestimmter Größenkriterien Beachtung schenken müssen.[159]

---

[158] Zahlreiche Paragrafen in diesem Ersten Abschnitt des Fünften Teils des AktG wurden aber inzwischen aufgehoben bzw. ins HGB übernommen; es verbleiben lediglich noch die §§ 150, 152, 158, 160 AktG.

[159] Ziel des PublG war es, die nur für Kapitalgesellschaften einschlägigen Offenlegungs- und Prüfungsvorschriften des HGB auch auf Großunternehmen anderer Rechtsformen, insbesondere Einzelkaufleute und Personenhandelsgesellschaften, auszudehnen. Mit In-Kaft-Treten des KapCoRiLiG hat das PublG erheblich an Bedeutung verloren, weil haftungsbeschränkte Personengesellschaften wie die GmbH & Co. KG nunmehr direkt unter die HGB-Vorschriften fallen. Vgl. THIELE, STEFAN ET AL. (Rechnungslegung 2006), S. 29ff.

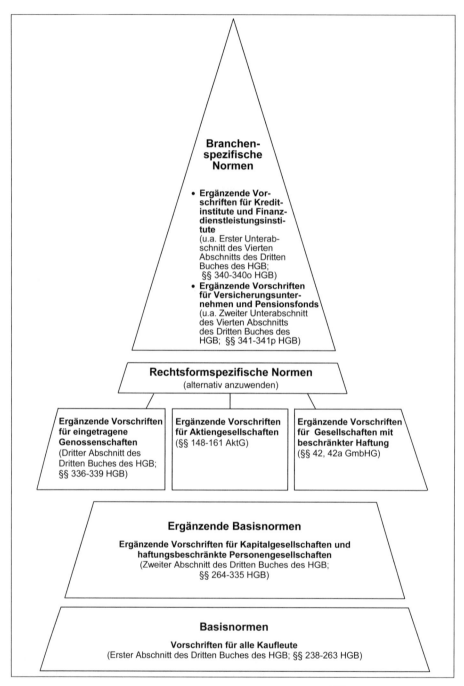

Abbildung 7:   Hierarchie der Rechnungslegungsvorschriften[160]

---

[160]   Stark modifiziert entnommen aus BIEG, HARTMUT (Rechnungslegung 1999), S. 41.

Stellt man das eben skizzierte deutsche Bilanzrecht hinsichtlich seines Umfangs den an späterer Stelle noch zu besprechenden IFRS gegenüber, so wird man unschwer feststellen, dass das kodifizierte deutsche Recht ein vergleichsweise verschwindend geringes Ausmaß besitzt. Während die IFRS-Regelungen tausende von Seiten füllen, genügen dem deutschen Gesetzgeber die eben skizzierten Paragrafen, insbesondere die 150 Paragrafen im Handelsgesetzbuch. Möglich wird das, weil der deutsche Gesetzgeber anders als der *standardsetter* IASB nicht konkret auf die vielen in der Praxis auftretenden Bilanzierungsprobleme, z.B. die Abbildung von Leasinggeschäften oder langfristigen Fertigungsaufträgen, eingeht, sondern dem Bilanzierenden eine Reihe von grundsätzlichen Regeln an die Hand gibt, mit deren Hilfe er diese Probleme gewissermaßen selbstständig lösen kann bzw. soll (*principle-based accounting*).[161]

Dem deutschen Normengeber gelingt die Begrenzung des Umfangs der in Gesetzen niedergelegten Regelungen auch und insbesondere durch den Verweis auf die „Grundsätze ordnungsmäßiger Buchführung"[162] (GoB), deren Befolgung er bereits seit In-Kraft-Treten des HGB 1897 einfordert.[163] Sie stellen „Regeln bzw. Normen dar, nach denen […] die wirtschaftlichen Tatbestände einer Unternehmung in Buchführung und Jahresabschluss abgebildet werden"[164] und sind von Bedeutung, soweit das kodifizierte Bilanzrecht keine explizite Regelung enthält (Lückenschlussfunktion) oder der Gesetzeswortlaut auslegungsbedürftig ist.[165]

Da der Gesetzgeber damals (wie heute) keine weiteren Angaben zu diesen Grundsätzen machte, entbrannte in der Folgezeit ein Streit darüber, was Grundsätze ordnungsmäßiger Buchführung sind und vor allem, wie diese ermittelt werden. Anfangs ging man von der induktiven Ermittlung der Grundsätze aus, d.h., ordnungsgemäß war eine Vorgehensweise dann, wenn sie durch Beobachtungen und Erhebungen in der Kaufmannschaft als

---

[161]   Vgl. zu dieser Thematik LÜDENBACH, NORBERT/HOFFMANN, WOLF-DIETER (IFRS 2005), S. 37ff.

[162]   § 238 Abs. 1 HGB. Weitere Verweise erfolgen in den §§ 239 Abs. 4, 241 Abs. 1, 2 und 3, 243 Abs. 1, 256, 257 Abs. 3, 264 Abs. 2, 297 Abs. 2, 321 Abs. 2, 322 Abs. 3, 342 Abs. 2, 342b Abs. 2 HGB.

[163]   Vgl. SCHMALENBACH, EUGEN (Bilanz 1962), S. 34ff.

[164]   BIEG, HARTMUT (Buchführungspflichten 2005), S. 5.

[165]   Vgl. nur LEFFSON, ULRICH (GoB 1987), S. 24ff.

kaufmännische Übung bestätigt wurde.[166] Diese Ansicht konnte sich jedoch auf Dauer nicht durchsetzen.[167] So wies SCHMALENBACH[168] zu Recht darauf hin, dass es nicht sein könne, dass allein die Tatsache der praktischen Anwendung eine wirtschaftlich unsinnige Buchung legitimieren könne. Oder anders ausgedrückt: Nur weil ein Vorgehen zur Gewohnheit geworden ist, lässt sich dadurch noch nicht seine Ordnungsmäßigkeit ableiten. Man ging daher etwa seit den 1950er Jahren auf die deduktive Ermittlung der Grundsätze ordnungsmäßiger Buchführung über. Dabei ist entscheidend, ob eine Handlungsweise im Einklang mit den gesetzlichen Bilanzzwecken steht.[169] Durch das Bilanzrichtliniengesetz wurden einige der zuvor nicht kodifizierten Grundsätze in den von allen Kaufleuten zu beachtenden Teil der Rechnungslegungsvorschriften aufgenommen; hierzu zählen insbesondere die §§ 246 und 252 HGB.[170]

Letztlich handelt es sich also bei den GoB um aus den Bilanzzwecken abgeleitete Normen, die zum großen Teil gesetzlich nicht kodifiziert sind und somit neben den im Gesetz niedergelegten Normen stehen. Es wäre folglich falsch, die Grundsätze ordnungsmäßiger Buchführung mit der Gesamtheit der HGB-Bilanzierungsvorschriften zu verwechseln bzw. sämtliche HGB-Bilanzierungsvorschriften als GoB anzusehen. Tatsächlich enthält das HGB sowohl Rechnungslegungsvorschriften, die als GoB bzw. GoB-konform anzusehen sind, als auch solche, die eigentlich gegen die Grundsätze ordnungsmäßiger Buchführung verstoßen.[171] Als Beispiele für die letztgenannte Gruppe seien an dieser Stelle etwa der § 254 HGB, der die Übernahme nur steuerrechtlich zulässiger Wertansätze in die Handelsbilanz erlaubt, und der § 340f HGB genannt, der Kredit- und Finanzdienstleistungsinstituten bei der Bewertung eines Großteils ihrer Aktiva enorme Manipulationsmöglichkeiten einräumt.[172] Insbesondere § 340f HGB ist

---

[166]   Vgl. REICHS-JUSTIZAMT (Denkschrift 1896), S. 45; KRUSE, HEINRICH WILHELM (GoB 1970), S. 52ff.

[167]   Vgl. hierzu KRUSE, HEINRICH WILHELM (GoB 1970), S. 68ff.; LEFFSON, ULRICH (GoB 1987), S. 28ff.

[168]   Vgl. SCHMALENBACH, EUGEN (GoB 1933), S. 225ff.

[169]   Vgl. BIEG, HARTMUT (Buchführungspflichten 2005), S. 8f.

[170]   Vgl. LEFFSON, ULRICH (GoB 1987), S. 26f.

[171]   Vgl. BAETGE, JÖRG/ZÜLCH, HENNING (Rechnungslegungsgrundsätze 2005), S. 19f.

[172]   Vgl. WASCHBUSCH, GERD (Universalaktienbanken 1992), S. 363ff.

mit den noch herauszuarbeitenden Bilanzzielen gänzlich unvereinbar und verstößt damit gegen die GoB.

Was das Verhältnis von im HGB niedergelegten Vorschriften einerseits und (unkodifizierten) GoB andererseits angeht, so ist es wichtig zu erkennen, dass die im Gesetz niedergelegten Spezialvorschriften gegenüber den als Generalnormen aufzufassenden GoB vorrangig sind. Dies folgt aus der Regel *lex specialis derogat legi generali*. Dies bedeutet im Umkehrschluss, dass die GoB nur insoweit zu beachten sind, als entweder der Wortlaut handelsrechtlicher Paragrafen uneindeutig bzw. auslegungsbedürftig ist oder aber eine Lücke in dem gesetzlichen Normengefüge besteht.[173]

Wenn zur Ermittlung der (unkodifizierten) GoB die deduktive Methode herangezogen werden muss, dann setzt dies voraus, dass Klarheit über die mit der Bilanz verfolgten Zwecke besteht. Ihre Herausarbeitung ist Gegenstand des kommenden Abschnitts. Erschwert wird dies dadurch, dass das Gesetz sowohl zu den Zwecken als auch zu den Adressaten keine expliziten Aussagen macht.

3.2.3 Die Zwecke der Handelsbilanz

3.2.3.1 Vorbemerkungen

In praktisch jedem Lehrbuch und jedem Kommentar zum externen Rechnungswesen finden sich Ausführungen zu den Zwecken, die mit dem handelsrechtlichen Jahresabschluss bzw. mit der Handelsbilanz verfolgt werden und – eng mit diesem Aspekt verbunden – an welche Adressaten sie sich wenden.[174] Man sollte daher, und weil es insbesondere im Hinblick auf die GoB-Ermittlung um eine ganz grundlegende und entscheidende Frage geht, annehmen, dass die verschiedenen Autoren und Kommentatoren an dieser Stelle einheitliche und wohl begründete Vorstellungen entwickelt haben.

---

[173]   Vgl. statt vieler LEFFSON, ULRICH (GoB 1987), S. 24ff.; a.A. THURMAYR, GEORG (Vorsichtsprinzip 1992), S. 18, der den GoB Vorrang einräumen möchte, wenn „die Gesetzesvorschrift […] durch die Rechtsfortbildung nicht mehr als anwendbar angesehen" wird.

[174]   Vgl. BIEG, HARTMUT (Rechnungslegung 1999), S. 4ff.; BIEG, HARTMUT/KUßMAUL, HEINZ (Rechnungswesen 2003), S. 1ff. und 201ff.; BAETGE, JÖRG ET AL. (Bilanzen 2005), S. 91ff.; BAETGE, JÖRG/KIRSCH, HANS-JÜRGEN (GoB 2005), S. 11ff.; COENENBERG, ADOLF GERHARD (Jahresab-

Was das Kriterium der Einheitlichkeit betrifft, so stellt man nach Durchsicht der genannten Literatur fest, dass es zwar ein gewisses Maß an Übereinstimmung gibt; so finden sich in der überwiegenden Zahl der Quellen – so etwa bei BIEG/KUßMAUL, aus deren Lehrbuch die nachfolgende Abbildung 8 modifiziert entnommen wurde – die Funktionen „Dokumentation", „Information des Kaufmanns selbst und Außenstehender" und „Zahlungsbemessung (Ausschüttung/Steuern)" wieder – auch wenn die konkrete Benennung möglicherweise leicht differiert[175].

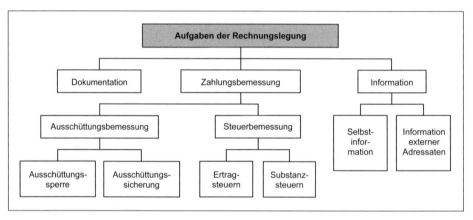

Abbildung 8:   Aufgaben der Rechnungslegung[176]

Andere schreiben dem Jahresabschluss weitere Aufgaben zu. STÜTZEL nennt und erläutert in seinen „Bemerkungen zur Bilanztheorie" beispielsweise insgesamt zehn Bilanzzwecke.[177] Wenn jedoch verschiedene Autoren unterschiedliche Zwecke verfolgt sehen wollen, dann liegt die Vermutung nahe, dass dies auch zu unterschiedlichen Ergebnissen bei der Ermittlung der GoB führen muss, denn diese hängt bei deduktiver Ermittlung entscheidend von den Zwecken der Handelsbilanz ab.

---

schluss 2005), S. 12ff.; HINZ, MICHAEL (Zweck 2005), S. 3ff.; PFITZER, NORBERT/OSER, PETER (Zwecke 2005), S. 2ff.; THIELE, STEFAN ET AL. (Rechnungslegung 2006), S. 8ff.

[175]   So wird die Informationsfunktion häufig Rechenschaftsfunktion genannt, die Ausschüttungsbemessung dagegen Kapitalerhaltung. Vgl. etwa BAETGE, JÖRG ET AL. (Bilanzen 2005), S. 94ff.

[176]   Modifiziert entnommen aus BIEG, HARTMUT/KUßMAUL, HEINZ (Rechnungswesen 2003), S. 203.

[177]   Vgl. STÜTZEL, WOLFGANG (Bemerkungen 1967), S. 314ff. Eine über die in Abbildung 8 hinausgehende Darstellung der Bilanzzwecke findet sich auch bei MOXTER, ADOLF (Bilanzlehre I 1984), S. 81ff.

Selbst wenn man mit dem Jahresabschluss nur die drei oben genannten Zwecke in Verbindung bringt, über deren Existenz offensichtlich mehr oder weniger Einvernehmen besteht, tritt ein Problem auf, das umso größer wird, je mehr Aufgaben man mit einem Abschluss erfüllt sehen will. Die genannten Zwecke stehen nämlich häufig zueinander in Konkurrenz, d.h., sie lassen sich nicht gleichzeitig mit ein und demselben Abschluss, mit ein und derselben Bilanzierungsweise erreichen. STÜTZEL weist zu Recht darauf hin, dass eigentlich mit „jedem Zweck seine eigene Bewertung, jedem Bilanzzweck seine eigene Bilanz"[178] einhergehen muss. So wird man etwa im Hinblick auf die Ausschüttungs- oder Steuerbemessung zur Gewährleistung der nominellen Kapitalerhaltung[179] die Bewertung eines Grundstücks, das möglicherweise vor mehreren Jahrzehnten gekauft wurde, zu historischen Anschaffungskosten zwar akzeptieren oder sogar fordern. Unter Informationsgesichtspunkten besitzen diese historischen Daten jedoch praktisch keinen Wert; hier würde vielmehr interessieren, welchen Marktwert das Grundstück heute verkörpert.

Hinzu kommt, dass verschiedene Adressaten hinsichtlich eines Zweckes unterschiedliche Interessen haben können.[180] So wird Unternehmensinsidern wie der Unternehmensleitung, aber auch wohlinformierten Großaktionären möglicherweise daran gelegen sein, möglichst wenig Informationen mit dem Jahresabschluss publik zu machen, um den Informationsvorsprung, den sie gegenüber den Außenstehenden haben, zu bewahren. Für die Outsider dagegen stellt der Jahresabschluss eine der zentralen Informationsquellen dar. Sie sind daher daran interessiert, durch ihn möglichst viele relevante Informationen für die zu treffenden Entscheidungen zu erhalten.

Sobald man mit einem Abschluss mehrere Zwecke verfolgt oder mehrere Adressaten anspricht, muss man also gleichzeitig eine Gewichtung vornehmen. Man muss sagen, welchem Bilanzzweck bzw. welchem Adressat im Falle eines Konflikts der Vorzug gegeben werden soll. Diese Gewichtung hat automatisch Auswirkungen auf die Ermittlung der GoB.

---

[178]   STÜTZEL, WOLFGANG (Bemerkungen 1967), S. 320.

[179]   Vgl. hierzu BIEG, HARTMUT/KUßMAUL, HEINZ (Rechnungswesen 2003), S. 23ff.

[180]   Vgl. hierzu sehr ausführlich BIEG, HARTMUT (Rechnungslegung 1999), S. 6ff.

Da, wie an späterer Stelle noch zu zeigen sein wird, die GoB für die bilanzielle Behandlung von Derivaten eine zentrale Rolle spielen, ist es an dieser Stelle zunächst einmal erforderlich, die Handelsbilanzzwecke und die Adressaten klar herauszuarbeiten und – sofern es mehrere, miteinander konkurrierende Zwecke bzw. Adressaten geben sollte – eine Gewichtung vorzunehmen. Dabei sind die folgenden drei Aspekte von entscheidender Bedeutung:

1.   Ein zentraler Gegenstand dieser Arbeit ist die Herleitung handelsrechtlicher Bilanzierungsnormen – d.h. unkodifizierter GoB – für derivative Finanzinstrumente. Diese können ausschließlich aus den Zwecken der Handelsbilanz abgeleitet werden – nicht jedoch aus den Zwecken des Jahresabschlusses oder der handelsrechtlichen Rechnungslegung insgesamt. Häufig werden diese Bezeichnungen undifferenziert und synonym verwendet. Dabei ergeben sich die Zwecke des Jahresabschlusses bzw. der handelsrechtlichen Rechnungslegung vielmehr aus dem Zusammenspiel der Komponenten Bilanz, Gewinn- und Verlustrechnung und Anhang, denen „arbeitsteilig unterschiedliche Aufgaben zukommen."[181] Wenn also etwa in § 264 Abs. 2 HGB gefordert wird, dass „der Jahresabschluss [...] ein den tatsächlichen Verhältnissen entsprechendes Bild der Vermögens-, Finanz- und Ertragslage" zu zeigen hat, dann darf daraus – ganz abgesehen von der Frage, ob dieser Paragraf bei der Ermittlung der GoB überhaupt eine Rolle spielen kann[182] – nicht geschlossen werden, dass die Bilanz (allein) dieses dreiteilige Bild vermitteln muss. Wäre sie dazu in der Lage bzw. bestimmt, so wären die anderen beiden Elemente des Jahresabschlusses überflüssig.[183]

2.   Bei der Ermittlung der Bilanzzwecke sind einzig und allein die Zielvorstellungen maßgeblich, die der Gesetzgeber selbst mit der Handelsbilanz verfolgt sehen will.[184] Unbeachtlich sind dagegen diejenigen Zwecke, die von anderer

---

[181]   KESSLER, HARALD (Rückstellungen 1992), S. 69.

[182]   Vgl. hierzu den folgenden Punkt 3.

[183]   Vgl. m.w.N. MOXTER, ADOLF (Bilanzlehre II 1986), S. 67f.; ADLER, HANS ET AL. (Rechnungslegung 1997), S. 22.

[184]   Vgl. hierzu und zum Folgenden KAMMANN, EVERT (Stichtagsprinzip 1988), S. 26ff.; gl.A. wohl auch KESSLER, HARALD (Rückstellungen 1992), S. 69, der von „vermeintlichen" Zielen des handelsrechtlichen Jahresabschlusses bzw. der Bilanz spricht.

Seite mit dem handelsrechtlichen Abschluss verbunden werden. Hierzu zählen insbesondere die (Wunsch-) Vorstellungen der Betriebswirtschaftslehre, seien sie auch aus betriebswirtschaftlicher Sicht noch so erstrebenswert. Die folgende Untersuchung wird sich also ausschließlich am Gesetzestext selber und den begleitenden Materialien orientieren.

Ähnliches gilt für die Bestimmung der relevanten Adressaten. Hier gilt es zu unterscheiden zwischen „Interessen" einerseits, die bestimmte Personen durchaus an der Handelsbilanz haben können und den „Ansprüchen" andererseits, die der Gesetzgeber den interessierten Personen oder Personengruppen tatsächlich zubilligt. Als Adressat gilt hier nur derjenige, dem der Gesetzgeber auch Ansprüche zuerkennt.

3.　Die GoB sind nach h.M. rechtsform-, branchen- und größenunabhängig und gelten folglich für alle Kaufleute gleichermaßen.[185] Nirgendwo im Gesetz oder den Gesetzesmaterialien findet sich ein Hinweis, dass der Gesetzgeber an differenzierte GoB gedacht hat. Sowohl im Handelsrecht[186] als auch im Steuerrecht[187] ist stets von *den* GoB die Rede.

---

[185]　Vgl. etwa LEFFSON, ULRICH (GoB 1987), S. 152ff.; BEISSE, HEINRICH (GoB 1990), S. 499ff.; SCHARPF, PAUL/LUZ, GÜNTHER (Bilanzierung 2000), S. 229f.; BAETGE, JÖRG/KIRSCH, HANS-JÜRGEN (GoB 2005), S. 2; THIELE, STEFAN ET AL. (Rechnungslegung 2006), S. 11ff. Gl.A. BALLWIESER, WOLFGANG (GoB 2005), S. 24, der aber zugleich darauf hinweist, dass gelegentlich die Meinung vertreten wird, dass „GoB in ihrer Auslegung branchenspezifisch variieren" können. Als Beispiel wird dabei auch die Bewertung der Handelsbestände der Kreditinstitute genannt, deren Vereinbarkeit mit den GoB noch Gegenstand von Abschnitt 5.2.1.2.2.4.3 sein wird. Dabei handelt es sich m.E. aber nicht um eine branchenspezifische Auslegung der GoB, sprich um GoB, die lediglich für Kreditinstitute Anwendung finden können bzw. dürfen. Es handelt sich vielmehr um eine faktische Beschränkung dieser „Sonderregeln" auf Kreditinstitute, die daraus resultiert, dass nahezu ausschließlich Kreditinstitute – jedenfalls in einem größeren, möglicherweise eine andere Bewertung erfordernden Umfang – Handel mit Finanzinstrumenten betreiben und damit um eine geschäftsspezifische Auslegung. Anders ausgedrückt: Wer keinen Handel mit Finanzinstrumenten betreibt, für den spielt logischerweise auch die damit verbundene Bewertungsproblematik keine Rolle. Genauso wenig kann umgekehrt etwa im Hinblick auf Regeln für die Bewertung des Vorratsvermögens von branchenspezifischen GoB gesprochen werden, nur weil diese Regeln etwa bei Kreditinstituten faktisch keine Rolle spielen.

[186]　Vgl. Fußnote 162.

[187]　Vgl. § 5 Abs. 1 EStG.

Wenn dies so ist, dann können sich GoB nur aus denjenigen Bilanzzwecken ableiten lassen, die für alle Kaufleute gemeinsame Geltung besitzen.[188] Bei der Ermittlung der Zielvorstellungen des Gesetzgebers ist damit ausschließlich auf die für alle Kaufleute geltenden Vorschriften des Ersten Abschnitts des Dritten Buches des HGB abzustellen. Es mag sein, dass der Gesetzgeber z.B. bei Kapitalgesellschaften und haftungsbeschränkten Personengesellschaften weitergehende Absichten verfolgt. Im Rahmen der GoB-Ermittlung sind diese aufgrund des rechtsformübergreifenden Charakters der GoB allerdings unbeachtlich. Der Versuch, GoB unter Verweis auf den in § 264 Abs. 2 HGB eingeforderten *true and fair view* herzuleiten, muss daher schon im Ansatz scheitern. Auch die etwa von KROPFF[189] vertretene Ansicht, das *true and fair view*-Prinzip des § 264 Abs. 2 HGB selbst sei ein kodifizierter GoB für Kapitalgesellschaften, kann nicht überzeugen. Dass dem nicht so ist, ergibt sich schon aus dem Wortlaut der Vorschrift, wonach der Jahresabschluss „*unter Beachtung der Grundsätze ordnungsmäßiger Buchführung* ein den tatsächlichen Verhältnissen entsprechendes Bild [Hervorh. d. Verf.]" zeigen soll.[190]

Da der Gesetzgeber seine Zielvorstellungen im Gesetz nicht explizit darlegt, müssen seine Intentionen unter Zuhilfenahme der Regelungen in dem für alle Kaufleute geltenden Gesetzesteil und den begleitenden Gesetzesmaterialien ergründet werden. Dabei erweisen sich die Materialien zum Bilanzrichtliniengesetz und auch die zu den anderen neueren Bilanzrechtsmodifikationen als wenig hilfreich, ging es dabei doch im Wesentlichen um die Umsetzung rechtsformspezifischer Regelungen aus den Bilanzrichtlinien in deutsches Recht,[191] die, wie eben erläutert, an dieser Stelle gerade keine Rolle spielen können. Gleichzeitig bedeutet dies jedoch, dass der Gesetzgeber durch die jüngsten Gesetzesänderungen keine Änderungen an seinem seitherigen Grundplan vorgenommen

---

[188] Vgl. LEFFSON, ULRICH (GoB 1987), S. 58 und S. 152ff.; KAMMANN, EVERT (Stichtagsprinzip 1988), S. 28; KESSLER, HARALD (Rückstellungen 1992), S. 67f.

[189] Vgl. KROPFF, BRUNO (Vorsichtsprinzip 1995), S. 85.

[190] So auch BALLWIESER, WOLFGANG (GoB 2005), S. 25.

[191] Vgl. Abschnitt 3.1.

hat.[192] Es ist daher notwendig und zulässig, auf die historischen Wurzeln des deutschen Handelsbilanzrechts zurückzugreifen.

3.2.3.2 Der formelle Bilanzzweck: Dokumentation und Beweissicherung

Nach § 238 Abs. 1 HGB ist „jeder Kaufmann [...] verpflichtet, Bücher zu führen und in diesen seine Handelsgeschäfte und die Lage seines Vermögens [...] ersichtlich zu machen."[193] Dies muss so geschehen, dass die Buchführung einem sachverständigem Dritten „innerhalb angemessener Zeit einen Überblick über die Geschäftsvorfälle und über die Lage des Unternehmens vermitteln kann."[194] Die Aufzeichnungen müssen „vollständig, richtig, zeitgerecht und geordnet vorgenommen werden"[195]; dabei müssen sich die Geschäftsvorfälle „in ihrer Entstehung und Abwicklung verfolgen lassen."[196]

Am Ende eines jeden Geschäftsjahres müssen die Daten der Buchführung unter Berücksichtigung der Inventurergebnisse in einem aus Bilanz und Gewinn- und Verlustrechnung bestehenden Jahresabschluss überführt werden. Durch diese Bündelung der Buchführungsdaten im Jahresabschluss, d.h. durch den Abschluss der Bestandskonten über die Bilanz und der Erfolgskonten über die Gewinn- und Verlustrechnung, werden diese Aufzeichnungen fixiert und gegen nachträgliche Veränderungen geschützt.[197]

Schließlich müssen Handelsbücher, Inventare, Jahresabschlüsse und Buchungsbelege für 10 Jahre aufbewahrt werden. Damit ist gewährleistet, dass die Aufzeichnungen in Konfliktfällen, wie z.B. gerichtlichen Auseinandersetzungen, als Beweismittel zur Verfügung stehen.[198]

Durch Umsetzung dieser 3 Elemente,

---

[192] KAMMANN, EVERT (Stichtagsprinzip 1988), S. 36f.

[193] § 238 Abs. 1 Satz 1 HGB.

[194] § 238 Abs. 1 Satz 2 HGB.

[195] § 239 Abs. 2 HGB.

[196] § 238 Abs. 1 Satz 3 HGB.

[197] Vgl. hierzu und zum Folgenden ausführlich LEFFSON, ULRICH (GoB 1987), S. 45ff.; KAMMANN, EVERT (Stichtagsprinzip 1988), S. 33ff.; BIEG, HARTMUT/KUßMAUL, HEINZ (Rechnungswesen 2003), S. 1ff.

- Aufzeichnung aller Geschäftsvorfälle,

- ihre Fixierung durch die Jahresabschlusserstellung und

- die Aufbewahrung der Aufzeichnungen,

erfüllen Buchführung und Jahresabschluss eine Dokumentations- und Beweissiche-rungsfunktion.[199] Bei Rechtsstreitigkeiten „kann das Gericht [...] die Vorlegung der Handelsbücher [...] anordnen."[200] Die Dokumentation der Geschäftsvorfälle einer jeden Periode ist gleichzeitig Grundvoraussetzung für alle anderen Bilanzzwecke.

Dass die Handelsbilanz einen Dokumentations- und Beweissicherungszweck erfüllen soll, lässt sich auch durch Rückgriff auf die historischen Wurzeln des heutigen Bilanz-rechts belegen.[201] Diese reichen zurück bis ins 17. Jahrhundert, als in der französischen *Ordonnance de Commerce* erstmals Kaufleuten die Führung von Handelsbüchern vor-geschrieben wurde. Als Beleg lässt sich neben Titel III, Art. X sowie Titel III, Art. III insbesondere Titel III, Art. II anführen, der die Buchführungspflicht mit der Bemerkung begründet, „damit sie [gemeint waren hiermit Geldwechsler und Bankiers; d. Verf.] in Streitfällen Beweis führen können". Ähnliches gilt für das Allgemeine Preußische Landrecht[202] von 1794 und den *Code de Commerce*[203] von 1807. Im Preußischen Land-recht hieß es etwa: „Ein Kaufmann kann sich seiner Handlungsbücher, wenn dieselben gehörig geführt sind, zum Beweis bey seinen streitig gewordenen Forderungen be-dienen."[204]

Aufbauend auf diesen Traditionen wurde im Jahr 1861 mit dem Allgemeinen Deutschen Handelsgesetzbuch (ADHGB) erstmals eine für ganz Deutschland einheitliche Rechts-grundlage für Buchführung und Jahresabschluss geschaffen. Neben der Verpflichtung zur Führung von Handelsbüchern und deren Aufbewahrung enthielten die Art. 34-40

---

[198]   Vgl. § 258 HGB.

[199]   Vgl. BIEG, HARTMUT (Bankbilanzen 1983), S. 42ff.

[200]   § 258 Abs. 1 HGB.

[201]   Ein ausführlicher Überblick über die historische Entwicklung des Handelsbilanzrechts fndet sich bei SCHÖN, WOLFGANG (Entwicklung 1997), S. 133ff.

[202]   Vgl. §§ 562-613 ALR.

[203]   Vgl. insbesondere Art. 11 des 2. Titels im 1. Buch.

[204]   § 562 ALR.

ADHGB detaillierte Regelungen zur Beweiskraft von Handelsbüchern. Diese blieben – sowohl was die Ausgestaltung als auch was die mit ihnen verbundenen Zwecksetzungen anbelangt – auch beim Übergang zum HGB im Jahre 1897 bis hin zur derzeit gültigen Fassung im Wesentlichen unverändert.[205]

3.2.3.3 Der materielle Bilanzzweck: Prävention von Fremdschädigungen durch erzwungene Selbstinformation

Der bereits als Beleg für den formellen Bilanzzweck herangezogene § 238 Abs. 1 Satz 1 HGB besagt, dass jeder Kaufmann „die Lage seines Vermögens […] ersichtlich […] machen" muss. § 242 Abs. 1 Satz 1 HGB verpflichtet ihn schließlich zur Aufstellung einer Bilanz, die „das Verhältnis seines Vermögens und seiner Schulden", also sein Schuldendeckungspotenzial, am Abschlussstichtag wiedergibt. Damit ist sie nach dem Willen des Gesetzgebers eine statische Vermögensübersicht,[206] die durch die Gegenüberstellung der Schulden zugleich Auskunft über die finanzielle Lage des Bilanzierenden gibt.[207] An wen richten sich nun aber diese Informationen über die Schuldendeckungsfähigkeit des Unternehmens, welche Adressaten hat der Gesetzgeber dabei im Blick?

Berücksichtigt man, dass die für alle Kaufleute geltenden Vorschriften des Ersten Abschnitts des Dritten Buches des HGB zwar gebieten, eine Bilanz aufzustellen, gleichzeitig jedoch keinerlei Verpflichtung enthalten, diese auch zu veröffentlichen oder sie unternehmensexternen Personen oder Institutionen zugänglich zu machen, bleibt nur die Schlussfolgerung, dass der Gesetzgeber ausschließlich an den Kaufmann selber als Adressaten der aus diesem Rechnungslegungsinstrument resultierenden Informationen gedacht haben kann.[208] Eine Rechenschaft gegenüber Externen lässt sich allenfalls als Bilanzzweck für solche Kaufleute formulieren, die unter die rechtsformspezifischen Vorschriften der §§ 264ff. HGB oder die größenabhängigen Vorschriften des Publizi-

---

[205] Vgl. KAMMANN, EVERT (Stichtagsprinzip 1988), S. 35f.

[206] Vgl. KESSLER, HARALD (Rückstellungen 1992), S. 73f.; KNOBBE-KEUK, BRIGITTE (Unternehmenssteuerrecht 1993), S. 13ff.

[207] Vgl. KAMMANN, EVERT (Stichtagsprinzip 1988), S. 40f.

[208] Vgl. KRUSE, HEINRICH WILHELM (GoB 1970). 204; KAMMANN, EVERT (Stichtagsprinzip 1988), S. 27.

tätsgesetzes fallen. Denn für diese Kaufleute schreibt der Gesetzgeber die Veröffentlichung des Jahresabschlusses vor.[209] Im Rahmen der Ermittlung von Grundsätzen ordnungsmäßiger Buchführung sind diese rechtsform- bzw. größenspezifischen Aspekte
allerdings aus den bekannten Gründen ohne Belang.[210]

Die gerade gewonnene Erkenntnis steht im Widerspruch zu der verbreiteten Übung, die
Deduktion von Bilanzrechtsnormen in erster Linie vor dem Ziel „Rechenschaft gegenüber Außenstehenden" zu betreiben. So formuliert etwa LEFFSON, es ergäbe sich aus der
Bedeutung der Rechnungslegung für Außenstehende, „daß diese bei der Erörterung von
GoB stärker das Modell der Rechnungslegung formt, als die Rechenschaft des Kaufmanns vor sich selbst."[211] Das Abstellen auf die Information von Außenstehenden bei
der Gewinnung von GoB mag aus betriebswirtschaftlicher Sicht noch so erwünscht und
sinnvoll sein – allein es deckt sich aus den oben genannten Gründen nicht mit dem Plan
des Gesetzgebers. Dem steht nicht entgegen, dass die Handelsbilanz über die Selbstinformation des Kaufmanns hinaus auch zur Information Außenstehender Verwendung
findet bzw. finden kann. So ist es beispielsweise durchaus üblich, dass der handelsrechtliche Abschluss einem Kreditinstitut – einem Gläubiger – im Rahmen eines Kredit-
engagements bei der Kreditwürdigkeitsprüfung vorgelegt wird. Dies ist aber Ausdruck
einer privatrechtlichen Verpflichtung, sie ergibt sich aus dem Kreditverhältnis und hat
nichts mit den öffentlich-rechtlichen Verpflichtungen zu tun, die der Kaufmann vom
Handelsbilanzgesetzgeber auferlegt bekommen hat.[212] Die Informationsinteressen
Dritter können somit keine Auswirkung auf den gesetzlichen Plan der Handelsbilanz
haben und folglich auch im Rahmen der Ermittlung der Grundsätze ordnungsmäßiger
Buchführung keine Berücksichtigung finden.[213] Zusammengefasst: Kaufleute, die unter
den für die Bilanzrechtsgewinnung maßgeblichen Ersten Abschnitt des Dritten Buches
des HGB fallen, sind von Gesetzes wegen nur sich selber Rechenschaft schuldig – und
Niemandem sonst!

---

[209] Vgl. § 325 HGB bzw. §§ 9, 15 PublG.

[210] Vgl. Abschnitt 3.2.3.1.

[211] LEFFSON, ULRICH (GoB 1987), S. 66.

[212] Zum öffentlich-rechtlichen Charakter des Bilanzrechts vgl. KREUTZER, WOLFGANG (Kodex 1970),
       S. 64f.

[213] Vgl. hierzu und zum Folgenden KRUSE, HEINRICH WILHELM (GoB 1970), S. 203f.; KAMMANN,
       EVERT (Stichtagsprinzip 1988), S. 26ff.

Der Gesetzgeber will also den Kaufmann zwingen, sich mindestens einmal im Jahr im Wege der Jahresabschlusserstellung über das Schuldendeckungspotenzial (in der Bilanz) und den erzielten Periodenerfolg (in der Gewinn- und Verlustrechnung[214]) zu informieren. Dahinter steckt indes nicht die Absicht, den Kaufmann bei der Führung seines Geschäfts, also um seinetwillen, zu unterstützen, ihn gewissermaßen durch gesetzlichen Zwang zu seinem eigenen unternehmerischen Glück zu verhelfen oder vor sich selbst zu schützen. Bezweckt wird vielmehr der Schutz Dritter.[215] Der Zwang zur Selbstinformation und die damit einhergehende Auseinandersetzung mit der Lage des eigenen Unternehmens sollen dazu beitragen, dass Fehlentwicklungen rechtzeitig erkannt und korrigiert werden können, bevor es zu einer den Bestand des Unternehmens gefährdenden Krisensituation und letztlich zur Insolvenz kommt. Adressat der Information ist also der Kaufmann selber, Nutznießer und eigentlicher Handlungsgrund des Gesetzgebers sind allerdings all jene, die in irgendeiner Weise negativ von einer Krise des Unternehmens betroffen wären.[216] Dabei handelt es sich insbesondere um die Gläubiger des Unternehmens. Der Begriff Gläubiger ist hierbei weit zu fassen, d.h., er umfasst nicht nur klassische Kreditgeber, sondern auch andere Personen oder Personengruppen, die von dem wirtschaftlichen (Miss-)Erfolg des Bilanzierenden abhängig sind.[217] So sind etwa Arbeitnehmer zunächst, d.h. solange die Löhne und Gehälter fristgerecht gezahlt werden, keine Gläubiger. Auch sie haben jedoch Ansprüche an das Unternehmen, deren Erfüllung – genau wie bei den Gläubigern – eng mit dessen wirtschaftlicher Situation verbunden ist. Bleiben die Zahlungen aus, werden sie schließlich zu Gläubigern des Unternehmens. Ähnliches gilt für Kunden, Lieferanten oder auch den Fiskus. Eine schützende Wirkung entfaltet die erzwungene Selbstinformation gleichwohl auch für die Eigenkapitalgeber, wobei dies insbesondere dann von Bedeutung ist, wenn Eigentum und Leitungsbefugnis wie etwa bei Aktiengesellschaften auseinander fallen. Auch der Kleinaktionär profitiert letztlich davon, dass sich der Vorstand über die Unternehmenslage informiert.

---

[214] Auch die Bilanz enthält (allerdings eher bescheidene) Informationen zur Ertragslage, nämlich den durch Reinvermögensvergleich mit dem Vorjahr ermittelten Periodengewinn.

[215] Vgl. STÜTZEL, WOLFGANG (Bemerkungen 1967), S. 323; LEFFSON, ULRICH (GoB 1987), S. 55f.; KESSLER, HARALD (Rückstellungen 1992), S. 72f.

[216] Vgl. STÜTZEL, WOLFGANG (Bemerkungen 1967), S. 323.

[217] Vgl. KAMMANN, EVERT (Stichtagsprinzip 1988), S. 40f.

Wer genau diese schützenswerten Fremden sind, die durch den Zwang zur Selbstinformation geschützt werden sollen, ist letztlich von untergeordneter Bedeutung, denn sie alle haben an dieser Stelle gleichgerichtete Interessen. Egal, ob man nun von einem Kreditgeber, einem Arbeitnehmer oder gar einem Kleinaktionär ausgeht – sie alle haben ein Interesse daran, dass sich der Kaufmann bzw. die Unternehmensleitung möglichst umfassend und realistisch mit der Unternehmenslage auseinander setzt. Daher kann man hier ganz allgemein von einer Prävention von Fremdschädigungen sprechen.

Auch bei einem Rückgriff auf die geschichtlichen Wurzeln des Bilanzrechts lässt sich der durch die Selbstinformation des Kaufmanns angestrebte Schutzzweck nachweisen.[218] Schon bei der Kodifikation der *Ordonnance de Commerce* spielte er neben der im vorangegangen Abschnitt beschriebenen Dokumentations- und Beweissicherungsfunktion die entscheidende Rolle. Der rasante Anstieg der Konkurse im französischen Kreditwesen war der entscheidende Beweggrund für die französische Regierung, überhaupt gesetzgeberisch tätig zu werden.[219] Hielten sich die Kaufleute nicht an die Rechnungslegungspflicht und gingen sie Bankrott, hatte das mitunter sehr drastische Konsequenzen: sie konnten zum Tode verurteilt werden.[220] Auch heute sieht das Strafgesetzbuch im Insolvenzfall harte Strafen vor, wenn die handelsrechtlichen Rechnungslegungsvorschriften nicht eingehalten werden.[221]

Die beiden nachfolgenden Gesetzeswerke, das Allgemeine Preußische Landrecht von 1794 und der *Code de Commerce* von 1807[222], haben den hier beschriebenen materiellen Bilanzzweck ebenfalls zur Grundlage. Besonders deutlich tritt er in § 1468 des Preußischen Landrechts zutage, wonach ein „Kaufmann, welcher entweder gar keine ordentlichen Bücher führt, oder die Balance seines Vermögens, wenigstens alljährlich einmal, zu ziehen unterlässt, und sich dadurch in Unwissenheit über die Lage seiner Umstände hält, [...] bey ausbrechendem Zahlungsunvermögen als ein fahrlässiger Bankerutirer bestraft"[223] wird.

---

[218]   Vgl. zm Folgenden auch KAMMANN, EVERT (Stichtagsprinzip 1988), S. 41 ff.

[219]   Vgl. BARTH, KUNO (Entwicklung 1953), S. 65 ff.; SCHMALENBACH, EUGEN (Bilanz 1962), S. 18.

[220]   Vgl. BARTH, KUNO (Entwicklung 1953), S. 123.

[221]   Vgl. §§ 283 ff. StGB.

[222]   Vgl. MOXTER, ADOLF (Bilanzlehre 1976), S. 27.

[223]   § 1468 ALR.

Eine Bestätigung dafür, dass der Gesetzgeber insbesondere die Selbstinformation im Interesse Dritter bezweckte, lässt sich schließlich in den das ADHGB begleitenden Gesetzesmaterialien finden. So heißt es im zweiten Entwurf eines Handelsgesetzbuches für die Preußischen Staaten, der den späteren Beratungen zugrunde gelegt wurde, dass die „im Art. 31 enthaltenen [...] Vorschriften nicht blos eine Anweisung an den Kaufmann über die beste Art der Errichtung eines Inventars und einer Bilanz [sind]; eine solche Instruktion würde nicht in ein Gesetzbuch gehören, sondern sie bezwecken hauptsächlich im Interesse der Gläubiger[224] darauf hinzuwirken, daß das aufgenommene Inventar der wahren[225] Vermögenslage möglichst getreu entspricht"[226].

In den Begleitmaterialien zum HGB lassen sich dagegen keine vergleichbaren Belege finden. Dies hängt damit zusammen, dass die Buchführungs- und Bilanzierungsvorschriften des ADHGB weitgehend unverändert in das neue HGB übernommen wurden. So lassen sich folgerichtig auch bei den Motiven des Gesetzgebers im Vergleich zum Vorgängergesetz keine Änderungen ausmachen. Dies gilt entsprechend für alle darauf folgenden Änderungsgesetze, die das Bilanzrecht betreffen. Alle diese Gesetzesmodifikationen betrafen in erster Linie die rechtsform- und geschäftszweigspezifischen Vorschriften. An dem im für alle Kaufleute geltenden Teil des HGB niedergelegten Plan des Gesetzgebers, der im Rahmen dieser Arbeit im Hinblick auf die GoB-Ermittlung allein von Bedeutung ist, hat sich dagegen nichts geändert.[227]

---

[224] Dass hier vor allem der Gläubiger im Mittelpunkt steht und nicht auch der Kleinaktionär Erwähnung findet, lässt sich wohl damit begründen, dass Aktiengesellschaften zur damaligen Zeit erstens eine völlig untergeordnete Rolle spielten und zweitens die Aktionäre durch das Konzessionssystem geschützt waren. Vgl. hierzu Abschnitt 3.2.3.4.3.

[225] Die Tatsache, dass in eine ADHGB-Bilanz der „wahre Wert" und damit der Zeitwert eingehen sollte, wird später noch diskutiert werden. Vgl. Abschnitt 3.2.4.3.1.2.

[226] PREUßISCHE REGIERUNG (Entwurf 1857), S. 22.

[227] Vgl. BARTH, KUNO (Entwicklung 1953), S. 135; KAMMANN, EVERT (Stichtagsprinzip 1988), S. 36; SCHÖN, WOLFGANG (Entwicklung 1997), S. 143.

3.2.3.4 Existieren weitere Bilanzzwecke, die im Rahmen der GoB-Ermittlung zu berücksichtigen sind?

3.2.3.4.1 Vorbemerkungen

Vergleicht man die beiden gerade herausgearbeiteten Bilanzzwecke mit dem in Abschnitt 3.2.3.1 gegebenen Überblick über die diesbezügliche herrschende Literaturmeinung, so stellt man unschwer fest, dass gewaltige Differenzen bestehen. Eine exakte Übereinstimmung gibt es nur bezüglich des Zwecks Dokumentation und Beweissicherung. Die Informationsfunktion beschränkt sich nach der hier vertretenen Auffassung lediglich auf den Kaufmann selbst, die Zahlungsbemessungsfunktion fehlt hier gänzlich. Warum die Information externer Adressaten hier keine Rolle spielen kann, wurde in dem vorangegangenen Abschnitt ausführlich begründet. Zu klären bleibt damit noch, weshalb die Zahlungsbemessungsfunktion – genauer: die Ausschüttungs- und die Steuerbemessung – im Rahmen der GoB-Ermittlung keine Rolle spielen kann.

3.2.3.4.2 Die Steuerbemessung

Nach verbreiteter Auffassung besteht ein – zumindest mittelbarer – Zweck der Handelsbilanz darin, an den Fiskus abzuführende Steuerzahlungen, insbesondere Ertragsteuern, zu bemessen.[228] Vor dem Hintergrund des Maßgeblichkeitsprinzips ist diese Auffassung insoweit zutreffend, als der nach handelsrechtlichen Grundsätzen ermittelte Periodengewinn als Anknüpfungspunkt für die Bemessung des steuerpflichtigen Gewinns dient. Mit der erstmals 1874 (Bremen und Sachsen) bzw. 1891 (Preußen) eingeführten Maßgeblichkeit entsprach der Gesetzgeber einem Wunsch der Kaufleute, für steuerliche Zwecke nicht noch einen zweiten Abschluss aufstellen zu müssen.[229]

Die Anknüpfung an die Handelsbilanz kann indes nicht dazu führen, deren Zwecke in irgendeiner Weise zu beeinflussen und damit über die GoB Einfluss auf die bilanzielle Behandlung bestimmter Geschäftsvorfälle zu nehmen.[230] Die Steuerbilanz knüpft an den

---

[228]   So etwa BIEG, HARTMUT/KUßMAUL, HEINZ (Rechnungswesen 2003), S. 202; HINZ, MICHAEL (Zweck 2005), S. 14; PFITZER, NORBERT/OSER, PETER (Zwecke 2005), S. 6.

[229]   Vgl. BARTH, KUNO (Entwicklung 1955), S. 183ff.; SCHÖN, WOLFGANG (Entwicklung 1997), S. 142f.

[230]   Vgl. m.w.N. KRUSE, HEINRICH WILHELM (GoB 1970), S. 197f.

handelsrechtlichen Gewinn an – mehr aber auch nicht. Der Fiskus ist zur Durchsetzung seiner Interessen auch nicht auf eine Beeinflussung des Handelsbilanzrechts ange-wiesen,[231] kann er dies doch über die Steuergesetzgebung und hier insbesondere in Ver-bindung mit dem Bewertungsvorbehalt des § 5 Abs. 6 EStG problemlos erreichen. Nach der hier vertretenen Auffassung ist somit die Steuerbemessung nicht Aufgabe der Handelsbilanz, sondern allein der Steuerbilanz.[232]

3.2.3.4.3 Die Ausschüttungsbemessung

Nach verbreiteter Literaturmeinung[233] ist es zudem Ziel der Handelsbilanz, einen im Hinblick auf die nominelle Kapitalerhaltung maximal an die Gesellschafter auskehr-baren Gewinn zu ermitteln, was wiederum dem Gläubigerschutz dient. Auch dieser immer wieder genannte Bilanzzweck kann bei der Ermittlung der GoB keine Rolle spielen.

Dies scheitert schon daran, dass die (maximal möglichen) Ausschüttungen bei Einzel-unternehmen und Personenhandelsgesellschaften, also die Entnahmen der Gesell-schafter, grundsätzlich nicht durch die Höhe des Periodengewinns bestimmt oder be-grenzt werden. Während bei den Erstgenannten überhaupt keine Verbindung zwischen Entnahmen und Periodengewinn, geschweige denn eine gesetzliche Beschränkung exis-tiert, gewährt § 122 Abs. 1 HGB jedem (vollhaftenden) Gesellschafter einer OHG bzw. KG das Recht, „aus der Gesellschafterkasse Geld bis zum Betrage von vier vom Hundert seines für das letzte Geschäftsjahr festgestellten Kapitalanteils zu erheben."[234] Dieses Recht steht jedem Gesellschafter auch dann zu, wenn in dem betreffenden Ge-schäftsjahr ein Verlust erwirtschaftet wurde und sichert ihm so einen Mindestunterhalt; erforderlich ist lediglich, dass ein positives Kapitalkonto besteht.[235] Über diesen

---

[231] Vgl. KUßMAUL HEINZ/LUTZ, RICHARD (Grundlagen 1993), S. 343.

[232] Vgl. KRUSE, HEINRICH WILHELM (GoB 1970), S. 204.

[233] Vgl. nur BIEG, HARTMUT (Rechnungslegung 1999), S. 10ff.; BIEG, HARTMUT/KUßMAUL, HEINZ (Rechnungswesen 2003), S. 23ff.; BAETGE, JÖRG ET AL. (Bilanzen 2005), S. 99ff.; BAETGE, JÖRG/KIRSCH, HANS-JÜRGEN (GoB 2005), S. 15; COENENBERG, ADOLF GERHARD (Jahresab-schluss 2005), S. 14ff.; HINZ, MICHAEL (Zweck 2005), S. 3ff.; PFITZER, NORBERT/OSER, PETER (Zwecke 2005), S. 4ff.; THIELE, STEFAN ET AL. (Rechnungslegung 2006), S. 8ff.

[234] Vgl. § 122 Abs. 1 1. Halbsatz HGB.

[235] Vgl. HOPT, KLAUS J. (§ 122 HGB 2003), S. 566.

Mindestunterhalt hinaus kann er die Auszahlung des Betrages verlangen, um den sein Anteil am Gewinn des letzten Jahres den Mindestunterhalt übersteigt (Mehrgewinn), soweit dies „nicht zum offenbaren Schaden der Gesellschaft gereicht"[236]. Ein solcher Schaden liegt etwa dann vor, wenn der Gesellschaft dringend benötigte Betriebsmittel genommen werden.[237]

Eine wirkliche Beschränkung des Kapitalabflusses wird auch durch die Kopplung des Mehrgewinns an den letzten Periodengewinn nicht erreicht, denn eine Personengesellschaft zeichnet sich dadurch aus, dass „wegen der persönlichen Haftung der Gesellschafter [...] kein [...] Verbot von Auszahlungen an die Gesellschafter aus dem Kapital wie bei AG und GmbH"[238] besteht. Dies gilt selbst dann, wenn das Kapitalkonto negativ sein sollte.[239] Zudem sind die eben dargestellten Regelungen dispositiv und können durch Gesellschaftsvertrag geändert werden, was in der Praxis häufig geschieht. Zulässig wäre es z.B. auch, einen gewinnunabhängigen Auszahlungsanspruch „ohne quantitative Beschränkung nach dem individuellen Bedarf des einzelnen Gesellschafters"[240] zu definieren, „so daß dieser darüber nach billigem Ermessen verfügen kann"[241]. Vermögensabflüsse werden daher einzig und allein durch das auf der Aktivseite vorhandene Vermögen und dessen Betriebsnotwendigkeit beschränkt.

Ein Zusammenhang zwischen (maximalen) Ausschüttungen bzw. Entnahmen und dem Periodengewinn existiert allenfalls für Kapitalgesellschaften.[242] Aus den bekannten Gründen kann diese rechtsformspezifische Problematik bei der Deduktion allgemein gültiger Bilanzrechtsnormen jedoch keine Bedeutung erlangen.

SCHMALENBACH weist zudem darauf hin, dass man – völlig analog zur obigen Argumentation zur Steuerbemessungsfunktion – strikt zwischen der öffentlichrechtlichen Verpflichtung zur Aufstellung eines Jahresabschlusses einerseits und gesell-

---

[236]   § 122 Abs. 1 HGB.

[237]   Vgl. HOPT, KLAUS J. (§ 122 HGB 2003), S. 567.

[238]   HOPT, KLAUS J. (§ 122 HGB 2003), S. 565.

[239]   Vgl. MARTENS, KLAUS-PETER (§ 120 HGB 1992), S. 375.

[240]   MARTENS, KLAUS-PETER (§ 122 HGB 1992), S. 399.

[241]   MARTENS, KLAUS-PETER (§ 122 HGB 1992), S. 399.

[242]   Vgl. STÜTZEL, WOLFGANG (Bemerkungen 1967), S. 323f.; MOXTER, ADOLF (Bilanzlehre I 1984), S. 81.

schaftsrechtlichen Vorschriften andererseits trennen müsse. Dass der Gesetzgeber bei der gesellschaftsrechtlichen Frage der Ausschüttungsbemessung auf die Handelsbilanz zurückgegriffen hat, ist „lediglich eine Frage des Zufalls gewesen [...]; keineswegs sollten hier die Zwecke der Bilanz beschränkt, erweitert oder überhaupt bestimmt werden"[243].

Eine entwicklungsgeschichtliche Betrachtung gibt SCHMALENBACH Recht. Tatsächlich ist es so, dass der historische Gesetzgeber bei der Kodifikation des ADHGB in keiner Weise an die Ausschüttungs- bzw. Kapitalerhaltungsproblematik gedacht hat; die Regelungen galten nämlich zunächst ausschließlich für Offene Handelsgesellschaften sowie Kommanditgesellschaften. Aufgrund der unbeschränkten persönlichen Haftung der OHG-Gesellschafter und der Komplementäre einer Kommanditgesellschaft ist hier die Ausschüttung an die Gesellschafter nicht notwendigerweise mit einem Rückgang der Haftmasse verbunden.[244] Für die (damals zahlenmäßig noch unbedeutenden[245]) Aktiengesellschaften galt zu jener Zeit noch ein Konzessionssystem, d.h., sie unterlagen der Genehmigung und Kontrolle durch den Staat. Eine Genehmigung wurde nur erteilt, wenn die Statuten der Gesellschaft entsprechende (gläubigerschützende) Vorgaben für Buchhaltung und Bilanz vorsahen. Weil das ADHGB keine Ausschüttungsbemessungsfunktion kannte, sondern die Handelsbilanz neben dem formalen Bilanzzweck lediglich der Selbstinformation des Kaufmanns diente, war es auch nicht weiter zu beanstanden, dass als Bewertungsmaßstab grundsätzlich der Wert am Abschlussstichtag heranzuziehen war – und zwar ohne dass dieser Wert nach oben durch die historischen Anschaffungs- oder Herstellungskosten gedeckt wurde.

In der zweiten Hälfte des 19. Jahrhunderts nahm die Anzahl der AG-Gründungen in erheblichem Maße zu. Wurden in Preußen vor 1800 gerade einmal fünf, von 1801 bis 1825 nur 15 Gesellschaften gegründet, so waren es von 1826 bis 1850 bzw. 1851 bis 1870 schon 102 bzw. 336 Neugründungen. In der Folgezeit nahm diese Gründungswelle

---

[243] SCHMALENBACH, EUGEN (Bilanz 1926), S. 360.

[244] Vgl. hierzu und zum Folgenden: BARTH, KUNO (Entwicklung 1955), S. 75f.; SCHMALENBACH, EUGEN (Bilanz 1962), S. 29ff.; BOELKE, WILFRIED (Bewertungsvorschriften 1970), S. 20ff.; SCHÖN, WOLFGANG (Entwicklung 1997), S. 140ff.

[245] So gab es bis 1850 in Preußen lediglich 123 Gesellschaftsgründungen. Vgl. SCHMALENBACH, EUGEN (Bilanz 1962), S. 30.

noch erheblich an Fahrt auf.[246] Eng damit verbunden ist der 1870 vollzogene Übergang zum Normativsystem, bei dem die Gründung einer AG nicht mehr von einer Genehmigung des Staates, sondern von der Erfüllung gesetzlich fixierter Voraussetzungen abhängig war. Weil der Gläubigerschutz jetzt nicht mehr über Satzungsbestimmungen und die staatliche Aufsicht gewährleistet war, sah sich der Gesetzgeber gezwungen, „im Interesse der Gläubiger Festsetzungen zu treffen, und dadurch der Tendenz, die Bilanz so einzurichten, daß hohe Dividenden verteilt werden können, einigermaßen entgegenzuwirken"[247]. Er erließ im Rahmen der Aktiengesetznovelle des Jahres 1870 mit dem § 239a ADHGB 1870 eine *lex specialis* für Aktiengesellschaften, die das Anschaffungskostenprinzip für „kurshabende Wertpapiere"[248] vorsah.[249] Diese Vorschrift wurde im Zuge der Novelle von 1884 auch auf andere Vermögensgegenstände ausgedehnt.[250] Damit hat der Gesetzgeber also sehr wohl zum Ausdruck gebracht, dass die Bilanz auch eine Ausschüttungsbemessungsfunktion hat – allerdings nur für Kapitalgesellschaften[251].

Das für alle Kaufleute maßgebliche Handelsbilanzrecht enthielt dagegen bis zur Umsetzung des BiRiLiG 1986 keine genauen Vorschriften zur Bewertung, es wurde noch nicht einmal gefordert, vorsichtig zu bewerten. Es hieß lediglich, dass „sämtliche Vermögensgegenstände und Schulden nach dem Werte anzusetzen [sind], der ihnen in dem Zeitpunkte beizulegen ist, für welchen die Aufstellung stattfindet."[252] Der historische Gesetzgeber lehnte eine Ausdehnung der aktienrechtlichen Bewertungsregeln auf Nicht-Kapitalgesellschaften ausdrücklich ab, weil sie – so der Gesetzgeber in der Denkschrift zum HGB von 1897 – „den Zweck [haben], eine Verminderung des statutenmäßigen Grundkapitals der Aktiengesellschaft und die Vertheilung eines thatsächlich nicht realisirten Gewinnes zu verhindern"[253] und damit für Nicht-Kapitalgesellschaften

---

[246]   Vgl. SCHMALENBACH, EUGEN (Bilanz 1962), S. 30.

[247]   REICHSTAG DES NORDDEUTSCHEN BUNDES. (Entwurf 1870), S. 657.

[248]   § 239a ADHGB 1870.

[249]   Vgl. SCHMALENBACH, EUGEN (Bilanz 1962), S. 31.

[250]   Vgl. § 185a ADHGB 1884.

[251]   Ähnliche Vorschriften ergingen 1892 auch für Gesellschaften mit beschränkter Haftung. Vgl. KAMMANN, EVERT (Stichtagsprinzip 1988), S. 58.

[252]   § 40 Abs. 2 HGB 1897. Das ADHGB enthielt in § 31 eine nahezu identische Formulierung.

[253]   REICHS-JUSTIZAMT (Denkschrift 1896), S. 46.

„zwecklos und ohne praktische Bedeutung"[254] seien. Der historische Gesetzgeber verneint somit explizit eine Ausschüttungsbemessungsfunktion für Nicht-Kapitalgesellschaften.

3.2.4 Der Grundsatz der Vorsicht und seine Stellung im Rahmen der GoB

3.2.4.1 Vorbemerkungen

Wenn es um die grundlegenden Prinzipien des HGB-Bilanzrechts und auch um die gravierenden Unterschiede zu den IFRS geht, dann wird meist und zu allererst das Vorsichtsprinzip ins Feld geführt. Es galt und gilt in der Literatur als einer der wichtigsten Grundsätze ordnungsmäßiger Buchführung. Umso erstaunlicher ist es, dass sich weder im Gesetz noch in der Literatur eine genaue inhaltliche Umschreibung dieses Prinzips findet. Im Schrifttum gehen die Erklärungsversuche oft über Aussagen wie ein Kaufmann solle sich lieber ärmer rechnen, er solle sein Reinvermögen bzw. seinen Gewinn eher niedriger ausweisen, als es bzw. er tatsächlich ist, nicht hinaus.[255]

Im Folgenden wird zunächst auf inzwischen überkommene Interpretationen des Vorsichtsprinzips eingegangen. Anschließend wird versucht, den Inhalt des Vorsichtsprinzips als GoB und damit im Hinblick auf die handelsbilanziellen Zwecke zu ergründen. Schließlich wird auf das im heutigen HGB verankerte Vorsichtsprinzip eingegangen.

3.2.4.2 Das alte Vorsichtsverständnis

Mit Hilfe des Vorsichtsprinzips hat man unter dem Deckmantel des Gläubigerschutzes lange Zeit versucht, die willkürliche Legung stiller Reserven zu rechtfertigen. Unter dem Motto „Vorsicht, Vorsicht über alles!" galt es als „Tugend, die Aktiven zu niedrig und die Passiven zu hoch anzusetzen"[256]. Als solide galt ein Kaufmann gerade dann,

---

[254] REICHS-JUSTIZAMT (Denkschrift 1896), S. 46.

[255] Vgl. LEFFSON, ULRICH (GoB 1987), S. 465; BIEG, HARTMUT/KUßMAUL, HEINZ (Rechnungswesen 2003), S. 37.

[256] KRUSE, HEINRICH WILHELM (GoB 1970), S. 204.

wenn er über die wahre Wertminderung hinausgehende Abschreibungen vorgenommen hatte.[257] Besonderen Stolz erfüllte ihn, so berichtet LION[258], wenn er die Gegenstände des Anlagevermögens möglichst auf eine Mark abzuschreiben in der Lage war.

Ein in diesem Sinne verstandener Grundsatz der Vorsicht, der zu einer willkürlichen Bildung stiller Reserven führt, lässt sich allerdings mit den Zwecken der Handelsbilanz, die bei der Ermittlung der GoB heranzuziehen sind, nicht vereinbaren. Er steht insbesondere im Widerspruch zu dem materiellen Bilanzzweck, also der Prävention von Fremdschädigungen durch Selbstinformation des Kaufmanns, der gerade für seine Begründung herangezogen wurde. Die Abkehr von dieser ursprünglichen Interpretation des Vorsichtsprinzips hängt mit der inzwischen gewonnenen Einsicht zusammen, dass die durch willkürliche Unterbewertungen entstehenden stillen Reserven alles andere als gläubigerschützende Wirkungen entfalten.[259] Sie werden in Perioden gelegt, in denen es dem Kaufmann vergleichsweise gut geht und er seinen handelsrechtlichen Gewinn drücken kann oder will. Verschlechtert sich die wirtschaftliche Situation, werden sie aufgelöst, entweder freiwillig oder zwangsläufig, in jedem Fall aber still, d.h., ohne dass der Jahresabschlussleser es explizit erfährt. Dies führt zu einem höheren Periodenerfolgsausweis und täuscht den Kaufmann über die tatsächliche Lage des Unternehmens. Eine gerade beginnende Unternehmenskrise wird dadurch möglicherweise nicht erkannt, entsprechende Gegenmaßnahmen können infolgedessen nicht eingeleitet werden. Dabei ist nicht die Reservenbildung an sich das Problem – im Gegenteil, sie ist sogar wünschenswert. Zu kritisieren ist vielmehr die Tatsache, dass es sich um eine stille anstatt einer offenen Form der Bildung handelt, was häufig damit begründet wurde (und wird), die Adressaten nicht beunruhigen zu wollen.[260] Abgesehen davon, dass der wesentliche vom Gesetzgeber ins Auge gefasste Adressat der Kaufmann selber ist, der sich folglich höchstens selber beunruhigen könnte, verdeutlicht STÜTZEL die mit stillen Reserven verbundene Problematik mit Hilfe eines sehr überzeugenden Beispiels:

---

[257]   Vgl. KRUSE, HEINRICH WILHELM (GoB 1970), S. 204ff.; LEFFSON, ULRICH (GoB 1987), S. 465ff.

[258]   Vgl. LION, MAX (Bilanzsteuerrecht 1922), S. 72.

[259]   Vgl. hierzu ausführlich STÜTZEL, WOLFGANG (Bemerkungen 1967), S. 329; LEFFSON, ULRICH (GoB 1987), S. 84ff.

[260]   Vgl. hierzu auch die Ausführungen zu § 340f HGB in BIEG, HARTMUT (Rechnungslegung 1999), S. 447ff.

„Angenommen ich sei Gläubiger einer Aktiengesellschaft. Nun erzählt mir meine Gesellschaft: wir haben außer dem, was Du in der Bilanz siehst, noch 1 Mio stiller statt offener Reserven. Ist das wirklich für mich so beruhigend? Es bedeutet doch, daß die Gesellschaft 1 Mio. Verluste haben kann, ohne daß ich als Gläubiger oder auch als Aktionär davon auch nur das Geringste erfahre. Reserven als solche sind Verlustdeckungspotential. Stille von Reserven ist Verlustverschleierungspotential. Jede Million still statt offen gebildeter Reserven bedeutet eine Erhöhung des Verschleierungspotentials um denselben Betrag."[261] So schlussfolgert STÜTZEL an anderer Stelle zutreffend: „Wer stille Reserven präferiert, hat nicht darzutun, daß Reservepolster gut seien; wer für stille Reserven plädiert, hat darzutun, daß die Stille von Reserven besser ist als deren Offenheit."[262]

3.2.4.3 Das Vorsichtsprinzip als GoB

3.2.4.3.1 Das Realisationsprinzip als Ausfluss vorsichtiger Bewertung

3.2.4.3.1.1 Der historische Ursprung

Als Beginn gesetzlich verordneter Vorsicht kann man die Aktienrechtsnovelle von 1884 ansehen. Wie in Abschnitt 3.2.3.4.3 ausführlich erläutert, hielt es der Gesetzgeber hierbei für notwendig, die Ausschüttung nicht realisierter Erträge bei Aktiengesellschaften zu unterbinden. Er erreichte dieses Ziel, indem er für Aktiengesellschaften spezielle, vorsichtige Bewertungsvorschriften schuf, die einen Ausweis über den historischen Anschaffungs- und Herstellungskosten verhinderten. Es war die Geburtsstunde dessen, was man heute gemeinhin als Realisationsprinzip bezeichnet.[263]

---

[261]   STÜTZEL, WOLFGANG (Publizitätsgespräch 1962), S. 249.

[262]   STÜTZEL, WOLFGANG (Bemerkungen 1967), S. 329.

[263]   Vgl. MOXTER, ADOLF (Realisationsprinzip 1984), S. 1780.

3.2.4.3.1.2 Die Ausdehnung des Realisationsprinzips auf Nicht-Kapitalgesellschaften

Für Nicht-Kapitalgesellschaften bestimmte das Gesetz, die „Vermögensgegenstände […] nach dem Werte anzusetzen, der ihnen in dem Zeitpunkte beizulegen ist, für welchen die Aufstellung stattfindet."[264] Obwohl es entwicklungshistorisch betrachtet unstreitig ist, dass der Gesetzgeber mit diesem „beizulegenden Wert" eine Bewertung zum Zeitwert, dem „wahren Wert"[265], gemeint hat und die aktienrechtlichen Bewertungsvorschriften nur für Aktiengesellschaften gültige Sondervorschriften darstellen sollten,[266] dehnte die Praxis doch die aktienrechtlichen Vorschriften auch auf die Bilanzen von Nicht-Kapitalgesellschaften aus. Man glaubte, in ihnen Grundsätze ordnungsmäßiger Buchführung erkannt zu haben; nur taugt die für die Kodifizierung im Aktienrecht gegebene Rechtfertigung – die Ausschüttungsproblematik – nicht als Begründung für das Vorliegen eines solchen Grundsatzes.

Neben steuerlichen Motiven vor dem Hintergrund der Maßgeblichkeit des handelsrechtlichen Gewinns für die Steuerbemessung[267] scheiterte die Bewertung zu Zeitwerten daran, so PASSOW[268], dass ihre Durchführung „äußerst schwierig" und „oft ganz unmöglich" sei. Schließlich existieren für eine ganze Reihe von Vermögensgegenständen, insbesondere für Sachanlagen, keine Marktpreise. War dies für die klassischen Handelskaufleute vielleicht noch ein vernachlässigbares Problem, so stellte es doch die im Zuge der Industrialisierung immer zahlreicher werdenden anlageintensiven Eisenbahn-, Bergbau- und sonstigen Industrieunternehmen vor große Probleme. KEYßNER[269] weist etwa darauf hin, dass in der Bilanz einer Eisenbahngesellschaft für den wichtigsten Posten, den Gleiskörper, kein wahrer Wert im Sinne eines Veräußerungspreises ermittelt werden könne. Man war hier, genau wie bei Grundstücken und Gebäuden, auf mehr oder weniger willkürliche Schätzungen angewiesen, die am Ende zu einem Perioden-

---

[264]   § 40 Abs. 2 HGB 1897. Das ADHGB enthielt in § 31 eine nahezu identische Formulierung.

[265]   PASSOW, RICHARD (Bilanzen 1918), S. 111.

[266]   Vgl. hierzu ausführlich PASSOW, RICHARD (Bilanzen 1918), S. 79ff.; BARTH, KUNO (Entwicklung 1955), S. 114ff.

[267]   Vgl. LION, MAX (Bilanztheorie 1928), S. 411.

[268]   Vgl. für die beiden folgenden Zitate PASSOW, RICHARD (Bilanzen 1918), S. 129.

[269]   Vgl. KEYßNER, HUGO (Bilanz 1875), S. 138ff.

ergebnis führten, das mit dem eigentlichen Geschäftsbetrieb nichts zu tun hatte. OECHELHÄUSER sprach in diesem Zusammenhang von dem „Lotteriespiel einer Taxation"[270].

Vor diesem Hintergrund lassen sich gute Gründe dafür finden, das Realisationsprinzip als Grundsatz ordnungsmäßiger Buchführung anzusehen und seine Anwendung folgerichtig nicht nur – wegen der Ausschüttungsproblematik – auf Aktiengesellschaften zu beschränken. Im Hinblick auf den formellen Bilanzzweck – Dokumentation und Beweissicherung – ist zu konstatieren, dass der Beweiswert der Handelsbilanz entscheidend davon abhängt, inwieweit die darin enthaltenen Angaben objektiv und damit nachprüfbar sind.[271] Eine Bewertung zu Zeitwerten, die unrealisierte Gewinne enthalten, kann „zu kaum nachprüfbaren, unsicheren oder gar spekulativen Schätzungen mit allen einhergehenden Subjektivismen und Manipulationsgefahren"[272] führen. Das Anschaffungskostenprinzip beugt diesen Gefahren vor und dient somit der Beweissicherungsfunktion der Handelsbilanz.

Auf ähnliche Weise kann man in Bezug auf den materiellen Bilanzzweck argumentieren. Wenn sich der Kaufmann zum Schutz Dritter über seine Schuldendeckungsfähigkeit informiert, dann ist es durchaus zweckdienlich, dass er bei der Abschätzung seines Bruttovermögens behutsam vorgeht. Hierzu gehört auch, dass man unrealisierte Vermögensmehrungen, die auf mehr oder weniger subjektiven Abschätzungen beruhen, bei der Berechnung eines nachhaltigen Schuldendeckungspotenzials unberücksichtigt lässt.[273]

Bei der Ausdehnung des Realisationsprinzips auf Nicht-Kapitalgesellschaften trotz eines entgegenstehenden Gesetzeswortlauts handele es sich – so KAMMANN – „um einen jener seltenen Fälle, in denen (nichtkodifizierte) GoB gesetzesverdrängende Bedeutung erlangen"[274], wobei er als weiteres Beispiel für eine solche Verdrängung die Zulässig-

---

[270] OECHELHÄUSER, WILHELM (Reform 1878), S. 79.

[271] Vgl. KAMMANN, EVERT (Stichtagsprinzip 1988), S. 60f. Zum Realisationsprinzip als Objektivierungsprinzip vgl. auch EULER, ROLAND (System 1996), S. 60.

[272] KAMMANN, EVERT (Stichtagsprinzip 1988), S. 60.

[273] Vgl. KAMMANN, EVERT (Stichtagsprinzip 1988), S. 60ff.

[274] KAMMANN, EVERT (Stichtagsprinzip 1988), S. 62.

keit der Loseblattbuchführung angibt[275]. Der Hinweis auf eine „gesetzesverdrängende Wirkung" eines GoB ist vor dem Hintergrund der in Abschnitt 3.2.2 getroffenen Feststellungen bezüglich der bei der Normanwendung zu beachtenden Reihenfolge höchst verwunderlich. Nach der hier – und auch von KAMMANN![276] – vertretenen Ansicht, kommt den GoB lediglich eine Auslegungs- bzw. Lückenschlussfunktion zu. „Soweit also die Kodifikation des Bilanzrechts reicht, ist für eine „Deduktion" von GoB kein Raum."[277] Konsequenterweise ist es dann aber auch nicht möglich, dass ein GoB eine konkrete HGB-Vorschrift verdrängt. Hier liegt weder eine Lücke im Gesetz vor, noch bestehen an dem Wortlaut des in Rede stehenden § 40 HGB 1897 sowie dem Willen des Gesetzgebers, wie das obige Zitat aus der Denkschrift eindeutig belegt, irgendwelche Zweifel.

Des Weiteren ist kein Grund ersichtlich, weshalb gerade hier eine „seltene" Ausnahme von der zu beachtenden Regelhierarchie gelten soll. Dann müsste man doch konsequenterweise sämtliche nicht-GoB-konformen HGB-Vorschriften als nicht anwendbar erklären – z.B. auch den bereits an anderer Stelle angeführten § 340f HGB. Wenn aber alle Bilanzvorschriften unter einem GoB-Vorbehalt stehen, dann hätte der Gesetzgeber auf die Ausformulierung eines HGB auch gleich ganz verzichten und stattdessen umfassend auf die GoB verweisen können.

Auch bei der Loseblattbuchführung kann es sich nach meiner Auffassung nicht um einen Fall gesetzesverdrängender GoB handeln. Die der Loseblattbuchführung entgegenstehende Regelung des § 43 Abs. 2 HGB 1897 forderte unmissverständlich die Verwendung gebundener Bücher. Es mag sein, dass man eine Loseblattbuchführung zwischenzeitlich als GoB-konform ansah, was aber keinesfalls zu einer Verdrängung des in Rede stehenden Paragrafen führen konnte. Dieser war vielmehr weiterhin zu beachten. Warum die Kaufleute dennoch zur Loseblattbuchführung übergingen, begründet SCHMALENBACH folgendermaßen: „Man glaubte das tun zu können, da die gesetzlichen Bestimmungen keine Strafbestimmungen enthielten […], denn im Konkursfall kann eine nicht den Vorschriften entsprechende Buchführung nur dann unangenehme Folgen

---

[275]   Vgl. KAMMANN, EVERT (Stichtagsprinzip 1988), S. 259.

[276]   Vgl. KAMMANN, EVERT (Stichtagsprinzip 1988), S. 8.

[277]   KAMMANN, EVERT (Stichtagsprinzip 1988), S. 8.

haben, wenn sie die Ursache oder Mitursache des Konkurses war, und man wird schwerlich Fälle finden, in denen es von Bedeutung ist, ob die Geschäftsbücher gebunden waren oder nicht."[278] Anders ausgedrückt: Hierbei handelt es sich um eine bewusste Missachtung des Gesetzes aufgrund fehlender Sanktionsvorschriften und nicht um die Verdrängung gesetzlicher Normen durch GoB!

Bereinigt wurde der im Hinblick auf die Bewertung bestehende Widerspruch zwischen dem kodifizierten Recht und der Praxis erst mit In-Kraft-Treten des Bilanzrichtliniengesetzes, im Zuge dessen der Gesetzgeber die seither nur für Kapitalgesellschaften explizit gültigen Regeln in den von allen Kaufleuten zu beachtenden Gesetzesteil übernommen hat. Bis 1986 galt in Deutschland nach dem Willen des historischen Gesetzgebers für Nicht-Kapitalgesellschaften und damit für die überwältigende Mehrzahl der Unternehmen eigentlich ein Bewertungsmodell, das man heute als *fair value*-Bewertung titulieren würde. Eine Änderung bei den vom Gesetzgeber mit dem Jahresabschluss verfolgten Zielsetzungen geht mit der Umsetzung des BiRiLiG allerdings nicht einher, insbesondere hat die Bilanz für Nicht-Kapitalgesellschaften weiterhin keine Ausschüttungsbemessungsfunktion. Es handelt sich vielmehr um die Anpassung des Gesetzes an eine seit Jahrzehnten praktizierte und – nach der hier vertretenen Auffassung irrtümlich – als GoB angesehene kaufmännischen Übung.

3.2.4.3.1.3 Das Realisationsprinzip bei börsennotierten Finanzinstrumenten?

Wenn die eigentliche Begründung für das Vorliegen eines GoB nicht die Ausschüttungssperre, sondern die Sicherstellung einer von Subjektivismen befreiten und damit objektiven Bewertung ist, dann stellt sich m.E. aber die Frage, ob die Anwendung dieses Prinzips tatsächlich bei allen Vermögensgegenständen erforderlich ist. Sicher wird man für einen Großteil der Vermögensgegenstände einräumen müssen, dass die Bestimmung eines Zeitwerts mit großem Arbeits- und Kostenaufwand verbunden und Ergebnis einer subjektiven, mehr oder weniger unsicheren bzw. spekulativen Einschätzung sein würde.

---

[278]   SCHMALENBACH, EUGEN (Buchführung 1950), S. 55.

Die Argumentation läuft jedoch ins Leere, wenn es sich bei diesen Aktiven etwa um börsengehandelte Finanzinstrumente handelt, deren Zeitwert sowohl einfach als auch objektiv ermittelt werden kann. Sämtliche Vermögensmehrungen unter Verweis auf ein „unsicheres, von einer vorzeitigen Verflüchtigung bedrohtes Schuldendeckungspotential"[279] außer Acht zu lassen, geht daher zu weit. Es ist z.B. nicht einsichtig, warum man aus „Vorsichtsüberlegungen" bei einer börsennotierten Aktie, die man am 28.12. für 100 EUR gekauft hat und deren Kurs zum 31.12. auf 105 EUR angestiegen ist, auf einen Ausweis und eine erfolgsrechnerische Vereinnahmung des Kursanstieges von 5 EUR verzichten sollte. Der Kurs vom 31.12. ist nicht weniger vorsichtig, nicht weniger objektiv und nicht weniger von einem Kursverfall und damit einer Verflüchtigung bedroht als der Kurs vom 28.12. Die Unsinnigkeit eines derartigen Vorsichtsverständnisses wird vor allem dann offensichtlich, wenn man sich vorstellt, man habe am Bilanzstichtag selbst eine weitere Aktie zum Stichtagskurs von 105 EUR gekauft. Wird kein Bewertungsvereinfachungsverfahren angewandt und werden die beiden Aktien somit einzeln bewertet, dann erscheint die erste Aktie mit 100 EUR in der Bilanz, die am Abschlussstichtag erworbene Aktie dagegen mit 105 EUR; den beiden Anteilsscheinen werden somit unterschiedliche Werte zugewiesen. Diese Konsequenz ist aus ökonomischer Sicht nicht zu rechtfertigen, handelt es sich bei den Aktien doch um fungible, d.h. austauschbare Vermögensgegenstände. Beide Papiere verkörpern exakt das gleiche Recht und sie würden, sofern man sie zum gleichen Zeitpunkt verkaufen würde, auch stets den gleichen Verkaufspreis erbringen. Da es in der Bilanz nach der hier vertretenen Auffassung in erster Linie darum geht, das Schuldendeckungspotenzial zu einem bestimmten Termin, nämlich dem Abschlussstichtag, zu ermitteln, wäre es nur folgerichtig, beide Aktien mit einem identischen Betrag anzusetzen. Sie mit unterschiedlichen Werten anzusetzen, hat nichts mit vorsichtiger, vielmehr mit unsinniger Wertfindung zu tun. Ein Gebot, sämtliche unrealisierten Vermögensmehrungen unbeachtet zu lassen, ließe sich nach meiner Auffassung nur begründen, wenn man auf die Kapitalerhaltungsproblematik abstellt. Aufgrund des rechtsformspezifischen Charakters dieser Frage kann sie jedoch nicht zur GoB-Begründung herangezogen werden.

Gegen die Anwendung des Anschaffungskostenprinzips bei börsengehandelten Finanzinstrumenten spricht schließlich noch ein weiterer Aspekt. Der Börsenhandel ermöglicht

---

[279]   KAMMANN, EVERT (Stichtagsprinzip 1988), S. 61.

es dem Bilanzierenden, das Anschaffungskostenprinzip problemlos zu unterlaufen, indem er das Finanzinstrument an der Börse veräußert und zeitgleich – und damit zum gleichen Kurs – eine Kauforder aufgibt. Damit besitzt der Bilanzierende de facto ein Wahlrecht, in der Bilanz einen höheren Wert für die Aktie anzusetzen und die Differenz zum seitherigen Buchwert als Ertrag zu erfassen. Auf diese Weise entsteht ein beachtlicher bilanzpolitischer Manipulationsspielraum, der wegfiele, wenn man das Realisationsprinzip auf börsengehandelte Finanzinstrumente nicht anwenden würde.

Im Ergebnis kann man daher aus den Bilanzzwecken lediglich ein eingeschränktes Realisationsprinzip ableiten, das eine durch die Anschaffungskosten nach oben begrenzte Bewertung nur für solche Vermögensgegenstände vorsieht, deren Wert nicht objektiv, z.B. durch Rückgriff auf einen Börsenwert, ermittelt werden kann. Zu ergründen, für welche Vermögensgegenstände der Aktivseite eine objektive Wertermittlung möglich ist bzw. auf welchen Märkten abseits einer Wertpapierbörse eine derartige objektive Wertermittlung stattfindet bzw. stattfinden kann, ist nicht Gegenstand dieser Arbeit. Es genügt an dieser Stelle zu erkennen, dass dies jedenfalls für börsennotierte Wertpapiere der Fall ist, wobei der Begriff „Börse" hier weit im Sinne eines aktiven Marktes auszulegen ist, wie ihn auch die IFRS in IAS 39.AG71 definieren. Eine Notierung an einem aktiven Markt liegt demnach vor, wenn „notierte Preise an einer Börse, von einem Händler, Broker, einer Branchengruppe, einem Preisberechnungs-Service oder einer Aufsichtsbehörde leicht und regelmäßig erhältlich sind und diese Preise aktuelle und regelmäßig auftretende Markttransaktionen wie unter unabhängigen Dritten darstellen"[280].

3.2.4.3.2 Weitere Ausprägungen des Vorsichtsprinzips

Neben dem Realisationsprinzip besitzt das Vorsichtsprinzip noch weitere Ausprägungen. Um dem Beweissicherungsanliegen und dem Selbstinformationszweck nachkommen zu können, bedarf es nicht nur einer vorsichtigen Bewertung; der Vorsichtsgrundsatz erstreckt sich vielmehr auch auf die Bilanzierung dem Grunde nach. Es dürfen nur solche Vermögenswerte auf der Aktivseite der Bilanz ausgewiesen werden,

---

[280] IAS 39.AG71. Vgl. auch Abschnitt 4.2.2.3.1.

die tatsächlich und nachprüfbar einen Vermögensvorteil nachweisen. Dies wird man beispielsweise für selbst erstellte immaterielle Anlagewerte als nicht erfüllt ansehen.[281]

Schließlich hat das Vorsichtsprinzip noch eine Bedeutung als allgemeine Schätzregel bei unsicheren Erwartungen. Als Beispiele seien hier die Schätzung der betriebsgewöhnlichen Nutzungsdauer oder der Einzelwertberichtigung einer Not leidenden Forderung genannt.[282] Es gilt, soweit Schätzungen notwendig sind, alle für die Bewertung relevanten Gesichtspunkte, die Risiken, aber gleichsam auch die Chancen, angemessen zu berücksichtigen.[283] Liegt für die Beurteilung eines Sachverhaltes eine Bandbreite möglicher Wertansätze vor, dann ist es weder erforderlich noch zulässig, unter Bezugnahme auf das Vorsichtsprinzip grundsätzlich den niedrigsten Wert zu wählen. Stattdessen soll stets eine etwas pessimistischere als die wahrscheinlichste Alternative gewählt werden, ein Wert, der mit hinreichender Wahrscheinlichkeit – LEFFSON[284] gibt hier einen Wert von 90% als Beispiel an – nicht unterschritten wird und damit die bestehende Risikosituation abdeckt.[285] LEFFSON umschreibt diesen Inhalt des Vorsichtsprinzips treffend: „Rechnen kann man [...] nur richtig oder falsch, nicht vorsichtig oder unvorsichtig. Niemand wird sagen, vorsichtig gerechnet sei drei mal drei nur acht. Beim Vorsichtsprinzip kann es sich allein darum handeln [...], mit welchen Werten zu rechnen ist, wenn die zukünftige Entwicklung ungewiß ist.“[286]

Die nachfolgende Abbildung 9 fasst die Inhalte eines aus den Bilanzzwecken abgeleiteten Vorsichtsprinzips zusammen.

---

[281]   Vgl. nur BAETGE, JÖRG ET AL. (§ 248 HGB 2005), S. 5ff.

[282]   Vgl. EULER, ROLAND (System 1996), S. 59; BAETGE, JÖRG/ZIESEMER, STEFAN (§ 252 HGB 2006), S. 37.

[283]   Vgl. m.w.N. KROPFF, BRUNO (Vorsichtsprinzip 1995), S. 77.

[284]   Vgl. LEFFSON, ULRICH (GoB 1987), S. 479.

[285]   Vgl. m.w.N. ADLER, HANS ET AL. (Rechnungslegung 1995), S. 49ff.

[286]   LEFFSON, ULRICH (GoB 1987), S. 465.

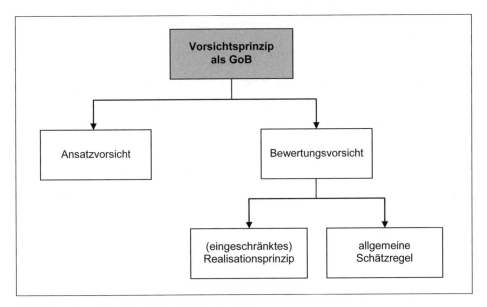

Abbildung 9:   Das Vorsichtsprinzip als GoB

3.2.4.4 Das Vorsichtsprinzip im heutigen HGB

Seit In-Kraft-Treten der BiRiLiG-Reform verlangt der Gesetzgeber durch den unter der Überschrift „Allgemeine Bewertungsgrundsätze" stehenden § 252 Abs. 1 Nr. 4 HGB erstmals explizit von allen Kaufleuten, die Vermögensgegenstände und Schulden „vorsichtig zu bewerten, namentlich sind alle vorhersehbaren Risiken und Verluste, die bis zum Abschlussstichtag entstanden sind, zu berücksichtigen [...]; Gewinne sind nur zu berücksichtigen, wenn sie am Abschlussstichtag realisiert sind."[287]

Vergleicht man den Inhalt dieser Vorschrift mit dem eben Gesagten, wird zunächst deutlich, dass der Gesetzgeber nicht, wie gelegentlich behauptet wird, *das* (zuvor unkodifizierte) Vorsichtsprinzip ins HGB aufgenommen hat, sondern nur einen Teil davon, nämlich die Bewertungsvorsicht. Die ebenfalls notwendige Vorsicht in Bezug auf den Ansatz wird nicht explizit erwähnt, stellt aber nach wie vor einen (unkodifizier-

---

[287]   § 252 Abs. 1 Nr. 4 HGB.

ten) GoB dar und kommt in einigen konkreten Ansatzvorschriften, wie etwa in § 248 HGB, indirekt zum Ausdruck.[288]

Anders als in dieser Arbeit gefordert, formuliert der Gesetzgeber ein umfassendes, für alle Vermögensgegenstände undifferenziert geltendes Realisationsprinzip. Darüber hinaus fällt auf, dass er mit dem Vorsichtsprinzip offenbar noch einen weiteren Inhalt verbunden sehen will, der bei den Ausführungen zum Vorsichtsprinzip in Abschnitt 3.2.4 keine Erwähnung fand: das Gebot der Berücksichtigung unrealisierter Verluste (Verlustantizipationsprinzip). Im Hinblick auf die ungleiche Behandlung unrealisierter Gewinne einerseits und unrealisierter Verluste andererseits – Erstere dürfen nicht, Letztere müssen berücksichtigt werden – kann man Realisationsprinzip und Verlustantizipationsprinzip auch unter dem Oberbegriff Imparitätsprinzip zusammenfassen. Überwiegend wird der Begriff Imparitätsprinzip im Schrifttum entgegen dem eigentlichen Wortsinn auch als Synonym zu dem Prinzip der Verlustantizipation gebraucht[289]. Dieser engen Auslegung des Begriffs wird hier nicht gefolgt. Das Imparitätsprinzip beinhaltet stattdessen nach der hier vertretenen Auffassung die imparitätische (ungleiche) Behandlung unrealisierter Verluste (Verlustantizipationsprinzip) und unrealisierter Gewinne (Realisationsprinzip).[290] Als Gegenstück zum Prinzip der Verlustantizipation wäre zudem „Gewinnantizipationsverbot" eine aussagekräftigere Bezeichnung für das Realisationsprinzip, da in dem letztgenannten Begriff nicht zum Ausdruck kommt, dass es dabei ausschließlich um die Realisation positiver Vermögensmehrungen geht.[291] Gewinnantizipationsverbot und Verlustantizipationsgebot könnte man dann auch unter der Bezeichnung imparitätisches Realisationsprinzip oder imparitätisches Antizipationsprinzip zusammenfassen.

Das Verlustantizipationsprinzip ist nach der hier vertretenen Auffassung keine Folge des Vorsichtsprinzips. Es geht hierbei nicht darum, in der Zukunft erst entstehende Verluste vorwegzunehmen, sondern ausschließlich um die Berücksichtigung solcher Verluste, die am Abschlussstichtag bereits entstanden, jedoch nur noch nicht realisiert sind.

---

[288]   Vgl. ADLER, HANS ET AL. (Rechnungslegung 1995), S. 51f.; SELCHERT, FRIEDRICH WILHELM (§ 252 HGB 2005), S. 34.

[289]   Vgl. nur SELCHERT, FRIEDRICH WILHELM (§ 252 HGB 2005), S. 36.

[290]   So auch m.w.N. ADLER, HANS ET AL. (Rechnungslegung 1995), S. 60.

[291]   Ähnlich FEDERMANN, RUDOLF (Bilanzierung 2000), S. 162.

Die Berücksichtigung dieser eingetretenen Bruttovermögensminderungen und Schuldenerhöhungen ist kein Ergebnis einer vorsichtigen Bilanzierung, sondern dient der Abbildung einer den tatsächlichen Verhältnissen entsprechenden Vermögenslage.[292]

Der hinter dem Imparitätsprinzip stehende Gedanke findet neben diesen allgemeinen Bewertungsgrundsätzen auch in einigen Einzelvorschriften seinen Niederschlag. Hierzu gehören das Anschaffungswertprinzip[293], das gemilderte bzw. strenge Niederstwertprinzip[294] sowie die Verpflichtung, am Abschlussstichtag für drohende Verluste aus schwebenden Geschäften eine Rückstellung[295] zu bilden.[296] Dabei ist zu beachten, dass diese speziellen Regelungen Priorität vor den allgemeinen Grundsätzen des § 252 HGB genießen.[297] Die allgemeinen Bewertungsgrundsätze – und damit auch das Vorsichtsprinzip – kommen lediglich dann zur Anwendung, soweit die Formulierung der speziellen Vorschriften Fragen offen lässt oder Ermessensspielräume bestehen.[298] Wenn also etwa eine zu 40 EUR gekaufte Aktie am Abschlussstichtag nunmehr mit 70 EUR an der Börse gehandelt wird, dann verhindert nicht das allgemeine Vorsichtsprinzip bzw. das Gewinnantizipationsverbot des § 252 Abs. 1 Nr. 4 HGB den Ansatz des höheren Stichtagswerts, sondern § 253 Abs. 1 Satz 1 HGB.

Zusammenfassend bleibt festzuhalten, dass das Vorsichtsprinzip ohne Zweifel ein wichtiges Prinzip der handelsrechtlichen Rechnungslegung ist; für eine Überbetonung dieses Prinzips gibt es nicht zuletzt im Hinblick auf den materiellen Bilanzzweck jedoch keine Grundlage. Da das allgemeine Vorsichtsprinzip des § 252 Abs. 1 Nr. 4 HGB durch eine Reihe spezieller Bilanzierungs- und Bewertungsvorschriften konkretisiert wurde – zu

---

[292] Vgl. hierzu ausführlich KESSLER, HARALD (Imparitätsprinzip 1994), S. 1294ff. KESSLER kritisiert an dieser Stelle auch die Verwendung des Begriffs „Verlustantizipation", weil er unter dieser Bezeichnung offenbar die Vorwegnahme der *Entstehung* des Verlusts vermutet. Diese Kritik läuft allerdings ins Leere, wenn – wie hier ausdrücklich betont – nicht auf die Antizipation der Entstehung, sondern die Antizipation der Realisation abgestellt wird.

[293] Vgl. § 253 Abs. 1 HGB.

[294] Vgl. § 253 Abs. 2, 3 HGB.

[295] Vgl. § 249 Abs. 1 HGB.

[296] Vgl. BIEG, HARTMUT/KUßMAUL, HEINZ (Rechnungswesen 2003), S. 37ff.

[297] Diese Tatsache wird später noch von Bedeutung sein. Vgl. Abschnitt 5.2.1.2.2.

[298] Vgl. SELCHERT, FRIEDRICH WILHELM (§ 252 HGB 2005), S. 7; BAETGE, JÖRG/ZIESEMER, STEFAN (§ 252 HGB 2006), S. 10f.

nennen sind hier insbesondere[299] die Bewertungsvorschriften des § 253 HGB, das Bilanzierungsverbot des § 248 HGB sowie verschiedene Aktivierungs- und Passivierungswahlrechte – liegt die Bedeutung der allgemeinen Vorschrift im Wesentlichen in der Vorgabe einer allgemeinen Schätzregel.[300]

3.3 Die Rechnungslegung nach IFRS

3.3.1 Die zu beachtenden Normen

Wie bereits an anderer Stelle[301] ausgeführt, unterscheidet sich die konzeptionelle Ausgestaltung der IFRS grundlegend von der des HGB. Während Letzteres durch das Vorhandensein einer vergleichsweise geringen Anzahl von Normen geprägt ist, anhand derer konkrete Bilanzierungsprobleme gelöst werden können, stellen die IFRS für eine Vielzahl von Problemen umfangreiche und überaus detaillierte Vorschriften zur Verfügung (*rule-based accounting*).

Das IASB veröffentlicht die zu beachtenden Vorschriften in sog. Standards, wobei sich jeder der mit einer laufenden Nummer versehenen Standards mit einer bestimmten Rechnungslegungsfrage auseinander setzt.[302] Dabei kann es sich um eine bestimmte Bilanzposition (z.B. IAS 16: Sachanlagen), positionsübergreifende Bilanzierungsfragen (z.B. IAS 11: Fertigungsaufträge), einzelne Rechenwerke (z.B. IAS 14: Segmentberichterstattung) oder andere Probleme der Externen Rechnungslegung (z.B. IAS 29: Rechnungslegung in Hochinflationsländern) handeln. Etwas unübersichtlich wird das Regelwerk dadurch, dass das IASB nach seiner Neuausrichtung 2002 beschlossen hat, künftige Standards nicht mehr als „*International Accounting Standards* (IAS)", sondern als „*International Financial Reporting Standards* (IFRS)" zu bezeichnen und dabei mit der Nummerierung erneut bei 1 zu beginnen. Die vor der Neuausrichtung beschlossenen Standards behalten ihre Gültigkeit und tragen weiterhin die Bezeichnung IAS. Somit

---

[299] Für einen Überblick über die vom Vorsichtsprinzip geprägten Vorschriften vgl. ADLER, HANS ET AL. (Rechnungslegung 1995), S. 51f.

[300] Vgl. BAETGE, JÖRG/ZIESEMER, STEFAN (§ 252 HGB 2006), S. 10f. und 36f.

[301] Vgl. Abschnitt 3.2.1.

[302] Vgl. hierzu HEUSER, PAUL/THEILE, CARSTEN (IFRS 2005), S. 9ff.; PWC (IFRS 2005), S. 148f.

existieren zur Zeit beispielsweise sowohl ein (vor 2002 verabschiedeter) Standard mit der Bezeichnung IAS 1 als auch ein neuer Standard mit der Bezeichnung IFRS 1.

3.3.2 Die Zwecke der Rechnungslegung nach IFRS

Anders als das deutsche Handelsrecht äußert sich der *standardsetter* IASB im *Framework* explizit zu den Zwecken der Rechnungslegung nach IFRS. Danach ist es Ziel eines IFRS-Abschlusses, den Adressaten „Informationen über die Vermögens-, Finanz- und Ertragslage sowie Veränderungen in der Vermögens- und Finanzlage eines Unternehmens zu geben, die für einen weiten Adressatenkreis bei dessen wirtschaftlichen Entscheidungen nützlich sind"[303]. Die von den Adressaten zu treffenden Entscheidungen erfordern aus Sicht des IASB eine Beurteilung der Fähigkeit des Unternehmens, Zahlungsmittel und Zahlungsmitteläquivalente zu erwirtschaften sowie des Zeitpunktes und der Wahrscheinlichkeit ihres Entstehens.[304]

Zu den Informationen über die Vermögens- und Finanzlage, die in erster Linie mit Hilfe der Bilanz vermittelt werden,[305] gehören Angaben

- über die wirtschaftlichen Ressourcen, über die ein Unternehmen verfügt,

- über die Vermögens- und Kapitalstruktur, die dazu dienen, den zukünftigen Kapitalbedarf und die entsprechenden Beschaffungsmöglichkeiten einschätzen zu können sowie dabei helfen, zukünftige Gewinne und Mittelzuflüsse unter den Kapitalgebern zu verteilen,

- über die Liquidität und Solvenz des Unternehmens sowie

- über seine Anpassungsfähigkeit an veränderte Umweltbedingungen.[306]

Die Informationen zur Ertragslage, deren Vermittlung in erster Linie Aufgabe der Gewinn- und Verlustrechnung ist,[307] dienen der Beurteilung der Ertragskraft und der

---

[303]   IFRS F.12.

[304]   Vgl. IFRS F.15.

[305]   Vgl. IFRS F.19.

[306]   Vgl. IFRS F.16.

Rentabilität des Unternehmens. Sie sollen Aufschluss darüber geben, inwiefern das Unternehmen auch in Zukunft dazu in der Lage sein wird, Zahlungsmittel aus den vorhandenen wirtschaftlichen Ressourcen zu erwirtschaften.[308]

Der *standardsetter* betont ausdrücklich, dass der Jahresabschluss grundsätzlich auf den vom Management verwendeten Informationen über die Vermögens-, Finanz- und Ertragslage „basiert"[309].[310] Damit soll zum Ausdruck gebracht werden, dass der Jahresabschluss aus der gleichen Datenbasis gespeist wird, auf die das Management seine Planungen, Entscheidungen und Kontrollaktivitäten gründet. Bei diesem als *management approach* bezeichneten Ansatz wird davon „ausgegangen, daß interne Daten grundsätzliche Bedeutung für externe Adressaten haben und daher eine geeignete Grundlage für die externe Berichterstattung darstellen"[311]. Externe und interne Rechnungslegung fußen damit auf dem gleichen Datenmaterial.

Als Abschlussadressaten sieht der *standardsetter* gemäß F.9 derzeitige wie potenzielle

- Investoren,

- Arbeitnehmer,

- Kreditgeber,

- Lieferanten und andere Gläubiger,

- Kunden,

- Regierungen und ihre Institutionen sowie

- die Öffentlichkeit.

Das *board* führt zwar aus, dass ein einziger Abschluss nicht die Informationsinteressen aller Adressaten zugleich erfüllen könne, geht aber andererseits davon aus,

---

[307]   Vgl. IFRS F.19.

[308]   Vgl. IFRS F. 17.

[309]   IFRS F.11.

[310]   Vgl. IFRS F.11.

[311]   ADLER, HANS ET AL. (Konzeptionelle Grundlagen 2005), S. 24.

dass durch das Abstellen auf die Interessen der Investoren auch den Informations-
bedürfnissen der meisten anderen Adressaten entsprochen wird,[312] da – so die noch
zu hinterfragende Begründung – „Investoren dem Unternehmen Risikokapital zur
Verfügung stellen"[313].

Hier stellt sich zunächst die Frage, was unter einem „Investor" zu verstehen ist. Der
standardsetter charakterisiert die Investoren als „Bereitsteller von Risikokapital"[314],
die Informationen darüber benötigen, „ob sie kaufen, halten oder veräußern
sollen."[315] Und weiter: „Auch Aktionäre sind interessiert an Informationen, mit
denen sie die Fähigkeit des Unternehmens zur Dividendenausschüttung beurteilen
können."[316] Mit diesen Erläuterungen ist man aber auf der Suche nach der Bedeutung des Begriffs Investor nicht unbedingt weitergekommen. Sie werfen nämlich
eine neue Frage auf: Was versteht man unter Risikokapital bzw. einem Risikokapitalgeber? Eine Antwort darauf bleibt das *Framework* schuldig. Unter einem
Risikokapitalgeber versteht man gemeinhin jemanden, der dem Unternehmen
Eigenkapital (oder eigenkapitalähnliches Kapital) zur Verfügung stellt.[317] Für eine
inhaltlich mit diesem Verständnis deckungsgleiche Verwendung durch den
standardsetter würde sprechen, dass in dem letztgenannten Zitat aus F.9 explizit von
Aktionären die Rede ist. Dass jedenfalls keine Fremdkapitalgeber gemeint sind, obwohl man auch diese durchaus als Investoren bezeichnen könnte[318], dafür spricht
ihre separate Nennung („Kreditgeber") in der obigen Aufzählung.

Folgt man allerdings dieser Auffassung, dann bleibt die Begründung in F.10, weshalb man davon ausgehen könne, dass durch Orientierung an den Interessen der Investoren auch die Bedürfnisse der meisten anderen Adressaten befriedigt werden
können („Da Investoren dem Unternehmen Risikokapital zur Verfügung stellen

---

[312]   Vgl. IFRS F.10.

[313]   IFRS F.10.

[314]   IFRS F.9.

[315]   IFRS F.9.

[316]   IFRS F.9.

[317]   Vgl. BIEG, HARTMUT/KUßMAUL, HEINZ (Finanzierung 2000), S. 66.

[318]   So etwa BIEG, HARTMUT/KUßMAUL, HEINZ (Rechnungswesen 2003), S. 431.

[...]"[319]), gänzlich unverständlich. Die Begründung würde nur Sinn machen, wenn auch die anderen genannten Adressaten dem Unternehmen „Risikokapital" – und damit also Eigenkapital – zur Verfügung stellen. Dies trifft aber ganz offensichtlich für keinen der anderen Adressaten regelmäßig zu. Die genannten Widersprüche lassen sich auch nicht durch einen Rückgriff auf den englischen Originaltext auflösen. Häufig entstehen derartige Probleme nämlich aufgrund der gelegentlich[320] mangelhaften Übersetzung ins Deutsche.

Damit bleibt letztlich im Dunkeln, an wen der *standardsetter* nun tatsächlich denkt, wenn er von einem Investor spricht; jedenfalls lässt es sich aus dem Wortlaut des *Framework* m.E. nicht zweifelsfrei ableiten. Es spricht aber wohl nicht zuletzt aufgrund der expliziten Nennung des Aktionärs und der separaten Auflistung der Kreditgeber mehr dafür, darunter einen Eigenkapitalgeber zu verstehen[321] und die Begründung für die Orientierung an den Interessen der Investoren, die letztlich für den Widerspruch verantwortlich ist, als missglückt zu bezeichnen. Sie vermag ohnehin nicht zu überzeugen, weil sie alle Investoren – oder besser: Eigenkapitalgeber – über einen Kamm schert und nicht beachtet, dass es auch unterschiedliche Interessen innerhalb dieser Gruppe gibt. So existieren beispielsweise einerseits einflusslose Aktionäre, für die der Abschluss die einzige Informationsquelle darstellt (externe Adressaten). Auf der anderen Seite gibt es solche mit größerem Einfluss, die über bessere Informationsmöglichkeiten verfügen (interne Adressaten) und somit auf die im Jahresabschluss gemachten Informationen nicht angewiesen sind.[322] Man kann wohl davon ausgehen, dass das IASB hier stillschweigend die externen Eigenkapitalgeber im Sinn hat.

Aufgrund der Widersprüche und Ungenauigkeiten wird man diesen Abschnitt des *Framework* nur als nicht sonderlich gelungen bezeichnen können. M.E. ist es ohnehin fragwürdig, warum man an dieser Stelle überhaupt eine Unterscheidung der

---

[319]   IFRS F.10.

[320]   Als Beispiel sei hier nur IAS 39.9 angeführt, wo bei der Definition der Kategorie *available for sale* aus dem englischen „*or*" im Deutschen ein „*und*" wird, was der Bestimmung einen völlig anderen Inhalt gibt.

[321]   So auch ADLER, HANS ET AL. (Konzeptionelle Grundlagen 2005), S. 23.

[322]   Vgl. BIEG, HARTMUT ET AL. (IFRS 2006), S. 12f.

Adressaten vornimmt bzw. das besondere Gewicht der Investoren (im Sinne von Eigenkapitalgebern) betont. Zwar mag es durchaus unterschiedliche Schwerpunkte geben – Gläubiger sind beispielsweise vielleicht mehr daran interessiert, zu erfahren, welche Vermögenswerte als Sicherheiten für andere Fremdkapitalgeber dienen –, aber im Grunde haben alle genannten potenziellen Adressaten ein positives Informationsinteresse, jedenfalls so lange es sich um externe Adressaten handelt, die keine anderen Informationsquellen haben. Eine Bilanz etwa, welche die Informationsbedürfnisse der (externen) Eigenkapitalgeber befriedigt, unterscheidet sich wohl kaum von einer solchen, welche die der Fremdkapitalgeber oder Kunden berücksichtigt sehen will. Alle erhoffen sich doch möglichst umfassende und aktuelle Informationen über das Vermögen und die Schulden eines Unternehmens. Ähnliches gilt für die Gewinn- und Verlustrechnung.[323]

Letztlich kommt der Frage der Rechnungslegungszwecke bzw. -adressaten bei den IFRS nicht die gleiche große Bedeutung wie bei einem HGB-Abschluss zu. Anders als beim auf wenige Vorschriften und Prinzipien beschränkten HGB, stellen die verschiedenen Standards – und dies gilt insbesondere für die im Rahmen dieser Arbeit zu betrachtenden IAS 32 und 39 – umfassende und detailreiche Regelungen zur Verfügung, so dass hier eine mit der Situation beim HGB vergleichbare eigenständige Herleitung von Bilanzierungsnormen unter Beachtung der Bilanzzwecke und Bilanzadressaten kaum erforderlich ist.

3.3.3 Die Grundprinzipien der Rechnungslegung nach IFRS

Um das Ziel der Vermittlung entscheidungsnützlicher Informationen erreichen zu können, stellt der *standardsetter* bestimmte qualitative Anforderungen an den Abschluss.[324] Sie sollen dazu beitragen, ein den tatsächlichen Verhältnissen entsprechendes Bild der Vermögens-, Finanz- und Ertragslage zu zeichnen.[325] Hierzu gehören insbesondere (vgl. auch Abbildung 10, S. 97):

---

[323] Unterschiedliche Schwerpunkte gibt es allenfalls, was die Berichterstattung in den *notes* betrifft. So werden etwa die Eigenkapitalgeber an Ausführungen bezüglich der Sicherheit der Arbeitsplätze an einem bestimmten Standort weniger interessiert sein als die davon betroffenen Arbeitnehmer.

[324] Vgl. IFRS F.24.

[325] Vgl. IFRS F.46.

- **Verständlichkeit (*understandability*)**

  Die in dem Abschluss vermittelten Informationen sollen für die Adressaten leicht verständlich sein. Dabei wird vorausgesetzt, dass diese eine „angemessene Kenntnis geschäftlicher und wirtschaftlicher Tätigkeiten und der Rechnungslegung"[326] besitzen. Auf die Abbildung und damit die Vermittlung komplexer, für den Adressaten aber wichtiger Sachverhalte darf unter Verweis auf die Verständlichkeit jedoch nicht verzichtet werden.[327]

- **Relevanz (*relevance*)**

  Im Hinblick auf das Ziel der Vermittlung entscheidungs*nützlicher* Informationen sind nur solche Informationen zu vermitteln, die im Rahmen der ökonomischen Entscheidungsfindung der Adressaten relevant sind.[328] Relevant kann eine Information entweder auf Grund ihrer Art (qualitative Relevanz) oder aufgrund ihrer quantitativen Dimension (quantitative Relevanz) sein; Letzteres wird auch als Wesentlichkeit bezeichnet.[329] So kann die Information über die Einrichtung eines neuen Geschäftsfeldes für die Adressaten durchaus bei der Entscheidungsfindung relevant sein, auch wenn die in dem neuen Segment erzielten Ergebnisse mit Blick auf das gesamte Unternehmen von völlig untergeordneter Bedeutung und damit aus rein quantitativer Sichtweise unwesentlich sind. Eine genaue Festlegung der Wesentlichkeitsgrenze, z.B. durch Vorgabe eines %-Wertes von der Bilanzsumme o.Ä., nimmt der *standardsetter* nicht vor.

  Im Grunde liegen hier jedoch zirkuläre Begriffsbeziehungen vor. Einerseits sind Informationen dann nützlich, wenn sie relevant sind. Andererseits wird ihre Relevanz daran gemessen, inwieweit sie in der Lage sind, Entscheidungen der Adressaten zu beeinflussen – womit im Grunde nichts anderes als ihre Nützlichkeit gemeint sein kann.[330]

- **Verlässlichkeit (*reliability*)**

  Nützlich sind Informationen nur dann, wenn sie verlässlich sind, und somit frei

---

[326]   IFRS F.25.

[327]   Vgl. IFRS F.25.

[328]   Vgl. hierzu IFRS F.26ff.

[329]   Vgl. ADLER, HANS ET AL. (Konzeptionelle Grundlagen 2005), S. 31f.

[330]   Vgl. LÜDENBACH, NORBERT/HOFFMANN, WOLF-DIETER (IFRS 2005), S. 32.

von wesentlichen Fehlern und verzerrenden Einflüssen.[331] Der Grundsatz der Verlässlichkeit muss im engen Zusammenhang mit dem eben erläuterten Grundsatz der Relevanz gesehen werden. So kann ein Vorgang von hoher Relevanz sein (z.B. ein anhängiger Prozess, aus dem hohe Schadenersatzzahlungen resultieren können), die hierfür vorliegenden Daten bzw. Informationen können jedoch ein geringes Maß an Verlässlichkeit besitzen (z.B. weil weder die Anspruchsgrundlage für den Ersatz des Schadens noch dessen mögliche Höhe momentan verlässlich beurteilt werden können). Im Einzelfall muss hier eine Abwägung stattfinden, ob bzw. in welcher Form (Bilanz, Gewinn- und Verlustrechnung oder Anhang) darüber berichtet wird.[332]

Der Grundsatz der Verlässlichkeit wird durch mehrere Sekundärgrundsätze konkretisiert:

- **Glaubwürdige Darstellung (*faithful representation*)**

  Der Grundsatz der glaubwürdigen Darstellung verlangt, dass durch die vermittelten Informationen die Geschäftsvorfälle tatsächlich zutreffend wiedergegeben werden.[333]

- **Wirtschaftliche Betrachtungsweise (*substance over form*)**

  Entscheidend für die Behandlung eines Sachverhalts im Abschluss ist stets sein wirtschaftlicher Gehalt, der nicht immer mit dessen juristischer Gestalt oder Sichtweise deckungsgleich sein muss.[334]

- **Neutralität (*neutrality*)**

  Die Informationen müssen neutral, frei von verzerrenden Einflüssen und somit objektiv sein. Damit ist es z.B. unvereinbar, durch die Auswahl oder Darstellung der Informationen die Beurteilung durch die Adressaten beeinflussen zu wollen.[335]

---

[331]   Vgl. hierzu IFRS F.31ff.

[332]   Vgl. ADLER, HANS ET AL. (Konzeptionelle Grundlagen 2005), S. 33.

[333]   Vgl. IFRS F.33f.

[334]   Vgl. IFRS F.35.

[335]   Vgl. IFRS F.36.

■ **Vorsicht (*prudence*)**

Der Grundsatz der Vorsicht findet Anwendung, sofern bei Aufstellung des Abschlusses Ermessensentscheidungen unter Unsicherheit getroffen werden müssen, wenn also z.B. beurteilt werden muss, inwieweit eine bestehende, jedoch zweifelhafte Forderung noch beglichen werden wird.[336] Dieses sachgerechte Maß an Vorsicht taugt nicht zur Begründung bzw. Legung stiller Reserven. Vielmehr handelt es sich um eine allgemeine Schätzregel,[337] die eine vernünftige und realistische Darstellung der Ereignisse gewährleisten soll. Der Vorsichtsgrundsatz der IFRS unterscheidet sich zunächst kaum vom allgemeinen Vorsichtsprinzip des HGB. Auch dort kann nach der hier vertretenen Auffassung das im § 252 Abs. 1 Nr. 4 HGB kodifizierte Prinzip nicht dazu benutzt werden, willkürlich stille Reserven zu legen. Es liefert vielmehr eine Handlungsanleitung, wenn aufgrund „unvollständiger Information oder der Ungewißheit künftiger Ereignisse zwangsläufig Ermessensspielräume bestehen."[338] Zwar formuliert der *standardsetter* kein mit dem HGB vergleichbares Gewinnantizipationsverbot, allerdings gibt es de facto auch hier Überschneidungen. Für zahlreiche *assets*, darunter z.B. die in die Kategorie *held to maturity* eingestellten Finanzinstrumente, sehen auch die IFRS ein Anschaffungskostenprinzip vor. Daneben gibt es aber auch solche, bei der ein über den Anschaffungskosten liegender Bilanzansatz zulässig ist, wobei hier sowohl eine erfolgswirksame (z.B. bei Finanzinstrumenten der Kategorie *at fair value*) als auch eine erfolgsneutrale (z.B. bei Finanzinstrumenten der Kategorie *available for sale*) Erfassung der Wertänderung vorgesehen sein kann.[339]

---

[336]   Vgl. IFRS F.37.

[337]   Vgl. BIEG, HARTMUT ET AL. (IFRS 2006), S. 70.

[338]   Vgl. ADLER, HANS ET AL. (Rechnungslegung 1995), S. 48.

[339]   Vgl. Abschnitt 4.2.2.3.4.

- **Vollständigkeit (*completeness*)**

  Die vermittelten Informationen sind nur dann verlässlich, wenn sie – unter Beachtung des Grundsatzes der Wesentlichkeit und des noch zu behandelnden Kosten-/Nutzen-Postulats – vollständig sind.[340]

- **Vergleichbarkeit (*comparability*)**

  Vierter und damit letzter Primärgrundsatz ist die Vergleichbarkeit der Abschlüsse. Dabei wird sowohl auf den Vergleich eines Abschlusses mit dem anderer Unternehmen (zwischenbetrieblicher Vergleich) als auch auf den Vergleich mit Abschlüssen desselben Unternehmens aus anderen Perioden (zeitlicher innerbetrieblicher Vergleich) abgestellt. Ansatz- und Bewertungsmethoden müssen offen gelegt und grundsätzlich beibehalten werden.[341] Andernfalls ist über die Auswirkungen zu informieren.[342]

Die Primärgrundsätze Relevanz und Verlässlichkeit finden ihre Beschränkung in den folgenden Nebenbedingungen:

- **Zeitnahe Berichterstattung (*timeliness*)**

  Eine zeitnahe Berichterstattung ist notwendig, damit die zu vermittelnden Informationen ihre Relevanz für den Adressaten nicht verlieren. Damit einhergeht aber möglicherweise ein Verlust an Verlässlichkeit, wenn nämlich berichtet wird, bevor sämtliche Aspekte eines Sachverhalts bekannt sind. In diesem Konflikt zwischen Relevanz einerseits und Verlässlichkeit andererseits ist im Einzelfall abzuwägen, wie dem übergeordneten Ziel, d.h. dem Bedürfnis der Adressaten nach entscheidungsnützlichen Informationen, am besten entsprochen werden kann. Dabei geht es nicht nur darum zu bestimmen, ob berichtet wird, sondern auch wie, d.h. in Bilanz bzw. Gewinn- und Verlustrechnung oder aber in den *notes*.[343]

---

[340] Vgl. IFRS F.38.

[341] Vgl. IFRS F.39.

[342] Vgl. IFRS F.40.

[343] Vgl. IFRS F.43.

- **Abwägung von Nutzen und Kosten (*balance between benefit and cost*)**

  Die Vermittlung von Informationen im Jahresabschluss hat unter Abwägung der Nutzen und Kosten zu erfolgen. Es ist also zu prüfen, ob der aus der Information abgeleitete Nutzen höher ist als die durch Bereitstellung der Information entstehenden Kosten. Das Kosten/Nutzen-Postulat richtet sich nicht nur an die abschlusserstellenden Unternehmen, es ist ausdrücklich auch vom *standardsetter* bei der (Weiter-) Entwicklung von Standards zu beachten.[344]

  Mit dem Verweis auf das Kosten/Nutzen-Postulat können die Unternehmen jedoch keine Bestimmung in den Standards außer Kraft setzen. Vielmehr ist, gerade weil sich auch der *standardsetter* bei der Normensetzung an diesem Postulat zu orientieren hat, davon auszugehen, dass alle in den Standards verankerten Bestimmungen diesem Anspruch genügen. Es ist nur dort anwendbar, wo Ermessensspielräume bestehen bzw. wo ein Standard explizit Befreiungsmöglichkeiten einräumt.[345]

  So schlüssig sich das Erfordernis der Abwägung von Nutzen und Kosten auch auf den ersten Blick anhören mag, so schwierig lässt es sich doch in der Praxis umsetzen. Die Gegenüberstellung von Nutzen und Kosten bedingt nämlich deren Ermittlung. Häufig wird man etwa die Kosten für die Beschaffung einer Information im Vorfeld der Beschaffung gar nicht quantifizieren können. Wesentlich problematischer noch ist die Bestimmung des als Vergleichsmaßstab heranzuziehenden Nutzens, weil hierbei auf den Nutzen beim Abschlussadressaten abzustellen ist. Abgesehen davon, dass eine bestimmte Information keinen einheitlichen Nutzen bei allen Investoren besitzen muss, ist fraglich, inwieweit der Bilanzierende überhaupt in der Lage ist, diesen Nutzen einzuschätzen – geschweige denn, ihn in einer EUR-Größe zu verdichten.

- **Ausgewogenheit der qualitativen Anforderungen (*balance between qualitative characteristics*)**

  Die genannten qualitativen Anforderungen stehen teilweise zueinander in Konkurrenz. Der Bilanzierende hat hierbei unter Berücksichtigung des Oberziels

---

[344]   Vgl. IFRS F.44.

[345]   Vgl. ADLER, HANS ET AL. (Konzeptionelle Grundlagen 2005), S. 40f.

eine Abwägung vorzunehmen, die eine angemessene Ausgewogenheit zwischen den verschiedenen Anforderungen herstellt.

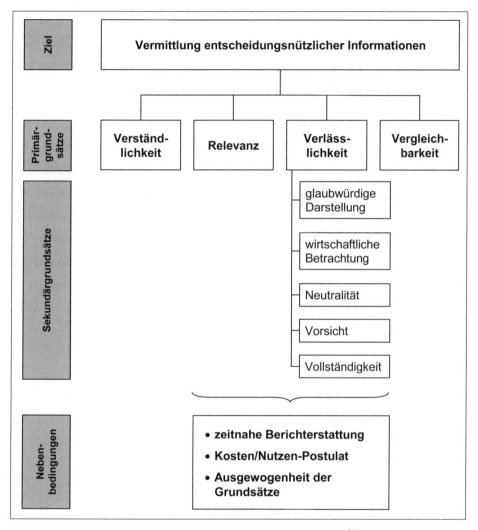

Abbildung 10: Ziel und Grundsätze der IFRS-Rechnungslegung[346]

---

[346] Modifiziert entnommen aus HAYN, SVEN (Standards 1994), S. 720.

3.3.4 Die Generalnorm des *true and fair view* als *overriding principle*

Die Anwendung der eben diskutierten Grundsätze sowie der einzelnen Rechnungs-legungsstandards und Interpretationen führt nach Ansicht des IASB im Regelfall auto-matisch zu einem Abschluss, der gemäß dem Hauptzweck ein den tatsächlichen Ver-hältnissen entsprechendes Bild der Vermögens-, Finanz- und Ertragslage des Unter-nehmens liefert, das für die Entscheidungsfindung der Adressaten notwendig ist.[347]

In extrem seltenen Ausnahmefällen, so das *board,*[348] könne es jedoch sein, dass bei genauer Anwendung einer Standardvorschrift oder einer Interpretation ein Bild der Lage gezeichnet wird, das dem angestrebten tatsächlichen Bild zuwiderläuft. In diesen selte-nen Fällen ist ein Abweichen von den in Rede stehenden Regelungen notwendig, sofern dadurch der Generalnorm entsprochen werden kann. Im Anhang sind in diesem Fall zudem ausführliche Erläuterungen vorgesehen.[349] Die Generalnorm des *true and fair view* hat somit nur in sehr seltenen Ausnahmefällen den Status eines *overriding prin-ciple.*

---

[347]   Vgl. IFRS F.46.

[348]   Vgl. hierzu IAS 1.17.

[349]   Vgl. IAS 1.18.

4 Die bilanzielle Abbildung derivativer Finanz-instrumente bei Einzelbetrachtung

4.1 Die Abbildung nach HGB

4.1.1 Vorbemerkungen

Das deutsche Handelsrecht enthält im Gegensatz zu den IFRS keine expliziten Regelungen zur Abbildung von Derivaten im Jahresabschluss. Damit muss auf die allgemein gültigen Normen des deutschen Bilanzrechts und die Grundsätze ordnungsmäßiger Buchführung zurückgegriffen werden.[350]

In der ersten Hälfte der 1990er Jahre wurden aufgrund der zunehmenden Praxisrelevanz dieser Thematik Stellungnahmen des Bankenfachausschusses (BFA) beim Institut der Wirtschaftsprüfer (IDW) zur Bilanzierung und Prüfung von Financial Futures und Forward Rate Agreements[351], zur Bilanzierung von Optionsgeschäften[352] und zur Währungsumrechnung bei Kreditinstituten[353] erarbeitet und veröffentlicht. Sie stellen zwar keine Gesetzesnormen dar, werden aber von den Wirtschaftsprüfern schon unter Haftungsgesichtspunkten beachtet und erlangen auf diese Weise indirekt auch Gültigkeit für die zu prüfenden Unternehmen.[354] Zu Letzteren zählen indes nicht nur Kreditinstitute, obwohl sich die Verlautbarungen des Bankenfachausschusses zunächst an Kreditinstitute richten. Dass der Bankenfachausschuss sich damit befasst hat, ist wohl dadurch zu erklären, dass Banken zu den ersten Anwendern dieser derivativen Produkte gehörten und sie auch in nicht unerheblichem Maße abschlossen. Wenn der Bankenfachausschuss eine bestimmte Bilanzierungsweise als mit den GoB vereinbar ansieht, dann gilt das

---

[350] Vgl. KPMG (Financial Instruments 1995), S. 89.

[351] Vgl. IDW BFA (Futures 1993), S. 517f.

[352] Vgl. IDW BFA (Optionsgeschäfte 1995), S. 421f.

[353] Vgl. IDW BFA (Währungsumrechnung 1995), S. 735f.

[354] Vgl. SCHARPF, PAUL/LUZ, GÜNTHER (Bilanzierung 2000), S. 228; BIEG, HARTMUT (Grundlagen I 2002), S. 430f.

aufgrund der Branchenunabhängigkeit der GoB[355] grundsätzlich genauso für Nicht-Kreditinstitute, die diese Instrumente heutzutage ebenfalls in verstärktem Maße anwenden (*„same business, same risks, same regulations"*).[356]

Ein im Zusammenhang mit Derivategeschäften wichtiger GoB ist der Grundsatz der Nichtbilanzierung schwebender Geschäfte; dieser wird im folgenden Abschnitt diskutiert. Anschließend wird gezeigt, welche grundsätzlichen Auswirkungen dieses Prinzip auf die Abbildung von Derivaten im Jahresabschluss hat.

4.1.2 Der Grundsatz der Nichtbilanzierung schwebender Geschäfte

4.1.2.1 Der Grundsatz

Als schwebendes Geschäft bezeichnet man zweiseitig verpflichtende („synallagmatische"), auf Leistungsaustausch gerichtete Geschäfte, die am Abschlussstichtag bereits abgeschlossen (Verpflichtungsgeschäft), deren gegenseitige Ansprüche und Verpflichtungen allerdings noch von keiner Seite erfüllt sind (Erfüllungsgeschäfte). Der Beginn des Schwebezustandes ist demnach der Zeitpunkt des Vertragsabschlusses; die Erfüllung durch einen der beiden Kontraktpartner beendet den Schwebezustand.[357] Als Termingeschäfte, bei denen bei Vertragsschluss kein oder nur ein geringer Kapitaleinsatz zu erbringen ist, fallen auch sämtliche Derivate unter diese Definition.[358]

Der Abschluss schwebender Geschäfte ist nach den unkodifizierten GoB, so die h.M.,[359] grundsätzlich nicht im Hauptbuch zu buchen und somit auch grundsätzlich nicht in der Bilanz zu erkennen. Einen Niederschlag in Buchführung und Jahresabschluss finden schwebende Geschäfte nur dann, wenn aus ihnen am Abschlussstichtag ein Verlust

---

[355]   Vgl. Abschnitt 3.2.3.1.

[356]   Vgl. MAURITZ, PETER (Konzepte 1997), S. 25; SCHWITTERS, JÜRGEN/BOGAJEWSKAJA, JANINA (Bilanzierung 2005), S. 9.

[357]   Vgl. BIEG, HARTMUT (Schwebende Geschäfte 1977), S. 26f. und S. 69.

[358]   Vgl. ausführlich Abschnitt 2.2.1.

[359]   Vgl. etwa LEFFSON, ULRICH (GoB 1987), S. 260f.; ADLER, HANS ET AL. (Rechnungslegung 1998), S. 447; BALLWIESER, WOLFGANG (Grundsätze 2005), S. 8; MAYER-WEGELIN, EBERHARD ET AL. (§ 249 HGB 2005), S. 25; HOMMEL, MICHAEL (§ 249 HGB 2006), S. 34.

droht. In diesem Fall ist gemäß § 249 Abs. 1 Satz 1 HGB eine Rückstellung für drohende Verluste aus schwebenden Geschäften zu bilden.

Die grundsätzliche Nichtbeachtung schwebender Geschäfte wird in der Literatur unterschiedlich begründet. Im Folgenden werden die verschiedenen Ansätze diskutiert.

4.1.2.2 Die Begründung

4.1.2.2.1 Die Aufblähung der Bilanz

Nach einer älteren Sichtweise führte eine Aufnahme schwebender Geschäfte in die Bilanz lediglich zu einer Bilanzverlängerung und damit zu einer unnötigen Aufblähung derselben.[360] So argumentiert LEFFSON, „für die Verträge müssten Posten in jeweils gleicher Höhe auf der Aktiv- und Passivseite eingestellt werden"[361] und daher würde „der Einblick in die Erfolgslage der Unternehmung [...] durch die Bilanzierung des Auftragsbestandes nicht verbessert, denn der externe Bilanzleser kann sich kein Bild darüber machen, mit welchen Gewinnchancen die einzelnen Verträge verbunden sind."[362]

Diese Ansicht, die übrigens auch vom BFH[363] vertreten wird, ist aus vielerlei Gründen zu kritisieren. Erstens wird dabei offensichtlich – ohne weiteren Nachweis – unterstellt, dass sich Ansprüche und Verpflichtungen aus dem Geschäft bei Vertragsschluss stets in exakt gleicher Höhe gegenüberstehen und somit bei keinem Vertragspartner eine (Netto-)Vermögensmehrung oder -minderung eingetreten ist. Insbesondere für Veräußerungsgeschäfte ist jedoch festzustellen, dass „die Ausgeglichenheit von Forderungen und Verpflichtungen eine Ausnahme"[364] darstellen dürfte, ist es doch gerade das „Ziel

---

[360]   Vgl. hierzu GRUBERT, THOMAS (Rückstellungsbilanzierung 1978), S. 202; BAUER, HEINRICH (Schwebende Geschäfte 1981), S. 71a; LEFFSON, ULRICH (GoB 1987), S. 262.

[361]   LEFFSON, ULRICH (GoB 1987), S. 262.

[362]   LEFFSON, ULRICH (GoB 1987), S. 262.

[363]   Vgl. BUNDESFINANZHOF (Urteil 1974), S. 685; BUNDESFINANZHOF (Urteil 1975), S. 398.

[364]   BIEG, HARTMUT (Schwebende Geschäfte 1977), S. 47.

jedes Veräußerungsgeschäfts [...], am Markt einen Veräußerungsgewinn zu erzielen"[365].

Selbst wenn man von der Gültigkeit der Ausgeglichenheitsthese ausgeht, so verwundert doch zweitens die Argumentation, dass das Vorliegen einer Bilanzverlängerung bei einem Geschäftsvorfall dessen Nichtbuchung und Nichtbilanzierung zur Folge haben soll. Wenn man so argumentiert, dann müsste man doch konsequenterweise alle bilanzverlängernden Geschäftsvorfälle, z.B. den fremdfinanzierten Kauf eines Grundstücks oder die Aufnahme eine Kredits, unberücksichtigt lassen.[366] Außerdem stehen einer solchen Vorgehensweise das Vollständigkeitsgebot und das Verrechnungsverbot des § 246 HGB entgegen, wonach sämtliche Vermögensgegenstände und Schulden unsaldiert auszuweisen sind, jedenfalls „soweit das Gesetz nichts anderes bestimmt"[367]. Bei den vertraglichen Ansprüchen aus einem Derivat handelt es sich grundsätzlich um einen Vermögensgegenstand im Sinne des HGB, denn sowohl die selbstständige Verkehrsfähigkeit als auch die selbstständige Bewertbarkeit sind gegeben. An dieser abstrakten Aktivierungsfähigkeit[368] ändern auch die mit schwebenden Geschäften einhergehenden zivilrechtlichen Risiken nichts; trotz der Erfüllungsrisiken ist ein schwebendes Geschäft grundsätzlich im Wege der Abtretung übertragbar und bewertbar.[369] Darüber hinaus werden im Falle eines drohenden Verlusts aus dem schwebenden Geschäft die aus dem schwebenden Geschäft resultierenden Ansprüche bei der Berechnung der Höhe der zu bildenden Rückstellung berücksichtigt. Grundlegende Voraussetzung dafür aber ist die Bilanzierungsfähigkeit dieser Ansprüche. Ein dieser grundsätzlichen Ansatzpflicht entgegenstehendes – explizites – Bilanzierungsverbot existiert jedoch nicht, der konkreten Aktivierungsfähigkeit scheint somit – zumindest vorläufig[370] – ebenfalls nichts im Weg zu stehen.

---

[365]   BIEG, HARTMUT (Schwebende Geschäfte 1977), S. 47.

[366]   Ähnlich MÜLLER-DAHL, FRANK (Probleme 1979), S. 201; BABEL, MATHIAS (Ansatz 1997), S. 62.

[367]   Vgl. 246 Abs. 1 HGB.

[368]   Vgl. zur abstrakten und konkreten Aktivierungsfähigkeit nur KUßMAUL, HEINZ (Nutzungsrechte 1987), S. 29ff.

[369]   Vgl. BAUER, HEINRICH (Schwebende Geschäfte 1981), S. 28; PÖßL, WOLFGANG (Saldierungen 1984), S. 429; KESSLER, HARALD (Rückstellungen 1992), S. 128ff.

[370]   Später wird zu untersuchen sein, ob sich eine fehlende konkrete Aktivierungsfähigkeit nicht möglicherweise indirekt aus dem Gesetz ergibt.

Drittens wird offensichtlich insbesondere von LEFFSON die Ansicht vertreten, der Ausweis gleich hoher Ansprüche und Verpflichtungen bedeute für den Bilanzleser keinen verbesserten Einblick in die Lage des Unternehmens, wobei sich LEFFSON in erster Linie auf die Erfolgslage bezieht.[371] Dem ist entgegenzuhalten, dass es gar nicht die primäre Aufgabe der Bilanz ist, einen Einblick in die Erfolgslage zu gewähren; dies fällt in erster Linie der Gewinn- und Verlustrechnung zu. Die Bilanz ist gar nicht in der Lage, mehr zu zeigen als die absolute Höhe des Periodengewinns sowie deren Veränderung zum Vorjahr. Aufgabe der Bilanz ist vielmehr die Vermittlung von Informationen über die Schuldendeckungsfähigkeit durch Gegenüberstellung von Vermögen und Schulden.[372] Dass die Einbeziehung auch sich ausgleichender Ansprüche und Verpflichtungen in die Bilanz in diesem Zusammenhang sehr wohl eine im Hinblick auf den materiellen Bilanzzweck höchst sinnvolle Vorgehensweise ist, lässt sich eindrucksvoll an dem Zusammenbruch des Bankhauses I. D. Herstatt KGaA, Köln,[373] belegen.

Die Herstatt-Bank nutzte den Zusammenbruch des Bretton Woods-Systems 1971 und die infolgedessen flexiblen Wechselkurse zu Devisenspekulationen in großem Umfang; der Devisenumsatz im Jahr 1973 betrug 63 Mrd. DM – etwa die Hälfte des damaligen Bundeshaushalts![374] – und bescherte dem Bankhaus zunächst zugleich hohe Gewinne. Die großen Erfolge verleiteten die sechs Mitarbeiter der Abteilung Devisenhandel, alle Anfang 20, und wenig später viele andere Angestellte bis hinunter zu den Lehrlingen und dem Pförtner, ebenfalls auf eigene Rechnung Devisen zu handeln – und dies mit ausdrücklicher Zustimmung der Geschäftsleitung. Da Devisentermingeschäfte schwebende Geschäfte darstellen, wurden sie – ganz entsprechend der h.M. – auch nicht gebucht. Die fehlende Buchung und damit der fehlende Zwang zur Dokumentation dieser Geschäfte, die meist per Telefon abgeschlossen wurden, ermöglichte es den handelnden Personen in der Devisenabteilung, im Erfüllungszeitpunkt gewinnbringende Geschäfte als Eigengeschäft der Mitarbeiter zu klassifizieren, verlustbringende dagegen als Geschäfte der Bank. Für die Geschäftsleitung war es zudem aufgrund der fehlenden

---

[371]   Vgl. die eben wiedergegebenen Textstellen aus LEFFSON, ULRICH (GoB 1987), S. 262.

[372]   Vgl. § 242 Abs. 1 Satz 1 HGB sowie die diesbezüglichen Erläuterungen in Abschnitt 3.2.3.3.

[373]   Vgl. zum Folgenden O.V. (Diskretion 1974), S. 24ff.; BLEI, REINHARD (Früherkennung 1984), S. 7ff.; TRAIN, JOHN (Pleiten 1986), S. 11ff.; KNÜWER, THOMAS (Orion 2005); SCHUMACHER, HUBERTUS (Herstatt-Pleite o.J.).

[374]   Vgl. BUNDESMINISTERIUM DER FINANZEN (Finanzbericht 2004), S. 211.

Dokumentation nur schwer möglich, einen Überblick über die offenen Positionen zu erlangen. Solange die „Gold-Jungs", wie die Devisenhändler von Herstatt selbst genannt wurden, mit ihren Spekulationen richtig lagen, war das weniger problematisch. Dies änderte sich jedoch Anfang 1974, als sich die Spekulation auf einen steigenden Dollar-kurs nicht erfüllte. Die Verluste nahmen solche Ausmaße an, dass sie sich nun auch nicht mehr durch den Abschluss immer neuer Geschäfte kaschieren ließen. Im Frühjahr 1974 hatte die Herstatt-Bank Devisentermingeschäfte in einem Volumen in Höhe von etwa 8 Mrd. DM abgeschlossen. Eine Devisenkursänderung von nur 1% bedeutete eine Ergebnisbeeinflussung von 80 Mio. DM – und dies bei einem Eigenkapital von gerade einmal 77 Mio. DM. Am 26.6.1974 entzog das Bundesaufsichtsamt für das Kreditwesen dem Bankhaus Herstatt die Banklizenz und ordnete die Schließung der Schalter und die Einstellung der Zahlungen an. Am folgenden Tag wurde die Eröffnung des Vergleichs-verfahrens wegen Überschuldung beantragt. Dem Bankhaus drohte zu diesem Zeitpunkt ein Verlust aus den abgeschlossenen schwebenden Geschäften in der Größenordnung von etwa 470 Mio. DM. Herstatt hatte sich übernommen, die eingegangenen Risiken standen in keinem Verhältnis zu dem vorhandenen Eigenkapital.

Dass es soweit kommen konnte, liegt, neben mangelnder interner Kontrolle, auch in den Buchungsgepflogenheiten begründet, genauer gesagt in der damals wie heute von der h.M. vertretenen Nichtbilanzierung schwebender Geschäfte.[375] Wären die Geschäfte, die bei Abschluss ausnahmslos „nur" bilanzverlängernden Charakter hatten, stattdessen gebucht worden, so hätte dies zwei Konsequenzen nach sich gezogen, die den Zu-sammenbruch des Bankhauses vielleicht hätten verhindern können. Erstens wäre es für die handelnden Mitarbeiter aufgrund der Erfassung der Geschäfte im Hauptbuch nicht so ohne weiteres möglich gewesen, die Rosinen aus den abgeschlossenen Kontrakten als Privatgeschäfte zu deklarieren und die Verluste dem Institut zuzuschreiben. Zweitens wäre der Geschäftsleitung bei einem Ausweis der unsaldierten Ansprüche und Ver-pflichtungen in der Bilanz möglicherweise bewusst geworden, welches Ausmaß die Geschäfte angenommen hatten, welche die Devisenabteilung abgeschlossen hat und in welchem unangemessenen Verhältnis die eingegangenen Risiken zum vorhandenen Eigenkapital standen. Das Beispiel Herstatt zeigt daher m.E. sehr deutlich, dass eine

---

[375]   Vgl. BIEG, HARTMUT (Schwierigkeiten 1977), S. 126.

Aufnahme schwebender Geschäfte alles andere als eine unter Informationsgesichtspunkten zu vernachlässigende Handlungsweise ist.

4.1.2.2.2 Das Nichtvorliegen buchungsfähiger Zahlen

Die Nichtbeachtung kann auch nicht damit gerechtfertigt werden, dass keine „buchungsfähigen Zahlen"[376] vorlägen.[377] Wäre dies der Fall, so könnte auch keine Drohverlustrückstellung gebildet werden, denn dies setzt voraus, dass sich sowohl die zukünftigen Ansprüche als auch die höheren zukünftigen Verpflichtungen quantifizieren lassen; nur dann kann der zu passivierende drohende Verlust ermittelt werden.[378]

4.1.2.2.3 Das Gewinnantizipationsverbot

In jüngerer Zeit wird die Bilanzunwirksamkeit ausgeglichener schwebender Geschäfte mit dem Gewinnantizipationsverbot begründet.[379] Dieses knüpft den Ausweis eines Gewinns an die Bestätigung desselben über den Absatzmarkt, was bei schwebenden Geschäften gerade nicht der Fall ist. Allerdings bedeutet dies noch nicht gleichzeitig, dass auf eine bilanzielle Erfassung des Geschäfts verzichtet werden muss. Zum einen ist es nicht zwangsläufig so, dass die Ansprüche bei Vertragsschluss die eingegangenen Verpflichtungen übersteigen und damit ein Gewinn vorliegt – die Ausgeglichenheit zwischen Ansprüchen und Verpflichtungen diente in der Vergangenheit gerade als Begründung für die *Nicht*bilanzierung schwebender Geschäfte. Würde man gleich hohe Ansprüche und Verpflichtungen einbuchen, entstünde dabei kein Ertrag. Wer die Einbuchung des Anspruches unter Hinweis auf das Gewinnantizipationsverbot ablehnt, der dürfte m.E. dann konsequenterweise auch nicht außerhalb der Bilanz eine Saldierung der Ansprüche mit den (gleich hohen) Verpflichtungen vornehmen.

---

[376]   WEBER, MANFRED (Wirtschaftsgut 1969), S. 74.

[377]   So aber SIMON, HERMAN VEIT (Bilanzen 1910), S. 174; MARTIN, HANS GÜNTER (Bilanzierung 1958), S. 38.

[378]   Vgl. PASSOW, RICHARD (Bilanzen 1918), S. 278; BIEG, HARTMUT (Bewertungsvorschriften 1976), S. 341.

[379]   Vgl. KESSLER, HARALD (Rückstellungen 1992), S. 132ff sowie m.w.N. BABEL, MATHIAS (Ansatz 1997), S. 69ff.

Selbst wenn ein Anspruchsüberschuss vorhanden sein sollte, so ließe sich eine mit dem Gewinnantizipationsverbot konforme Abbildung erreichen, indem man Ansprüche maximal in Höhe der Verpflichtungen ausweist. Im Grunde handelt es sich bei den Ansprüchen und Verpflichtungen aus einem schwebenden Geschäft um nichts anderes als eine imparitätisch zu bewertende Bewertungseinheit.[380] Oder aber, man zeigt – wie BIEG dies vorschlägt – etwaige positive Differenzen in einem passivischen Korrekturposten und weist damit einen besonderen, nicht ausschüttungsfähigen und nicht steuerbaren Gewinn aus. Auf diese Weise erreicht man sowohl einen den tatsächlichen Verhältnissen entsprechenden Ausweis der Vermögensgegenstände und Schulden als auch die mit dem Gewinnantizipationsverbot gewünschte Wirkung.[381] Die Nichtbilanzierung ist also nicht notwendig, um dem Gewinnantizipationsverbot zu entsprechen. Es handelt sich vielmehr um ein Bewertungsproblem, das auch im Zuge der Bewertung gelöst werden kann.[382] Oder anders ausgedrückt: Um die nicht gewollte Erfassung eines noch unrealisierten Ertrages zu vermeiden, braucht man nicht auf eine Buchung des schwebenden Geschäfts und damit auf einen Ausweis in der Bilanz zu verzichten; man muss dabei lediglich so buchen, dass dabei kein Ertrag entsteht!

4.1.2.2.4 Fazit

Letztlich bleibt festzuhalten, dass es, solange man auf die GoB und damit die handelsrechtlichen Bilanzzwecke abstellt, keine wirklich überzeugenden Gründe gibt, auf die Erfassung schwebender Geschäfte zu verzichten. Das Beispiel Herstatt zeigt, dass im Gegenteil gewichtige Gründe für die bilanzielle Erfassung dieser Geschäfte sprechen.

Möglicherweise ist die heute praktizierte Vorgehensweise stark von der RFH- bzw. BFH-Rechtsprechung geprägt worden, denn im Hinblick auf den steuerbilanziellen Bilanzzweck, der Ermittlung eines besteuerungsfähigen Gewinns, ist die Erfassung ausgeglichener schwebender Geschäfte in der Tat nichts weiter als eine Aufblähung der Bilanz.[383] Der sich durch Reinvermögensvergleich mit der Vorjahresbilanz ergebende

---

[380]   Vgl. zum Konzept der Bewertungseinheit Abschnitt 5.2.1.2.2.

[381]   Vgl. BIEG, HARTMUT (Schwebende Geschäfte 1977), S. 290ff.

[382]   Vgl. RÜBEL, MARKUS (Bankbilanz 1989), S. 107.

[383]   Vgl. hierzu und zum Folgenden BIEG, HARTMUT (Bewertungsvorschriften 1976), S. 341ff.

zu versteuernde Gewinn bleibt davon unbeeinflusst, da sich zwar das Brutto-, nicht aber das Nettovermögen (Reinvermögen) ändert. Dies bedeutet jedoch nicht, dass die Nichtbeachtung auch im Einklang mit den handelsrechtlichen Bilanzzwecken steht – und nur die sind, wie in Abschnitt 3.2.3.1 nachgewiesen, bei der Ableitung der GoB zu beachten. BIEG weist vielmehr darauf hin, dass die derzeitige Bilanzierungspraxis die mit den Handelsbilanzzwecken kaum zu vereinbarende „völlige Vernachlässigung der rechtlichen und wirtschaftlichen Folgen solcher Vertragsabschlüsse in der Bilanz"[384] bedeutet. Es kommt hier eben nicht nur auf Reinvermögensänderungen bzw. den Gewinn an, sondern im Hinblick auf den materiellen Bilanzzweck auch auf das Bruttovermögen und die Schulden.

Wenn die Nichtbeachtung ausgeglichener schwebender Geschäfte auch nicht GoB-konform ist, so lässt sich m.E. dennoch eine im Einklang mit dem Gesetz stehende Begründung finden. Mit dem BiRiLiG hat der Gesetzgeber in den für alle Kaufleute geltenden Teil des HGB die Verpflichtung aufgenommen, dass für drohende Verluste aus schwebenden Geschäften eine Rückstellung gebildet werden muss.[385] Damit setzt er offensichtlich stillschweigend voraus, dass schwebende Geschäfte in der Bilanz grundsätzlich keinen Niederschlag finden. Fänden schwebende Geschäfte dagegen Berücksichtigung, wäre die genannte Vorschrift überflüssig, denn das Verlustantizipationsprinzip zwingt den Bilanzierenden bereits zur Berücksichtigung des drohenden Verlusts, die bilanzierten Ansprüche bzw. Verpflichtungen wären entsprechend anzupassen.[386] Der Einwand von BABEL, mit dem Gesetzeswortlaut sei es „auch vereinbar, Ansprüche und Verpflichtungen aus schwebenden Geschäften (erfolgsneutral) auszuweisen und *zusätzlich* im Falle des Übergewichtigwerdens der Verpflichtung eine Drohverlustrückstellung zu bilden"[387], ist nicht stichhaltig. Zum einen gibt es hierfür keine sachliche Begründung – wieso sollte der Gesetzgeber, der die Behandlung schwebender Geschäfte ansonsten völlig vernachlässigt, sich ausgerechnet hier einmischen und die Bildung einer Rückstellung anstelle eines Bruttoausweises durch Verminderung der Ansprüche bzw. Erhöhung der Verbindlichkeit aus schwebenden Geschäften bevor-

---

[384] BIEG, HARTMUT (Bewertungsvorschriften 1976), S. 342.

[385] Vgl. 249 Abs. 1 HGB.

[386] So auch m.w.N. KESSLER, HARALD (Rückstellungen 1992), S. 126.

[387] BABEL, MATHIAS (Ansatz 1997), S. 65.

zugen?[388] Zum Zweiten muss man sich vergegenwärtigen, dass der Gesetzgeber diese Regelung in Kenntnis der h.M. und insbesondere der Rechtsprechung getroffen hat, die grundsätzlich von einer Nichtbilanzierung dieser Geschäfte ausgingen. Hätte ihm eine andere Behandlung vorgeschwebt, hätte er dies sicherlich durch eine explizite Regelung zum Ausdruck gebracht. Damit hat der Grundsatz der Nichtbilanzierung ausgeglichener schwebender Geschäfte, auch wenn er, bei Lichte betrachtet, im Hinblick auf die GoB gänzlich unbegründet ist, letztlich seine Bestätigung durch den Gesetzgeber gefunden.

4.1.3 Die grundsätzliche Behandlung von Derivaten

Derivate werden im Regelfall zu marktgerechten Konditionen abgeschlossen und weisen folglich im Moment des Vertragsabschlusses einen Marktwert von null EUR auf.[389] Die sich im Synallagma gegenüberstehenden Leistungsversprechen der beiden Vertragspartner besitzen den gleichen Wert und damit handelt es sich um ein ausgeglichenes schwebendes Geschäft. Der Abschluss eines Derivate-Kontrakts löst nach deutschem Handelsrecht folglich keine Buchung aus und schlägt sich infolgedessen nicht in Bilanz bzw. Gewinn- und Verlustrechnung nieder.[390]

Kommt es in der Folgezeit zu Marktwertsteigerungen im Vergleich zur Situation bei Vertragsschluss, dürfen diese nach dem Gewinnantizipationsverbot weder in der Bilanz durch Ansatz eines positiven Werts des Derivats noch als Ertrag in der Gewinn- und Verlustrechnung berücksichtigt werden. Der Kontrakt wird auch weiterhin weder im Hauptbuch buchhalterisch berücksichtigt noch in Bilanz bzw. Gewinn- und Verlustrechnung ausgewiesen.

---

[388]   Dies wäre m.E. allenfalls dann ein berechtigtes Anliegen, wenn die Ansprüche und Verbindlichkeiten aus schwebenden Geschäften in der Bilanz nicht gesondert von den anderen Forderungen und Verbindlichkeiten ausgewiesen würden und damit eine Unterscheidung zwischen solchen aus schwebenden und solchen aus erfüllten Geschäften nicht möglich wäre. Diejenigen Autoren, die – wie BIEG – eine Aufnahme von schwebenden Geschäften in die Bilanz befürworten, sehen jedoch einen solchen getrennten Ausweis vor. Vgl. BIEG, HARTMUT (Schwebende Geschäfte 1977), S. 291ff.

[389]   Vgl. m.w.N. PATEK, GUIDO ANDREAS (Finanzprodukte 2002), S.105.

[390]   Vgl. hierzu und zum Folgenden SCHARPF, PAUL/LUZ, GÜNTHER (Bilanzierung 2000), S. 246ff.; BIEG, HARTMUT (Grundlagen I 2002), S. 431.

Buchungs- und Bilanzierungsverpflichtungen ergeben sich bis zur Beendigung des Schwebezustandes nur, wenn Margin[391]-, Prämien-[392] oder Zinszahlungen[393] zu leisten sind, wenn also ein Vertragspartner Leistungen zu erbringen hat oder wenn der Marktwert des Swaps im Vergleich zur Situation bei Vertragsschluss gesunken und somit negativ ist. Ein negativer Marktwert stellt einen noch nicht realisierten, einen „drohenden" Verlust dar, wofür nach § 249 Abs. 1 Satz 1 HGB Rückstellungen für drohende Verluste aus schwebenden Geschäften zu passivieren sind; der genannte Paragraf konkretisiert insoweit das oben besprochene Verlustantizipationsgebot.[394] Die in die Rückstellung eingestellten Beträge werden aufwandswirksam in der Gewinn- und Verlustrechnung erfasst.

Der Schwebezustand endet entweder mit Erreichung des vertraglich vereinbarten Fälligkeitsdatums oder aber durch eine diesem vorangehende Neutralisation des Kontrakts. Letzteres kann auf drei verschiedenen Wegen erreicht werden:

- **Vorzeitige Auflösung des Kontrakts (*close out*)**[395]

  Mit dem Auflösungsvertrag erlöschen sämtliche Rechte und Pflichten aus dem ursprünglichen Kontrakt. Dabei verpflichtet sich derjenige Vertragspartner, der zum Auflösungszeitpunkt einen negativen Marktwert aus dem Kontrakt besitzt, an seinen Kontrahenten eine entsprechende Ausgleichszahlung zu leisten. Diese *close out*-Zahlung ist nach h. M. von beiden Vertragspartnern sofort in voller Höhe unter Berücksichtigung von am vorangegangenen Abschlussstichtag gegebenenfalls gebildeten Drohverlustrückstellungen erfolgswirksam zu vereinnahmen.

- **Verkauf des Kontrakts**[396]

  Die Abbildung im Jahresabschluss entspricht grundsätzlich der Vorgehensweise

---

[391]   Marginzahlungen sind als Sicherheitsleistungen zu qualifizieren und gemäß § 246 Abs. 1 Satz 2 und 3 HGB zu behandeln. Vgl. ausführlich BIEG, HARTMUT (Futures II 2003), S. 126ff.

[392]   Z.B. bei Optionen.

[393]   Z.B. bei Swaps.

[394]   Vgl. Abschnitt 3.2.4.4.

[395]   Vgl. KPMG (Financial Instruments 1995), S. 104f.; SCHARPF, PAUL/LUZ, GÜNTHER (Bilanzierung 2000), S. 492f.; BIEG, HARTMUT (Swaps I 2003), S. 262.

[396]   Vgl. BIEG, HARTMUT (Optionen II 2003), S. 328.

beim *close out*. Der bei einem positiven Marktwert als Gegenleistung erhaltene bzw. der bei einem negativen Marktwert zu zahlende Betrag ist ergebniswirksam zu erfassen.

- **Glattstellung durch Abschluss eines zum ursprünglichen Kontrakt gegenläufigen Geschäfts**[397]

  Der Abschluss eines Gegengeschäfts führt nicht wie die *close out*-Vereinbarung zu einer juristischen Aufhebung des ursprünglichen Vertrages und zu einer sofortigen Ausgleichszahlung. Es wird lediglich eine wirtschaftliche Glattstellung des Ursprungsgeschäfts erreicht, während beide Geschäfte bis zum jeweiligen Laufzeitende bestehen bleiben. Gleichwohl entsteht in dem Moment, in dem das Gegengeschäft abgeschlossen wird, eine geschlossene Position, wodurch genau wie beim *close out* ein Gewinn oder Verlust festgeschrieben wird. Ergibt sich ein Gewinn, so darf dieser nicht erfasst werden, denn obwohl er durch die Glattstellung festgeschrieben wurde, gilt er nach handelsrechtlichen Maßstäben noch nicht als realisiert. Im Gegensatz zum *close out* wird hier nämlich keine Ausgleichszahlung geleistet. Anders verhält es sich, wenn aus dem Schließen der offenen Position ein Verlust resultiert. Hier verlangt das Verlustantizipationsprinzip die Berücksichtigung dieses drohenden Verlustes durch Bildung einer Drohverlustrückstellung.

Werden Derivate ausnahmsweise zu nicht-marktgerechten Konditionen abgeschlossen, so geht dies grundsätzlich mit einer Ausgleichszahlung einher. Am ehesten findet man solche Konstruktionen noch bei Swapvereinbarungen, wo etwaige Abweichungen vom Swapmarktniveau durch eine diese ausgleichende Zahlung bei Geschäftsabschluss *(upfront payment)* oder am Laufzeitende *(balloon payment)* kompensiert werden. Leisten muss die Einmalzahlung derjenige Kontraktpartner, der im Vergleich zum Marktniveau zu hohe Zinszahlungen erhält bzw. zu niedrige Zinszahlungen erbringen muss. Somit hat diese Ausgleichszahlung wirtschaftlich den gleichen Zweck wie ein Disagio bzw. Agio bei einem Kredit, dessen Nominalzins unter bzw. über dem Marktzins zum Zeitpunkt der Kreditvergabe liegt. Gerade auch im Hinblick auf diese Analogie sind diese

---

[397]   Vgl. GÖTTGENS, MICHAEL/PRAHL, REINHARD (Bilanzierung 1993), S. 506; BIEG, HARTMUT (FRA 2003), S. 178.

Zahlungen nach h.M. nicht sofort in vollem Umfang erfolgswirksam zu erfassen, sondern durch eine transitorische (im Falle eines *up-front payment*) bzw. antizipative (im Falle eines *balloon payment*) Rechnungsabgrenzung *pro rata temporis* über die Laufzeit des Kontrakts zu verteilen.[398]

4.1.4 Die Pflicht zur Dokumentation schwebender Geschäfte

Die grundsätzliche Nichtbilanzierung schwebender Geschäfte bedeutet jedoch nicht, dass der Abschluss derartiger Kontrakte im Rechnungswesen gänzlich unberücksichtigt bleibt. Es müssen vielmehr sämtliche relevanten Geschäftsdaten (vgl. Abbildung 11) in einer Nebenbuchhaltung (Memobuchhaltung) festgehalten werden. Dieses Erfordernis ergibt sich schon aus der Verpflichtung, gegebenenfalls eine Drohverlustrückstellung bilden zu müssen. Ihr kann nur dann zuverlässig nachgekommen werden, wenn die entsprechenden Geschäfte auch ausreichend dokumentiert sind.

---

[398] Vgl. HAPPE, PETER (Grundsätze 1996), S. 132ff.; BIEG, HARTMUT (Swaps II 2003), S. 259f.; FÖRSCHLE, GERHART (§ 246 HGB 2006), S. 111.

Optionen	Futures	Forward Rate Agreements	Swaps
Interne Kontrakt-Nummer			
Transaktionsdatum und Uhrzeit			
Gegenpartei			
Anzahl und Art der Kontrakte, Basiswert	Anzahl und Art der Kontrakte, Kontrakt-bezeichnung	Kapitalbetrag (Nominalbetrag)	
Kauf oder Verkauf			Festsatzzahler oder -empfänger
Verfalldatum	Fälligkeitsdatum	Fixingtag, Abrechnungstag	Zinsfälligkeits-zeitpunkte
–	–	Vorlaufperiode, Laufzeit	Laufzeit
Börse/OTC	Börse	OTC	
Basispreis	Kontraktpreis	FRA-Satz	Festzinssatz
Optionspreis	*Initial margin*	Referenzzinssatz	Variabler Zinssatz
Zweck des Geschäfts			

Abbildung 11:   Aufzeichnungspflichten bei Geschäften mit Derivaten[399]

Darüber hinaus können auch die §§ 238, 239 HGB zur Untermauerung einer Dokumentationspflicht herangezogen werden. Danach muss die Buchführung so beschaffen sein,
dass sie „einem sachverständigen Dritten innerhalb angemessener Zeit einen Überblick
über die Geschäftsvorfälle und über die Lage des Unternehmens vermitteln kann. Die
Geschäftsvorfälle müssen sich in ihrer Entstehung und Abwicklung verfolgen lassen"[400]
und „die Eintragungen in den Büchern müssen vollständig, richtig, zeitgerecht und ge-

---

[399]   Modifiziert entnommen aus SCHARPF, PAUL/LUZ, GÜNTHER (Bilanzierung 2000), S. 252.

[400]   § 238 Abs. 1 HGB.

ordnet vorgenommen"[401] werden. Zu den Geschäftsvorfällen rechnen zweifelsohne auch Vertragsabschlüsse.[402]

Speziell für Kreditinstitute existierte ferner im Bankenaufsichtsrecht eine explizite Dokumentationspflicht für schwebende Geschäfte. Nach der Verlautbarung des Bundesaufsichtsamtes für das Kreditwesen vom 23. Oktober 1995 über die „Mindestanforderungen an das Betreiben von Handelsgeschäften der Kreditinstitute" (MaH) waren sie verpflichtet, „schwebende Geschäfte [...] grundsätzlich im Zeitpunkt des Abschlusses in Nebenbüchern (z.B. auf Vormerkkonten) festzuhalten"[403]. Bei Erfüllung, also bei Beendigung des Schwebezustandes, sind die Geschäfte auf den Haupt- und Einzelkonten zu buchen (valutagerechte Buchung). Diese Vorgehensweise wurde den Kreditinstituten im Zusammenhang mit dem damals eingeführten Grundsatz Ia vom Bundesaufsichtsamt für das Kreditwesen erstmals 1975 auferlegt[404] und war die Reaktion der Bankenaufsicht auf den Zusammenbruch des Bankhauses Herstatt.[405] An die Stelle der MaH sind am 20.12.2005 die „Mindestanforderungen an das Risikomanagement (MaRisk)" getreten, die keine vergleichbare Vorschrift für das externe Rechnungswesen enthalten. Sie ist auch überflüssig, weil sich die Notwendigkeit der Erfassung schwebender Geschäfte, wie gerade dargestellt, bereits indirekt aus dem Handelsbilanzrecht ergibt.[406] Anders als vielleicht noch 1975 dürfte dies den Bilanzierenden, insbesondere den Kreditinstituten, mittlerweile bewusst sein.

---

[401] § 239 Abs. 2 HGB.

[402] Vgl. SCHARPF, PAUL/LUZ, GÜNTHER (Bilanzierung 2000), S. 250ff.; SCHWITTERS, JÜRGEN/BOGAJEWSKAJA, JANINA (Bilanzierung 2005), S. 7.

[403] Abschnitt 4.3. der MaH.

[404] Vgl. Schreiben des Bundesaufsichtsamtes für das Kreditwesen vom 24. Februar 1975.

[405] Vgl. BIEG, HARTMUT (Grundlagen I 2002), S. 431f. Vgl. zum Herstatt-Kollaps Abschnitt 4.1.2.2.1.

[406] Vgl. THEILEIS, ULRICH ET AL. (MaRisk 2006), S. 405.

4.2 Die Abbildung nach IFRS

4.2.1 Vorbemerkungen

Die Abbildung derivativer Finanzinstrumente im Jahresabschluss richtet sich nach den Vorgaben von IAS 32, IAS 39 und IFRS 7. Im Folgenden wird zunächst ein Überblick über die historische Entwicklung dieser Standards gegeben, bevor dann ausführlich auf die Standardvorschriften in der derzeit geltenden Fassung eingegangen wird. Da Gegenstand dieser Arbeit nicht nur die bilanzielle Behandlung von alleinstehenden, sondern insbesondere auch solcher Derivate ist, die mit anderen – meist originären – Finanzinstrumenten in einem Absicherungszusammenhang stehen, können sich die folgenden Ausführungen nicht nur auf die Vorschriften für die derivativen Finanzinstrumente beschränken. Im Hinblick auf die *hedge accounting*-Vorschriften, die Gegenstand von Abschnitt 5.3 sind, ist vielmehr eine umfassende Diskussion insbesondere der Bewertungsvorschriften sämtlicher Finanzinstrumente notwendig.[407]

4.2.2 Die Behandlung von Finanzinstrumenten im Allgemeinen

4.2.2.1 Das *financial instruments project* des IASB[408]

Die Anfänge der Arbeiten am Themengebiet *financial instruments* reichen zurück in das Jahr 1988.[409] Bis zu diesem Zeitpunkt existierten mit dem 1985 verabschiedeten IAS 25 (*Accounting for Investments*) lediglich Regeln für die bilanzielle Behandlung von Finanzinvestitionen. Der Regelungsumfang dieses Standards war nicht nur sehr lückenhaft, er gewährte dem Bilanzierenden auch eine große Bandbreite an zulässigen Wertansätzen im Rahmen der Bewertung – von den Anschaffungskosten über den höheren

---

[407]   Vgl. zu den nachfolgenden Ausführungen BIEG, HARTMUT ET AL. (IFRS 2006), S. 143ff.

[408]   Vor der Neustrukturierung vom April 2001 trug das IASB die Bezeichnung *International Accounting Standards Committee* (IASC). Aus Gründen der Einheitlichkeit wird hier nur der heute gültige Name verwendet. Vgl. zur Geschichte BIEG, HARTMUT ET AL. (IFRS 2006), S. 41ff.

[409]   Vgl. hierzu und zum Folgenden: IAS 39.IN1ff. (rev. 2000); IAS 39.BC4ff.; ACKERMANN, ULRICH (Marktwertbilanzierung 2001), S. 65ff.; PELLENS, BERNHARD (Rechnungslegung 2001), S. 462ff.; NIEMEYER, KAI (IAS 2003), S. 7ff.; BARCKOW, ANDREAS (Bilanzierung 2004), S. 194ff.

Marktwert bis hin zum Niederstwert war praktisch alles erlaubt. Die Einräumung dieser beachtlichen Wahlrechte war notwendig, weil sich die Mitglieder des IASB, die aus völlig unterschiedlichen nationalen Rechnungslegungswelten stammten, nicht auf einen für alle akzeptablen einheitlichen Bewertungsmaßstab einigen konnten. Man erklärte folglich kurzerhand alle Wertmaßstäbe als zulässig. Das Resultat dieser Form des „Kompromisses", die auch bei Streitfällen in anderen Standards zur Anwendung kam, war freilich, dass das vom IASB anvisierte Ziel, international *einheitliche* Bilanzierungsregeln zu formulieren und damit international vergleichbare Jahresabschlüsse zu erhalten, verfehlt wurde.[410] Letztlich wurden auf diese Weise die Unterschiede zwischen den nationalen Rechnungslegungssystemen zunächst eher zementiert als eingeebnet und das eigentliche Ziel *ad absurdum* geführt. Man spricht hier auch von „additiver Harmonisierung", eine Vorgehensweise, die auch bei der Verabschiedung der EG-Richtlinien zur Rechnungslegung häufig zur Anwendung kam.[411]

Um die im gesamten Regelwerk bestehenden Inkonsistenzen und Wahlrechte zu reduzieren und damit auch zu einer besseren Vergleichbarkeit der Jahresabschlüsse zu gelangen, rief das IASB 1987 das *comparability project* ins Leben. Teil dieses Projekts war auch eine Überarbeitung von IAS 25, die 1988 in Zusammenarbeit mit dem *Canadian Institute of Chartered Accountants* (CICA) begann. Dabei beschränkte sich die Überarbeitung nicht nur auf die Beseitigung der zahlreichen Wahlrechte, es sollte auch ein weitaus umfassenderer Standard geschaffen werden, der Vorschriften zu Ansatz, Bewertung, Ausweis und Offenlegung sowohl von originären als auch – und das war gänzlich neu – derivativen Finanzinstrumenten enthalten sollte. Die Arbeiten mit dem CICA mündeten dann in den im September 1991 veröffentlichten Standardentwurf E40 *Financial Instruments*. Der Vorschlag fand jedoch nicht die erforderliche Mehrheit im *board* und aufgrund der zahlreich eingegangenen Stellungnahmen wurde im Januar 1994 ein überarbeiteter Entwurf E48 vorgelegt. Auch diese Fassung konnte jedoch bei der Mehrheit der Mitglieder des *board* keine Zustimmung finden.

Um einen Ausweg aus dieser Sackgasse zu finden und endlich ein Stück weit voran zu kommen, entschloss man sich, das Projekt entgegen der ursprünglichen Intention in

---

[410]   Vgl. PELLENS, BERNHARD ET AL. (Rechnungslegung 2004), S. 74f.

[411]   Vgl. Abschnitt 3.1.

zwei Etappen und damit auch in zwei Standards aufzuspalten. Die Regelungen zum Ausweis und zur Offenlegung, über die weitgehend Einigkeit bestand, wurden aus dem Gesamtpaket herausgelöst und im März 1995 mit IAS 32 *Financial Instruments: Disclosure and Presentation* endgültig verabschiedet. Die Formulierung der verbleibenden Regelungen zu Ansatz und Bewertung, die den eigentlichen Grund für das Scheitern der vorangegangenen Entwürfe darstellten, sollte Gegenstand der sich anschließenden zweiten Phase sein.

Die zweite Etappe des Projekts erwies sich dann erwartungsgemäß als der weitaus schwierigere Teil. Hauptstreitpunkt war dabei die in den Entwürfen E40 und E48 vorgesehene und auch in dem von IASB und CICA erarbeiteten Diskussionspapier vom März 1997 favorisierte Regelung, nahezu sämtliche Finanzinstrumente zum *fair value* zu bewerten (*full fair value approach*).[412] Das IASB musste schließlich nach Auswertung der zahlreich eingegangenen Kommentare und Stellungnahmen der nationalen und internationalen Interessengruppen zum Diskussionspapier eingestehen, dass eine derartige Regelung noch nicht konsensfähig war. Die Kritiker wandten sich dabei weniger gegen die im Diskussionspapier vertretene grundsätzliche Ansicht des *board*, die *fair value*-Bewertung sei notwendige Voraussetzung zur Sicherung der Darstellungsstetigkeit und Relevanz – man sah in dem Feedback der Interessengruppen sogar eine „gewisse Akzeptanz"[413] dieser These. Hauptkritikpunkte waren vielmehr die bei der Umsetzung der *fair value*-Bewertung in der Praxis entstehenden Schwierigkeiten.

Um einen Ausweg aus der festgefahrenen Situation zu finden, rief das IASB Ende 1997 zusammen mit zehn weiteren Standardsetzern eine gemeinsame Arbeitsgruppe ins Leben, die *Financial Instruments Joint Working Group of Standard Setters* (JWG). Ihr Arbeitsauftrag bestand darin, auf der Grundlage des Diskussionspapiers vom März 1997 einen neuen konsensfähigen Standardvorschlag auszuarbeiten, wobei aufgrund der Komplexität und des Umfangs der Materie nicht mit einer raschen Erarbeitung und anschließenden Verabschiedung eines neuen Standards gerechnet werden konnte. Genau dies stellte das IASB nun aber vor ein weiteres, zeitliches Problem: Es hatte sich in einer Vereinbarung mit der *International Organisation of Securities Commissions*

---

[412]   Vgl. IASC (Discussion Paper 1997).

[413]   IAS 39.IN7 (rev. 2000).

(IOSCO), der internationalen Vereinigung der Börsenaufsichtsgremien, 1995 verpflichtet, bis Ende 1998 zu einer Reihe von Themen Standards zu verabschieden. Hierzu gehörten insbesondere Regelungen bezüglich Ansatz und Bewertung von Finanzinstrumenten, bilanzunwirksamen Sachverhalten und Sicherungsgeschäften. Im Gegenzug verpflichtete sich die IOSCO dazu, nach Vorlage dieser sog. Kernstandards (*core standards*) und deren positiver Beurteilung ihren Mitgliedsorganisationen, zu denen auch die US-amerikanische Börsenaufsichtsbehörde SEC zählt, die Anerkennung der IFRS als Zugangsvoraussetzung für den Kapitalmarkt zu empfehlen. Dies wäre im Hinblick auf die internationale Anerkennung der IFRS ein ganz bedeutender Schritt – jedenfalls dann, wenn die SEC dieser Empfehlung auch folgt, was nicht zwangsläufig der Fall sein muss.[414] Es würde bedeuten, dass ausländische Unternehmen, die über eine Notierung an der *New York Stock Exchange* oder der NASDAQ verfügen bzw. eine solche anstreben, dann nicht mehr nach US-GAAP bilanzieren müssen, sondern stattdessen auch einen IFRS-Abschluss vorlegen können.

Da bis zum vereinbarten Termin mit einem konsensfähigen Standardentwurf der JWG nicht zu rechnen war, entschloss man sich zur Erarbeitung einer Zwischenlösung, die mit E62 *Financial Instruments: Recognition and Measurement* im Juni 1998 als Entwurf präsentiert wurde. Nach weiteren Diskussionen und zahlreichen Änderungen, die nach den Regeln des IASB eigentlich die Vorlage eines neuen Standardentwurfs samt anschließender Diskussion erforderlich gemacht hätten, wurde der Entwurf trotzdem gerade noch rechtzeitig im Dezember 1998 unter der Bezeichnung IAS 39 *Financial Instruments: Recognition and Measurement* angenommen. Den Verstoß gegen die eigenen Regeln zur Standardentwicklung (*due process*) rechtfertigte man mit dem Verweis auf den provisorischen Charakter des Standards – schließlich sollte er nach dem Willen des IASB nur eine Übergangslösung bis zur Vorlage und Verabschiedung eines neuen Standards auf Basis des erwarteten JWG-Vorschlages darstellen. Anzuwenden war IAS 39 auf Geschäftsjahre, die nach dem 31. Dezember 2000 begannen. Inhaltlich verzichtete man auf die umstrittene *fair value*-Bewertung aller Finanzinstrumente und verfolgte stattdessen einen sog. Mischansatz (*mixed model*). Dieser sah für originäre Forderungen und Darlehen sowie für bis zur Endfälligkeit gehaltene *investments* eine

---

[414] Im April 2005 sind die EU-Kommission und die SEC überein gekommen, dass spätestens ab 2009 die Vorlage eines auf US-GAAP basierenden Abschlusses nicht mehr notwendig sein wird. Vgl. EU-KOMMISSION (Agreement 2005).

Bewertung zu (fortgeführten) Anschaffungskosten vor, während alle andern Finanzinstrumente mit ihrem *fair value* anzusetzen waren. Kurz vor der erstmaligen Anwendung im Oktober 2000 wurde der Standard noch einmal geringfügig überarbeitet.

In der Folgezeit ergaben sich beim praktischen Umgang mit den neuen Vorschriften aufgrund der hohen Komplexität des Standards zahlreiche Probleme. Hierzu beigetragen hat auch, dass zu dieser Zeit praktisch in keinem anderen Land ein ähnlich umfassendes Regelwerk zu diesem Themenkomplex existierte. Das IASB begegnete diesem Umstand im Jahr 2000 mit der Schaffung des *Implementation Guidance Committee* (IGC). Diese Arbeitsgruppe sollte die nach IFRS bilanzierenden Unternehmen, die sie prüfenden Wirtschaftsprüfer, Analysten und andere Jahresabschlussleser bei der Lösung praktischer Probleme unterstützen und helfen, Unklarheiten und Zweifelsfälle zu beseitigen. Sie bewerkstelligt dies durch Veröffentlichung von Anwendungshilfen im Frage- und Antwortstil, die zuvor allerdings mit einer Kommentierungsfrist von etwa 60 Tagen zur Diskussion gestellt werden müssen. Die Verlautbarungen des IGC sind weder Teil des Standards noch besitzen sie den gleichen Status und die gleiche Bindungswirkung wie die *interpretations* des *Standing Interpretations Committee* (SIC, mittlerweile umbenannt in *International Financial Reporting Interpretations Committee* (IFRIC)). Sie gelten lediglich als *best practice*.[415]

Die *Joint Working Group* präsentierte ihre Vorschläge schließlich im Dezember 2000 unter dem Titel „*Draft Standard and Basis for Conclusions, Financial Instruments and Similar Items*".[416] Sie sahen erwartungsgemäß und genau wie zuvor das *discussion paper* des IASB vom März 1997 die Bewertung sämtlicher Finanzinstrumente zum *fair value* vor. Dabei sollten *fair value*-Änderungen erfolgswirksam in der Gewinn- und Verlustrechnung erfasst werden.[417] Bei den Bilanzierenden stieß auch der neuerliche Entwurf auf wenig Gegenliebe, was insbesondere auf den *full fair value approach* zurückzuführen war. Vor allem im Bankensektor rief die bei Umsetzung der Vorschläge

---

[415]   Vgl. *introduction* zu IGC (Guidance 2003).

[416]   Vgl. hierzu PAPE, JOCHEN (JWG 2001), S. 1458ff.

[417]   Letzteres bedeutet gleichzeitig, dass man auf die Formulierung umfangreicher Regeln für die bilanzielle Abbildung von Sicherungszusammenhängen (*hedge accounting*) verzichten konnte, weil sich die gegenläufigen Wertänderungen von Grund- und Sicherungsgeschäften automatisch durch ihre Berücksichtigung in der Gewinn- und Verlustrechnung kompensieren. Vgl. hierzu später 5.3.1.

drohende *fair value*-Bewertung von Forderungen und Verbindlichkeiten erhebliche Bedenken hervor.

Aufgrund der fortwährenden ablehnenden Haltung der Praxis war an eine Umsetzung der Vorschläge der JWG in einen neuen Standard und die damit einhergehende Abschaffung des im geltenden Standard kodifizierten Mischansatzes in naher Zukunft nicht zu denken. Man begann jedoch im Rahmen des *improvements project* damit, die bestehenden Standards IAS 32 und 39 zu überarbeiten. Dabei ging es aber nicht um grundlegende konzeptionelle Reformen – der Mischansatz blieb grundsätzlich unangetastet. Wesentliche Ziele der beiden im Zuge dieser Überarbeitung im Juli 2002 vorgelegten *exposure drafts* (ED) zu IAS 32 und IAS 39 waren die Beseitigung bestehender Inkonsistenzen zwischen den beiden Standards, die Abschaffung einiger Wahlrechte, die Überarbeitung bestimmter Teilbereiche und hier insbesondere die Regeln zum *hedge accounting*, sowie die Konvergenz mit den US-amerikanischen Bilanzierungsvorschriften US-GAAP.[418]

Beide Standardentwürfe waren in den darauf folgenden Monaten Gegenstand intensiver Diskussionen, wobei negative Stellungnahmen wiederum vor allem von Seiten der Kreditwirtschaft kamen. Als problematisch sah man hier insbesondere die im Vergleich zum alten Standard an einer entscheidenden Stelle praktisch unverändert gebliebenen Vorschriften zum *hedge accounting* an: Diese ließen nach wie vor eine bilanzielle Abbildung von Sicherungsbeziehungen auf Makro-Ebene nicht zu. Als Reaktion auf diese Kritik veröffentlichte das IASB im August 2003 einen den ED IAS 39 ergänzenden Teil-Standardentwurf mit dem Titel „*Fair Value Hedge Accounting for a Portfolio Hedge of Interest Rate Risk*“, mit dem das IASB speziell den Banken entgegenkommen wollte. Er sollte die bilanzielle Abbildung von Zins-*hedges* auf Makro-Ebene ermöglichen.[419]

Nach über einjähriger Diskussion wurden die überarbeiteten Fassungen von IAS 32 und IAS 39 schließlich im Dezember 2003 vom *board* gebilligt. Die Verabschiedung der IAS 39 ergänzenden *hedge accounting*-Regelungen des Teil-Standardentwurfs folgte

---

[418]   Vgl. IAS 39.IN2f.; BARCKOW, ANDREAS (Bilanzierung 2004), S. 198.

[419]   Vgl. zu diesem Absatz IAS 39.BC.173ff.

wenig später im März 2004. Zwingend anzuwenden waren beide Standards erstmals auf Geschäftsjahre, die nach dem 31. Dezember 2004 beginnen.[420]

Mit der Überarbeitung gelang es dem IASB aufgrund der Vorbehalte aus der Praxis zwar nicht, die aus seiner Sicht präferierte zwingende *fair value*-Bewertung sämtlicher Finanzinstrumente durchzusetzen, allerdings stellte der Standard – zumindest in seiner im Dezember 2004 ursprünglich veröffentlichten Fassung – zweifellos einen Schritt in diese Richtung dar. Er eröffnete dem Bilanzierenden nämlich die Möglichkeit, sich bei Zugang eines jeden Finanzinstruments für eine erfolgswirksame *fair value*-Bewertung desselben zu entscheiden (*fair value option*).[421] Damit wäre es bei Ausnutzung dieses Wahlrechts zum ersten Mal möglich, auch (Buch-) Forderungen und (Buch-) Verbindlichkeiten zum *fair value* anzusetzen.

Wer glaubte, dass mit der nach monatelangen Erörterungen und Verhandlungen erzielten Übereinkunft die Diskussionen über die Standards wenigstens für die nahe und mittlere Zukunft ein Ende gefunden hätten und dass sich die nach IFRS Rechnung legenden Unternehmen, die den Standard schließlich ab 2005 anwenden müssen, nun endlich der praktischen Implementierung des gerade verabschiedeten Regelwerks widmen könnten, der musste sich eines Besseren belehren lassen: Bereits wenige Wochen nach Verabschiedung kündigte das IASB im Februar 2004 erneut einen *exposure draft* zu IAS 39 an.[422] Durch ihn sollte die gerade erst eingeräumte *fair value option* wieder gekippt bzw. ihre Zulässigkeit stark eingeschränkt werden. Im Juni 2005 wurde diese modifizierte *fair value option* schließlich verabschiedet.[423] Das Designationswahlrecht gilt jetzt nur unter den vergleichsweise engen Voraussetzungen des neu gefassten IAS 39.9.

Auslöser für diesen neuerlichen Änderungsvorschlag war die erhebliche Kritik, die insbesondere die Europäische Zentralbank (EZB) an der vorgesehenen Regelung geübt

---

[420]   Vgl. IAS 32.96 bzw. IAS 39.103.

[421]   Vgl. IAS 39.9 der ursprünglichen Fassung vom Dezember 2004.

[422]   Vgl. IASB (Update February 2004), S. 1.

[423]   Vgl. ausführlich JERZEMBEK, LOTHAR/GROßE, JAN-VELTEN (Option 2005), S. 221ff.; KUHN, STEFFEN (Option 2005), S. 1342ff.; LÖW, EDGAR/BLASCHKE, SILKE (Amendment 2005), S. 1727ff.; SCHMIDT, MARTIN (Amendments 2005), S. 269ff.

hatte.[424] Indes ist es völlig unverständlich, warum die ablehnende Haltung der EZB nicht im Rahmen der jahrelangen Diskussionen, die der Verabschiedung vorausgingen, berücksichtigt wurde. Schließlich hatte die EZB bereits nach Veröffentlichung der Vorschläge der JWG im Dezember 2000 unmissverständlich zum Ausdruck gebracht, dass sie eine generelle *fair value*-Bewertung des Bankbuches, also von Finanzinstrumenten, die nicht dem Handelsbestand angehören, als nicht sinnvoll erachtet und sie daher ablehnt.[425] Die EU nahm diese Kritik im Rahmen des *endorsement*-Prozesses zum Anlass, die *fair value option* in der ursprünglichen Fassung nicht in europäisches Recht zu übernehmen.[426] Erst die modifizierte Fassung der *option* vom Juni 2005 wurde im November 2005 von der EU vollständig angenommen.[427]

Neben weiteren kleinen Änderungen des IAS 39 im April[428] und August[429] 2005 hat das IASB mit IFRS 7 *Financial Instruments: Disclosures* im August 2005 einen weiteren Standard verabschiedet, der Finanzinstrumente betrifft. Er ersetzt den nur für Kreditinstitute geltenden IAS 30 *Disclosures in the Financial Statements of Banks and Similar*

---

[424]   Vgl. EZB (Monatsbericht 2004), S. 77ff. Gegen eine *fair value*-Bewertung des Bankbuches führt die EZB zunächst an, dass sie die Banken zur Vermeidung einer aus der *fair value*-Bewertung resultierenden größeren Volatilität des Ergebnisses dazu verleiten könnte, ihre Kreditpolitik in einer für die Volkswirtschaft schädlichen Weise zu modifizieren. Sie könnten dazu übergehen, verstärkt variabel verzinsliche Kredite zu vergeben oder die durchschnittlichen Laufzeiten für die ausgegebenen Kredite zu verkürzen, was ihre Fristentransformationsfunktion erheblich einschränken würde. Darüber hinaus zweifelt die EZB die Umsetzbarkeit einer *fair value*-Bewertung von Bankkrediten an. Weil keine Marktwerte für solche Instrumente existierten, müssten die *fair values* mit Hilfe von Bewertungsmodellen geschätzt werden. Die derzeit zur Verfügung stehenden Modelle seien aber noch nicht ausgereift. Schließlich führe die *fair value*-Bewertung von Verbindlichkeiten zu dem höchst problematischen Effekt, dass ein Rückgang der eigenen Bonität mit einem Ertragsausweis und damit einer Erhöhung des Eigenkapitals einhergehe (vgl. hierzu auch Abschnitt 4.2.2.3.4.2).

[425]   Vgl. EZB (Fair value 2001), S. 2f.

[426]   Vgl. Verordnung (EG) Nr. 2086/2004 der Kommission vom 19. November 2004 zur Änderung der Verordnung (EG) Nr. 1725/2003 betreffend die Übernahme bestimmter internationaler Rechnungslegungsstandards in Übereinstimmung mit der Verordnung (EG) Nr. 1606/2002 des Europäischen Parlaments und des Rates und im Hinblick auf die Einführung von IAS 39 vom vom 19.11.2004. Die EU-Fassung des Standards ließ die *fair value option* lediglich für finanzielle Vermögenswerte zu.

[427]   Vgl. Verordnung (EG) Nr. 1864/2005 der Kommission vom 15. November 2005 zur Änderung der Verordnung (EG) Nr. 1725/2003 betreffend die Übernahme bestimmter internationaler Rechnungslegungsstandards in Übereinstimmung mit der Verordnung (EG) Nr. 1606/2002 des Europäischen Parlaments und des Rates im Hinblick auf die Einfügung von International Financial Reporting Standard (IFRS) 1 und der International Accounting Standards (IAS) 32 und 39.

[428]   Vgl. *Amendments to IAS 39: Financial Instruments: Recognition and Measurement – Cash Flow Hedge Accounting of Forecast Intragroup Transactions.*

[429]   Vgl. *Amendments to IAS 39: Financial Instruments: Recognition and Measurement – Financial Guarantee Contracts.*

Financial Institutions, der ergänzend zu den in IAS 32 niedergelegten Offenlegungsvorschriften spezielle Regeln für die Offenlegung von Finanzinstrumenten bei Kreditinstituten vorsah. Das *board* war inzwischen zu der Überzeugung gekommen, dass eine Beschränkung dieser Vorschriften nur auf Kreditinstitute nicht mehr zeitgemäß ist, weil auch Unternehmen anderer Branchen in gleicher Weise in diesem Bereich tätig sind. Mit IFRS 7 wurde nun ein von allen Unternehmen gleichermaßen zu beachtender Standard geschaffen, der sämtliche Offenlegungsvorschriften zu Finanzinstrumenten enthält.[430] Die Offenlegungsvorschriften des IAS 32 sind vollständig in dem neuen Standard aufgegangen, so dass IAS 32 nur noch Vorschriften zum Ansatz von Finanzinstrumenten enthält.[431] Konsequenterweise wurde er in IAS 32 *Financial Instruments: Presentation* umbenannt.[432]

Das in den vorstehenden Ausführungen zum *financial instrument project* deutlich gewordene Vorgehen des IASB, Standards in recht kurzen zeitlichen Abständen zu überarbeiten und zu modifizieren, stellt die Anwender der Rechnungslegungsregeln vor große Probleme, müssen sie sich doch ständig mit diesen Neuerungen auseinander setzen – und das nicht nur auf dem Gebiet der *financial instruments*. Dies wiegt umso schwerer, als sich die meisten Unternehmen nunmehr aufgrund der IFRS-Verordnung erstmalig mit den IFRS auseinander setzen müssen. Wie sollen sich diese Unternehmen auf ein neues, vielfach unbekanntes, aber zumindest ungewohntes und zudem in weiten Teilen vergleichsweise kompliziertes Regelwerk vorbereiten, wenn dieses Regelwerk regelmäßig in kurzen Abständen gravierende Änderungen erfährt?

4.2.2.2 Der Ansatz von Finanzinstrumenten

Ein Finanzinstrument muss nach IAS 39.14 grundsätzlich dann in der Bilanz angesetzt werden, wenn das Unternehmen Vertragspartei dieses Finanzinstruments geworden ist.[433] Dabei spielt es keine Rolle, in welcher Form der Vertrag geschlossen wurde, d.h.,

---

[430] Vgl. IFRS 7.IN1ff.

[431] Vgl. IFRS 7.IN7.

[432] Vgl. IFRS 7.2.

[433] Auf eine Diskussion der Ausbuchungsvorschriften (*derecognition*), die im Vergleich zur Vorgängerversion wesentlich verändert wurden, kann hier verzichtet werden, weil sie für die eigentliche Fragestellung dieser Arbeit weniger bedeutsam sind. Vgl. zur Neuregelung BIEG, HARTMUT ET AL. (IFRS 2006), S. 151f.

er kann schriftlich, mündlich oder durch konkludentes Handeln zustande kommen.[434] Unbeachtlich ist auch, ob und inwieweit die Vertragspartner ihren vertraglichen Verpflichtungen bereits nachgekommen sind. Im Gegensatz zum deutschen Handelsrecht[435] sind damit nach IAS 39 auch sog. schwebende Geschäfte, bei denen noch keine der Vertragsparteien geleistet hat, grundsätzlich ansatzpflichtig.[436]

4.2.2.3 Die Bewertung von Finanzinstrumenten

4.2.2.3.1 Die grundsätzlichen Wertmaßstäbe

Wie bereits an anderer Stelle erwähnt, basieren die Bewertungsregeln des IAS 39 auf einem *mixed model*-Ansatz. Es existiert für die Finanzinstrumente somit kein einheitlicher Bewertungsmaßstab, sondern es kommt in Abhängigkeit von der im nächsten Abschnitt erläuterten Kategorisierung eines konkreten Instruments entweder die Bewertung zum *fair value* (beizulegender Zeitwert) oder zu (fortgeführten) Anschaffungskosten (*(amortised) costs*) in Frage (vgl. Abbildung 12).

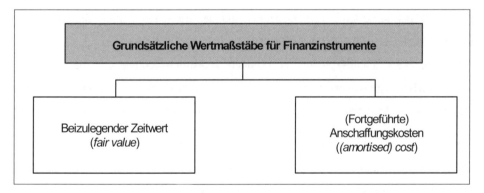

Abbildung 12: Grundsätzliche Wertmaßstäbe für Finanzinstrumente nach IFRS

---

[434]   Vgl. ERNST & YOUNG (Rechnungslegung 2004), S. 57.

[435]   Vgl. hierzu Abschnitt 4.1.2.

[436]   Vgl. IAS 39.AG34.

Der *fair value* wird in IAS 32.11 und IAS 39.9 übereinstimmend[437] definiert als der „Betrag, zu dem zwischen sachverständigen, vertragswilligen und voneinander unabhängigen Geschäftspartnern ein Vermögenswert getauscht oder eine Schuld beglichen werden könnte." Sofern für das Finanzinstrument notierte Preise eines aktiven Marktes vorliegen, ist der dort festgestellte Marktpreis als *fair value* heranzuziehen.[438] Eine Notierung an einem aktiven Markt ist gegeben, wenn notierte Preise an einer Börse, von einem Händler, Broker, einer Branchengruppe (*industry group*), einem Preisberechnungs-Service (*pricing service*) oder einer Aufsichtsbehörde (*regulatory agency*) leicht und regelmäßig erhältlich sind und diese Preise aktuelle und regelmäßig auftretende Markttransaktionen wie unter unabhängigen Dritten (*at arm's length*) darstellen. Unter diese Definition fallen damit nicht nur die an öffentlichen Börsen, wie beispielsweise der Frankfurter Wertpapierbörse oder der EUREX, notierten Titel, sie erfasst auch die OTC-Märkte, deren Kurse über Finanzmarktinformationsdienstleister wie Reuters oder Bloomberg veröffentlicht werden.[439]

Wird das Finanzinstrument zwar an einem aktiven Markt notiert, liegen jedoch keine aktuellen Marktpreise vor, so liefern die letzten bekannten Transaktionspreise Anhaltspunkte für den aktuellen *fair value*. Haben sich seit deren Feststellung die wirtschaftlichen Rahmendaten (z.B. Absinken des Zinsniveaus nach der letzten verfügbaren Notierung einer Schuldverschreibung) jedoch wesentlich verändert, so müssen diese letzten verfügbaren Kurswerte entsprechend modifiziert werden. Dies kann geschehen, indem auf die Marktentwicklung vergleichbarer Instrumente oder Indizes abgestellt wird.[440]

Handelt es sich dagegen um ein Finanzinstrument, das nicht an einem aktiven Markt notiert ist, so wird der *fair value* mit Hilfe von Bewertungsverfahren bestimmt. Dabei kann auf die Marktpreise vergleichbarer Finanzinstrumente zurückgegriffen werden

---

[437]   In beiden Standards eine Definition zu geben, ist eigentlich überflüssig. Man hätte in IAS 39 auch auf die Definition des IAS 32 verweisen können, wie man das etwa auch für die Begriffe „Finanzinstrument", „finanzieller Vermögenswert", „finanzielle Verbindlichkeit" und „Eigenkapitalinstrument" gemacht hat, zumal es erklärtes Ziel der Überarbeitung war, solche Doppelungen zu beseitigen.

[438]   Vgl. hierzu und zum Folgenden IAS 39.AG71ff.

[439]   Vgl. ERNST & YOUNG (Rechnungslegung 2004), S. 83.

[440]   Vgl. KUHN, STEFFEN /SCHARPF, PAUL (Rechnungslegung 2005), S. 243.

oder es können allgemein anerkannte Schätzverfahren wie etwa das Barwertverfahren (*discounted cash flow*-Verfahren) oder Optionspreismodelle zur Anwendung gelangen. Abbildung 13 fasst die Kriterien für die Ermittlung des *fair value* bei Finanzinstrumenten zusammen.

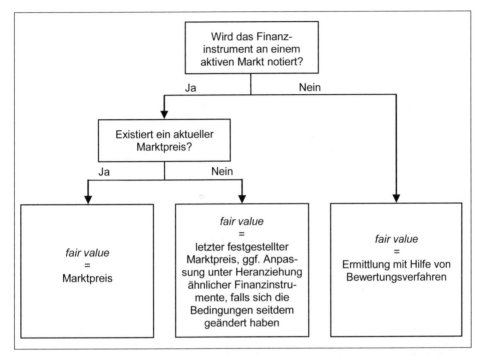

Abbildung 13:   Hierarchie bei der Ermittlung des *fair value*

Der andere Wertmaßstab, den das Regelwerk des IAS 39 vorsieht, sind die fortgeführten Anschaffungskosten (*amortised cost*). Sie ergeben sich aus den historischen Anschaffungskosten unter Berücksichtigung von Tilgungsbeträgen, der Verteilung von Agien oder Disagien unter Anwendung der Effektivzinsmethode über die Laufzeit und von etwaigen außerplanmäßigen Abschreibungen bei Wertminderungen oder Uneinbringlichkeit.[441]

---

[441]   Vgl. IAS 39.9.

4.2.2.3.2 Die Kategorisierung der Finanzinstrumente zum Zwecke der Bewertung

4.2.2.3.2.1 Vorbemerkungen

Finanzinstrumente werden nach IAS 39 zum Zwecke der Bewertung in eine der fünf in Abbildung 14 aufgeführten Kategorien (Bewertungsklassen) eingeteilt.[442] Die Einstufung in eine der Kategorien hat dabei nicht nur Auswirkungen auf den im konkreten Fall heranzuziehenden Bewertungsmaßstab (*fair value* vs. *(amortised) cost*) , sondern auch darauf, wie etwaige Wertänderungen erfolgsrechnerisch behandelt werden (erfolgswirksam vs. erfolgsneutral). Vor diesem Hintergrund und weil für die Einstufung eines konkreten finanziellen Vermögenswerts bzw. einer konkreten finanziellen Schuld häufig mehrere Kategorien zur Auswahl stehen, ist die Zuordnungsentscheidung im Erwerbszeitpunkt zu dokumentieren.[443]

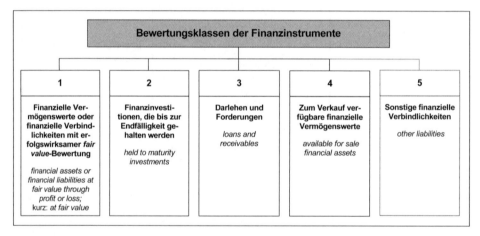

Abbildung 14:   Bewertungsklassen der Finanzinstrumente nach IAS 39

---

[442]   Vgl. IAS 39.46 i.V.m. IAS 39.9. Im Standard werden lediglich die Kategorien 1 bis 4 explizit definiert.

[443]   Vgl. KUHN, STEFFEN/SCHARPF, PAUL (Rechnungslegung 2005), S. 74.

4.2.2.3.2.2 Der Inhalt der fünf Bewertungsklassen

4.2.2.3.2.2.1 *Financial assets or financial liabilities at fair value through profit or loss*

Die Kategorie *financial assest or financial liabilities at fair value through profit or loss,* die im Folgenden nur noch kurz als „*at fair value*" bezeichnet wird, ist aus der *held for trading*-Kategorie des Vorgänger-Standards IAS 39 (rev. 2000) hervorgegangen. Ihr Umfang wurde dabei erheblich erweitert. In diese Bewertungsklasse sind zunächst zwingend – wie bisher auch – sämtliche zu Handelszwecken gehaltene Finanzinstrumente (*held for trading)* aufzunehmen. Von einer Handelsabsicht ist auszugehen, wenn das Finanzinstrument

- hauptsächlich mit der Absicht erworben bzw. eingegangen wurde, es kurzfristig zu verkaufen oder zurückzukaufen oder

- Teil eines Portfolios mit eindeutig identifizierten Finanzinstrumenten ist, die gemeinsam verwaltet werden, und in diesem Portfolio in der jüngeren Vergangenheit kurzfristige Gewinnmitnahmen stattgefunden haben oder

- ein Derivat ist, sofern es nicht in einem Sicherungszusammenhang mit einer anderen Position steht und somit nicht unter die in Abschnitt 5.3 noch zu besprechenden *hedge accounting*-Regelungen fällt.[444]

Derivate sind, wie in Abschnitt 2.2 erläutert, insbesondere dadurch gekennzeichnet, dass Vertragsabschluss und -erfüllung zeitlich auseinander fallen; es handelt sich um Termingeschäfte. Bei genauer Betrachtung trifft dies aber auch auf solche Finanzinstrumente zu, die man eigentlich unter den am Kassamarkt gehandelten originären Finanzinstrumenten subsumiert. Auch hier fallen Vertragsschluss und -erfüllung häufig, wenn auch zeitlich nur geringfügig, auseinander. So vergehen beispielsweise beim Kauf einer Aktie – unzweifelhaft ein originäres Finanzinstrument – an der Frankfurter Wertpapierbörse zwischen der Ausführung der Order an der Börse am Handelstag (*trade date*) und der Abrechnung des Geschäfts am Erfüllungstag (*settlement date*) in der

---

[444]   Vgl. hierzu und zum Folgenden IAS 39.9.

Regel zwei Werktage.[445] Bis zum *settlement date* liegt damit streng genommen ein schwebendes Geschäft vor, das die in IAS 39.9 genannten Kriterien zur Einstufung als Derivat erfüllt und damit bilanziell auch wie ein solches behandelt werden müsste. Um dies zu verhindern bestimmt der Standard, dass dieses abwicklungstechnisch bedingte zeitliche Auseinanderfallen von Vertragsschluss und -erfüllung nicht zu einer Klassifizierung als derivatives Finanzinstrument führt, sofern dies den Marktvorschriften oder -gepflogenheiten entspricht. Es handelt sich nach IAS 39.38 vielmehr um einen „regulären Kauf oder Verkauf", d.h. um ein Kassageschäft.

Neu ist im Vergleich zu IAS 39 (rev. 2000) nun, dass neben den Handelsbeständen auch andere finanzielle Vermögenswerte bzw. finanzielle Verbindlichkeiten in die Kategorie *at fair value* eingestuft werden können.[446] Zu beachten ist, dass das Wahlrecht nur im Zeitpunkt des Zugangs besteht, eine spätere Zuordnungsentscheidung ist nicht zulässig.[447] Genauso kann umgekehrt eine einmal erfolgte Einstufung in die Kategorie *at fair value* nicht mehr revidiert werden; eine Umgruppierung scheidet damit aus.

Stand dieses Designationswahlrecht in der im Dezember 2004 verabschiedeten Ursprungsfassung noch für nahezu[448] alle Finanzinstrumente zur Verfügung, so wurde es aufgrund der insbesondere von der EZB geäußerten Kritik durch das im Juni 2005 veröffentlichte *Fair Value Option Amendment*[449] stark eingeschränkt.[450] Zulässig ist die freiwillige Einordnung in die Kategorie nunmehr nur noch, wenn

- dadurch Ansatz- oder Bewertungsinkongruenzen wesentlich verringert oder beseitigt werden,[451]

---

[445] Vgl. KRUMNOW, JÜRGEN ET AL. (Rechnungslegung 2004), S. 1501ff.

[446] Vgl. IAS 39.BC71ff.

[447] Zur Problematik der Umwidmung vergleiche später Abschnitt 4.2.2.3.2.4.

[448] Ausgenommen waren Investitionen in Eigenkapitalinstrumente, die nicht an einem aktiven Markt notiert werden und deren *fair value* nicht zuverlässig bestimmt werden kann.

[449] Vgl. *Amendments to IAS 39: Financial Instruments: Recognition and Measurement – The Fair Value Option.*

[450] Vgl. zur eingeschränkten *fair value option* JERZEMBEK, LOTHAR/GROßE, JAN-VELTEN (Option 2005), S. 221ff.; KUHN, STEFFEN (Option 2005), LÖW, EDGAR/BLASCHKE, SILKE (Amendment 2005), S. 1727ff.; SCHMIDT, MARTIN (Amendments 2005), S. 269ff.

[451] Vgl. hierzu und zum darauf folgenden Punkt die Definition der Kategorie *at fair value* in IAS 39.9.

- das betreffende Finanzinstrument Teil eines Portfolios ist, dessen Performance-messung und Management auf *fair value*-Basis durchgeführt werden oder

- das Finanzinstrument ein eingebettetes Derivat enthält.[452]

Mit der Einräumung dieser drei Anwendungsfälle soll dem Bilanzierenden in erster Linie die bilanzielle Abbildung erleichtert werden.[453] So erspart man sich durch die Ausnutzung der *fair value option* bei den beiden erstgenannten Punkten die Anwendung der komplexen *hedge accounting*-Bestimmungen,[454] während man im dritten Fall die andernfalls erforderliche Aufspaltung des Finanzinstruments in seine Einzelteile um-geht.[455]

4.2.2.3.2.2.2 *Held to maturity investments*

Zum Inhalt der zweiten Kategorie, *held to maturity*, rechnen solche nicht-derivative finanzielle Vermögenswerte, die durch feste bzw. bestimmbare Zahlungen sowie eine feste Laufzeit gekennzeichnet sind und die weder vom Unternehmen in die Kategorien *at fair value* oder *available for sale* eingestuft wurden noch die Definition der Kategorie *loans and receivables* erfüllen.[456] Folglich können Eigenkapitalinstrumente nicht Teil dieser Kategorie sein, verfügen sie doch regelmäßig weder über feste bzw. bestimmbare Zahlungen – die Höhe der Dividenden ist schließlich vertraglich nicht fixiert und damit ungewiss – noch über einen Fälligkeitstermin.[457]

Bereits die Bezeichnung der Bewertungsklasse deutet darauf hin, dass die Zuordnung eines finanziellen Vermögenswerts in die Kategorie *held to maturity* die feste Absicht des Unternehmens voraussetzt, sie bis zur Endfälligkeit im Bestand zu halten (Halte-

---

[452] Vgl. IAS 39.11A.

[453] Vgl. IAS 39.BC74A.

[454] Inwieweit die *fair value option* bei der Beseitigung von Bewertungsinkongruenzen helfen kann und welcher Zusammenhang mit dem *hedge accounting* besteht, wird in Abschnitt 5.3.1 erläutert.

[455] IAS 39.11 verlangt bei Erfüllung bestimmter Kriterien, dass bei strukturierten Instrumenten das Trägerinstrument und das eingebettete Derivat getrennt bewertet werden. Diese Pflicht entfällt, wenn man das Finanzinstrument in die Kategorie *at fair value* einstuft.

[456] Vgl. IAS 39.9.

[457] Vgl. IAS 39.AG17.

absicht). Gleichzeitig muss das Unternehmen dazu auch wirtschaftlich[458] und rechtlich in der Lage sein (Haltefähigkeit).[459] Beide Kriterien sind nicht nur beim Zugang des finanziellen Vermögenswerts, sondern an jedem folgenden Abschlussstichtag zu überprüfen.[460]

Der *standardsetter* nennt in IAS 39.AG16 exemplarisch Fälle, in denen von einer Halteabsicht bis zur Endfälligkeit nicht mehr ausgegangen werden kann, nämlich wenn

- das Unternehmen die Absicht hat, den finanziellen Vermögenswert nur für eine nicht definierte und damit unbestimmte Zeit zu halten,

- das Unternehmen jederzeit bereit ist, den finanziellen Vermögenswert als Reaktion auf Änderungen der Marktzinsen oder -risiken, des Liquiditätsbedarfs, der Verfügbarkeit und Verzinsung alternativer Finanzinvestitionen, der Finanzierungsquellen und -bedingungen oder des Währungsrisikos zu verkaufen;

- der Schuldner das Recht hat, den finanziellen Vermögenswert jederzeit zu einem Betrag zurückzuzahlen, der wesentlich unterhalb der fortgeführten Anschaffungskosten liegt.

Im Vergleich zur Definition des Anlagevermögens nach HGB sind die Voraussetzungen für eine Einstufung als *held to maturity* wesentlich restriktiver. Während das Anlagevermögen des HGB lediglich dazu bestimmt sein muss, dem Geschäftsbetrieb „dauernd"[461] zu dienen, was nach h.M. einer Nutzungsabsicht von mehr als einem Jahr gleichkommt,[462] wird von einem in die Kategorie *held to maturity* einzustufenden Vermögenswert verlangt, dass er grundsätzlich tatsächlich bis zur Fälligkeit gehalten, er vorzeitig weder veräußert noch umgruppiert wird. Um dieser Forderung Nachdruck zu verleihen, sieht der Standard eine Sanktionsvorschrift (*tainting*) für den Fall vor, dass der Bilanzierende im laufenden oder während der vorangegangenen beiden Geschäfts-

---

[458]   Die wirtschaftliche Haltefähigkeit ist z.B. dann nicht gegeben, wenn Liquiditätsprobleme den Verkauf der finanziellen Vermögenswerte in naher Zukunft erwarten lassen.

[459]   Vgl. IAS 39.AG23.

[460]   Vgl. IAS 39.AG25.

[461]   § 247 Abs. 2 HGB.

[462]   Vgl. SCHARPF, PAUL (Rechnungslegung 2001), S. 32.

jahre mehr als einen unwesentlichen Teil[463] seiner eigentlich als „bis zur Endfälligkeit gehalten" deklarierten finanziellen Vermögenswerte vorzeitig verkauft bzw. umgruppiert hat. Was unter einem mehr als unwesentlichen Teil zu verstehen ist, lässt der Standard offen. In der Literatur werden Verkäufe in Höhe von 10-15% des Gesamtbestandes, bezogen auf 2 Jahre, noch als zulässig angesehen.[464] Dem Bilanzierenden ist dann im aktuellen Geschäftsjahr die Nutzung dieser Kategorie nicht mehr gestattet. Alle darin noch befindlichen finanziellen Vermögenswerte sind in die Kategorie *available for sale* umzugliedern.[465]

Nicht zur Anwendung kommt die Sanktionsvorschrift allerdings dann, wenn[466]

- der Verkauf bzw. die Umgliederung so nahe am Fälligkeitsdatum liegt (z.B. 3 Monate vor Fälligkeit), dass keine wesentlichen *fair value*-Änderungen infolge einer Änderung des Marktzinsniveaus auftreten,

- das Unternehmen im Zeitpunkt des Verkaufs bzw. der Umgliederung bereits nahezu den gesamten ursprünglichen Kapitalbetrag erhalten hat,

- der Verkauf bzw. die Umgliederung auf ein isoliertes, einmaliges und nicht vorhersehbares Ereignis zurückzuführen ist, das sich der Kontrolle des Unternehmens entzieht. Dabei kann es sich nach IAS 39.AG22 z.B. um eine wesentliche Verschlechterung der Bonität des Emittenten oder die Änderung steuer- oder aufsichtsrechtlicher Vorschriften handeln.

Im Ergebnis dürften die relativ restriktiven Zuordnungsvoraussetzungen in Verbindung mit der *tainting*-Vorschrift dazu führen, dass das Volumen der in diese Kategorie eingestuften Vermögenswerte relativ gering sein wird.[467]

---

[463] Der in IAS 39.9 und IAS 39.52 im Zusammenhang mit der *tainting*-Vorschrift vorkommende Ausdruck „*more than an insignificant amount*" im englischen Standard wurde unverständlicherweise einmal mit „mehr als einen unwesentlichen Teil" (IAS 39.9) und einmal mit „mehr als geringfügigen" Betrag (IAS 39.52) ins Deutsche übersetzt.

[464] Vgl. BAILEY, GEORGETTE T./WILD, KEN (Accounting 2000), S. 411; KRUMNOW, JÜRGEN ET AL. (Rechnungslegung 2004), S. 1475f.

[465] Eine spätere Rückgliederung in die Kategorie *held to maturity* ist möglich; vgl. hierzu Abschnitt 4.2.2.3.2.4.

[466] Vgl. hierzu IAS 39.9.

4.2.2.3.2.2.3 Loans and receivables

Als *loans and receivables* sind solche nicht-derivative finanzielle Vermögenswerte zu klassifizieren, die über feste bzw. bestimmbare Zahlungen verfügen und nicht an einem aktiven Markt gehandelt werden können, sofern[468]

- das Unternehmen nicht beabsichtigt, sie sofort oder in naher Zukunft zu verkaufen und sie daher als *held for trading* zu klassifizieren sind,

- sie bei Zugang nicht in die Kategorie *at fair value* eingestuft wurden,

- sie bei Zugang nicht in die Kategorie *available for sale* eingestuft wurden,

- nicht der Inhaber der finanziellen Vermögenswerte einen wesentlichen Teil seiner getätigten Anfangsinvestition möglicherweise nicht mehr wiedererlangen könnte und zwar aus Gründen, die nicht auf eine Bonitätsverschlechterung zurückzuführen sind; solche finanzielle Vermögenswerte sind als *available for sale* zu qualifizieren.[469]

Für die Einstufung als *loans and receivables* ist es ohne Belang, ob es sich um originäre oder um erworbene Darlehen und Forderungen handelt. Dies stellt eine Neuerung im Vergleich zum alten IAS 39 (rev. 2000) dar, im Rahmen dessen nur originäre, d.h. vom Unternehmen selbst begründete Darlehen und Forderungen in diese Kategorie einbezogen werden konnten, was auch durch den Zusatz „*originated by the enterprise*" bei der Kategorienbezeichnung zum Ausdruck gebracht wurde. Die unterschiedliche Behandlung von erworbenen und selbst begründeten Forderungen wurde zu Recht kriti-

---

[467]   So auch GEBHARDT, GÜNTHER/NAUMANN, THOMAS K. (Grundzüge 1999), S. 1466; KRUMNOW, JÜRGEN ET AL. (Rechnungslegung 2004), S. 1478.

[468]   Vgl. IAS 39.9.

[469]   Bei dem letztgenannten Ausnahmetatbestand handelt es sich um einen in der Praxis wohl nur sehr selten anzutreffenden Fall, der in IAS 39.BC29 kurz erläutert wird. Hat der Bilanzierende etwa einen festverzinslichen Zinskupon erworben, der von der zugrunde liegenden Anleihe getrennt wurde (*stripping*), so ist für ihn hiermit das Risiko der vorzeitigen Rückzahlung der Anleihe verbunden. Er läuft Gefahr, das ursprünglich investierte Kapital aufgrund der vorzeitigen Rückzahlung und des daraus resultierenden Wegfalls der Zinszahlungen zu verlieren. Ohne diese Ausnahmevorschrift würde dieses Finanzinstrument in die Kategorie *loans and receivables* fallen und wäre damit – vgl. Abschnitt 4.2.2.3.4.1.1 – mit den fortgeführten Anschaffungskosten zu bewerten. Weil das *board* in diesem Fall aber eine Bewertung zum *fair value* für sachgerecht hält, wurden solche Finanzinstrumente von der Klassifizierung als *loans and receivables* ausgeschlossen; sie sind stattdessen in die Kategorie *available for sale* einzustellen.

siert, da es für den wirtschaftlichen Gehalt völlig irrelevant ist, ob die Forderung erworben oder selbst begründet wurde.[470]

4.2.2.3.2.2.4 Available for sale financial assets

In die vierte Kategorie *available for sale* sind zunächst solche finanziellen Vermögenswerte einzustellen, die zu keiner der vier anderen Gruppen zugeordnet werden
können.[471] Insoweit hat sie den Charakter einer Auffang- oder Sammelposition, wobei
diese aufgrund der restriktiven *held to maturity*-Zuordnungsvorschriften einen vergleichsweise großen Umfang aufweisen wird.

Darüber hinaus kann der Bilanzierende jeden finanziellen Vermögenswert freiwillig in
diese Kategorie einstufen. Dies ergibt sich jedenfalls m.E. aus dem Wortlaut der englischen Originalfassung der *available for sale*-Definition in IAS 39.9:

*„Available-for-sale financial assets are those non-derivative financial assets that are
designated as available for sale or* [!] *are not classified as (a) loans and receivables,
(b) held-to-maturity investments or (c) financial assets at fair value through profit or
loss. "*

Wenn KUHN/SCHARPF dagegen ausführen, in die Kategorie *available for sale* seien jene
nicht-derivativen finanziellen Vermögenswerte aufzunehmen, „die als zur Veräußerung
verfügbar und [!] nicht als *loans and receivables, held to maturity* oder *at fair value
through profit or loss* kategorisiert sind"[472], dann bringen sie damit offensichtlich zum
Ausdruck, dass die anderen genannten Kategorien einer Einstufung als *available for
sale* vorausgehen. Dies hätte beispielsweise zur Folge, dass ein zu Handelszwecken
erworbener Vermögenswert nicht freiwillig als *available for sale* eingestuft werden
kann, weil zuvor die Einstufung als *held for trading* greift. Der Grund für diese di-
vergierende Auffassung könnte darin liegen, dass KUHN/SCHARPF sich auf die deutsche
Übersetzung stützen, die ganz offensichtlich jedoch fehlerhaft ist. So wurde hier das

---

[470]   IAS 39.BC28.

[471]   Vgl. hierzu und zum Folgenden IAS 39.9.

[472]   KUHN, STEFFEN /SCHARPF, PAUL (Rechnungslegung 2005), S. 90.

erste der drei „*or*" in dem obigen Originalzitat mit „und" übersetzt. Damit erlangt die Vorschrift eine vom englischen Original abweichende Bedeutung.

4.2.2.3.2.2.5 *Other financial liabilities*

Anders als die zuvor besprochenen vier Kategorien wird die hier als *other financial liabilities* bezeichnete Kategorie im Standard weder ausdrücklich erwähnt noch definiert. Ihre Existenz lässt sich indirekt aus den noch zu besprechenden Vorschriften für die Folgebewertung finanzieller Verbindlichkeiten in IAS 39.47 ableiten, wo zwischen solchen finanziellen Verbindlichkeiten unterschieden wird, die der Kategorie *at fair value* (wahlweise oder zwingend) zugeordnet werden (müssen), und solchen, für die keine Einstufung in diese Kategorie erfolgt ist. Offensichtlich gibt es damit (mindestens) zwei Kategorien, die finanzielle Verbindlichkeiten beinhalten können. Da die drei anderen explizit im Standard definierten Kategorien (*loans and receivables, held to maturity* und *available for sale*) definitionsgemäß lediglich finanzielle Vermögenswerte, nicht jedoch finanzielle Verbindlichkeiten aufnehmen können, muss es neben *at fair value* noch eine weitere, im Standard nicht ausdrücklich benannte fünfte Kategorie geben, die finanzielle Verbindlichkeiten aufnehmen kann.[473] Sie ist, ähnlich wie die Kategorie *available for sale* für die finanziellen Vermögenswerte, eine Residualposition und nimmt all jene finanziellen Verbindlichkeiten auf, die weder pflichtgemäß noch freiwillig in die Kategorie *at fair value* eingestellt wurden.

4.2.2.3.2.3 Die Einteilung in die Bewertungskategorien bei Zugang

Im vorangegangenen Abschnitt wurden die fünf für die Finanzinstrumente zur Verfügung stehenden Bewertungsklassen des IAS 39 vorgestellt; es wurde ausführlich gezeigt, welche Finanzinstrumente die verschiedenen Kategorien aufnehmen können bzw. müssen. Trotzdem ist damit die praktische Vorgehensweise bei der Einstufung eines konkreten Finanzinstruments bei Zugang aufgrund der detailreichen Regelungen nicht ohne weiteres ersichtlich. Im Folgenden soll daher insbesondere für die Kategorisierung der finanziellen Vermögenswerte ein Ablaufschema erarbeitet werden, das die

---

[473]   So auch KUHN, STEFFEN /SCHARPF, PAUL (Rechnungslegung 2005), S. 91.

Möglichkeiten bzw. Zwänge aufzeigt, die dem Bilanzierenden dabei zur Verfügung stehen bzw. denen er ausgesetzt ist.

Die Einstufung finanzieller Verbindlichkeiten, mit der hier zunächst begonnen werden soll, ist vergleichsweise einfach – schon deshalb, weil hierfür lediglich zwei Kategorien zur Verfügung stehen. Zunächst ist zu fragen, ob die finanzielle Verbindlichkeit die Voraussetzungen der Teilkategorie *held for trading* erfüllt. Dies ist dann gegeben, wenn es sich um ein Derivat handelt oder wenn die Absicht der kurzfristigen Wiederveräußerung besteht bzw. sie Bestandteil eines Handelsportfolios ist. In diesem Fall muss zwingend eine Einstufung in die Kategorie *at fair value* erfolgen. Liegen diese Voraussetzungen dagegen nicht vor, so hat der Bilanzierende die Möglichkeit, die finanzielle Verbindlichkeit freiwillig in diese Kategorie einzuordnen, sofern die oben beschriebenen Voraussetzungen zutreffen.[474] Wird von diesem Designationswahlrecht kein Gebrauch gemacht, so verbleibt als Auffangkategorie lediglich die Kategorie *other financial liabilities*. Die nachfolgende Abbildung 15 fasst das eben Gesagte zusammen.

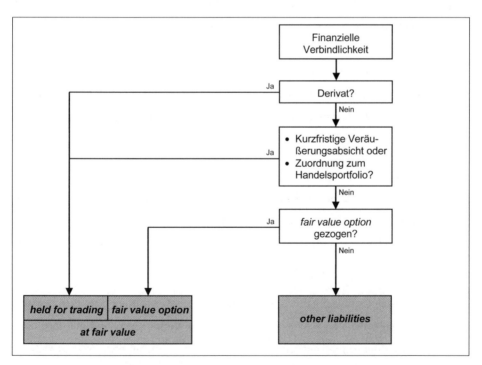

Abbildung 15:   Kategorisierung finanzieller Verbindlichkeiten bei Zugang

---

[474]   Vgl. Abschnitt 4.2.2.3.2.2.1.

Handelt es sich bei dem abgeschlossenen Finanzinstrument dagegen um einen finanziellen Vermögenswert, gestaltet sich die Einstufung in die vier für diese Finanzinstrumente in Frage kommenden Bewertungsklassen etwas komplexer. Die hierbei zu durchlaufenden Prüfschritte sind in dem in Abbildung 16 dargestellten Ablaufdiagramm dargestellt. Dabei wurden die beiden grundsätzlichen Wahlrechte für die Einstufung nichtderivativer Vermögenswerte, d.h. die *fair value option* und die *available for sale option*, gewissermaßen vor die Klammer gezogen; dies macht die Darstellung übersichtlicher. Beide Optionen stehen dem Bilanzierenden auch zu jedem späteren Zeitpunkt im Ablaufdiagramm noch zur Verfügung.

Bei Zugang eines finanziellen Vermögenswerts ist zunächst zu prüfen, ob es sich um ein derivatives Finanzinstrument handelt. Dieses wäre zwangsweise in die Kategorie *at fair value* (genauer: Teilkategorie *held for trading*) einzustufen, weil alle anderen Klassen definitionsgemäß nur nicht-derivative Finanzinstrumente aufnehmen können.

Liegt andererseits jedoch ein originäres Finanzinstrument vor, so kann auch hier im nächsten Prüfungsschritt eine Einstufung in die Kategorie *at fair value* (genauer: Teilkategorie *held for trading*) geboten sein, sofern eine kurzfristige Veräußerungsabsicht besteht oder das Finanzinstrument Teil eines Handelsportfolios ist. Dieses „Gebot" kann aber durch den Bilanzierenden insoweit beeinflusst werden, als die Erfüllung der Kriterien von seinem Willen (Veräußerungsabsicht) bzw. seinem Handeln (Zuordnung zu einem Portfolio) abhängt.

Werden die Voraussetzungen für eine Einstufung als *held for trading* dagegen nicht erfüllt, besitzt das Unternehmen die Option, den finanziellen Vermögenswert in die Kategorien *at fair value* (*fair value option*) oder *available for sale* (*available for sale option*) einzustellen, sofern die hierfür notwendigen speziellen Voraussetzungen erfüllt sind.

Sofern von diesen Optionen kein Gebrauch gemacht wird bzw. kein Gebrauch gemacht werden kann, ist sodann zu prüfen, ob der finanzielle Vermögenswert durch feste oder bestimmbare Zahlungen gekennzeichnet ist. Wird dies verneint, etwa weil es sich um ein Eigenkapitalinstrument (z.B. Aktien) handelt, so scheiden die Kategorien *loans and receivables* und *held to maturity* aus und es verbleibt als einzig mögliche Bewertungsklasse die Kategorie *available for sale*. Kommt man hingegen zu dem Ergebnis, dass feste oder bestimmbare Zahlungen vorliegen, so kann es sich bei dem vorliegenden Finanzinstrument nur noch um ein originäres Fremdkapitalinstrument handeln, da durch die vorangegangenen Prüfungsschritte sowohl Derivate als auch Eigenkapitalinstrumente bereits herausgefiltert worden sind.

Als Bewertungsklassen für dieses Fremdkapitalinstrument verbleiben die Kategorien *loans and receivables* und *held to maturity*, sowie – sofern die für eine Zuordnung in diese Klassen notwendigen Voraussetzungen nicht vorliegen – die Auffangkategorie *available for sale*. Es muss also zunächst untersucht werden, ob das Finanzinstrument an einem aktiven Markt notiert wird. Wird dies bejaht, ist im Anschluss zu prüfen, ob der finanzielle Vermögenswert eine feste Fälligkeit aufweist und der Bilanzierende sowohl die Absicht als auch die Fähigkeit hat, ihn bis zur Endfälligkeit zu halten. Werden alle drei Anforderungen erfüllt, so muss der finanzielle Vermögenswert der Kategorie *held to maturity* zugeordnet werden. Ist dagegen nur eine der genannten Voraussetzungen nicht gegeben, verbleibt stattdessen ausschließlich die Einstufung als *available for sale*.

Existiert keine Notierung an einem aktiven Markt, so liegt ein Finanzinstrument der Kategorie *loans and receivables* vor. Sollte der Bilanzierende allerdings Gefahr laufen, aus Gründen, die nichts mit der Bonität des Schuldners zu tun haben, einen wesentlichen Teil seiner ursprünglichen Investition nicht mehr wiedererlangen zu können,[475] so ist in diesem Fall eine Zuordnung in die Kategorie *available for sale* vorzunehmen.

---

[475]   Vgl. hierzu Fußnote 469.

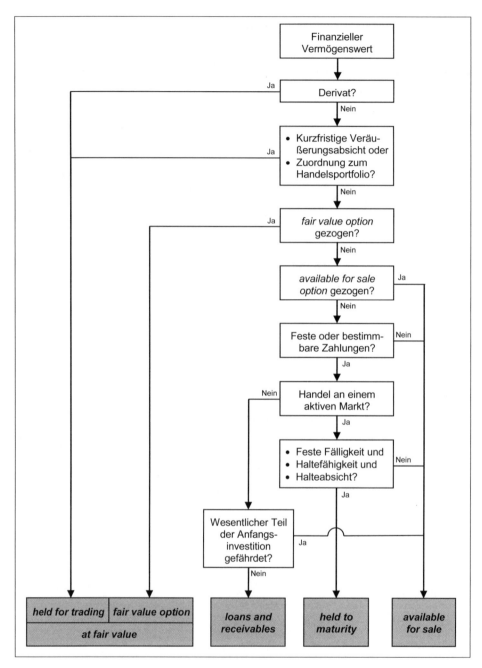

Abbildung 16: Kategorisierung finanzieller Vermögenswerte bei Zugang

4.2.2.3.2.4 Umwidmungen

Wie später noch zu zeigen sein wird,[476] hängt die Notwendigkeit von *hedge accounting-*Regeln insbesondere mit den für Grund- und Sicherungsgeschäft(e) anzuwendenden Bewertungsmaßstäben und somit mit der Einstufung der betreffenden Geschäfte zusammen. Damit wird auch die Frage akut, inwieweit eine einmal getroffene Zuordnungsentscheidung in der Zukunft revidiert werden darf bzw. muss.

Ruft man sich den beachtlichen Umfang des Standards in Erinnerung, so würde man sicher erwarten, dass der *standardsetter* auf diese doch nahe liegende und berechtigte Frage eine explizite und eindeutige Antwort gibt. Diese Erwartung wird jedoch leider nicht erfüllt. Zwar enthält der Standard sogar einen separaten Abschnitt, der mit *reclassifications* überschrieben ist, allerdings wird die Problematik an dieser Stelle nur rudimentär behandelt. Hinsichtlich der Zulässigkeit bzw. zwingenden Notwendigkeit von Umwidmungen, macht der Standard lediglich drei explizite Aussagen:

- Umwidmungen in die oder aus der Kategorie *at fair value* sind unzulässig.[477]

- Bei einem Wegfall der Halteabsicht oder der Haltefähigkeit sind *held to maturity investments* zwingend in die Kategorie *available for sale* umzugliedern.[478]

- Bei Verkauf oder Umwidmung eines mehr als unwesentlichen Teils der *held to maturity investments* im laufenden oder während der vorangegangenen beiden Geschäftsjahre müssen sämtliche in diese Kategorie eingestuften Finanzinstrumente in die Kategorie *available for sale* umgegliedert werden (*tainting*).[479]

Zusammengefasst heißt das: Es gibt ein Umwidmungsverbot und zwei Umwidmungsgebote, wobei Letztere dann greifen, wenn bestimmte, für die Zuordnung in die Kategorie *held to maturity* erforderliche Voraussetzungen nicht mehr gegeben sind. Da der *standardsetter* die Überprüfung der Zuordnungsvoraussetzungen nur bei der Kategorie *held to maturity* explizit fordert, lässt dies nur den Schluss zu, dass eine derartige Über-

---

[476]   Vgl. Abschnitt 5.3.1.

[477]   Vgl. IAS 39.50.

[478]   Vgl. IAS 39.51.

[479]   Vgl. Abschnitt 4.2.2.3.2.2.2

prüfung nach der erstmaligen Kategorisierung bei Zugang in den anderen Kategorien nicht zu erfolgen braucht. Anders als VON KUHN/SCHARPF[480] gefordert, besteht somit bei Aufkommen eines aktiven Marktes m.E. kein Grund, ein in die Kategorie *loans and receivables* eingestelltes Finanzinstrument umzuwidmen.[481]

Zu freiwilligen Umwidmungen macht der *standardsetter* dagegen keine expliziten Angaben. In der Literatur findet man beispielsweise bei PWC[482] die Aussage, Umwidmungen seien grundsätzlich unzulässig. Eine Quelle für ihre Behauptung nennen die Autoren aber nicht – wohl deshalb, weil keine existiert.

M.E. muss die Frage nach der Zulässigkeit von Umwidmungen grundsätzlich bejaht werden. Es gibt keine Textquelle im Standard, die als Beleg für ein generelles Verbot von Umwidmungen herangezogen werden könnte. Die Tatsache, dass Umwidmungen in die oder aus der Kategorie *at fair value* explizit untersagt sind, spricht gerade dafür, dass Umwidmungen bei den anderen Kategorien vom Grundsatz her zulässig sind. Weshalb sonst hätte der Standardsetzer in IAS 39.50 das Verbot auf die Kategorie *at fair value* beschränken sollen? Er hätte stattdessen formulieren können, dass Umwidmungen, abgesehen von den beiden genannten Fällen, in denen eine Umwidmung vorgenommen werden muss, unzulässig sind. Dass er dies nicht getan und sein explizites Verbot auf die Kategorie *at fair value* beschränkt hat, kann nur zu dem Schluss führen, dass Umwidmungen, die nicht die Kategorie *at fair value* betreffen, grundsätzlich möglich sind, solange der Wortlaut des IAS 39.9 und damit die eben ausführlich diskutierten Voraussetzungen für eine Einstufung in die jeweilige Kategorie gegeben sind. Hieraus ergeben sich zunächst zwei Umgruppierungsfälle, die prinzipiell nicht zulässig sind:

- *loans and receivables* → *available for sale*
  Finanzielle Vermögenswerte werden nach der Definition in IAS 39.9 dann in die Kategorie *loans and receivables* eingeordnet, wenn sie über feste oder bestimmbare Zahlungen verfügen und nicht an einem aktiven Markt notiert sind. Ausgenommen nach Buchstabe (b) der Definition sind allerdings solche finanziellen Vermögenswerte, die *„upon initial recognition"*, also bei Zugang, in die

---

[480]   Vgl. KUHN, STEFFEN /SCHARPF, PAUL (Rechnungslegung 2005), S. 94.

[481]   So im Ergebnis auch KNOBLAUCH, UWE VON/HAGEMANN, MATTIS (Markt 2004), S. 26.

[482]   PWC (Hedge Accounting 2004), S. 7.

Kategorie *available for sale* eingestuft wurden, bei denen also die *available for sale option* in Anspruch genommen wurde. Damit beschränkt sich nach dem Wortlaut der Definition die Anwendung der *option* für finanzielle Vermögenswerte, die ansonsten der Kategorie *loans and receivables* zuzuschlagen wären, auf den Zugangszeitpunkt. Eine nachträgliche Umwidmung von *loans and receivables* in die Kategorie *available for sale* ist folglich nicht zulässig.

- **available for sale → loans and receivables**

  Auch in der umgekehrten Richtung ist eine Umwidmung nicht zulässig. Dies ergibt sich ebenfalls aus Buchstabe (b) der Definition von *loans and receivables,* wonach in diese Kategorie solche finanziellen Vermögenswerte nicht eingestellt werden können, die bei ihrem Zugang in die Kategorie *available for sale* eingestuft worden sind.

Umwidmung zwischen den Kategorien *held to maturity* und *loans and receivables* sowie *held to maturity* und *available for sale* sind unter Beachtung der für eine Kategorisierung als *loans and reveivables* bzw. *held to maturity* notwendigen Kriterien grundsätzlich zulässig. Für die Einstufung als *loans and receivables* muss ein nicht an einem aktiven Markt gehandelter nicht-derivativer finanzieller Vermögenswert mit festen oder bestimmbaren Zahlungen vorliegen. Für eine Klassifizierung als *held to maturity* ist es auch zu einem späteren Zeitpunkt zwingend erforderlich, dass es sich um nicht-derivative finanzielle Vermögenswerte mit festen oder bestimmbaren Zahlungen und fester Endfälligkeit handelt, Halteabsicht und -fähigkeit gegeben sind und die finanziellen Vermögenswerte nicht unter die Definition von *loans and receivables* fallen. Eine Umwidmung von *held to maturity* in *available for sale* ist dagegen an keine weiteren Voraussetzungen gebunden. Zu beachten bleibt noch, dass Umwidmungen aus der Kategorie *held to maturity* den *tainting*-Vorschriften unterliegen, wodurch möglicherweise zumindest der Umfang der umwidmungsfähigen Vermögenswerte faktisch begrenzt wird.

Abbildung 17 fasst alle Umwidmungsmöglichkeiten zusammen.

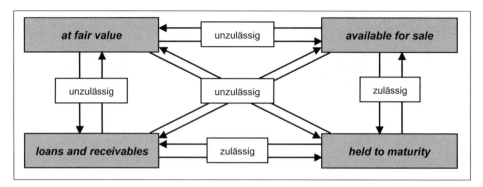

Abbildung 17:   Umwidmungsmöglichkeiten

4.2.2.3.3 Die Zugangsbewertung

Die Zugangsbewertung sämtlicher Finanzinstrumente erfolgt unabhängig von ihrer jeweiligen Einstufung in die fünf Bewertungsklassen stets zum *fair value*,[483] der hier grundsätzlich dem Transaktionspreis, d.h. der hingegebenen (im Falle eines finanziellen Vermögenswerts) bzw. der empfangenen (im Falle einer finanziellen Verbindlichkeit) Gegenleistung entspricht[484]. Obwohl der alte IAS 39 (rev. 2000) eine Zugangsbewertung zu Anschaffungskosten (*cost*) vorsah, ergeben sich keine Unterschiede zur neuen Regelung, denn auch der Begriff *cost* wurde damals – genau wie heute der *fair value* – als Wert der Gegenleistung definiert.[485] Es handelt sich mithin um eine rein sprachliche, keine inhaltliche Diskrepanz.

Neben dem eigentlichen Transaktionspreis müssen – genau wie im deutschen Handelsrecht – zusätzlich auch die dem Finanzinstrument direkt zurechenbaren Transaktionskosten wie Gebühren und Provisionen bei der erstmaligen Bewertung berücksichtigt werden. Ausgenommen hiervon sind jedoch solche *assets* und *liabilities*, die der Kategorie *at fair value* angehören. Hier fordert der Standard, dass die Transaktionskosten nicht aktiviert bzw. passiviert, sondern unmittelbar erfolgswirksam über die Gewinn- und Verlustrechnung verrechnet werden.

---

[483]   Vgl. IAS 39.43.

[484]   Vgl. IAS 39.AG64.

[485]   Vgl. IAS 39.66 (rev. 2000).

4.2.2.3.4 Die Folgebewertung

4.2.2.3.4.1 Die Folgebewertung finanzieller Vermögenswerte

4.2.2.3.4.1.1 Grundsatz

Als Wertmaßstab ist nach IAS 39.46 bei der Folgebewertung finanzieller Vermögenswerte – und damit auch bei Derivaten mit positivem Marktwert – grundsätzlich der *fair
value* heranzuziehen. Von diesem Grundsatz gibt es allerdings zwei Ausnahmen, wobei
die erste auf die Kategorie abstellt, in die der betreffende finanzielle Vermögenswert
eingestuft worden ist, während die zweite Ausnahme auf die Art des finanziellen Vermögenswerts und die Möglichkeit zur verlässlichen Ermittlung seines *fair value* abzielt.

Die erste Ausnahmevorschrift verlangt, dass finanzielle Vermögenswerte der Kategorien *loans and reveivables* und *held to maturity* statt zum *fair value* mit ihren fortgeführten Anschaffungskosten (*amortised cost*) unter Verwendung der Effektivzinsmethode zu bewerten sind.[486] Damit beschränkt sich also die *fair value*-Bewertung letztlich nur auf finanzielle Vermögenswerte der Kategorien *at fair value* und *available for
sale.*

Die zweite Ausnahmevorschrift betrifft Eigenkapitalinstrumente, für die es keinen Preis
auf einem aktiven Markt gibt und deren *fair value* nicht verlässlich bestimmt werden
kann (wie z.B. GmbH-Anteile) sowie Derivate, die von solchen Eigenkapitalinstrumenten abhängen und bei Fälligkeit durch Lieferung dieser Instrumente erfüllt werden.
Als Eigenkapitalinstrumente können sie weder als *held to maturity* noch als *loans and
receivables* eingestuft werden. Eine Handelsabsicht und damit einhergehend eine
Klassifikation als *held for trading* ist zwar grundsätzlich möglich, sie dürfte aber vor
dem Hintergrund eines fehlenden aktiven Marktes eher eine theoretische Kategorisie-
rungsalternative bleiben, ist doch ein funktionierender Markt und damit die Möglichkeit, einen einmal gekauften Vermögenswert auch wieder veräußern zu können, die
Voraussetzung dafür, dass Handel überhaupt möglich ist. Eine freiwillige Designation
dieser Instrumente als *at fair value* scheitert zudem nach IAS 39.9 aufgrund des feh-

---

[486]   Vgl. IAS 39.46(a) und (b).

lenden *fair value*. Für die angesprochenen Eigenkapitalinstrumente kommt daher nur eine Einstufung in die letzte verbleibende Kategorie, *available for sale*, in Betracht und infolgedessen wären sie eigentlich mit dem *fair value* zu bewerten. Da in diesem Fall ein solcher allerdings gerade nicht existiert, ist hier eine Bewertung zu Anschaffungskosten durchzuführen.

Obwohl sich die Kategorien *at fair value* und *available for sale* hinsichtlich des anzuwendenden Wertmaßstabes bei der Folgebewertung entsprechen – in beiden Bewertungsklassen ist der *fair value* heranzuziehen –, so unterscheiden sie sich doch erheblich in einem anderen wichtigen Aspekt, nämlich hinsichtlich der Behandlung der aus *fair value*-Änderungen resultierenden Bewertungserfolge. Diese werden bei Vermögenswerten der Kategorie *at fair value* stets, d.h. sowohl bei positiven als auch bei negativen Wertänderungen, erfolgswirksam über die Gewinn- und Verlustrechnung gebucht.[487] Dagegen werden die (positiven wie negativen) Wertänderungen der in die Kategorie *available for sale* eingestuften finanziellen Vermögenswerte grundsätzlich erfolgsneutral im Eigenkapital (Neubewertungsrücklage) berücksichtigt.[488] *Fair value*-Änderungen wirken sich bei *available for sale*-Vermögenswerten damit zwar auf deren Wertansatz in der Bilanz aus, den Erfolg des betreffenden Geschäftsjahres beeinflussen sie jedoch nicht. Letzteres geschieht – sieht man von einem möglichen *impairment* ab[489] – erst beim Abgang des finanziellen Vermögenswerts, wenn die zuvor in die Neubewertungsrücklage eingestellten Beträge erfolgswirksam vereinnahmt werden. Das dem Bilanzierenden im alten Standard IAS 39 (rev. 2000) noch eingeräumte und einmalig für alle finanziellen Vermögenswerte der Kategorie *available for sale* auszuübende Wahlrecht, *fair value*-Änderungen alternativ erfolgswirksam zu erfassen,[490] steht im neuen Standard nicht mehr zur Verfügung. Das *board* sah aufgrund der *fair value option* keine Notwendigkeit mehr dafür.[491]

Bei den zu (fortgeführten) Anschaffungskosten zu bewertenden finanziellen Vermögenswerten sind etwaige Tilgungsbeträge vom Buchwert abzusetzen. Sind die An-

---

[487]   Vgl. IAS 39.55(a).

[488]   Vgl. IAS 39.55(b).

[489]   Vgl. hierzu den folgenden Abschnitt 4.2.2.3.4.1.2.

[490]   Vgl. IAS 39.103(b) (rev. 2000).

[491]   Vgl. IAS 39.BC77.

schaffungskosten höher (Agio) oder niedriger (Disagio) als der Rückzahlungsbetrag, so müssen die Unterschiedsbeträge über die Laufzeit des Finanzinstruments verteilt werden. Während eine solche Verteilung im HGB linear geschieht – dabei ergibt sich der jährlich zu verteilende und über die Laufzeit konstante Betrag durch Division des Agio- bzw. Disagiobetrags durch die Laufzeit des Finanzinstruments –, ist nach IAS 39 die Effektivzinssatzmethode anzuwenden. Der Effektivzins ist dabei der Zins, mit dem die bis zur Fälligkeit bzw. bis zum nächsten Zinsänderungstermin[492] erwarteten *cash flows* auf den Zeitpunkt der Anschaffung diskontiert werden, so dass der sich ergebende Barwert den Anschaffungskosten und damit dem Buchwert des Finanzinstruments entspricht. Bei der Berechnung des Zinssatzes sind sämtliche Zahlungen einzubeziehen, die zwischen den Vertragspartnern fließen, z.B. auch Gebühren. Der so definierte Effektivzins entspricht damit dem internen Zinssatz des Finanzinstruments.[493]

Um die auf das abgelaufene Geschäftsjahr entfallenden effektiven Zinsen zu errechnen, wird der Effektivzinssatz auf den jeweiligen Buchwert des Finanzinstruments angewandt. Die Differenz dieses Betrages zu den erhaltenen oder gezahlten Nominalzinsen wird als Agio- bzw. Disagioanteil mit dem Buchwert verrechnet, so dass der Buchwert zum Ende der Laufzeit dem niedrigeren bzw. höheren Rückzahlungsbetrag entspricht. Ein Beispiel soll diese Vorgehensweise verdeutlichen:

Zum 1. Januar 05 wird ein festverzinsliches Wertpapier mit einem Nominalwert von 100 EUR, einer Nominalverzinsung von 4% p.a. und einer Laufzeit von 4 Jahren gekauft. Das Disagio beim Erwerb beträgt 6%. Das festverzinsliche Wertpapier wird zu fortgeführten Anschaffungskosten bewertet. Da keine weiteren Zahlungen zwischen den Vertragspartnern geflossen sind bzw. fließen werden, ergibt sich die folgende Zahlungsreihe.

01.01.05	31.12.05	31.12.06	31.12.07	31.12.08
-94	+4	+4	+4	+104

Abbildung 18: Zahlungsreihe des Wertpapiers

---

[492]   Bei variabel verzinslichen Finanzinstrumenten (z.B. bei Anleihen, deren Verzinsung sich an dem EURIBOR-Zins orientiert) wird also der im Anschaffungszeitpunkt maßgebliche Zinssatz für die Berechnung sämtlicher während der Laufzeit anfallenden Zinszahlungen zugrunde gelegt.

[493]   Vgl. IAS 39.9 und 39.AG6.

Zur Bestimmung des Effektivzinssatzes i muss folgende Gleichung gelöst werden:

$$C_0 = -94 + 4 \cdot (1+i)^{-1} + 4 \cdot (1+i)^{-2} + 4 \cdot (1+i)^{-3} + 104 \cdot (1+i)^{-4} = 0$$

Der gesuchte Zinssatz i lässt sich iterativ ermitteln und beträgt 5,72045%. Der Zinsanteil aufgrund des Disagios ergibt sich als Differenz zwischen dem effektiven Zinsertrag von 5,72045% und dem nominellen Zinsertrag von 4%. Damit erscheint das festverzinsliche Wertpapier in den Jahren 05 bis 08 mit folgenden Werten (gerundet) im Jahresabschluss:

Datum	(1) Gesamtzinsertrag während der Periode (EUR) (4) der Vorperiode · 0,0572045	(2) Nominalzinsen (EUR) 100 · 0,04	(3) davon: Disagio (EUR) (1) ./. (2)	(4) Bilanzausweis des festverzinslichen Wertpapiers (EUR) (4) der Vorperiode + (3)
01.01.05	–	–	–	94,000
31.12.05	5,377	4,000	1,377	95,377
31.12.06	5,456	4,000	1,456	96,833
31.12.07	5,539	4,000	1,539	98,372
31.12.08	5,627	4,000	1,627	100,00
Kontrollsumme	22,00	16,000	6,000	–

Abbildung 19:   Bilanzausweis des Wertpapiers

Neben der Verbuchung von Tilgungsbeträgen und der Verteilung etwaiger Unterschiedsbeträge, sind Abschreibungen bei Vorliegen eines *impairments*[494] (z.B. aufgrund von Bonitätsverschlechterungen des Schuldners) und bei Uneinbringlichkeit vorzunehmen. Einen Einfluss auf den Erfolg des Unternehmens haben zu fortgeführten Anschaffungskosten bewertete Vermögenswerte also lediglich bei Verkauf, bei *impairments* und Uneinbringlichkeit sowie im Rahmen der Verteilung von

---

[494]   Siehe hierzu das folgende Kapitel 4.2.2.3.4.1.2.

Agien/Disagien.[495] Insbesondere Wertminderungen, die auf gestiegene Marktzinsen zurückzuführen sind, werden damit bei *loans and receivables* und *held to maturity investments* nicht erfasst.

4.2.2.3.4.1.2 Der *impairment test*

4.2.2.3.4.1.2.1 Grundsätzliches

An jedem Abschlussstichtag müssen die finanziellen Vermögenswerte einem Wertminderungstest (*impairment test*) unterzogen werden.[496] Dieser basiert nicht auf den Regeln des IAS 36, Wertminderung von Vermögenswerten (*Impairment of Assets*), sondern auf den speziell für finanzielle Vermögenswerte geltenden IAS 39.59ff. Im Zuge des *impairment test* muss überprüft werden, ob objektive und substanzielle Anzeichen für Wertminderungen von einzelnen finanziellen Vermögenswerten oder Portfolios vorliegen. Diese sind dann gegebenenfalls erfolgswirksam zu berücksichtigen.

Vermögenswerte der Kategorie *at fair value* sind ausdrücklich vom Wertminderungstest ausgenommen.[497] Er ist an dieser Stelle überflüssig, weil durch die *fair value*-Bewertung und die erfolgswirksame Behandlung der *fair value*-Änderungen im Rahmen der Folgebewertung zwangsläufig auch sämtliche Wertminderungen erfolgswirksam erfasst werden. *Available for sale assets* werden zwar auch mit dem *fair value* bewertet und damit wirken sich auch hier negative Wertänderungen auf den Bilanzausweis aus. Allerdings werden *fair value*-Änderungen hier lediglich erfolgsneutral im Eigenkapital gebucht.[498] Um zu erreichen, dass Wertminderungen sich im Periodenerfolg niederschlagen, ist auch hier ein Wertminderungstest durchzuführen, d.h., es muss überprüft werden, ob der beobachtete *fair value*-Rückgang ein *impairment* i.S.v. IAS 39 darstellt. Wird dies bejaht, so sind die aufgrund eines *fair value*-Rückgangs in die Neubewer-

---

[495]   Vgl. IAS 39.56.

[496]   Vgl. IAS 39.58.

[497]   Vgl. IAS 39.46.

[498]   Vgl. IAS 39.55(b).

tungsrücklage eingestellten Beträge auszubuchen und in die Gewinn- und Verlustrechnung zu überführen.[499]

Bereits im vorangegangenen Abschnitt ist deutlich geworden, dass offenbar nicht jeder *fair value*-Rückgang gleichzeitig ein *impairment* darstellt, obwohl – rein sprachlich – jeder *fair value*-Rückgang auch als „Wertminderung" bezeichnet werden kann. Eine Wertminderung i.S.v. IAS 39 liegt aber nur dann vor, wenn die erwarteten *cash flows* aus einem finanziellen Vermögenswert durch den Eintritt eines oder mehrerer Ereignisse (*loss events*) negativ beeinflusst worden sind.[500] Bei einem Fremdkapitalinstrument, wie etwa einer Schuldverschreibung, wäre eine negative Beeinflussung der *cash flows* und folglich ein *impairment* dann gegeben, wenn der Schuldner seinen vertraglich fixierten Zins- und Tilgungsleistungen nicht mehr vereinbarungsgemäß nachkommen kann. Analog liegt ein *impairment* bei Anteilsrechten wie etwa Aktien vor, wenn die ursprünglich erwarteten *cash flows* aus der Aktie, nämlich die erwarteten Dividendenzahlungen, nicht mehr erzielbar erscheinen. Voraussetzung ist in beiden Fällen das Vorliegen objektiver Hinweise für ein *loss event*. Dabei muss es sich um bereits eingetretene Ereignisse handeln; man spricht hier deswegen von dem sog. *incurred loss model*. Zukünftige, d.h. noch nicht eingetretene Ereignisse, können unabhängig von ihrer Eintrittswahrscheinlichkeit nicht Grundlage eines *impairment* sein.

Der *standardsetter* nennt in IAS 39.59 Beispiele für Ereignisse, die als objektive Hinweise auf ein *impairment* gewertet werden können:

- erhebliche finanzielle Schwierigkeiten des Emittenten,

- ein Vertragsbruch wie beispielsweise der Ausfall oder der Verzug von Zins- und Tilgungsleistungen,

- Zugeständnisse von Seiten des Kreditgebers an den Kreditnehmer aufgrund wirtschaftlicher oder rechtlicher Gründe im Zusammenhang mit finanziellen Schwierigkeiten des Kreditnehmers, die der Kreditgeber ansonsten nicht gewähren würde,

---

[499]   Vgl. IAS 39.67.

[500]   Vgl. hierzu IAS 39.59.

- es ist wahrscheinlich, dass der Kreditnehmer insolvent wird oder ein sonstiger Sanierungsbedarf besteht,

- das Verschwinden eines aktiven Marktes für diesen finanziellen Vermögenswert aufgrund von finanziellen Schwierigkeiten des Schuldners oder

- beobachtbare Daten, die auf eine messbare Verringerung der erwarteten künftigen *cash flow*s aus einem Portfolio von finanziellen Vermögenswerten seit der erstmaligen Erfassung hinweisen, obwohl diese Verringerung noch nicht einzelnen finanziellen Vermögenswerten des Portfolios zugeordnet werden kann. Hierzu gehören etwa nachteilige Veränderungen des Zahlungsverhaltens der Kreditnehmer in dem Portfolio (z.B. vermehrter Zahlungsverzug) sowie wirtschaftliche Bedingungen, die mit Ausfällen von finanziellen Vermögenswerten in dem Portfolio korrelieren (z.B. ein Anstieg der Arbeitslosenrate in der Region, aus der die Kreditnehmer kommen).

Den hier angeführten *loss events* ist gemeinsam, dass sie sich auf das individuelle Bonitätsrisiko des Vertragspartners beziehen. Sie gelten als Indiz für eine Bonitätsverschlechterung und damit für eine negative Beeinflussung der zukünftigen *cash flows*, die für das Vorliegen eines *impairment* notwendig ist. Speziell für Eigenkapitalinstrumente hat der *standardsetter* zwei zusätzliche *impairment*-Indikatoren vorgegeben.[501] Ein *impairment* ist danach dann gegeben, wenn signifikante negative Veränderungen im technologischen, marktbezogenen, wirtschaftlichen oder rechtlichen Umfeld, in dem das emittierende Unternehmen tätig ist, darauf hindeuten, dass die ursprüngliche Investition nicht mehr zurückgewonnen werden kann, sowie bei einem signifikanten oder länger anhaltenden Rückgang des *fair value* unter die Anschaffungskosten.

4.2.2.3.4.1.2.2 Wertaufholung

Sind die Gründe, die an einem vorangegangenen Abschlussstichtag zur Vornahme der Wertminderung führten, weggefallen, hält der Standard in Abhängigkeit von der Kategorie und dem Charakter des Instruments (Eigenkapital vs. Fremdkapital) unterschiedliche Regelungen dafür parat, wie diese Wertaufholung zu berücksichtigen ist. Sie muss

---

[501]   Vgl. hierzu IAS 39.61 sowie IAS 39.BC105ff.

– genau wie beim *impairment* – auf ein konkretes Ereignis (z.B. Verbesserung der Bonität des Schuldners) zurückzuführen sein:

- Bei den finanziellen Vermögenswerten der Kategorien *held to maturity* und *loans and receivables*, die im Rahmen der Folgebewertung zu fortgeführten Anschaffungskosten bewertet werden, ist eine erfolgswirksam zu buchende Wertaufholung zwingend geboten. Sie hat maximal bis zu dem Wert zu erfolgen, mit dem der finanzielle Vermögenswert heute eigentlich in den Büchern stünde, wäre die damalige Wertminderung nicht eingetreten.[502]

- Da bei finanziellen Vermögenswerten der Kategorie *available for sale* grundsätzlich der *fair value* anzusetzen ist, gehen die Vermögenswerte bei einer Wertsteigerung automatisch mit dem nunmehr höheren Wert in die Bilanz ein. Ob die Gegenbuchung dieser Wertsteigerung erfolgsneutral im Eigenkapital oder erfolgswirksam in der Gewinn- und Verlustrechnung zu erfolgen hat, richtet sich danach, ob der zu bewertende finanzielle Vermögenswert ein Eigen- oder Fremdkapitalinstrument ist.

  Bei Fremdkapitalinstrumenten sieht IAS 39 eine erfolgswirksame Berücksichtigung der Wertaufholung vor, maximal jedoch in Höhe des zuvor erfassten *impairment*. Übersteigt der Wertzuwachs diesen Betrag, so wird die Differenz – wie in der Kategorie *available for sale* üblich – erfolgsneutral im Eigenkapital gebucht.[503] Wurde etwa bei einem Vermögenswert, der zu 100% angeschafft wurde, im Vorjahr aufgrund eines *impairment* eine (erfolgswirksame) Abschreibung auf 94% vorgenommen und liegt der Kurs am aktuellen Abschlussstichtag bei 103%, werden (100-94 =) 6 EUR erfolgswirksam in der Gewinn- und Verlustrechnung und (103-100 =) 3 EUR erfolgsneutral über die Neubewertungsrücklage gebucht.

  Handelt es sich dagegen um ein Eigenkapitalinstrument, so ist die Wertaufholung in voller Höhe erfolgsneutral gegen das Eigenkapital zu buchen.[504] Als Begründung für die unterschiedliche Behandlung führt das *board*

---

[502]   Vgl. IAS 39.65.

[503]   Vgl. IAS 39.70.

[504]   Vgl. IAS 39.69.

an, dass es bei Eigenkapitalinstrumenten äußerst problematisch sei herauszu-finden, ob es sich bei dem beobachteten Anstieg des *fair value* um ein *reversal of impairment* handelt, der auf den Wegfall des Grundes bzw. Ereignisses zu-rückzuführen ist, das ursprünglich für die Vornahme der Wertminderung ver-antwortlich war, oder aber um einen „normalen" *fair value*-Anstieg.[505]

Die nachfolgende Abbildung 20 fasst die grundsätzlichen Bewertungsregeln für die vier Kategorien von finanziellen Vermögenswerten zusammen.

		loans and receivables	*held to maturity investments*	*available for sale financial assets*	*financial assets or financial liabilities at fair value through profit or loss*
Zugangsbewertung		*fair value* = Anschaffungskosten			
Folgebewertung	• **Grundsatz**	Fortgeführte Anschaffungskosten *(amortised cost)*		*fair value* Erfolgsneutral	Erfolgswirksam
	• *impairment*	Erfolgswirksam			Nicht erforderlich
	• **Wertaufholung**	Erfolgswirksam		Fremdkapital-instrument: erfolgswirksam Eigenkapital-instrument: erfolgsneutral	Nicht erforderlich

Abbildung 20:   Überblick über die Zugangs- und Folgebewertung finanzieller Ver-mögenswerte

4.2.2.3.4.2 Die Folgebewertung finanzieller Verbindlichkeiten

Finanzielle Verbindlichkeiten können lediglich in die Kategorien *at fair value* oder *other financial liabilities* eingestellt werden. Im ersten Fall kann grundsätzlich auf die obigen Ausführungen zur Bewertung der in diese Kategorie eingestuften finanziellen Vermögenswerte verwiesen werden, d.h., es erfolgt eine erfolgswirksame Bewertung zum *fair value*. Allerdings führt dies bei Verbindlichkeiten zu einem höchst bedenk-lichen Effekt, wenn sich die Kreditwürdigkeit des Bilanzierenden verschlechtert. Diese

---

[505]   Vgl. IAS 39.BC130.

Bonitätsverschlechterung geht einher mit einem Rückgang des *fair value* der Verbind-
lichkeit und folglich entsteht für das bilanzierende Unternehmen ein Ertrag in gleicher
Höhe, da die Gegenbuchung für die Buchwertanpassung im Haben erfolgen muss.[506]
Somit führt eine Verschlechterung der eigenen Bonität zu einer Erhöhung des Eigen-
kapitals. Dies ist auch ein wesentlicher Grund dafür, dass die EZB eine *fair value*-
Bilanzierung finanzieller Verbindlichkeiten ablehnt.[507]

Sind die finanziellen Verbindlichkeiten dagegen Bestandteil der *other financial
liabilities*, so werden sie unter Verwendung der Effektivzinsmethode zu fortgeführten
Anschaffungskosten bewertet. Die diesbezüglichen Ausführungen bei den zu fortgeführten Anschaffungskosten bewerteten finanziellen Vermögenswerten gelten entsprechend.[508]

4.2.3 Die Behandlung von derivativen Finanzinstrumenten im Besonderen

In dem vorangegangenen Abschnitt wurden die Regelungen betreffend den Ansatz und
die Bewertung von Finanzinstrumenten ausführlich dargestellt. In diesem Abschnitt
sollen nun die die Derivate betreffenden Regeln noch einmal zusammengefasst werden.

Derivative Finanzinstrumente sind – obgleich es sich um beidseitig noch unerfüllte
schwebende Geschäfte handelt – grundsätzlich als finanzielle Vermögenswerte (bei
einem positiven Marktwert) bzw. als finanzielle Verbindlichkeiten (bei einem negativen
Marktwert) in der IFRS-Bilanz aufzunehmen. Insofern besteht ein gravierender Unterschied zu den in Abschnitt 4.1.1 diskutierten HGB-Vorschriften. Da aber andererseits
die Zugangsbewertung mit dem *fair value* erfolgt, der dem Wert der Gegenleistung entspricht, und dieser bei Vertragsabschluss in der Regel null EUR beträgt, ergeben sich im
Zeitpunkt der Einbuchung keine materiellen Unterschiede.

Ganz erhebliche Abweichungen zum HGB ergeben sich dann aber im Rahmen der
Folgebewertung. Derivate, die nicht mit anderen Positionen in einem Sicherungs-

---

[506]   Vgl. hierzu WASCHBUSCH, GERD/KRÄMER, GREGOR (Probleme 2005), S. 439.

[507]   Vgl. EZB (Monatsbericht 2004), S. 85.

[508]   Vgl. Abschnitt 4.2.2.3.4.1.

zusammenhang stehen, können ausschließlich in die Kategorie *at fair value* eingeordnet werden. Dies hat zur Folge, dass sie an den auf den Zugang folgenden Abschlussstichtagen mit ihrem *fair value* in der Bilanz anzusetzen sind. Negative wie positive *fair value*-Änderungen sind dabei erfolgswirksam zu berücksichtigen. Im HGB wirken sich dagegen nur im Vergleich zur Situation am Abschlussstichtag negative Wertänderungen durch die dann notwendige Bildung einer Drohverlustrückstellung auf Bilanz und Gewinn- und Verlustrechnung aus.[509]

---

[509]   Vgl. Abschnitt 4.1.3.

5 Die bilanzielle Abbildung von Sicherungs-beziehungen (*hedge accounting*)

5.1 Vorbemerkungen

In Kapitel 4 wurde gezeigt, wie Derivate bei Einzelbetrachtung im Jahresabschluss abzubilden sind. Unternehmen nutzen aber, wie in Abschnitt 2.2.5.3 ausführlich erläutert, Derivate insbesondere dazu, um sich gegen Risiken abzusichern bzw. um diese zu steuern. Derivate stehen daher häufig nicht allein, sondern mit anderen bilanziellen wie außerbilanziellen Positionen in einem Absicherungszusammenhang.

Im Folgenden wird sowohl für das HGB als auch für die IFRS gezeigt, dass die Anwendung der zuvor diskutierten Regeln zur Behandlung alleinstehender Derivate in beiden Bilanzwelten häufig nicht zu einer risikoadäquaten Abbildung der Absicherungsmaßnahme in Bilanz und Gewinn- und Verlustrechnung führt. Sowohl nach HGB als auch nach IFRS gelingt es bei Anwendung der „herkömmlichen" Bilanzierungs- und Bewertungsvorschriften nicht immer, die sich aus einem *hedge* resultierenden Kompensationseffekte auch in den Jahresabschluss einfließen zu lassen. Anschließend werden jeweils die speziellen *hedge accounting*-Regeln, mit deren Hilfe diese Problematik gelöst werden soll, vorgestellt und diskutiert.

5.2 Die Abbildung nach HGB

5.2.1 Zur Notwendigkeit und Zulässigkeit von *hedge accounting*-Vorschriften

5.2.1.1 Die Notwendigkeit von *hedge accounting*-Vorschriften

5.2.1.1.1 Die imparitätische Behandlung von unrealisierten Gewinnen und Verlusten

Eine der grundlegenden Erkenntnisse aus Abschnitt 4.1.3 war, dass sich Marktwertänderungen des Derivats nur dann im Jahresabschluss niederschlagen, wenn es sich um eine im Vergleich zur Situation bei Vertragsschluss negative Wertänderung handelt und damit eine Drohverlustrückstellung zu bilden ist. Eine positive Wertänderung stellt dagegen einen noch unrealisierten Gewinn dar, der aufgrund des Gewinnantizipationsverbots weder in der Bilanz durch Ansatz eines positiven Werts des Derivats noch als Ertrag in der Gewinn- und Verlustrechnung berücksichtigt werden darf. Genau diese imparitätische Vorgehensweise kann dann zu einem verzerrten Bild der Lage des Unternehmens führen, wenn der Derivatekontrakt nicht der Spekulation und damit der Ertragserzielung, sondern der Absicherung eines vorhandenen bilanziellen oder außerbilanziellen Grundgeschäfts dient. Dies soll an einem Beispiel[510] demonstriert werden.

Ein deutsches Unternehmen liefert am 1.12.01 Waren mit einem Zahlungsziel von drei Monaten an einen Kunden in die USA. Der Rechnungsbetrag beläuft sich auf 1.000.000 USD, der Kassakurs betrage bei Einbuchung der Forderung 1,26 USD/EUR und damit die Forderung umgerechnet 793.650,79 EUR. Das Unternehmen hat damit eine offene Fremdwährungsposition, d.h., es besteht die Gefahr, dass sich der Wechselkurs bis zum Fälligkeitstermin der Forderung (Grundgeschäft) zuungunsten des Unternehmens ändert und der EUR-Gegenwert der Forderung sinkt. Um sich gegen dieses Wechselkursrisiko abzusichern, schließt das Unternehmen gleichzeitig einen Devisenterminverkauf (Sicherungsgeschäft) von 1.000.000 USD zu 1,26 USD/EUR in drei Monaten ab. Da es sich

---

[510]   Bei den folgenden Ausführungen wird von einem aktivischen Grundgeschäft ausgegangen. Für passivische Grundgeschäfte gelten die Ausführungen entsprechend.

hierbei um ein unbedingtes Termingeschäft handelt, sichert sich das Unternehmen nicht nur gegen in Bezug auf die Forderung nachteilige Wechselkursänderungen ab, es nimmt sich damit auch die Chance, von einer ebenfalls möglichen vorteilhaften Wechselkursänderung zu profitieren;[511] der Wechselkurs von 1,26 USD/EUR wird quasi festgeschrieben.

Steigt der Wechselkurs bis zum Jahresabschlussstichtag auf z.B. 1,32 USD/EUR (Alternative 1) so bedeutet dies, dass der EUR-Gegenwert der Forderung auf 757.575,76 EUR sinkt. Aufgrund des Verlustantizipationsprinzips ist die Forderung mit diesem niedrigeren Wert in der Bilanz auszuweisen und die Differenz von 36.075,03 EUR zum bisherigen Buchwert von 793.650,79 EUR in der Gewinn- und Verlustrechnung als Aufwand zu verrechnen. Diese negative Wertentwicklung des Grundgeschäfts geht einher mit einer gegenläufigen, d.h. positiven Wertentwicklung des Derivats. Betrug dessen Marktwert bei Vertragsabschluss aufgrund der Ausgeglichenheit der Ansprüche und Verpflichtungen noch 0 EUR, so ergibt sich sein aktueller Wert, indem man den am Jahresabschlussstichtag gültigen Terminkurs für die Restlaufzeit mit dem im Kontrakt vereinbarten Terminkurs vergleicht. Unterstellt man vereinfachend, dass der Terminkurs am Jahresabschlussstichtag dem Kassakurs entspricht, sieht man also von Terminab- oder -aufschlägen einmal ab, so ergibt sich der Marktwert des Kontrakts zu 36.075,03 EUR.[512] Das Derivat liefert damit einen positiven Erfolgsbeitrag in Höhe seines nun positiven Marktwerts, der den betragsmäßig identischen, jedoch negativen Erfolgsbeitrag aus dem Grundgeschäft exakt kompensiert. Aufgrund des Gewinnantizipationsverbots darf dieser noch unrealisierte Gewinn allerdings nicht berücksichtigt werden. Trotz (erfolgreicher) Absicherung muss damit im Jahresabschluss letztlich ein Verlust gezeigt werden.

Fällt der Wechselkurs dagegen bis zum Jahresabschlussstichtag z.B. auf 1,20 USD/EUR (Alternative 2), so entspricht die USD-Forderung jetzt einem Gegenwert von 833.333,33 EUR. Im Vergleich zur Umrechnung bei Einbuchung bedeutet dies einen

---

[511]   Vgl. Abschnitt 2.2.2.

[512]   Der Marktwert des Termingeschäfts ergibt sich durch folgende einfache Überlegung: Durch den Kontrakt fließen dem Kontraktinhaber am Fälligkeitstag 793.650,79 EUR zu. Ohne den Kontrakt würden ihm lediglich 757.575,76 EUR zufließen. Damit wäre der Marktteilnehmer, der kein solches Termingeschäft abgeschlossen hat, am Abschlussstichtag bereit, maximal diese Differenz zu zahlen.

Wertzuwachs – und damit einen unrealisierten Gewinn – von 39.682,54 EUR, der wiederum wegen des Gewinnantizipationsverbots nicht in Bilanz und Gewinn- und Verlustrechnung berücksichtigt werden darf. Beim Termingeschäft ergibt sich eine betragsmäßig identische, gegenläufige und damit negative Wertänderung. Dieser noch unrealisierte („drohende") Verlust ist durch Bildung einer Rückstellung zu antizipieren. Auch in diesem Fall kommt der zwischen den beiden Geschäften bestehende Absicherungszusammenhang in der Bilanz und der Gewinn- und Verlustrechnung nicht zum Ausdruck.

5.2.1.1.2 Antizipative *hedges*

Lag der Grund für die nicht risikoadäquate Abbildung im vorangegangenen Abschnitt noch darin, dass sich Wertänderungen aus Grund- und Sicherungsgeschäft aufgrund der imparitätischen Behandlung der Bewertungserfolge nicht kompensieren können, so kommt bei antizipativen *hedges* ein weiteres Problem hinzu: Das Grundgeschäft, das den gegenläufigen Erfolgsbeitrag liefern soll, ist noch gar nicht existent.[513] Zu einem Problem wird dies immer dann, wenn das sichernde Derivat einen negativen Marktwert besitzt und infolgedessen eine Drohverlustrückstellung zu bilden wäre.

Weist das Derivat dagegen einen positiven Marktwert aus, bestehen hier keine Probleme, weil das nicht existente Grundgeschäft hier keinen zu kompensierenden negativen Erfolgsbeitrag liefert. In diesem Fall wird also weder ein positiver, noch ein negativer Erfolgsbeitrag erfasst.

---

[513]   Vgl. SCHARPF, PAUL/LUZ, GÜNTER (Bilanzierung 2000), S. 328; SCHWARZ, CHRISTIAN (Notwendigkeit 2005), S. 479.

5.2.1.2 Die Zulässigkeit von *hedge accounting*-Vorschriften

5.2.1.2.1 *Hedge accounting* und die GoB

5.2.1.2.1.1 Vorbemerkungen

Gegenstand der nun folgenden Ausführungen ist die Frage, inwieweit das durch Anwendung der gewöhnlichen Bilanzierungs- und Bewertungsregeln entstehende Bild der Lage des Unternehmens mit den Grundsätzen ordnungsmäßiger Buchführung vereinbar ist. Dabei wird zunächst auf die aus dem Imparitätsprinzip resultierende Problematik abgestellt. Auf die Frage der antizipativen *hedges* wird an anderer Stelle[514] eingegangen.

5.2.1.2.1.2 Führt die imparitätische Behandlung von unrealisierten Gewinnen und Verlusten zu einer GoB-konformen Darstellung?

Mit Hilfe des in Abschnitt 5.2.1.1.1 gegebenen Beispiels lässt sich anschaulich zeigen, dass die strikte imparitätische Behandlung von Gewinnen und Verlusten bei Vorliegen von Sicherungszusammenhängen dem materiellen Bilanzzweck eindeutig entgegensteht. Unabhängig von der Richtung der Wechselkursänderung muss stets ein Verlust gezeigt werden, der nach vernünftiger kaufmännischer Beurteilung nie eintreten wird (vgl. Abbildung 21). Dadurch werden die Vermögens-, die Finanz- und die Ertragslage sowohl in der Periode des Absicherungsaufbaus als auch in der darauf folgenden Periode verfälscht.[515]

Die Beurteilung der Schuldendeckungsfähigkeit des Unternehmens, das nach dem Willen des Gesetzgebers zentrale mit der Handelsbilanz verbundene Anliegen,[516] ist schlechterdings unmöglich, wenn Schulden aufgeführt werden, deren Deckung niemals nötig sein wird bzw. wenn Vermögen, das zur Deckung der Schulden nach vernünftiger

---

[514] Vgl. Abschnitt 5.2.1.2.2.2.2.2.

[515] So auch RÜBEL, MARKUS (Bankbilanz 1989), S. 134ff.; HERZIG, NORBERT/MAURITZ, PETER (Bilanzrecht 1997), S. 142f.; KUHNER, CHRISTOPH (Bilanzierung 2006), S. 51.

[516] Vgl. Abschnitt 3.2.3.3.

kaufmännischer Beurteilung vorhanden ist, nicht gezeigt wird. Auch mit dem Vorsichtsprinzip lässt sich die Berücksichtigung der bei Sicherungszusammenhängen nicht drohenden Verluste nicht begründen. Verluste zu zeigen, die niemals eintreten werden, ist nicht Resultat einer vorsichtigen, sondern einer falschen Bilanzierung und Bewertung. Hier wird nicht vorsichtig, sondern falsch informiert.[517]

Marktpreisänderung	Erfolgsrechnerische Auswirkungen	
	ohne Absicherung	mit Absicherung
Erfolgsmindernde Wertänderung des Grundgeschäfts geht einher mit	Erfolgsminderung muss berücksichtigt werden (Verlustantizipationsprinzip)	
erfolgserhöhender Wertänderung des Sicherungsgeschäfts	–	Erfolgserhöhung darf nicht berücksichtigt werden (Gewinnantizipationsverbot)
Erfolgserhöhende Wertänderung des Grundgeschäfts geht einher mit	Erfolgserhöhung darf nicht berücksichtigt werden (Gewinnantizipationsverbot)	
erfolgsmindernder Wertänderung des Sicherungsgeschäfts	–	Erfolgsminderung muss berücksichtigt werden (Verlustantizipationsprinzip)

Abbildung 21:   Auswirkungen von Marktpreisänderungen auf den Jahresabschluss ohne bzw. mit Vorliegen eines Sicherungsgeschäfts bei strikter Anwendung des Einzelbewertungsprinzips

Um zu erkennen, dass es dabei nicht um ein zu vernachlässigendes Informationsdefizit geht, ist es vielleicht hilfreich, einmal die praktischen Auswirkungen einer strikten An-

---

[517]   So auch GROH, MANFRED (Fremdwährungsgeschäfte 1986), S. 873; NAUMANN, THOMAS K. (Bewertungseinheiten 1995), S. 65f.; PRAHL, REINHARD/NAUMANN, THOMAS K. (Instruments 2005), S. 92.

wendung des Imparitätsprinzips auf den Jahresabschluss deutscher Banken zu untersuchen. Die folgende Tabelle enthält die Summe der positiven und negativen Marktwerte der am 31.12.2005 im Bestand befindlichen Derivatekontrakte (Handelsbereich und Nicht-Handelsbereich) sowie das Eigenkapital zum Abschlussstichtag im Einzelabschluss von drei großen deutschen Banken.

Kreditinstitut	Summe positiver Marktwerte (in Mio. EUR)	Summe negativer Marktwerte (in Mio. EUR)	Eigenkapital (in Mio. EUR)
Deutsche Bank[518]	400.048	412.151	20.893
Hypovereinsbank[519]	42.805	45.572	12.131
Commerzbank[520]	77.506	79.727	10.115

Abbildung 22: Marktwerte aller Derivatekontrakte und Eigenkapital bei ausgewählten Banken (Einzelabschluss)

Würde man die für alleinstehende Derivate geltenden Vorschriften, die in Abschnitt 4.1 herausgearbeitet wurden, unverändert anwenden, so müssten die Institute einen großen Teil[521] der aufgelaufenen negativen Marktwerte aufwandswirksam durch Bildung einer Rückstellung für drohende Verluste aus schwebenden Geschäften berücksichtigen.[522] Die Mehrzahl[523] der positiven Marktwerte dürfte dagegen aufgrund des Gewinnantizipationsverbots noch nicht erfasst werden. Für die Deutsche Bank hätte dies beispielsweise zur Folge, einen Aufwand in der Größenordnung von bis zu 412 Mrd. EUR buchen zu müssen – und dies bei einem Eigenkapital von etwas mehr als 20 Mrd. EUR. Ihr Eigenkapital würde damit vollständig aufgezehrt, auf der Aktivseite wäre ein nicht

---

518 Vgl. DEUTSCHE BANK (Jahresabschluss 2005), S. 30 und 15.

519 Vgl. HVB (Geschäftsbericht AG 2005), S. 24 und 43.

520 Vgl. COMMERZBANK (Jahresabschluss 2005), S. 49 und 31.

521 Die Summe der negativen Marktwerte und der Betrag der zu bildenden Rückstellung unterscheiden sich, weil dem negativen Marktwert bei einer Stillhalterposition in einem Optionskontrakt die Optionsprämie gegenübersteht. Nur die Differenz aus (höherem) negativem Marktwert und Optionsprämie ist als Drohverlustrückstellung zu antizipieren. Zur Bilanzierung von Optionen vgl. BIEG, HARTMUT (Optionen I 2003), S. 288ff.; BIEG, HARTMUT (Optionen II 2003), S. 324ff.; BIEG, HARTMUT (Optionen III 2003), S. 377ff.

522 Vgl. PRAHL, REINHARD (Quo vadis 2004), S. 210.

523 Eine Ausnahme gilt auch hier bei Optionen für gezahlte Optionsprämien.

durch Eigenkapital gedeckter Fehlbetrag auszuweisen. Das Bild, das eine solche Bilanz vermitteln würde, wäre das eines hoch überschuldeten Unternehmens. Das gleiche Resultat erhielte man bei allen anderen aufgeführten Banken.

Zwar ist es auch nicht ausgeschlossen, dass Kreditinstitute zusammenbrechen – das in dieser Arbeit angeführte Beispiel des Bankhauses Herstatt zeigt dies eindrucksvoll. Dennoch dürfte Einvernehmen darüber bestehen, dass das gerade skizzierte Bild hoch überschuldeter Unternehmen nichts mit dem augenblicklichen tatsächlichen Bild der Lage der genannten Banken zu tun hat. So existiert z.B. für die Deutsche Bank kein Rating einer der bekannten Rating-Agenturen, das einen solchen Schluss auch nur ansatzweise zuließe. Die drei großen international tätigen Agenturen *Standard & Poor's*, *Moody's* und *Fitch* stufen das Institut vielmehr in die Gruppe der erstklassigen Adressen ein.[524] Man könnte hier freilich einwenden, dass die Rating-Agenturen möglicherweise zu einem falschen Ergebnis gelangen, gerade weil etwa die Deutsche Bank nicht gesetzeskonform, d.h. imparitätisch, bewertet. Dem ist entgegenzuhalten, dass erstens die genannten Bewertungen nicht auf dem HGB-Abschluss der Deutschen Bank basieren und zweitens solche Rating-Urteile sehr viel mehr sind als nur die Analyse einer Bilanz bzw. eines Jahresabschlusses. Insofern kann hier davon ausgegangen werden, dass der HGB-Abschluss bei strikter Anwendung der imparitätischen Einzelbewertung zu einem völlig falschen Bild der Lage der Bank, insbesondere ihrer Schuldendeckungsfähigkeit, führt. Was hier am Beispiel der Deutschen Bank dargelegt wurde, lässt sich in analoger Weise auch bei den anderen genannten Instituten zeigen.

Die asymmetrische Behandlung von unrealisierten Gewinnen und Verlusten führt darüber hinaus zu dem ökonomisch unsinnigen Ergebnis, dass ein Unternehmen, das sich entsprechend kaufmännischer Vorsicht gegen Risiken absichert, erfolgsmäßig schlechter gestellt wird als ein Unternehmen, das kein Sicherungsgeschäft abschließt.[525] Das absichernde Unternehmen muss nämlich in jedem Fall, d.h. – im Beispiel – unabhängig von der Richtung der Wechselkursänderung, entweder für das Grund- oder für das Sicherungsgeschäft eine erfolgsmindernde Aufwandsverrechnung vornehmen, während

---

[524]   Vgl. DEUTSCHE BANK (Finanzbericht 2005), S. 31.

[525]   Vgl. hierzu und zum Folgenden: SCHARPF, PAUL (Finanzinstrumente 1995), S. 183; STEINER, MANFRED/TEBROKE, HERMANN-JOSEF/WALLMEIER, MARTIN (Finanzderivate 1995), S. 534f.; HERZIG, NORBERT/MAURITZ, PETER (Bilanzrecht 1997), S. 142f.

dies ohne Abschluss eines Derivats nur bei einem Marktwertrückgang des Grundge-schäfts erforderlich ist.

Sobald ein Unternehmen Sicherungsgeschäfte in einem größeren Umfang abschließt, könnte infolge der stets notwendigen Aufwandsverrechnung und der fehlenden Ertrags-buchung aus den Jahresabschlusszahlen auf eine Unternehmenskrise oder gar eine bilan-zielle Überschuldung geschlossen werden, die aber nichts mit den tatsächlichen Ver-hältnissen zu tun hat, sondern die sich nur aufgrund der realitätsfernen Abbildung der Sicherungsbeziehung in der Bilanz ergibt. Für das Unternehmen könnte es infolge-dessen problematisch sein, zur Aufrechterhaltung des Geschäftsbetriebs benötigte neue Kredite zu bekommen bzw. alte Kreditlinien zu prolongieren. Eine scheinbare Unter-nehmenskrise könnte auf diese Weise schnell zu einer realen Krise mutieren.[526] So wird die Unternehmenskrise der Metallgesellschaft AG im Jahre 1993 in der Literatur teil-weise auch mit den „vorsichtigen" deutschen Bilanzierungsnormen begründet, die zum Ausweis von Scheinverlusten aus der Absicherung von Ölgeschäften führten, welche die Banken zu einer restriktiven Kreditpolitik veranlassten. Diese wiederum hatte zur Konsequenz, dass die Metallgesellschaft geschlossene Positionen öffnen musste und aus den Scheinverlusten damit tatsächliche Verluste wurden.[527] Damit wird bei Anwendung der herkömmlichen handelsrechtlichen Regeln genau das Gegenteil dessen erreicht, was man mit ihnen, insbesondere mit dem Imparitätsprinzip, eigentlich erreichen zu wollen vorgibt, nämlich den Schutz der Gläubiger.

Die bilanzielle Diskriminierung von Absicherungszusammenhängen könnte sogar dazu führen, dass ein Unternehmen auf Absicherungsmaßnahmen ganz verzichtet – was ebenfalls dem zentralen materiellen Bilanzzweck Gläubigerschutz diametral entgegen-steht. Ein Verzicht wäre z.B. dann opportun oder gar erforderlich, wenn sich das Unter-nehmen die bei Vornahme einer Absicherung in jedem Fall erforderliche Aufwandsver-rechnung nicht leisten will oder kann, etwa weil dann eine bilanzielle Überschuldung droht. Außerdem muss man berücksichtigen, dass die Leistung der Geschäftsleitung insbesondere mit Hilfe des Jahreserfolges gemessen wird. Da sich eine Absicherung in

---

[526] Vgl. HERZIG, NORBERT/MAURITZ, PETER (Analyse 1998), S. 114; PATEK, GUIDO ANDREAS (Finanzprodukte 2002), S. 212f.

[527] Vgl. CULP, CHRISTOPHER/MILLER, MERTON (Metallgesellschaft 1995), S. 2ff. Ausführlich zur Krise bei der Metallgesellschaft auch KROPP, MATTHIAS (Öltermingeschäfte 1994), S. 301ff.

jedem Fall negativ auf den Erfolg (und bei Kapitalgesellschaften auch auf die Höhe der möglichen Ausschüttungen) auswirkt, könnte ein Anreiz für die Geschäftsführung bestehen, auf eine solche zu verzichten. Dies gilt umso mehr, seitdem die Drohverlustrückstellung steuerlich nicht mehr anerkannt wird und damit die negative Ergebnisbeeinflussung durch positive steuerliche Folgen nicht mehr abgemildert werden kann.[528]

Die vorstehenden Ausführungen machen deutlich, dass die aus der gesetzlich vorgeschriebenen imparitätischen Behandlung unrealisierter Gewinne und Verluste resultierende bilanzielle Diskriminierung von Absicherungsbeziehungen nicht im Sinne der mit der handelsrechtlichen Bilanz verfolgten Ziele sein kann, sondern ihnen – und damit den GoB – zuwiderläuft. Stellt man alleine auf die Bilanzzwecke ab, erscheint es als sinnvoll, ja sogar als zwingend geboten,[529] die sich aus Grund- und Sicherungsgeschäften ergebenden Kompensationseffekte zu berücksichtigen.

5.2.1.2.2 Die Vereinbarkeit einer kompensatorischen Bewertung mit dem HGB

5.2.1.2.2.1 Grundsätzliches

Obwohl eine kompensatorische Bewertung im Hinblick auf die Bilanzzwecke zwingend geboten erscheint, stehen einem derartigen Vorhaben doch zunächst die im HGB niedergelegten Bewertungsvorschriften entgegen. Zwar bestünde möglicherweise durchaus die Möglichkeit, eine Abweichung des in § 252 Abs. 1 Nr. 4 HGB kodifizierten allgemeinen Imparitätsprinzips zu begründen, sei es durch Hinweis auf eine sachgerechte Auslegung dieses Prinzips oder durch die nach § 252 Abs. 2 HGB bestehende Erlaubnis, im Ausnahmefall von den Vorschriften des § 252 Abs. 1 HGB – und damit auch von dem in der Nr. 4 kodifizierten Imparitätsprinzip – abzuweichen. Selbst wenn dies gelingt[530], so hat man damit nur die Klippen der allgemeinen Bewertungsregeln des § 252 HGB umschifft.[531] Die der speziellen Vorschriften des § 253 HGB und des § 249 Abs. 1 HGB bleiben hiervon jedoch unberührt und stehen einer risikoadäquaten Ab-

528   Vgl. PATEK, GUIDO ANDREAS (Finanzprodukte 2002), S. 213f.

529   Vgl. NAUMANN, THOMAS K. (Bewertungseinheiten 1995), S. 65f.

530   Auf § 252 Abs. 2 HGB wird im Laufe dieses Abschnitts noch weiter eingegangen.

bildung weiterhin im Weg. Denn es ist unter Berufung auf eine sachgerechte Auslegung des Imparitätsprinzips bzw. § 252 Abs. 2 HGB weder erlaubt, gegen das Anschaffungskostenprinzip des § 253 Abs. 1 HGB zu verstoßen, um das Grund- oder Sicherungsgeschäft mit einem höheren Wert anzusetzen, noch ist es möglich, auf die Vornahme einer Abschreibung des Grundgeschäfts oder die Bildung einer Drohverlustrückstellung zu verzichten. Dies wäre nur möglich, soweit „der mögliche Wortsinn und der Bedeutungszusammenhang des Gesetzes Raum für verschiedene Auslegungen lassen"[532].

Wenn also an der grundsätzlichen Beachtung des Imparitätsprinzips aufgrund der dieses konkretisierenden, unmissverständlichen speziellen Bewertungsvorschriften kein Weg vorbei führt, so verbleibt als Lösungsmöglichkeit nur, das Objekt, das diesen Bewertungsvorschriften unterworfen wird, zu modifizieren. Man könnte die kompensatorischen Effekte im Jahresabschluss berücksichtigen, wenn man Grund- und Sicherungsgeschäft als ein Bewertungsobjekt begreift und die genannten Bewertungsvorschriften auf diese Bewertungseinheit anwendet.[533] Eine solche Vorgehensweise führt aber zu einem Konflikt mit einem anderen zentralen Bewertungsgrundsatz, dem im § 252 Abs. 1 Nr. 3 HGB kodifizierten Einzelbewertungsprinzip, das vorschreibt, „Vermögensgegenstände und Schulden [...] einzeln zu bewerten"[534].

Das Einzelbewertungsprinzip steht in einem engen Kausalzusammenhang mit dem Imparitätsprinzip; es verdankt ihm gewissermaßen seine Existenzberechtigung.[535] Ohne den Zwang zur Einzelbewertung wäre es nämlich möglich, das Imparitätsprinzip beliebig zu umgehen, indem mehrere Bewertungsobjekte zu Bewertungszwecken zusammengefasst und erfolgsmindernde Wertänderungen mit erfolgserhöhenden Wertänderungen der einbezogenen Objekte verrechnet werden. Das Einzelbewertungsprinzip erfüllt also den Zweck, ein Unterlaufen des Imparitätsprinzips zu verhindern.

---

[531]   Vgl. auch Abschnitt 3.2.4.4.

[532]   LARENZ, KARL (Methodenlehre 1991), S. 344.

[533]   Vgl. BIEG, HARTMUT (Grundlagen II 2002), S. 472.

[534]   § 252 Abs. 1 Nr. 3 HGB.

[535]   Vgl. nur ADLER, HANS ET AL. (Rechnungslegung 1995), S. 44f.; SELCHERT, FRIEDRICH WILHELM (§ 252 HGB 2005), S. 26.

Zur Auflösung dieses Konflikts gibt es in der Literatur zwei unterschiedliche Argumentationsansätze. Eine Gruppe von Autoren[536] beruft sich auf den bereits angesprochenen § 252 Abs. 2 HGB und sieht in der Abbildung von Absicherungszusammenhängen einen der „begründeten Ausnahmefälle"[537], in denen von dem Einzelbewertungsprinzip abgewichen werden „darf"[538]; es bestünde insofern ein Wahlrecht zur Bildung von Bewertungseinheiten. Bevor man jedoch an dieser Stelle eine Ausnahme von der Regel propagiert, ist zuerst zu untersuchen, ob nicht die Bildung von Bewertungseinheiten die einzige im Hinblick auf die Bilanzzwecke sachgerechte und damit GoB-konforme Auslegung des Einzelbewertungsprinzips darstellt.[539]

Die Argumentation der Befürworter der letztgenannten Ansicht gründet auf dem Umstand, dass der Gesetzgeber zwar vorschreibt, „Vermögensgegenstände"[540] und „Schulden"[541] einzeln zu bewerten, es aber gleichzeitig unterlässt, die beiden Begriffe zu definieren. Es bedarf somit der Auslegung dieser unbestimmten Rechtsbegriffe und dies muss wiederum im Einklang mit den Bilanzzwecken erfolgen.[542]

Auf den ersten Blick mag der Verweis auf die fehlenden Definitionen für die beiden Begriffe verwundern, man mag eine derartige Argumentation für weit hergeholt oder konstruiert halten. Tatsächlich aber ist die Abgrenzung *eines* Vermögensgegenstands oder *einer* Schuld ein beinahe alltägliches Problem in Buchführung und Bilanzierung, auch wenn man sich dieses Problems in vielen Fällen gar nicht bewusst ist bzw. es nicht als solches ansieht. So stellt sich z.B. die Frage, ob man einen im Bestand befindlichen PKW in seiner Gesamtheit betrachtet oder ob man die Einzelteile, also z.B. Karosserie, Motor, Reifen etc., als separat aufzufassende und in der Konsequenz dann auch separat zu bewertende Vermögensgegenstände begreift.[543] Man könnte sogar auf die Idee

---

[536]   Hierzu gehören etwa Jutz, Manfred (Swaps 1989), S. 110; Adler, Hans et al. (Rechnungslegung 1995), S. 128.

[537]   § 252 Abs. 2 HGB.

[538]   § 252 Abs. 2 HGB.

[539]   Vgl. Schumacher, Andreas (Finanztermingeschäfte 1995), S. 1475.

[540]   § 252 Abs. 1 Nr. 3 HGB.

[541]   § 252 Abs. 1 Nr. 3 HGB.

[542]   Vgl. Bieg, Hartmut (Grundlagen II 2002), S. 472.

[543]   Vgl. Scharpf, Paul/Luz, Günther (Bilanzierung 2000), S. 232f.; Selchert, Friedrich Wilhelm (§ 252 HGB 2005), S. 27.

kommen, die zu bewertenden Objekte noch weiter aufzuschlüsseln, indem man z.B. auch den Motor weiter in seine Einzelkomponenten zerlegt. Die Antwort auf diese Frage hat erhebliche Konsequenzen, denn: Je weiter man das Einzelbewertungsprinzip herunterbricht, desto „vorsichtiger" wird die Bewertung, denn umso weniger können Verluste mit Gewinnen bei anderen Komponenten verrechnet werden.[544]

Während bei dem Beispiel „PKW" die Lösung des „Problems" möglicherweise mehr oder weniger offensichtlich ist, sieht das bei einem anderen in diesem Zusammenhang häufig genannten Beispiel, dem Einbau einer Rolltreppe oder eines Fahrstuhls in ein Gebäude, schon anders aus. Hier steht man vor der Alternative, diese Bauten – ebenso wie z.B. die im Gebäude befindlichen Tische und Stühle – als eigenständige Vermögensgegenstände zu behandeln oder sie dem Bewertungsobjekt „Gebäude" zuzuschlagen.[545]

Nach h. M. hat die Abgrenzung eines solchen Bewertungsobjekts nicht nach zivilrechtlichen Grundsätzen, sondern vielmehr nach wirtschaftlichen Überlegungen zu erfolgen.[546] Daher werden etwa nicht die Einzelteile einer Maschine oder eines PKW bilanziert, sondern die Maschine bzw. der PKW als Gesamtheit, weil nur für die Gesamtheit eine Nutzungsfähigkeit aus wirtschaftlicher Sicht gegeben ist. Auf diese Bewertungseinheit Maschine bzw. PKW sind dann die entsprechenden Bewertungsregeln, insbesondere das Imparitätsprinzip, anzuwenden.

Der einzige Unterschied zwischen diesen „klassischen" Bewertungseinheiten und den im Rahmen dieser Arbeit interessierenden Bewertungseinheiten ist, dass es sich bei den Erstgenannten häufig um „materielle Bewertungsobjekte"[547] handelt, die durch einen „*technischen* Nutzungs- und Funktionszusammenhang (Hervorh. d. Verf.)"[548] gekennzeichnet sind. Die Zusammengehörigkeit z.B. der Einzelteile eines PKW im Hinblick

---

[544]   Vgl. KUPSCH, PETER (Bewertungseinheit 1994), S. 2f.

[545]   Vgl. hierzu OESTREICHER, ANDREAS (Grundsätze 1992), S. 248ff.; BARCKOW, ANDREAS (Bilanzierung 2004), S. 81.

[546]   Vgl. KUßMAUL, HEINZ (Nutzungsrechte 1987), S. 29ff.; WIEDEMANN, HARALD (Realisationsprinzip 1995), S. 102; BALLWIESER, WOLFGANG (§ 252 HGB 2001), S. 147f.; HENSE, BURKHARD/GEIßLER, HORST (§ 252 HGB 2003), S. 394f.; SELCHERT, FRIEDRICH WILHELM (§ 252 HGB 2005), S. 26ff.

[547]   BENNE, JÜRGEN (Bewertungseinheit 1991), S. 2601.

[548]   KRUMNOW, JÜRGEN ET AL. (Rechnungslegung 2004), S. 492.

auf seine Funktion ist, allein schon durch die physische Verbindung der Teile, für jedermann offensichtlich; insofern kann man hier auch von „geborenen Bewertungsein-heiten"[549] sprechen. Bei der Absicherung mit Finanzderivaten handelt es sich dagegen um immaterielle Bewertungsobjekte, die mit dem zu sichernden, meist ebenfalls immateriellen Grundgeschäft in einem *risikopolitischen* Nutzungs- und Funktionszusammenhang stehen. Ein Zusammenhang ist hier nicht ohne weiteres gegeben, er muss durch den Bilanzierenden erst manuell hergestellt, dokumentiert und damit sichtbar gemacht werden. Insofern kann man hier von gekorenen Bewertungseinheiten sprechen.

Dieser Unterschied rechtfertigt m.E. keine andersartige Behandlung im Jahresabschluss, er bedingt lediglich die Erfüllung einiger zusätzlicher Voraussetzungen im Hinblick auf eine willkürfreie Bilanzierung. Im Folgenden werden diese Voraussetzungen zunächst für Mikro-Bewertungseinheiten erörtert. Anschließend wird auch auf Makro- und Port-folio-Bewertungseinheiten eingegangen.

5.2.1.2.2.2 Die Voraussetzungen für die Anerkennung von Mikro-Bewertungseinheiten

5.2.1.2.2.2.1 Vorbemerkungen

Die Voraussetzungen, die erfüllt werden müssen, um im HGB eine Mikro-Bewertungseinheit bilden zu können, lassen sich in zwei Gruppen systematisieren. Zum einen müssen die einbezogenen Geschäfte bestimmten Kriterien genügen, zum anderen hat der Bilanzierende einige Anforderungen zu erfüllen.

---

[549] KRUMNOW, JÜRGEN ET AL. (Rechnungslegung 2004), S. 492.

5.2.1.2.2.2.2 Die Anforderungen an die einbezogenen Geschäfte – Objektive Sicherungseignung

5.2.1.2.2.2.2.1 Gleiche Entstehungsursachen von Gewinnchancen und Verlustrisiken

5.2.1.2.2.2.2.1.1 Grundsätzliches

Grundvoraussetzung für die Anerkennung eines risikopolitischen Nutzungs- und Funktionszusammenhangs ist die objektive Eignung des Sicherungsgeschäfts zur Kompensation eines aus dem Grundgeschäft resultierenden Risikos.[550] Die Gewinnchancen bzw. Verlustrisiken aus den einbezogenen Geschäften müssen auf die gleichen Entstehungsursachen, d.h. auf identische Risikofaktoren (Währungsrisiken, Zinsrisiken, Aktienkursrisiken, sonstige Marktpreisrisiken), zurückzuführen sein. Die Wertänderungen, die sich unter Einfluss der homogenen Risikofaktoren ergeben, müssen zudem im Hinblick auf den Erfolg gegenläufig sein. Dies bedeutet, dass die Wertänderung bei dem einen Geschäft mit einem Verlust (im Folgenden wird dies auch als negative Wertänderung bezeichnet), bei dem anderen Geschäft mit einem Gewinn (im Folgenden wird dies auch als positive Wertänderung bezeichnet) einhergehen muss.[551] Dies alles setzt die Quantifizierbarkeit von Gewinnchancen und Verlustrisiken voraus. Die Eignung zur Risikokompensation ist nicht nur bei Beginn der Absicherungsmaßnahme nachzuweisen, sondern während der gesamten Laufzeit des *hedges* zu überwachen und insbesondere an den Abschlussstichtagen erneut zu prüfen.

Die homogene Beeinflussung von Gewinnchance und Verlustrisiko ist häufig nur bei Vorliegen einer Basiswertidentität gewährleistet. Soll etwa eine bilanziell anerkennungsfähige Absicherung der USD-Forderung aus Abschnitt 5.2.1.1 gegen Wechselkursänderungen mittels eines Termingeschäfts vorgenommen werden, so ist dies zu-

---

[550]   Vgl. hierzu BIEG, HARTMUT (Grundlagen II 2002), S. 473f.; KRUMNOW, JÜRGEN ET AL. (Rechnungslegung 2004), S. 494f.; PRAHL, REINHARD/NAUMANN, THOMAS K. (Instruments 2005), S. 95ff.

[551]   Bei dem Beispiel in Abschnitt 5.2.1.1 mit der USD-Forderung und der USD-Verbindlichkeit steigt etwa bei einem Absinken des Wechselkurses sowohl der Wert der Forderung als auch der Wert der Verbindlichkeit; die Werte bewegen sich also in die gleiche und nicht in die gegenläufige Richtung. Der Anstieg der Forderung stellt jedoch einen Gewinn dar, der Anstieg der Verbindlichkeit dagegen einen Verlust, so dass hier eine Gegenläufigkeit in dem gerade definierten Sinn vorliegt.

nächst nur durch Abschluss eines Termingeschäfts in USD möglich. Damit eine zum Grundgeschäft gegenläufige Wertänderung bei Änderungen des Risikofaktors Wechselkurs gewährleistet ist, muss es sich zudem um einen Termin*verkauf* handeln. Eine „Absicherung" durch ein Geschäft in einer anderen Währung (*cross hedge*), etwa in Yen, ist grundsätzlich nicht ausreichend, weil Änderungen des für die Bewertung der USD-Forderung maßgeblichen USD/EUR-Kurs nicht notwendigerweise auch mit entsprechenden Änderungen des Yen/EUR-Kurses einhergehen müssen.[552] Ein Kontrakt in einer anderen Währung wäre m.E. lediglich dann anerkennungsfähig,[553] wenn zwischen dieser anderen Währung und dem USD feste bzw. sich in engen Bandbreiten bewegende, von den beiden Notenbanken zuverlässig garantierte Wechselkurse bestünden, ähnlich wie dies im Bretton Woods-System oder im Europäischen Währungssystem (EWS)[554] jedenfalls zeitweise der Fall war. Ersteres wurde jedoch 1973 aufgekündigt, Letzteres ging 1999 im Euro auf,[555] so dass die Zulässigkeit eines *cross hedges* im Währungsbereich bei den heutigen vorherrschenden flexiblen Wechselkursen im Regelfall wohl nicht gegeben ist.[556]

Auch ein *hedging* von Aktienkursrisiken und anderen Marktpreisrisiken ist häufig nur bei Basiswertidentität möglich.[557] Es ist wohl unmittelbar einsichtig, dass eine im Be-

---

[552]   Vgl. IDW HFA (Entwurf 1986), S. 664f.; BENNE, JÜRGEN (Bewertungseinheit 1991), S. 2604; BIEG, HARTMUT (Rechnungslegung 1999), S. 518f.

[553]   So auch noch der IDW HFA 1962 [(Währung 1962), S. 356] und 1972 [(Währung 1972), S. 46].

[554]   Vgl. zu diesen Währungssystemen THIEßEN, FRIEDRICH (Währungssystem 1999), S. 575ff.; BOFINGER, PETER (Währungssysteme 2001), Sp. 2194ff.; HARBRECHT, WOLFGANG (Währungsfonds 2001), Sp. 1076ff.

[555]   Gleichzeitig wurde das sog. EWS II eingerichtet. Das Abkommen regelt den Schwankungsbereich des Wechselkurses der nicht am Eurosystem teilnehmenden EU-Währungen zum Euro. Es gilt eine vergleichsweise weite Bandbreite von +/- 15%. Vgl. MASSENBERG, HANS-JOACHIM (Währungssystem 1999), S. 578ff.

[556]   Zwar sind auch heute noch manche Währungen an eine andere Währung gekoppelt, allerdings ist fraglich, wie stabil diese meist einseitigen Festlegungen sind. So hatten viele asiatische Staaten über viele Jahre einen nahezu festen Kurs zum USD aufrecht erhalten können, mussten diese einseitige Bindung aber im Zuge der 1997 einsetzenden Asienkrise aufgeben. Vgl. BOFINGER, PETER (Währungssysteme 2001), Sp. 2201.

[557]   Eine Ausnahme wäre die Absicherung eines aus verschiedenen Aktien bestehenden Portfolios mittels eines Index-Termingeschäfts. Hier ist zwar keine völlige Basisidentität notwendig, gleichwohl müssen sich die Zusammensetzung des Portfolios und des Indizes zu einem gewissen Grad entsprechen, um eine ökonomisch sinnvolle Sicherung zu gewährleisten. Vgl. hierzu auch die folgenden Ausführungen hinsichtlich der Korrelation der Wertänderungen von Grund- und Sicherungsgeschäft.

stand befindliche VW-Aktie nicht durch einen Terminverkauf von SAP-Aktien, eine Rohöl-Position nicht durch ein Edelmetall-Derivat abgesichert werden kann.

Etwas anders stellt sich die Situation vor allem im Zinsbereich dar.[558] Würde man hier eine exakte Basiswertidentität fordern, wäre ein Großteil der in der Praxis vorgenommenen Absicherungsmaßnahmen von vornherein nicht als solche im Jahresabschluss abbildbar, weil es häufig gar keine Sicherungsinstrumente gibt, die über die exakt identische Basis wie das Grundgeschäft verfügen. Die Absicherungsgeschäfte besitzen hier oft gar keine real existierenden, sondern synthetische Basen. Gleichwohl sind auch hier wirksame Sicherungen möglich und die für die handelsrechtliche Zulässigkeit notwendige Identität der Entstehungsursachen für die Wertänderungen bei Grund- und Sicherungsgeschäft gewährleistet, sofern[559]

- es sich um Zinssätze des gleichen Währungsgebietes handelt (bei Absicherung eines GBP-Grundgeschäfts etwa der LIBOR) sowie

- Grund- und Sicherungsgeschäft über eine annähernd gleiche Restlaufzeit verfügen (zur Absicherung einer in 5 Jahren fälligen GBP-Forderung wäre ein Sicherungsgeschäft mit Basis 3-Monats-LIBOR beispielsweise wenig geeignet).

5.2.1.2.2.2.2.1.2 Der Nachweis gleicher Entstehungsursachen von Gewinnen und Verlusten zu Beginn der Sicherungsbeziehung (ex-ante Effektivitätsnachweis)

Als Nachweis für das Vorliegen identischer Risikofaktoren und der sich daraus ergebenden hohen Wahrscheinlichkeit des Verlustausgleichs wird eine hohe negative Korrelation zwischen den Wertänderungen von Grund- und Sicherungsgeschäft gefordert.[560] Dabei greift man auf den Bravais-Pearson-Korrelationskoeffizienten zurück, der sowohl die Richtung als auch die Ausgeprägtheit (im Sinne von Verlässlichkeit) eines linearen Zusammenhangs zwischen zwei Merkmalen (in diesem Fall der Wert-

---

[558] Vgl. hierzu SCHEFFLER, JAN (Hedge-Accounting 1994), S. 166.

[559] Vgl. SCHEFFLER, JAN (Hedge-Accounting 1994), S. 166; SCHARPF, PAUL (Finanzinstrumente 1995), S. 194.

[560] Vgl. nur GRÜNEWALD, ANDREAS (Finanzterminkontrakte 1993), S. 254; SCHEFFLER, JAN (Hedge-Accounting 1994), S. 163ff.; ANSTETT, CHRISTOF WERNER (Futures 1997), S. 66; SCHARPF, PAUL/LUZ, GÜNTHER (Bilanzierung 2000), S. 290f.

änderung des Grundgeschäfts ΔG einerseits und der Wertänderung des Sicherungsgeschäfts ΔS andererseits) misst und Werte zwischen -1 und +1 annehmen kann.[561] Ein
Wert von exakt -1 (bzw. +1) steht für einen perfekten negativen (bzw. positiven) linearen Zusammenhang der beiden Merkmale, d.h., die in der Vergangenheit an verschie-
denen Zeitpunkten t gemessenen Wertepaare $(\Delta G_t | \Delta S_t)$ liegen auf einer linear fallenden
(bzw. steigenden) Gerade. Ergibt sich als Korrelationskoeffizient dagegen ein Wert
von 0, so liegt kein linearer Zusammenhang vor; je weiter sich der Koeffizient von -1
bzw. +1 in Richtung 0 zubewegt, desto schwächer (im Sinne von unzuverlässiger) ist
damit der lineare Zusammenhang. Da beim *hedging* immer eine positive (erfolgserhö-
hende) Wertänderung des einen Geschäfts mit einer negativen (erfolgsmindernden)
Wertänderung des anderen Geschäfts einhergehen muss, existiert damit also idealer-
weise eine Korrelation von -1. Je schwächer die Korrelation ist, desto notwendiger ist
die ständige Überwachung und gegebenenfalls die Anpassung des Umfangs des Sicherungsgeschäfts (dynamischer *hedge*).

Es ist wichtig zu erkennen, dass das Vorliegen einer Korrelation von -1 nicht – wie etwa
von SCHEFFLER[562] und ANSTETT[563] unterstellt – gleichbedeutend damit ist, dass eine
Wertänderung beim Grundgeschäft mit einer betragsgleichen gegenläufigen Wertänderung beim Sicherungsgeschäft einhergeht. Eine Korrelation von -1 liegt beispielsweise
auch dann vor, wenn die gegenläufige Wertänderung beim Sicherungsgeschäft stets
betragsmäßig nur die Hälfte der Wertänderung des Grundgeschäfts ausmacht.
Entscheidend für einen vollständigen Wertausgleich ist daher auch immer die Bestimmung des Volumens des Sicherungsgeschäfts und damit die Festlegung der *hedge ratio*,
d.h. des Verhältnisses der Volumina von Grund- und Sicherungsgeschäft.[564] Im gerade
gegebenen Beispiel müsste das Volumen des Sicherungsgeschäfts damit doppelt so groß
gewählt werden wie das des Grundgeschäfts.

Strittig ist, wie stark die negative Korrelation sein muss, damit eine kompensatorische
Behandlung in der Handelsbilanz noch zulässig ist. In der Literatur werden diesbezüg-

---

[561]   Vgl. auch zum Folgenden SCHWARZE, JOCHEN (Statistik 1998), S. 142ff.; BAMBERG,
         GÜNTER/BAUR, FRANZ (Statistik 2002), S. 35ff.

[562]   Vgl. insbesondere das Zahlenbeispiel in SCHEFFLER, JAN (Hedge-Accounting 1994), S. 61ff.

[563]   Vgl. ANSTETT, CHRISTOF WERNER (Futures 1997), S. 66ff.

[564]   Vgl. STAUDT, ANTON/WEINBERGER, GERMAN (Cross-Hedging 1997), S. 47f.

lich Werte zwischen -0,5 und -0,95[565] genannt. Hierbei handelt es sich um völlig willkürliche Grenzziehungen, weil eine Begründung für die jeweils geforderte Mindestkorrelation jeweils nicht gegeben wird – und m.E. auch gar nicht gegeben werden kann. Dies gilt im Übrigen auch für andere Verfahren zur Messung der Effektivität der Absicherung. Die Willkürlichkeit wird selbstverständlich auch nicht dadurch geheilt, dass man, wie MENNINGER[566], ersatzweise einen mittleren Wert von -0,7 fordert.

M.E. wird die Forderung nach einer hohen Korrelation in der Literatur überbetont.[567] Zunächst wird dabei übersehen, dass die in Abschnitt 5.2.1.2.2.2.5 noch zu besprechenden *hedge accounting*-Verfahren vorsehen, dass bei imperfekten Absicherungsmaßnahmen, bei denen die unrealisierten Gewinne die unrealisierten Verluste am Abschlussstichtag nicht vollständig zu kompensieren vermögen, der die Gewinne übersteigende Verlustsaldo als Aufwand in der Gewinn- und Verlustrechnung berücksichtigt wird.[568] Damit findet auch bei einem imperfekten *hedge* stets eine das handelsrechtliche Vorsichtsprinzip beachtende Bewertung statt.

Eine Konzentration auf das Korrelationsmaß übersieht zudem die mit diesem Maß verbundenen Schwächen. Sie ist „zwar eine nützliche, aber nur begrenzt verwendbare Maßzahl, die immer kritisch verwendet werden sollte."[569] So gilt es zu bedenken, dass sich der ermittelte Korrelationskoeffizient aus Daten der Vergangenheit ergibt.[570] Damit beschreibt er also den Zusammenhang, der in der Vergangenheit in einem bestimmten Zeitraum zwischen der Wertentwicklung von Grund- und Sicherungsgeschäft geherrscht hat. Dies bedeutet jedoch nicht automatisch, dass der gefundene Zusammenhang auch in der Zukunft Bestand haben muss.

Hinzu kommt, dass der Korrelationskoeffizient nicht notwendigerweise auch einen *Kausal*zusammenhang zwischen den Wertänderungen zweier Größen beweist.[571] So

---

[565] Vgl. m.w.N. MENNINGER, JUTTA (Abbildung 1994), S. 305.

[566] Vgl. MENNINGER, JUTTA (Futures 1993), S. 156.

[567] So im Ergebnis auch SCHEFFLER, JAN (Hedge-Accounting 1994), S. 171f.; ANSTETT, CHRISTOF WERNER (Futures 1997), S. 67; BARCKOW, ANDREAS (Bilanzierung 2004), S. 97.

[568] Vgl. SCHEFFLER, JAN (Hedge-Accounting 1994), S. 171f.

[569] SCHWARZE, JOCHEN (Statistik 1998), S. 146.

[570] Vgl. BARCKOW, ANDREAS (Bilanzierung 2004), S. 97.

[571] Vgl. SCHLITTGEN, RAINER (Statistik 2000), S. 178.

lässt sich möglicherweise eine hohe positive Korrelation zwischen der Anzahl der Störche in einer Region einerseits und der menschlichen Geburtenrate in dieser Region andererseits über einen bestimmten Zeitraum hinweg beobachten. Dies erlaubt aber nicht die Schlussfolgerung, dass das eine etwas mit dem anderen zu tun habe oder gar, dass der Storch die Kinder bringt. Andererseits ist es auch vorstellbar, dass ein Kausalzusammenhang besteht, sich dieser aber nicht in einer entsprechenden Korrelation niederschlägt. So hat eine Untersuchung gezeigt, dass selbst bei einem *hedge* durch Termingeschäfte in gleicher Basis lediglich eine durchschnittliche Effektivität von 89,4% erreicht wurde.[572] Einen vollkommenen Kapitalmarkt gibt es nur in der Theorie und letztlich bestimmen sich die Preise auf den unterschiedlichen Märkten durch Angebot und Nachfrage, weshalb selbst bei völliger Basiswertidentität Ineffektivitäten auftreten können.

Die Korrelation mag einen guten Anhaltspunkt dafür liefern, ob ein ursächlicher Zusammenhang zwischen den Wertänderungen von Grund- und Sicherungsgeschäft besteht und ob eine wirksame Absicherung damit möglich ist. Ihre Bedeutung sollte aber, aus den oben genannten Gründen, nicht überschätzt werden. Bei allem Verständnis dafür, objektivierbare Kriterien, am besten in Form einer abzuarbeitenden und abzuhakenden Checkliste, aufstellen zu wollen: Bei der Beurteilung, ob ein ökonomischer Kausalzusammenhang vorliegt, ist der ökonomische Sachverstand des Bilanzierenden und gegebenenfalls des Prüfers gefragt. Der Bilanzierende muss diesen Zusammenhang im Zweifel plausibel darlegen.

5.2.1.2.2.2.2.1.3 Der Nachweis gleicher Entstehungsursachen von Gewinnen und Verlusten während der Sicherungsbeziehung (ex-post Effektivitätsnachweis)

Auch wenn bei Schließen der Position der Nachweis gleicher Entstehungsursachen von Gewinnen und Verlusten erbracht wurde, muss doch an jedem Abschlussstichtag die Effektivität des *hedges* überprüft werden, d.h., es muss untersucht werden, inwiefern sich die Wertänderungen tatsächlich ausgeglichen haben (Effektivitätstest).[573] Die absoluten Wertänderungen der beiden Geschäfte werden folglich zueinander ins Verhält-

---

[572]   Vgl. BARTH, HERBERT (Risiken 1984), S. 135.

[573]   Vgl. BIEG, HARTMUT (Grundlagen II 2002), S. 473f.

nis gesetzt. „Ist ein weitgehender Ausgleich von Gewinnen und Verlusten beider Geschäfte nicht oder nicht mehr gegeben, so ist die Bewertungseinheit zugunsten einer streng imparitätischen Einzelbewertung aufzulösen."[574]

Genau wie bei dem zu Beginn der Sicherungsbeziehung geforderten Effektivitätsnachweis besteht hier ein Quantifizierungsproblem – wann genau liegt ein weitgehender Ausgleich gerade noch vor? Wann kann man also noch von einer wirksamen Sicherungsbeziehung sprechen? Wo immer man diese Grenze auch zieht, es wird stets eine willkürliche Grenze bleiben. Berücksichtigt man die bereits erwähnte Tatsache, dass selbst bei einem *hedge* mit einem Sicherungsinstrument in gleicher Basis „nur" eine Effektivität von unter 90% erreicht wird, so wird man die Messlatte nicht so hoch anbringen können, um nicht von vornherein einen Großteil der ökonomisch sinnvollen Sicherungsbeziehungen von einer entsprechenden Abbildung im Jahresabschluss auszuschließen.

Eben weil es eine willkürliche Grenzziehung ist, macht es m.E. wenig Sinn, an dieser Stelle über eine konkrete Grenze zu diskutieren. Das Vorliegen eines ökonomisch begründeten Kausalzusammenhangs zwischen den Wertänderungen der beiden Geschäfte steht hier m.E. über dem Erreichen eines bestimmten Grenzwerts – wobei man sicherlich gute Argumente haben muss, um bei einer Sicherungsbeziehung, für die eine möglichst vollständige Kompensation geplant war und deren *hedge*-Effektivität am Jahresabschlussstichtag beispielsweise 50% oder gar weniger beträgt, weiterhin von einer homogenen Beeinflussung von Gewinnchance und Verlustrisiko auszugehen. Ob man die Grenze nun aber bei 90%, 85% oder 80% setzt oder ob man möglicherweise auch eine Effektivität von 75% als ausreichend erachtet, ist letztlich reine Willkür. Im Hinblick auf die noch vorzustellenden *hedge accounting*-Techniken, die stets dazu führen, dass ein negativer Saldo aus einem Absicherungsverhältnis aufwandswirksam zu berücksichtigen ist, erscheint eine solche Diskussion auch weniger wichtig. Ein Konflikt mit dem handelsrechtlichen Vorsichtsprinzip bestünde nur dann, wenn man einen unter dem Strich verbleibenden Verlustsaldo aufgrund der irrigen Annahme einer vollständigen Kompensation nicht zeigen würde. Stattdessen zeigt sich gerade das Ergebnis einer weniger gelungen Absicherung im Jahresabschluss.

---

[574] PRAHL, REINHARD/NAUMANN, THOMAS K. (Instruments 2005), S. 97.

5.2.1.2.2.2.2.2 Die hinreichende Konkretisierung der Gewinnchance

Zu der objektiven Eignung zur Risikokompensation gehört auch eine hinreichende Konkretisierung der Gewinnchance;[575] „lediglich vage Gewinnhoffnungen"[576] sind nicht ausreichend. Dies setzt voraus, dass beide (!) Geschäfte rechtsverbindlich abgeschlossen worden sind und keinerlei Zweifel an der rechtlichen Ordnungsmäßigkeit und auch der wirtschaftlichen Durchsetzbarkeit der daraus resultierenden Ansprüche bestehen. Dies bedingt dann auch eine einwandfreie Bonität der Vertragspartner beider Geschäfte. Sobald entweder die rechtliche oder die wirtschaftliche Durchsetzbarkeit der Ansprüche bei dem Grund- oder dem Sicherungsgeschäft nicht mehr gegeben ist, entsteht eine offene Position. Damit könnte ein möglicher Verlust aus dem einen Geschäft nicht mehr durch entsprechende Gewinne des mit rechtlichen bzw. wirtschaftlichen Zweifeln belasteten anderen Geschäfts ausgeglichen werden.

Aus dem eben Gesagten folgt unmittelbar die Unzulässigkeit antizipativer *hedges* im Rahmen des *hedge accounting*.[577] Wie in Abschnitt 2.2.5.3.3.5 ausgeführt, wird hierbei ein Sicherungsgeschäft abgeschlossen, ohne dass das zu sichernde Grundgeschäft bereits rechtsverbindlich kontrahiert wurde. So kann man etwa die im nächsten Jahr zu erwartenden USD-Umsätze gegen Währungsrisiken absichern, indem man heute einen Devisenterminverkauf abschließt. Bei der Rechnungslegung stellt sich hier die Frage, ob eine negative Wertentwicklung des Termingeschäfts am Abschlussstichtag berücksichtigt werden muss oder ob dies unter Verweis auf die zukünftig erwarteten Umsätze unterbleiben kann. Das Problem dabei ist, dass Eintritt und Höhe der Umsätze in USD nicht feststehen, sondern diesbezüglich lediglich eine Erwartung existiert. Erfüllt sich diese nicht, besteht jedoch auch später noch eine offene Position, so dass ein möglicher Verlust aus dem Terminverkauf nicht durch einen entsprechenden Gewinn aus (ausgebliebenen) USD-Umsätzen ausgeglichen werden kann.[578] Zwar ist eine solche Absiche-

---

[575]   Vgl. hierzu SCHEFFLER, JAN (Hedge-Accounting 1994), S. 162; ANSTETT, CHRISTOF WERNER (Futures 1997), S.63; KRUMNOW, JÜRGEN ET AL. (Rechnungslegung 2004), S. 494.

[576]   HAPPE, PETER (Grundsätze 1996), S. 157.

[577]   Vgl. WINDMÖLLER, ROLF/BREKER, NORBERT (Bilanzierung 1995), S. 389; HAPPE, PETER (Grundsätze 1996), S. 157; BALLWIESER, WOLFGANG (§ 252 HGB 2001), S. 150; a.A. LÖW, EDGAR (Bewertung 2004), S.1118ff.

[578]   Ein tatsächlicher Ausgleich und damit eine Kompensation ist hier ohnehin nicht möglich, da in dem Moment, in dem die USD-Umsätze in EUR getauscht werden, kein Ertrag entsteht.

rung grundsätzlich ökonomisch sinnvoll und in der Praxis verbreitet, allerdings würde eine handelsrechtliche Anerkennung solcher *hedges* dem Missbrauch Tür und Tor öffnen. Man könnte spekulative Derivategeschäfte abschließen und bei negativer Marktwertänderung zum Jahresabschlussstichtag unter Verweis auf geplante Transaktionen oder zukünftige Mittelzuflüsse die Bildung von Drohverlustrückstellungen unterlassen. Eine Erfassung eines solchen Geschäfts im Jahresabschluss verstößt m.E. zweifelsfrei gegen das Stichtagsprinzip.[579]

5.2.1.2.2.2.2.3 Zur Frage der Restlaufzeitkongruenz

Bei der Beurteilung der Eignung eines *hedges* zur Risikokompensation spielt schließlich auch die Frage der Restlaufzeitkongruenz eine Rolle. Eine Kompensation ist grundsätzlich nur gewährleistet, wenn die Verluste und die Gewinne aus der Grund- und der Sicherungsposition zum gleichen Zeitpunkt realisiert werden können. Dies bedeutet jedoch m.E. nicht, dass schon zu Beginn des *hedges* eine Laufzeitidentität bestehen muss. Wird z.B. eine in zwölf Monaten fällige USD-Forderung durch einen 6-Monats-Terminverkauf abgesichert, so steht einer handelsrechtlichen Anerkennung dieses *hedges* nichts im Wege, sofern gewährleistet ist, dass nach Ablauf der sechs Monate ein Anschlusssicherungsgeschäft abgeschlossen werden könnte; dies setzt einen ausreichend liquiden Markt voraus.[580]

Teilweise wird gefordert, dass dieses Anschlussgeschäft bereits am Abschlussstichtag rechtsverbindlich abgeschlossen worden sein muss, offenbar um eine tatsächliche Kompensation nach Ablauf der 12 Monate zu gewährleisten.[581] Dieser Auffassung wird hier nicht gefolgt.[582] Die Tatsache, dass es sich bei dem Anschlussgeschäft nur um eine geplante Transaktion handelt und insoweit ein antizipativer *hedge* für die nach dem Auslaufen der ersten Absicherungsmaßnahme verbleibende Laufzeit vorliegt, ändert

---

[579] Vgl. § 252 Abs. 1 Nr. 3 HGB. Ausführlich hierzu KAMMANN, EVERT (Stichtagsprinzip 1988), S. 89ff.

[580] Vgl. BIEG, HARTMUT (Bankbilanzen 1983), S. 379; IDW HFA (Entwurf 1986), S. 665; BIEG, HARTMUT/RÜBEL, MARKUS (Ausweis 1988), S. 258; PRAHL, REINHARD/NAUMANN, THOMAS K. (Instruments 2005), S. 99.

[581] Vgl. OESTREICHER, ANDREAS (Grundsätze 1992), S. 278; MENNINGER, JUTTA (Futures 1993), S. 157.

[582] So auch BIEG, HARTMUT/RÜBEL, MARKUS (Ausweis 1988), S. 258; PRAHL, REINHARD/NAUMANN, THOMAS K. (Instruments 2005), S. 99.

nichts daran, dass am Abschlussstichtag eine geschlossene Position vorliegt, die der Bilanzierende durch ein Anschlussgeschäft bis zum Fälligkeitsdatum der Forderung geschlossen halten kann – wenn er dies wünscht. Entschließt sich der Bilanzierende nach Ablauf der sechs Monate hingegen, kein Anschlussgeschäft abzuschließen, so ist der bei Fälligkeit der Forderung sechs Monate später möglicherweise infolge der dann offenen Position entstandene Verlust auf eine (Fehl-) Entscheidung des laufenden Geschäftsjahres zurückzuführen. Ursache für den Verlust ist das bewusste Öffnen der Position durch den Verzicht auf das Anschlussgeschäft. Folglich ist der Verlust diesem Geschäftsjahr dann auch zuzurechnen;[583] auf die geschlossene Position am vorangegangenen Stichtag kann dies keine Auswirkung haben.

Würde man tatsächlich Restlaufzeitkongruenz fordern, so würde es zudem unmöglich, die Absicherung von Instrumenten, die gar keine fixierte Laufzeit aufweisen, bilanziell abzubilden. Als Beispiel sei eine im Bestand befindliche Aktie genannt, die gegen Kursrisiken mittels eines Terminverkaufs abgesichert werden soll. Unterstellt man, dass der Aktienkurs zum Fälligkeitsdatum des Terminverkaufs tatsächlich gestiegen ist, dann wird der Verlust aus dem Termingeschäft nur dann tatsächlich ausgeglichen, wenn der korrespondierende Gewinn der Aktienposition tatsächlich durch Verkauf realisiert und somit gebucht wird, was beispielsweise bei einem *cash settlement* nicht unbedingt erforderlich ist. Auch hier ist die tatsächliche Kompensation abhängig vom Handeln des Bilanzierenden.

5.2.1.2.2.2.3 Die Anforderungen an den Bilanzierenden

5.2.1.2.2.2.3.1 Die Dokumentation der Absicherungsbeziehung

Während etwa bei einem PKW die *technische* Zusammengehörigkeit der einzelnen Bestandteile durch deren physische Verbindung unmittelbar einsichtig ist, ist dies beim *hedging* durch Derivate nicht ohne weiteres der Fall. Der Absicherungszusammenhang, d.h. die Verbindung zwischen Grund- und Sicherungsgeschäft, muss hier erst „manuell" durch den Bilanzierenden hergestellt werden, es bedarf also einer Dokumentation der

---

[583]   So auch BENNE, JÜRGEN (Bewertungseinheit 1991), S. 2605.

Absicherungsbeziehung in einem Deckungsverzeichnis.[584] Damit wird das Bestehen der Sicherungsbeziehung intersubjektiv nachprüfbar und somit verhindert, dass am Jahresabschlussstichtag das Bestehen einer Bewertungseinheit übersehen wird und es damit zur imparitätischen Einzelbewertung der beiden Geschäfte kommt. Zudem wirkt die Dokumentation einer versehentlichen Öffnung einer geschlossenen Position, etwa durch Verkauf des Grundgeschäfts, entgegen. Um Letzteres zu verhindern sind gegebenenfalls, insbesondere bei Kreditinstituten, weitere organisatorische Maßnahmen empfehlenswert. So sollten abgesicherte und sichernde Geschäfte getrennt von solchen Beständen gehalten werden, die für den Handel zur Verfügung stehen (Handelsbestand).[585]

Teile des Schrifttums fordern, dass die Dokumentation bereits beim Abschluss des Sicherungsgeschäfts erfolgt.[586] Damit wäre es nicht möglich, einen bestehenden Kontrakt nachträglich als Sicherungsinstrument zu designieren. Eine überzeugende Begründung für diese Einschränkung kann aber nicht gegeben werden. Vielmehr spricht m.E. nichts dagegen, bereits im Bestand befindliche Instrumente als Sicherungsinstrumente zu nutzen.[587] Entscheidend dabei ist, dass die Sicherungsbeziehung und damit auch die bilanziellen Konsequenzen erst im Zeitpunkt der Dokumentation entstehen, d.h., alle bis zu diesem Zeitpunkt aufgelaufenen Wertänderungen stehen nicht als Kompensationsmasse zur Verfügung und müssen stattdessen (imparitätisch) berücksichtigt werden. Damit ist es auch nicht möglich – und das könnte möglicherweise der Grund für die von einigen Autoren gemachte Einschränkung sein – kurz vor dem Bilanzstichtag bei Derivaten mit negativem Marktwert durch Herstellung eines Absicherungszusammenhangs die Bildung einer Drohverlustrückstellung zu vermeiden.

Um derartige Manipulationen auszuschließen, ist auch sicherzustellen, dass keine nachträglichen Ergänzungen, Streichungen oder Änderungen der ursprünglichen Eintragungen im Deckungsverzeichnis stattfinden können und dass damit die Entwicklung im

---

[584]   Vgl. HAPPE, PETER (Grundsätze 1996), S. 144.

[585]   Vgl. BIEG, HARTMUT (Grundlagen II 2002), S. 473; PRAHL, REINHARD/NAUMANN, THOMAS K. (Instruments 2005), S. 94; SCHARPF, PAUL (Finanzinnovationen 2005), S. 284.

[586]   Vgl. SCHMIDT, CLAUDE R. (Hedge Accounting 1996), S. 166; SCHARPF, PAUL (Finanzinnovationen 2005), S. 284.

[587]   So auch BRACKERT, GERHARD/PRAHL, REINHARD/NAUMANN, THOMAS K. (Verfahren 1995), S. 547; GEBHARDT, GÜNTHER (Probleme 1996), S. 572.

Zeitablauf ersichtlich wird. Da das Deckungsverzeichnis Teil der Buchführung ist, ist der Kaufmann hierzu ohnehin durch § 239 Abs. 3 HGB verpflichtet.[588]

5.2.1.2.2.2.3.2 Die Durchhalteabsicht

Die Anerkennung einer Bewertungseinheit bedingt nach einer in der Literatur verbreiteten Meinung auch die Absicht des Bilanzierenden, die geschlossene Position und damit den risikopolitischen Nutzen- und Funktionszusammenhang über den Abschlussstichtag hinaus für „die beabsichtigte bzw. wirtschaftlich sinnvolle Zeitspanne durchzuhalten"[589]. Dies kann aber nicht bedeuten, dass eine einmal geschlossene Position nicht in der Zukunft doch wieder geöffnet werden darf.[590] Es muss möglich sein, eine einmal getroffene Entscheidung auch wieder zu revidieren, andernfalls würde unzulässigerweise in die „unternehmerische Entscheidungsautonomie eingegriffen"[591]. Im Hinblick auf die Aufgabe des Jahresabschlusses, die Situation am Bilanzstichtag zu zeigen, ist es entscheidend, dass *am Abschlussstichtag* eine Durchhalteabsicht besteht.[592] Wird diese in der Folgezeit revidiert, so handelt es sich um eine neue unternehmerische Entscheidung, die dann auch erfolgsmäßig dieser Periode zuzurechnen ist und keine Auswirkung auf die Zulässigkeit der kompensierenden Bewertung an vorangegangenen Abschlussstichtagen haben kann.[593] Das wiederholte Öffnen anderer geschlossener Positionen in der Vergangenheit kann aus denselben Gründen auch kein ausreichendes Indiz dafür sein, dass für gegenwärtige geschlossene Positionen keine Durchhalteabsicht besteht.

Auch wenn es hier grundsätzlich als zulässig erachtet wird, einmal getroffene Entscheidungen zum Schließen bzw. Öffnen von Positionen wieder zu revidieren, so bedeutet dies nicht, dass damit offensichtlich willkürliche Zuordnungs- bzw. Trennungsentscheidungen hingenommen werden; vielmehr wird auch hier ein gewisses Maß an Stetigkeit

---

[588] Vgl. zu dem „Grundsatz der Feststellbarkeit des Inhalts und des Zeitpunkts nachträglicher Änderungen" BIEG, HARTMUT (Buchführung 2006), S. 248.

[589] SCHARPF, PAUL (Finanzinstrumente 1995), S. 192.

[590] So aber GROH, MANFRED (Fremdwährungsgeschäfte 1986), S. 875.

[591] PATEK, GUIDO ANDREAS (Finanzprodukte 2002), S. 248.

[592] Vgl. BENNE, JÜRGEN (Bewertungseinheit 1991), S. 2605f.; WIEDEMANN, HARALD (Bewertungseinheit 1994), S. 477; PATEK, GUIDO ANDREAS (Finanzprodukte 2002), S. 248.

[593] Dies entspricht der Begründung im Hinblick auf die Zulässigkeit fristeninkongruenter Absicherungsmaßnahmen in Abschnitt 5.2.1.2.2.2.2.3.

gefordert.[594] Die Grenze zur Willkür wird z.B. dann überschritten, wenn zwischen zwei Geschäften wiederholt ein Absicherungszusammenhang auf- und anschließend wieder abgebaut wird. In solch einem Fall spricht viel dafür, dass es hierbei mehr um Bilanzkosmetik denn um Risikoabsicherung geht, also darum, einen bestimmten Jahresüberschuss durch bilanzpolitische Maßnahmen zu erreichen. Einem solchen Missbrauch wirkt auch der Zwang zur Dokumentation entgegen, da aus dem Deckungsverzeichnis hervorgeht, zu welchem Zeitpunkt der Bilanzierende Sicherungsbeziehungen auf- bzw. abgebaut hat.

5.2.1.2.2.2.3.3 Das Durchhaltevermögen

Neben dem Willen, den Sicherungszusammenhang aufrecht zu erhalten, muss der Bilanzierende auch die wirtschaftlichen Voraussetzungen hierfür mitbringen (Durchhaltevermögen).[595] Sofern am Abschlussstichtag Zweifel an der wirtschaftlichen Haltefähigkeit von Grund- oder Sicherungsgeschäft bestehen, z.B. weil aufgrund von Liquiditätsproblemen ein Verkauf der Grund- oder der Sicherungsposition erforderlich werden könnte und somit ein Öffnen der Position droht, verbietet sich eine kompensatorische Bewertung.

5.2.1.2.2.2.4 Wahlrecht oder Pflicht zur Bildung von Bewertungseinheiten?

Bereits in Abschnitt 5.2.1.2.2.1 wurde dargelegt, dass die strenge imparitätische Einzelbewertung nicht im Einklang mit den Bilanzzwecken steht und stattdessen die durch Bildung von Bewertungseinheiten aus Grund- und Sicherungsgeschäft ermöglichte kompensatorische Bewertung die einzig sachgerechte und GoB-konforme Auslegung des Grundsatzes der Einzelbewertung darstellt. Folgt man dieser Ansicht der inzwischen h.M.[596], so ergibt sich daraus eine Pflicht zur kompensatorischen Bewertung und nicht

---

[594] Ähnlich auch SCHARPF, PAUL (Finanzinstrumente 1995), S. 12, der im Falle des wiederholten Aufbrechens von Sicherungsbeziehungen ohne wirtschaftlich vernünftigen Grund von „erhöhten Anforderungen" im Hinblick auf den Nachweis der Durchhalteabsicht spricht.

[595] BIEG, HARTMUT (Grundlagen II 2002), S. 473.

[596] Vgl. BENNE, JÜRGEN (Bewertungseinheit 1991), S. 2610; FINNE, THOMAS (Kurssicherungen 1991), S. 2610; MENNINGER, JUTTA (Futures 1993), S. 125; SCHARPF, PAUL/LUZ, GÜNTHER (Bilanzierung 2000), S. 276ff.; BALLWIESER, WOLFGANG (§ 252 HGB 2001), S. 150; BIEG,

etwa ein Wahlrecht[597], wie dies bei Berufung auf die Ausnahmeregelung des § 252 Abs. 2 HGB der Fall wäre. Weil ohne die kompensatorische Bewertung ein falsches Bild der Lage des Unternehmens gezeigt werden würde, ist das Bestehen eines Wahlrecht abzulehnen, denn es kann „nicht dem Bilanzierenden überlassen bleiben, eine richtige oder falsche Darstellung vorzunehmen."[598]

Andererseits haben die Ausführungen in dem vorangegangenen Abschnitt deutlich gemacht, dass die Zulässigkeit einer Bewertungseinheit neben der objektiven Eignung der einbezogenen Geschäfte an weitere, vom Bilanzierenden zu erfüllende Voraussetzungen gebunden ist. Hierzu zählen die manuelle Herstellung des Sicherungszusammenhangs und dessen Dokumentation sowie die Absicht zur Aufrechterhaltung der Sicherungsbeziehung. Ob diese Voraussetzungen erfüllt werden, liegt allein in der Macht des Bilanzierenden. Stellt er beispielsweise keine dokumentierte Sicherungsbeziehung her, so scheidet eine kompensatorische Bewertung zwangsläufig aus, weil der hierfür erforderliche risikopolitische Nutzungs- und Funktionszusammenhang – oder besser gesagt: der dafür erforderliche Nachweis – nicht gegeben ist. De facto liegt es damit letztlich doch allein im Ermessen des Bilanzierenden, ob eine kompensatorische Bewertung stattfindet oder nicht.[599] Es mag sein, dass dies dem Bilanzierenden einen Manipulationsspielraum einräumt. Dies könnte allerdings nur verhindert werden, indem man allen Kaufleuten vorschreibt, sämtliche Aktiva, Passiva und außerbilanzielle Geschäfte auf mögliche risikokompensierende Effekte zu überprüfen, was jedoch einen nicht zu rechtfertigenden Aufwand verursachen würde.

HARTMUT (Grundlagen II 2002), S. 474; PRAHL, REINHARD/NAUMANN, THOMAS K. (Instruments 2005), S. 92f.; SCHWITTERS, JÜRGEN/BOGAJEWSKAJA, JANINA (Bilanzierung 2005), S. 27.

[597]   Befürworter eines Wahlrechts findet man ganz überwiegend nur noch im älteren Schrifttum. Vgl. LANGENBUCHER, GÜNTHER (Umrechnung 1988), S. 81; TREUBERG, HUBERT VON/SCHARPF, PAUL (Aktienoptionen 1991), S. 665.

[598]   BENNE, JÜRGEN (Bewertungseinheit 1991), S. 2610.

[599]   Vgl. BIEG, HARTMUT (Grundlagen II 2002), S.474; PRAHL, REINHARD/NAUMANN, THOMAS K. (Instruments 2005), S. 92f.

5.2.1.2.2.2.5 Die *hedge accounting*-Verfahren

5.2.1.2.2.2.5.1 Vorbemerkungen

Um eine risikoadäquate Abbildung der in der Bewertungseinheit zusammengefassten Geschäfte zu erreichen, werden im HGB zwei unterschiedliche Vorgehensweisen verwendet, die Festbewertung und die imparitätische Marktbewertung.[600]

5.2.1.2.2.2.5.2 Die Festbewertung

Bei der Festbewertung werden sowohl Grund- als auch Sicherungsgeschäft nach dem Schließen der Position grundsätzlich nicht mehr bewertet. Das Grundgeschäft wird fortan mit dem durch den Sicherungsvertrag festgeschriebenen Preis oder Kurs angesetzt, das derivative Sicherungsgeschäft bleibt darüber hinaus unberücksichtigt, d.h., es ist hierfür auch keine Drohverlustrückstellung zu bilden.[601]

Diese Technik eignet sich jedoch nur dann, wenn sichergestellt ist, dass sich die Gewinne und Verluste aus den einbezogenen Geschäften praktisch vollständig ausgleichen. An anderer Stelle[602] wurde bereits darauf hingewiesen, dass selbst bei Vorliegen einer Basiswertidentität im Durchschnitt nur eine Absicherungseffektivität von etwa 90% erreicht wird. Somit dürfte die Anwendung der Festbewertung auf einige wenige Fälle beschränkt sein, bei denen das Sicherungsgeschäft in besonderem Maße auf das Grundgeschäft zugeschnitten ist.[603] Denkbar wäre sie insbesondere im Währungsbereich, weil gerade in diesem Bereich die Wertentwicklungen von Grund- und Sicherungsgeschäft eine sehr nahe an -1 liegende Korrelation aufweisen.[604]

---

[600]   Die hier gemachten Ausführungen gelten völlig analog bei der Absicherung auf Makro-Ebene. Man spricht in diesem Fall von der globalen Festbewertung bzw. der globalen imparitätischen Marktbewertung. Eine Festbewertung wird man auf Makro-Ebene jedoch nur in Ausnahmefällen anwenden können, weil ihre Anwendung, wie im nächsten Abschnitt erläutert wird, einen perfekten *hedge* voraussetzt.

[601]   Vgl. SCHWITTERS, JÜRGEN/BOGAJEWSKAJA, JANINA (Bilanzierung 2005), S. 28.

[602]   Vgl. Abschnitt 5.2.1.2.2.2.2.

[603]   Vgl. SCHARPF, PAUL/LUZ, GÜNTHER (Bilanzierung 2000), S. 308.

[604]   Vgl. SCHARPF, PAUL (Finanzinstrumente 1995), S. 195.

Sofern der durch das Derivat festgeschriebene Wert vom Buchwert des Grundgeschäfts abweicht, ergibt sich im Zeitpunkt der Absicherung noch die Notwendigkeit einer Anpassungsbuchung. Wird etwa eine Vermögensposition, die mit 100 EUR in den Büchern steht, durch einen Terminverkauf über 90 EUR gegen zukünftige Wertschwankungen abgesichert, so muss zunächst der hierdurch festgeschriebene Verlust in Höhe von 10 EUR durch Abschreibung der Grundposition erfasst werden (Verlustantizipationsprinzip). Erst danach kann auf weitere Bewertungsmaßnahmen verzichtet werden.

Liegt umgekehrt der Buchwert der Vermögensposition von 100 EUR unterhalb des im Rahmen des Terminverkaufs vereinbarten Werts von z.B. 105 EUR, so wird auch hierdurch ein Erfolg festgeschrieben, in diesem Fall allerdings kein Verlust, sondern ein Ertrag in Höhe von 5 EUR. Dieser aus der Bildung der Bewertungseinheit resultierende Ertrag darf aufgrund des Gewinnantizipationsverbots nicht berücksichtigt werden, obwohl er der Höhe und dem Grunde nach feststeht. Als „realisiert" gilt er nach handelsrechtlichen Maßstäben erst bei Vornahme des Umsatzaktes am Fälligkeitstag.[605]

Der Grundsatz der Vorsicht gebietet es, die für die Zulässigkeit der Festbewertung notwendige vollständige Kompensation regelmäßig, zumindest jedoch an jedem Abschlussstichtag zu überprüfen. Hierzu müssen die Marktwertänderungen der beiden Geschäfte in einer Nebenrechnung ermittelt und verglichen werden. Gegebenenfalls muss dann zu der imparitätischen Marktbewertung übergegangen werden.[606]

5.2.1.2.2.2.5.3   Die imparitätische Marktbewertung

Die sog. imparitätische Marktbewertung trägt der Tatsache Rechnung, dass sich die Wertänderungen der einbezogenen Geschäfte tatsächlich nicht vollständig ausgleichen; die Erfahrung lehrt, dass dies selbst bei *pure hedges* nicht unbedingt der Fall sein muss. Bei dieser Technik werden das Gewinnantizipationsverbot und das Verlustantizipationsgebot auf die aus Grund- und Sicherungsgeschäft bestehende Bewertungseinheit angewandt.[607]

---

[605]   Vgl. nur m.w.N. SELCHERT, FRIEDRICH WILHELM (§ 252 HGB 2005), S. 38ff.

[606]   ARBEITSKREIS „EXTERNE UNTERNEHMENSRECHNUNG" DER SCHMALENBACH-GESELLSCHAFT (Bilanzierung 1997), S. 640; BIEG, HARTMUT (Grundlagen II 2002), S. 474f.

[607]   Vgl. BIEG, HARTMUT (Grundlagen II 2002), S. 474f.

Hierzu werden sowohl das Grund- als auch das Sicherungsgeschäft mit ihren am Jahresabschlussstichtag vorliegenden Zeitwerten bewertet und die sich dabei ergebenden negativen und positiven Erfolgsbeiträge aus den beiden Geschäften verrechnet. Verbleibt hierbei ein negativer Saldo, so muss dieser aufgrund des Verlustantizipationsprinzips zwingend durch eine entsprechende Abwertung des den negativen Erfolgsbeitrag liefernden Vermögensgegenstands, durch entsprechende Zuschreibung bei der den negativen Erfolgsbeitrag liefernden Schuldposition oder durch Bildung einer Rückstellung für drohende Verluste aus schwebenden Geschäften nach § 249 Abs. 1 Satz 1 HGB berücksichtigt werden. Ein nach der Verrechnung verbleibender positiver Saldo darf dagegen aufgrund der Anwendung des Gewinnantizipationsverbots auf die Bewertungseinheit nicht gezeigt werden.[608] Dies soll an einem Beispiel demonstriert werden:

Ein Unternehmen erwirbt eine festverzinsliche Bundesanleihe im Nominalwert von 1.000.000 EUR (= Kurswert) und sichert diese durch ein geeignetes Zinstermingeschäft gegen Zinsänderungsrisiken ab. Für den darauf folgenden Abschlussstichtag werden im Folgenden zwei Fälle unterschieden: Im Fall 1 tritt der befürchtete Anstieg des Zinsniveaus ein und der Wert der Bundesanleihe fällt hierdurch um 12.000 EUR; im Fall 2 führt ein Rückgang des Zinsniveaus dagegen zu einem um 12.000 EUR höheren Kurswert der Anleihe. Die Wertentwicklung des Sicherungsgeschäfts ist jeweils gegenläufig, entspricht aber nicht exakt der Wertänderung des Grundgeschäfts. In beiden Fällen wird einmal eine betragsmäßig geringere Wertänderung des Sicherungsgeschäfts (11.000 EUR; Fall 1a und 2a) und einmal eine betragsmäßig größere Wertänderung des Sicherungsgeschäfts (13.000 EUR; Fall 1b und 2b) angenommen (vgl. Abbildung 23).

---

[608]   Vgl. SCHARPF, PAUL/LUZ, GÜNTHER (Bilanzierung 2000), S. 308; SCHWITTERS, JÜRGEN/BOGAJEWSKAJA, JANINA (Bilanzierung 2005), S. 28f.

Wertänderung Grundgeschäft (EUR)	Wertänderung Sicherungsgeschäft (EUR)	Saldo (EUR)	Negativer Saldo wird berücksichtigt durch (EUR)
Fall 1a	-12.000	+11.000	-1.000	Abschreibung Grundgeschäft
Fall 1b	-12.000	+13.000	+1.000	–
Fall 2a	+12.000	-11.000	+1.000	–
Fall 2b	+12.000	-13.000	-1.000	Bildung Drohverlust- rückstellung

Abbildung 23: Bilanzielle Behandlung negativer Salden

Im Fall 1a wird der Verlust aus dem Grundgeschäft nicht vollständig durch den gegenläufigen Gewinn beim Sicherungsgeschäft kompensiert. Der verbleibende negative Saldo von 1.000 EUR muss aufgrund des Verlustantizipationsprinzips erfolgsmindernd
berücksichtigt werden. In diesem Fall geschieht dies durch Abschreibung des Grundgeschäfts um 1.000 EUR auf dann 999.000 EUR; das schwebende Geschäft erscheint nicht
in der Bilanz.

Überkompensiert das Sicherungsgeschäft dagegen das Grundgeschäft (Fall 1b), darf der
positive Saldo, der einen unrealisierten Gewinn aus der Bewertungseinheit darstellt,
aufgrund des Gewinnantizipationsverbots nicht berücksichtigt werden. Dies gilt völlig
analog auch für den Fall 2a. In beiden Fällen wird die Anleihe mit 1.000.000 EUR angesetzt, das Sicherungsgeschäft tritt bilanziell nicht in Erscheinung.

Im Fall 2b verbleibt nach der Verrechnung ein negativer Erfolgsbeitrag von 1.000 EUR,
der wiederum zwingend erfolgsmindernd zu erfassen ist. Dies geschieht anders als im
Fall 1a aber nicht durch Abschreibung der Anleihe. Verlustbringer ist hier das Termingeschäft, weshalb folgerichtig eine Rückstellung für drohende Verluste aus schwebenden Geschäften zu bilden ist. Die Anleihe steht auch hier weiterhin mit ihren Anschaffungskosten in der Bilanz.

5.2.1.2.2.3 Die Voraussetzungen für die Anerkennung von Makro-Bewertungseinheiten

Bereits in Abschnitt 2.2.5.3.3.2 wurde darauf hingewiesen, dass die einzelgeschäftsbezogene Absicherung in Form von Mikro-*hedges* unwirtschaftlich ist und risikopolitisch möglicherweise zu unerwünschten Ergebnissen führt. Hauptmanko der Mikro-*hedges* ist die Tatsache, dass risikokompensierende Effekte zwischen bereits bestehenden Geschäften vernachlässigt werden. Dies führt nicht nur zu höheren Transaktionskosten – schließlich müssen in diesem Fall weit mehr Sicherungsgeschäfte abgeschlossen werden –, es kann auch dazu führen, dass eine eigentlich geschlossene Position (z.b. aus USD-Forderungen und entsprechend hohen USD-Verbindlichkeiten) durch den Abschluss eines Sicherungsgeschäfts (z.b. Devisentermingeschäft zur Sicherung der USD-Forderung) geöffnet wird und die Risikoposition des Unternehmens dadurch nicht sinkt, sondern steigt. Aus diesen Gründen ist eine Absicherung auf Makro-Ebene, bei der mehrere Geschäfte zusammengefasst und lediglich die offene Netto-Risikoposition gehedged wird, die aus ökonomischer Sicht zu präferierende Variante. Zu untersuchen ist nun, ob bzw. unter welchen Voraussetzungen derartige Makro-*hedges* handelsrechtlich zulässig sind.[609]

Ausgangspunkt ist – genau wie bei Mikro-*hedges* in Abschnitt 5.2.1.2.1.2 – auch hier die Erkenntnis, dass eine bilanzielle Nichtberücksichtigung der vorgenommenen Absicherung bei einer strengen imparitätischen Einzelbewertung zu einem dem Sinn und Zweck der handelsrechtlichen Bilanzierung zuwiderlaufenden Ergebnis führen würde. Es würden auch hier keine drohenden, noch nicht realisierten Verluste ausgewiesen, sondern solche, die – jedenfalls unter bestimmten, noch zu besprechenden Voraussetzungen – nach vernünftiger kaufmännischer Beurteilung niemals eintreten werden. Der Vermögens- und Ertragsausweis würde verfälscht und im Sinne kaufmännischer Vorsicht agierende Unternehmen, die eine Makro-*hedging*-Strategie verfolgen, würden auch hier benachteiligt.

---

[609]   Es sei an dieser Stelle noch einmal darauf hingewiesen, dass die Begriffe Mikro-, Makro- und Portfolio- (Handels-) *hedge* bzw. -Bewertungseinheit höchst unterschiedlich definiert werden. Wenn also an einer Stelle Makro-*hedges* abgelehnt und an anderer Stelle für zulässig gehalten werden, so bedeutet dies nicht unbedingt, dass es sich dabei um gegenteilige Auffassungen handelt.

Die durch die imparitätische Behandlung nicht realisierter Gewinne und Verluste bedingte nicht zutreffende Lagedarstellung lässt sich auch hier durch die Bildung einer Bewertungseinheit beheben. Jedenfalls ist nicht einzusehen, weshalb Bewertungseinheiten stets aus maximal zwei Objekten, im Rahmen des *hedge accounting* also aus genau einem Grund- und genau einem Sicherungsgeschäft, bestehen können. Hierfür genügt bereits ein Blick auf die an anderer Stelle erwähnten klassischen Bewertungseinheiten.[610] Entscheidend ist auch hier allein, dass ein risikopolitischer Nutzen- und Funktionszusammenhang zwischen den in die Bewertungseinheit aufgenommenen Geschäften besteht, dass dieser Zusammenhang intersubjektiv nachprüfbar ist und somit eine willkürfreie und den tatsächlichen Verhältnissen entsprechende Bilanzierung und Bewertung erreicht wird. Ist dies gewährleistet, so gibt es m.E. keinen Grund, Makro-Bewertungseinheiten die Anerkennung von vornherein zu versagen, wie dies vor allem früher noch der Fall war.[611]

Allerdings muss in der Diskussion der verschiedenen Ansichten darauf geachtet werden, dass unter einer „Makro-Bewertungseinheit" auch das Gleiche verstanden wird. Während die gerade zitierten, der handelsrechtlichen Zulässigkeit skeptisch gegenüberstehenden BRACKERT/PRAHL/NAUMANN unter einem Makro-*hedge* die gemeinsame Absicherung einer „nicht näher bestimmten Vielzahl von eingegangenen Geschäften"[612] verstehen, definiert ihn RÜBEL im Zinsbereich als Absicherung, die „der über die gesamte Geschäftsstruktur einer Bank betrachtet äußerst heterogenen offenen Zinsposition [...] eine Futures Position in einer einzigen Terminkontraktart gegenüberstellt"[613]. RÜBEL lehnt einen kompensatorischen Erfolgsausweis in diesem Fall unter Hinweis auf das „Problem der ungewissen und labilen Risikokorrelation"[614] ab. Damit stützt er aber nicht die sich auf ihn berufenden BRACKERT/PRAHL/NAUMANN, weil er bei einem Makro-*hedge* ganz offensichtlich *sämtliche* zinsbezogenen Geschäfte des Unternehmens

---

[610]   Vgl. Abschnitt 5.2.1.2.2.

[611]   So etwa BRACKERT, GERHARD/PRAHL, REINHARD/NAUMANN, THOMAS K. (Verfahren 1995), S. 538, die Makro-*hedges* zwar im Regelfall nicht als Spekulationsgeschäfte ansehen, sie aber unter Hinweis auf die gerade genannten Eigenheiten des Makro-*hedges* und der damit verbundenen Schwierigkeiten bilanziell stets wie solche behandeln wollen. Ähnlich MENNINGER, JUTTA (Futures 1993), S. 155.

[612]   BRACKERT, GERHARD/PRAHL, REINHARD/NAUMANN, THOMAS K. (Verfahren 1995), S. 538.

[613]   RÜBEL, MARKUS (Bankbilanz 1989), S. 58.

[614]   RÜBEL, MARKUS (Bankbilanz 1989), S. 59.

in einer einzigen Sicherungsbeziehung berücksichtigt sehen will. Er macht keine explizite Aussage darüber, wie er verfahren würde, wenn man diese einzige Gesamtzinsposition in kleinere, besser steuerbare Einheiten (z.B. nach Restlaufzeiten) aufschlüsseln würde. Würde ein derartiges Vorgehen somit das als Ablehnungsgrund angeführte Problem der Ungewissheit und Labilität der Risikokorrelation beseitigen, so spräche m.E. einiges dafür, dass RÜBEL der Zulässigkeit eines solchen *hedge* seine Zustimmung geben würde und Makro-*hedges* somit nicht grundsätzlich eine Absage erteilt. Es gilt vielmehr, eine differenzierte, einzelfallbezogene Entscheidung zu treffen.

Als Zulassungsvoraussetzungen für Makro-Bewertungseinheiten wird man zunächst grundsätzlich auf die im Rahmen der Mikro-*hedges* erarbeiteten Kriterien verweisen können. Makro-*hedges* zeichnen sich jedoch gegenüber Mikro-*hedges* insbesondere durch zwei Besonderheiten aus, die es nötig machen, zusätzliche Voraussetzungen zu formulieren.

Erstens wird dadurch, dass mehrere Geschäfte zusammengefasst werden, die Effektivität des *hedges* hier tendenziell geringer sein, sofern die einbezogenen Geschäfte untereinander nicht eine perfekte negative bzw. positive Korrelation aufweisen. Gerade deshalb ist es notwendig, dass der *hedge* während seines Bestehens ständig überwacht und gegebenenfalls angepasst wird. Damit handelt es sich also – und das ist der zweite Unterschied – häufig nicht um einen statischen, sondern einen dynamischen *hedge*. Erforderlich ist hier daher ein Risikomanagementsystem, das in der Lage ist, diese insbesondere im Hinblick auf die Quantifizierung des Risikos weitaus komplexere *hedging*-Strategie umzusetzen. Je dynamischer diese Strategie ist, umso leistungsfähiger müssen die Risikomanagementsysteme sein.[615] Gerade bei Kreditinstituten, die diese Sicherungsstrategie bei der Steuerung des Zinsrisikos im Nichthandelsbereich einsetzen, sind solche Systeme schon aufgrund bankenaufsichtsrechtlicher Bestimmungen vorhanden;[616] sie sollten auch für die Zwecke des Jahresabschlusses eine ausreichende Genauigkeit aufweisen.[617]

---

[615] Vgl. SCHARPF, PAUL (Finanzinstrumente 1995), S. 201ff.; SEIDL, ALBERT (Hedge-Accounting 2000), S. 211ff.; PRAHL, REINHARD/NAUMANN, THOMAS K. (Instruments 2005), S. 111f.

[616] Vgl. hierzu Abschnitt 5.2.1.2.2.4.3.2.

[617] Vgl. BÖCKING, HANS-JOACHIM/BENECKE, BIRKA (§ 340e HGB 2001), S. 1578f.

Durch ablauf- und aufbauorganisatorische Maßnahmen ist die Sicherungsabsicht nachzuweisen und die Effektivität der Absicherung zu gewährleisten. Hierzu gehört neben der bereits angesprochenen ständigen Überwachung des *hedges* die Bündelung der Zuständigkeit der einbezogenen Geschäfte in einem Verantwortungsbereich. Es muss eine überschneidungsfreie Aufteilung der Zuständigkeiten auf Personen bzw. Organisationseinheiten erfolgen.[618]

An dieser Stelle findet man in der Literatur auch häufig die Behauptung, dass bei einem dynamischen Makro-*hedging* eine eindeutige Identifikation von Grund- und Sicherungsgeschäft nicht möglich sei, weil eine Nettoposition gesichert wird, bei deren Berechnung Kompensationswirkungen der Grundgeschäfte berücksichtigt werden. Damit entfalle eine strikte Trennung der Geschäfte nach ihrer Anwendungsabsicht (Grundgeschäft vs. Sicherungsgeschäft), was einen für die handelsbilanzielle Behandlung erforderlichen objektiven Nachweis einer Sicherungswirkung erschwere.[619] „Eine konkrete Verknüpfung von Grund- und Sicherungsgeschäft ist hier entweder nicht möglich oder überhaupt nicht gewollt."[620]

Es ist sicherlich zutreffend, dass eine Aufteilung in Grundgeschäfte einerseits und Sicherungsgeschäfte andererseits hier nicht möglich ist. Wenn man an das eben verwendete Beispiel mit den USD-Forderungen und den USD-Verbindlichkeiten denkt, die mit Hilfe eines Termingeschäfts in Höhe der offenen Netto-Risikoposition abgesichert werden, dann lässt sich insbesondere für die Forderungen und die Verbindlichkeiten nicht eindeutig sagen, ob es sich hierbei nun um Grundgeschäfte oder aber um Sicherungsgeschäfte handelt. Bei genauer Betrachtung gilt das aber auch für einen Mikro-*hedge*. Wenn man sich etwa einen solchen bestehend aus einer einzigen USD-Forderung und einem entsprechenden USD-Terminverkauf vorstellt, so macht auch hier eine Unterscheidung in Grundgeschäft und Sicherungsgeschäft wenig Sinn, denn im Grunde sichern sich beide Positionen gegenseitig ab: Genau wie das Derivat die Forderung gegen Wechselkursänderungen sichert, schützt auch die Forderung umgekehrt das Derivat. Von daher ist auch schon bei diesem Mikro-*hedge* eine eindeutige Klassifizierung

---

[618] Vgl. KPMG (Financial Instruments 1995), S. 140; PRAHL, REINHARD/NAUMANN, THOMAS K. (Instruments 2005), S. 111f.

[619] Vgl. SCHARPF, PAUL/LUZ, GÜNTHER (Bilanzierung 2000), S. 310f.

[620] SCHARPF, PAUL (Finanzinstrumente 1995), S. 201.

als Grundgeschäft (oder das abgesicherte Geschäft) einerseits oder Sicherungsgeschäft (oder das sichernde Geschäft) andererseits häufig[621] nicht möglich. Es hat sich lediglich so eingebürgert, das Derivat als „das Sicherungsgeschäft" zu bezeichnen – vielleicht auch deshalb, weil das Derivat häufig zeitlich nach dem anderen Geschäft abgeschlossen wird. Die Unzweckmäßigkeit einer Differenzierung in Grund- und Sicherungsgeschäft wird auch beim Mikro-*hedge* besonders offensichtlich, wenn man in dem angeführten Beispiel das Derivat (USD-Termingeschäft) durch eine USD-Verbindlichkeit ersetzt. Dann läge ein Mikro-*hedge* ohne ein klassisches Sicherungsgeschäft vor, nur bestehend aus einem Aktivum und einem Passivum. Es ist auch nicht ersichtlich, weshalb die Unterscheidung in Grund- und Sicherungsgeschäft für ein handelsrechtliches *hedge accounting* erforderlich sein sollte. Entscheidend ist, dass sich die auf das abgesicherte Marktpreisrisiko zurückgehenden Wertänderungen bei den einbezogenen Geschäften ausgleichen.

5.2.1.2.2.4 Die Voraussetzungen für die Anerkennung von Portfolio-Bewertungseinheiten

5.2.1.2.2.4.1 Vorbemerkungen

Portfolio-Bewertungseinheiten dienen zur Abbildung der in Abschnitt 2.2.5.3.3.2.1 erläuterten Portfolio-Handels-*hedges*. Es handelt sich mithin um ein spezielles Bewertungsverfahren, das für die Handelsbestände von Kreditinstituten entwickelt wurde.[622] Grundsätzlich kommt es jedoch auch für Unternehmen anderer Branchen in Betracht, sofern diese ebenfalls derartige Aktivitäten betreiben. Genau wie bei Makro-Bewertungseinheiten werden hierbei die Gewinne und Verluste aus den in einem Portfolio befindlichen Geschäften miteinander verrechnet und nur ein negativer Saldo wird aufwandswirksam erfasst.

---

[621] Eine Ausnahme besteht für bedingte Termingeschäfte.

[622] Vgl. zum Folgenden BRACKERT, GERHARD/PRAHL, REINHARD/NAUMANN, THOMAS K. (Verfahren 1995), S. 544ff.; NAUMANN, THOMAS K. (Bewertungseinheiten 1995), S. 157ff.; PRAHL, REINHARD/NAUMANN, THOMAS K. (Instruments 2005), S. 116ff.

Bevor der Frage nachgegangen wird, ob und wie eine Bewertung auf Portfolio-Basis begründet werden kann, soll zunächst gezeigt werden, dass an einer solchen Vorgehensweise in der Praxis kein Weg vorbei führt.

5.2.1.2.2.4.2 Zur Notwendigkeit einer Portfolio-Bewertung der Handelsbestände

Das zwingende Erfordernis, die Handelsbestände einer Portfolio-Bewertung zu unterziehen, ergibt sich aus den Konsequenzen, die eine imparitätische Einzelbewertung der Handelsbestände mit sich bringen würde.[623] Um deren Folgen zu demonstrieren, wurden in der nachfolgenden Tabelle die positiven und negativen Marktwerte der im Handelsbestand befindlichen derivativen Finanzinstrumente der drei großen deutschen Banken zum 31.12.05 zusammengefasst. Der Unterschied zu den Zahlen in Abbildung 22 besteht darin, dass hier nur Derivate des Handelsbereichs aufgeführt sind und dass es sich um den jeweiligen IFRS-Konzernabschluss handelt.[624]

Kreditinstitut	Summe positiver Marktwerte (in Mio. EUR)	Summe negativer Marktwerte (in Mio. EUR)
Deutsche Bank[625]	75.354	84.580
Hypovereinsbank[626]	44.371	[63.638][627]
Commerzbank[628]	68.537	74.999

Abbildung 24: Marktwerte der Derivatekontrakte im Handelsbereich bei ausgewählten Banken (Konzernabschluss)

---

[623] Vgl. PRAHL, REINHARD (Quo vadis 2004), S. 210.

[624] Die HGB-Einzelabschlüsse enthalten hierzu teilweise keine Daten. Die Marktwerte sind jedoch unabhängig davon, ob nach HGB oder IFRS bilanziert wird.

[625] Vgl. DEUTSCHE BANK (Finanzbericht 2005), S. 95.

[626] Vgl. HVB GROUP (Geschäftsbericht 2005), S. 107 und 139.

[627] Hierbei handelt es sich um die gesamten Handelspassiva. Die Hypovereinsbank hat keine separaten Angaben zu den in dieser Summe enthaltenen derivativen Instrumenten gemacht. Vgl. HVB GROUP (Geschäftsbericht 2005), S. 151.

[628] Vgl. COMMERZBANK (Geschäftsbericht 2005), S. 141 und 149.

Auch wenn man den Handelsbestand für sich betrachtet, führte eine strenge imparitätische Einzelbewertung zu einem völlig falschen Bild der Lage, weil wiederum der Großteil der negativen Marktwerte berücksichtigt werden müsste, während eine Erfassung der positiven Marktwerte unzulässig wäre. Die in Abschnitt 5.2.1.2.1.2 für die Ebene der Gesamtbank (Handelsbereich und Nicht-Handelsbereich) gemachten Ausführungen gelten entsprechend.

Zur Lösung dieses Problems greift man auch hier auf das Mittel der Bewertungseinheit zurück, d.h., man erklärt das Handelsportfolio als Ganzes zum zu bewertenden Objekt und wendet fortan das Imparitätsprinzip auf dieses aggregierte Bewertungsobjekt an. Dies hat zur Folge, dass die Gewinne und Verluste aus den Derivatekontrakten miteinander verrechnet werden können.

An dieser Stelle wird deutlich, dass ein Portfolio-Handels-*hedge* ausschließlich im HGB eine Relevanz besitzt. In der Rechnungslegung nach IFRS taucht die eben beschriebene Problematik nicht auf, da hier sämtliche Handelsbestände zwingend der Teil-Kategorie *held for trading* zugeordnet werden müssen und infolgedessen erfolgswirksam mit dem *fair value* zu bewerten sind. Eine Kompensation positiver und negativer Wertänderungen bei derivativen Handelsgeschäften ergibt sich somit automatisch. Auch im HGB entfiele die Notwendigkeit spezieller Rechnungslegungsverfahren, würde die in dieser Arbeit geforderte *fair value*-Bewertung börsengehandelter Finanzinstrumente umgesetzt.[629]

5.2.1.2.2.4.3 Zur Zulässigkeit der Portfolio-Bewertung der Handelsbestände

5.2.1.2.2.4.3.1 Grundsätzliches

Obwohl eine imparitätische Einzelbewertung der Handelsbestände zu einem völlig inakzeptablen Resultat führt, das mit der tatsächlichen Lage des Unternehmens überhaupt nichts zu tun hat, folgt daraus noch nicht gleichzeitig die handelsrechtliche Zulässigkeit einer Portfolio-Bewertung dieser Bestände. Sie lässt sich auch nicht ohne weiteres unter Rückgriff auf die bei der Frage der Zulässigkeit von Mikro- bzw. Makro-*hedges* ge-

---

[629]   Vgl. Abschnitt 3.2.4.3.1.3.

führte Argumentation begründen, handelt es sich doch bei Handelsaktivitäten um den kurzfristigen An- und Verkauf von Finanzinstrumenten mit dem Ziel der Gewinnerzielung.[630] Eine Verbindung zum zuvor beschriebenen und begründeten *hedge accounting* ist daher zunächst verwunderlich, denn der Handel mit einem Finanzinstrument fällt eigentlich in den Bereich Spekulation. Der Händler hofft („spekuliert") auf eine für ihn vorteilhafte Marktpreisentwicklung des jeweiligen Handelsobjektes. Genau dies, so argumentiert etwa MENNINGER[631], ist nur möglich, wenn das Institut bewusst offene Positionen eingeht. *Hedge accounting* sind jedoch Bilanzierungs- und Bewertungsregeln, die gerade den gegenteiligen Fall – nämlich das Schließen von zuvor offenen Positionen – zum Gegenstand haben.

Tatsächlich gehen jedoch mit den Handelsaktivitäten der Kreditinstitute regelmäßig keine über längere Zeiträume gehaltenen offenen Positionen einher, „mit einer Positionierung im Hinblick auf bestimmte Markterwartungen hat dies nur noch am Rande zu tun."[632] Stattdessen wird ein Händler versuchen, übernommene Risiken möglichst rasch, vorzugsweise am gleichen oder darauf folgenden Tag, abzusichern und die Handelsgewinne vornehmlich aus der Geld-/Brief-Spanne und unter Ausnutzung von Arbitragemöglichkeiten zu generieren.[633] Wenn im Zusammenhang von Handelsportfolios daher von nachhaltig gesicherten Handelsaktivitäten die Rede ist, dann ist das insoweit kein Widerspruch.[634]

---

[630]   Vgl. Abschnitt 2.2.5.3.3.2.1.

[631]   Vgl. MENNINGER, JUTTA (Abbildung 1994), S. 146ff. Skeptisch auch HERZIG, NORBERT/MAURITZ, PETER (Bilanzrecht 1997), S. 153ff.

[632]   SCHARPF, PAUL/LUZ, GÜNTHER (Bilanzierung 2000), S. 314.

[633]   Vgl. NAUMANN, THOMAS K. (Bewertungseinheiten 1995), S. 161f.; WALTER, ROBERT (Portfolio-Bewertung 1995), S. 17; SCHARPF, PAUL/LUZ, GÜNTHER (Bilanzierung 2000), S. 313ff.

[634]   Vgl. PRAHL, REINHARD/NAUMANN, THOMAS K. (Bewertungseinheit 1994), S. 6; NAUMANN, THOMAS K. (Bewertungseinheiten 1995), S. 161f.

5.2.1.2.2.4.3.2 Der aufsichtsrechtliche Rahmen

5.2.1.2.2.4.3.2.1 Grundsätzliches

„Die Kreditwirtschaft gehört [...] in der Bundesrepublik Deutschland [...] zu den am stärksten vom Staat kontrollierten Branchen"[635]. Es existiert ein umfangreicher Vorschriftenkatalog, „der von den Kreditinstituten eingehalten werden muss, wollen sie sich nicht der Gefahr aussetzen, dass die deutsche Bankenaufsichtsbehörde [...] ihnen die für das Betreiben von Bankgeschäften bzw. zur Erbringung von Finanzdienstleistungen erforderliche Erlaubnis entzieht."[636] Betroffen von diesen regulatorischen Maßnahmen sind auch die Handelsaktivitäten der Kreditinstitute. Als Konsequenz aus dem Herstatt-Zusammenbruch hatte das Bundesaufsichtsamt für das Kreditwesen (BaKred) den Instituten mit Schreiben vom 24. Februar 1975 die „Mindestanforderungen für bankinterne Kontrollmaßnahmen bei Devisengeschäften – Kassa und Termin" auferlegt, die später durch die am 25. November 1995 verlautbarten „Mindestanforderungen an das Betreiben von Handelsgeschäften" (MaH) ersetzt wurden. Die MaH wiederum sind zusammen mit den bisherigen „Mindestanforderungen an die Ausgestaltung der Internen Revision der Kreditinstitute" (MaIR) vom 17. Januar 2000 und den „Mindestanforderungen an das Kreditgeschäft der Kreditinstitute" (MaK) vom 20. Dezember 2002 am 20. Dezember 2005 durch das Rundschreiben der Bundesanstalt für Finanzdienstleistungsaufsicht – der Nachfolgeorganisation des BAKred – in den „Mindestanforderungen an das Risikomanagement" (MaRisk) aufgegangen.

Bei der Schaffung der MaRisk hat die BaFin die seitherigen Regeln der MaH nicht unverändert übernommen, sondern nicht zuletzt schon aufgrund deren Alters Anpassungen vorgenommen, die den zwischenzeitlich eingetretenen Entwicklungen, z.B. in Bezug auf das Geschäftsgebaren, Rechnung tragen.[637] Gleichzeitig zeichnen sie sich durch einen tendenziell geringeren Detaillierungsgrad aus, d.h., den Instituten werden eher allgemein gehaltene Anforderungen abverlangt; wie diese Anforderungen erfüllt

---

[635]   WASCHBUSCH, GERD (Bankenaufsicht 2000), S. 8.

[636]   KRÄMER , GREGOR (Bankenaufsicht 2000), S. 1.

[637]   Vgl. THEILEIS, ULRICH ET AL. (MaRisk 2006), S. 10.

werden, die „Methodenhoheit"[638] also, ist letztlich Sache des einzelnen Instituts.[639] Auf diese Weise ergeben sich größere Gestaltungsspielräume, die den Instituten eine angemessene Umsetzung in Abhängigkeit von ihrer Größe, den Geschäftsschwerpunkten und der individuellen Risikosituation erlauben.[640] Es wird ausdrücklich kein „one size fits all"[641]-Ansatz verfolgt, was aber nicht dahingehend missverstanden werden darf, dass damit eine Aufweichung der bisherigen Anforderungen einhergeht. Vielmehr wurden diese, etwa durch die Miteinbeziehung der operationellen Risiken, noch erhöht.[642] Im Folgenden werden die wesentlichen Inhalte, die insbesondere mit den Handelsaktivitäten der Kreditinstitute in Verbindung stehen, kurz skizziert.

5.2.1.2.2.4.3.2.2 Der Inhalt der MaRisk

Zunächst verlangen die MaRisk von der Geschäftsleitung die Festlegung einer Geschäftsstrategie, welche die Ziele und Planungen der wesentlichen Geschäftsaktivitäten enthält. Hierzu muss eine passende Risikostrategie, gegebenenfalls unterteilt in Teilstrategien (z.B. für die verschiedenen Marktpreisrisiken), formuliert werden, die Adressenrisiken, Marktpreisrisiken, Liquiditätsrisiken und – das ist neu im Vergleich zu den bisherigen Mindestanforderungen – auch operationelle Risiken umfasst.[643] Im Risikomanagement ist dafür Sorge zu tragen, dass die Risikotragfähigkeit gewährleistet ist, d.h., dass das vorhandene Risikodeckungspotenzial ausreicht, um die wesentlichen Risiken des Instituts abdecken zu können. Die dabei verwendeten Methoden liegen in der Verantwortung des Instituts und haben sich an den individuellen Gegebenheiten zu orientieren.[644]

---

[638]   THEILEIS, ULRICH ET AL. (MaRisk 2006), S. 9.

[639]   Um diese allgemeinen Anforderungen mit Leben zu füllen, kann man aber hilfsweise auf die seitherigen Regelungen der MaH zurückgreifen. Für die weitgehende materielle Übereinstimmung der allgemeinen Anforderungen der MaRisk mit den im Folgenden teilweise zur Konkretisierung herangezogenen historischen MaH vgl. THEILEIS, ULRICH ET AL. (MaRisk 2006), S. 360ff.

[640]   Vgl. FÜSER, KARSTEN/WEBER, MAX (Mindestanforderungen 2005), S. 6.

[641]   BAFIN (Risikomanagement 2005).

[642]   Vgl. FÜSER, KARSTEN/WEBER, MAX (Mindestanforderungen 2005), S. 3.

[643]   Vgl. AT 2.2, AT 4.2 Tz. 1 und 2 MaRisk.

[644]   Vgl. AT 4.1 Tz. 1 und 4 MaRisk.

In Abhängigkeit von der so definierten Geschäfts- und Risikostrategie sind interne Kontrollverfahren – bestehend aus einem internen Kontrollsystem, das Regelungen zur Ablauf- und Aufbauorganisation für den Kredit- und Handelsbereich sowie Risikosteuerungs- und -controllingprozesse[645] umfasst, und einer Internen Revision[646] – einzurichten.[647] Dabei ist insbesondere auf eine im Hinblick auf die Geschäftstätigkeit und die Risikosituation angemessene personelle wie technisch-organisatorische Ausstattung zu achten.[648]

Maßgeblicher Grundsatz für die Organisation des Handelsgeschäfts ist die strikte, bis in die Ebene der Geschäftsleitung vorzunehmende Trennung des Handelsbereichs vom Risikocontrolling sowie der Abwicklung und Kontrolle.[649] Selbstkontrollen der Handelstätigkeit sind somit ausgeschlossen und werden durch die Kontrolle einer unabhängigen Stelle ersetzt, die technisch und personell für diese Aufgabe auszustatten ist. In der bankbetrieblichen Praxis hat diese Trennung dazu geführt, dass die „Handelsbereiche der Banken […] überwiegend in aufbauorganisatorisch selbständigen Einheiten mit konkreter Ergebnis- und Risikoverantwortung (Profit Center) innerhalb von der Geschäftsleitung vorgegebener Grenzen geführt"[650] werden. Die Prozesse sowie die damit verbundenen Aufgaben, Kompetenzen, Verantwortlichkeiten, Kontrollen und Kommunikationswege sind klar zu definieren und aufeinander abzustimmen.[651] In Bezug auf den Handel wird man beispielsweise die Funktionen und Verantwortungen der einzelnen Mitarbeiter oder Organisationseinheiten definieren und festlegen, welche Mitarbeiter mit welchen Limiten welche Produkte auf welchen Märkten bzw. mit welchen Kontrahenten handeln dürfen.[652]

---

[645]   Vgl. zum Aufbau eines Risikomanagement- und -controllingsystems KÖNIG-SCHICHTEL, SUSANNE (Begrenzung 2004), S. 12ff.

[646]   Vgl. AT 1 Tz. 1 MaRisk.

[647]   Vgl. AT 4.3 MaRisk.

[648]   Vgl. AT 7.1 Tz. 1 und AT 7.2 Tz. 1 MaRisk.

[649]   Vgl. AT 4.3.1 Tz. 1 sowie BTO 2.1 MaRisk.

[650]   SPRIßLER, WOLFGANG (Derivategeschäft 1996), S. 374. Vgl. zur *profit center*-Konzeption ferner WITT, MARKUS (Eigenhandel 1994), S. 21ff.

[651]   Vgl. AT 4.3.1 Tz. 2 MaRisk.

[652]   So die Anforderungen in Abschnitt 2.2 der MaH.

Gefordert wird darüber hinaus ein angemessenes Risikosteuerungs- und -controlling-system, das eine frühzeitige und vollständige Identifizierung, Beurteilung, Steuerung sowie Überwachung und Kommunikation der wesentlichen Risiken gewährleistet.[653] Bevor mit Adressen- oder Marktpreisrisiken verbundene Geschäfte abschlossen werden, ist ein System von Limiten zur Begrenzung dieser Risiken einzurichten. Die mit Markt-preisrisiken behafteten Positionen des Handelsbuches sind täglich zu bewerten und mindestens einmal täglich zum Geschäftsschluss zu Gesamtrisikopositionen zusammen-zufassen. Spätestens am nächsten Geschäftstag muss der für das Risikocontrolling zu-ständige Geschäftsleiter über die Gesamtrisikoposition, die Ergebnisse sowie die Limit-auslastungen unterrichtet werden. Die Geschäftsleitung ist zudem mindestens viermal im Jahr über die eingegangenen Risiken zu informieren; dieser Risikobericht muss auch Szenariobetrachtungen (z.B. außergewöhnliche Marktpreisänderungen, Störungen der Liquidität der Märkte und Ausfälle großer Marktteilnehmer, *worst case*-Szenarios[654]) enthalten.[655]

Die Wirksamkeit und Angemessenheit des Risikomanagements im Allgemeinen und des internen Kontrollsystems im Besonderen sowie die Ordnungsmäßigkeit grundsätz-lich aller Aktivitäten und Prozesse sind von einer funktionsfähigen Internen Revision zu überprüfen. Hierbei ist ein risikoorientierter Prüfungsansatz zugrunde zu legen. Die Interne Revision besitzt ein jederzeitiges, vollständiges und umfassendes Informations-recht.[656]

Die Einhaltung dieser Mindestanforderungen ist vom Wirtschaftsprüfer gem. § 29 KWG im Rahmen der Jahresabschlussprüfung zu überprüfen. Der Prüfungsbericht ist der Deutschen Bundesbank und der BaFin nach dem Ende der Prüfung unverzüglich vorzulegen. Nach Umsetzung der zweiten Säule von Basel II, dem bankenaufsichts-rechtlichen Überprüfungsverfahren (*supervisory review process*), wird eine weiter-gehende Überprüfung durch die Bankenaufsicht stattfinden. Diese muss zukünftig eine

---

[653]   Vgl. AT 4.3.2 Tz. 1 und 2 MaRisk.

[654]   Vgl. Abschnitt 3.1 der MaH.

[655]   Vgl. BTR 1 Tz. 1 und 2 sowie BTR 2.1 und BTR 2.2 MaRisk.

[656]   Vgl. AT 4.4 MaRisk.

qualitative Überprüfung und Beurteilung der Risikomanagementsysteme und Kontrollmaßnahmen der Institute vornehmen.[657]

5.2.1.2.2.4.3.3 Die Voraussetzungen für die handelsrechtliche Anerkennung

Wie die oben genannten Beispiele zeigen, umfassen die Handelsbücher der Kreditinstitute enorme Volumina. Aufgrund der engen Limitierungen gehen damit aber keine
größeren strategischen offenen Risikopositionen einher, so dass hier von einer Immunisierung des Portfoliowerts gegen Markpreisänderungen gesprochen werden kann.[658]
Unter dem strengen organisatorischen Rahmen der MaRisk erscheint eine Ausdehnung
der *hedge accounting*-Regeln auf die Handelsaktivitäten als zulässig. Die in diesem Zusammenhang insbesondere zu nennenden Anforderungen sind

- *profit center*-Bildung mit eindeutiger Zuweisung von Verantwortlichkeiten und
  Limiten;[659]

- die Einrichtung einzelner risikobezogener Handelsbücher, d.h., die Geschäfte,
  die in ein bestimmtes Buch übernommen werden sollen, müssen alle der gleichen Risikoart ausgesetzt sein und somit über identische bzw. ähnliche Basiswerte verfügen, um eine möglichst effektive Risikoabsicherung zu gewährleisten;[660]

- die Implementierung eines effektiven Risikomanagementsystems, das eine
  mindestens tägliche Bewertung zu Marktpreisen vornimmt und dafür sorgt, dass
  das Portfolio stets ganz oder nahezu ganz gegen Marktpreisrisiken gesichert ist

---

[657]   Vgl. BIEG, HARTMUT/KRÄMER, GREGOR/WASCHBUSCH, GERD (Bankenaufsicht 2004), S. 459ff.

[658]   Vgl. NAUMANN, THOMAS K. (Bewertungseinheiten 1995), S. 157ff.; SCHARPF, PAUL/LUZ, GÜN-
THER (Bilanzierung 2000), S. 315.

[659]   Vgl. HERZIG, NORBERT/MAURITZ, PETER (Bilanzrecht 1997), S. 154.

[660]   Vgl. PRAHL, REINHARD/NAUMANN, THOMAS K. (Bilanzierung 1991), S. 736; SCHEFFLER, JAN
(Hedge-Accounting 1994), S. 231f.; SCHARPF, PAUL/LUZ, GÜNTHER (Bilanzierung 2000), S. 320.
So wird man etwa ein Portfolio mit USD-Währungspositionen bilden und in dieses produktüber-
greifend USD-Derivate einstellen. Eine kompensierende Behandlung eines produktbezogenen
Portfolios, in dem beispielsweise ausschließlich Futures enthalten sind, die jedoch unterschiedliche
underlyings (Währungen, Aktien, Zinsen usw.) besitzen, ist dagegen m.E. grundsätzlich unzulässig.

und jederzeit über die Risikopositionierung eines Unternehmens Auskunft geben kann;[661]

- das Vorhandensein eines liquiden Marktes für die einbezogenen Geschäfte, so dass das Schließen einer Risikoposition jederzeit möglich ist.[662]

Die in einem Portfolio befindlichen Geschäfte stehen bei Beachtung dieser Vorgaben in einem risikopolitischen Nutzen- und Funktionszusammenhang, der es erlaubt, das einzelne Portfolio als das imparitätisch zu behandelnde Bewertungsobjekt zu betrachten. Gegenüber Makro-*hedges* besteht hier sogar der Vorteil, dass die Zusammenfassung der Geschäfte in hohem Maße objektivierbar ist, d.h., es brauchen keine Bewertungseinheiten manuell zusammengestellt zu werden. Sie ergeben sich stattdessen automatisch aus den auf Grundlage der MaRisk eingerichteten Handelsbüchern. Der Abschluss eines Geschäfts durch einen Händler führt dazu, dass man dieses Geschäft dem von ihm verantworteten Portfolio zuordnet.

Verwirrend ist, dass die gleichen Autoren, die von einer Immunisierung des Portfoliowerts gegen Marktpreisänderungen sprechen, zugleich ausführen, dass „die Wertkompensation [...] bei Handelsaktivitäten zunehmend vor die Risikokompensation"[663] trete. NAUMANN führt hierzu aus, dass der Marktwertausgleich der einbezogenen Geschäfte nicht notwendigerweise „durch fundamentale ökonomische Überlegungen untermauert werden [muss]. Der für die Vergangenheit nachgewiesene statistische Zusammenhang genügt zunächst."[664] Die aus offenen Positionen drohenden Verluste sollen nicht dadurch verhindert werden, dass diese offenen Positionen geschlossen werden (Risikoeliminierung/-reduzierung). Ziel ist es stattdessen offenbar, diese möglichen Verluste durch den Aufbau zusätzlicher offener Positionen, denen andere Risiken zugrunde liegen, zu kompensieren (Risikostreuung/-diversifikation).

Die eben skizzierte Argumentationskette ist in mehrfacher Hinsicht verwunderlich. Erstens kann man ohne das Abstellen auf die die Marktwerte bestimmenden Risiken

---

[661]   Vgl. PRAHL, REINHARD/NAUMANN, THOMAS K. (Bilanzierung 1991), S. 733.

[662]   Vgl. SCHARPF, PAUL/LUZ, GÜNTHER (Bilanzierung 2000), S. 322.

[663]   SCHARPF, PAUL/LUZ, GÜNTHER (Bilanzierung 2000), S. 314.

[664]   Vgl. NAUMANN, THOMAS K. (Bewertungseinheiten 1995), S. 176f.

wohl kaum von einer planvollen, sondern eher von einer zufälligen gegenläufigen Wertbewegung sprechen. Vor diesem Hintergrund ist es zweitens umso erstaunlicher, dass sogar eine Immunisierung des Portfolio-Werts und damit offensichtlich eine möglichst vollständige Kompensation angestrebt wird. M.E. bedingt die handelsrechtliche Zulässigkeit zwingend einen Kausalzusammenhang zwischen den Wertänderungen. Damit ist es z.B. nicht zulässig, Bewertungserfolge eines Aktienderivats mit solchen eines Zins- oder Währungsderivats zu verrechnen, selbst wenn in der Vergangenheit ein statistischer Zusammenhang nachgewiesen wurde.[665] Nicht zuletzt um eine wirkungsvolle Absicherung zu gewährleisten, werden schließlich auch risikobezogene und keine produktbezogenen Portfolios gebildet.

Im Gegensatz zu Mikro- bzw. Makro-Bewertungseinheiten wird beim Portfolio-Handels-*hedge* aufgrund der gehandelten Volumina auf eine paarweise Zuordnung von Grund- und Sicherungsgeschäft bzw. Abgabe einer Zweckerklärung für Sicherungsgeschäfte verzichtet. Es wird vielmehr unterstellt, dass alle in einem Handelsportfolio anfallenden Geschäfte „qua institutionalisierter Absicherungsintention […] in einem gewollten wirtschaftlichen Zusammenhang stehen."[666]

5.2.1.2.2.4.3.4 Vereinnahmung eines positiven Saldos?

Bei dem im Rahmen der Bewertung von Portfolio-Bewertungseinheiten anzuwendenden Bewertungsverfahren handelt es sich um die imparitätische Marktbewertung, d.h., das Imparitätsprinzip wird auf das Bewertungsobjekt Portfolio angewandt. Eine Festbewertung scheidet im Hinblick auf die Dynamik des *hedging*, das ein Handelsportfolio kennzeichnet, aus.

Demgegenüber gibt es Vertreter in der Literatur – zu nennen sind hier insbesondere PRAHL und NAUMANN[667] –, die nicht nur eine Verrechnung der Bewertungsergebnisse bis zur sog. Null-Linie als mit dem deutschen Handelsrecht vereinbar sehen, sondern die sogar die Vereinnahmung eines positiven Saldos (und damit eines nach handelsrecht-

---

[665] Vgl. zu den Schwächen des Korrelationskoeffizienten Abschnitt 5.2.1.2.2.2.2.1.2.

[666] SCHARPF, PAUL/LUZ, GÜNTHER (Bilanzierung 2000), S. 315.

[667] Vgl. PRAHL, REINHARD/NAUMANN, THOMAS K. (Bilanzierung 1991), S. 738; PRAHL, REINHARD/NAUMANN, THOMAS K. (Bewertungseinheit 1994), S. 8; PRAHL, REINHARD/NAUMANN, THOMAS K. (Instruments 2005), S. 120ff.

lichen Maßstäben unrealisierten Gewinns) für zulässig erachten. So werden bei der Deutschen Bank, deren Abschlüsse in der Vergangenheit übrigens von der Wirtschafts-prüfungsgesellschaft geprüft wurden, bei der die genannten Autoren tätig sind, die Nettogewinne aus dem Swaphandelsportfolio *pro rata temporis* auf die mittlere Laufzeit der in dem Portfolio befindlichen Geschäfte verteilt. HERZIG/MAURITZ stellen hierzu treffend fest, dass völlig unklar bleibt, „weshalb ein spekulativ erzeugter Bewertungs-gewinn aus derivativen Handelsprodukten, dessen Ausweis im Nettoergebnis aus Finanzgeschäften erfolgen muss, periodisiert und für vereinnahmungsfähig erklärt werden kann. Die unerwartete Zinsentwicklung zu Beginn des Jahres 1994 hat beispiel-haft gezeigt, dass sich der im Vorjahr als vereinnahmungsfähig erklärte, *pro rata tempo-ris* ermittelte Gewinn im Folgejahr [...] sehr schnell wieder verflüchtigen und gar in einen Drohverlust verwandeln kann."[668] Dem ist nichts hinzuzufügen.[669]

5.2.2 Die Behandlung interner Geschäfte im Jahresabschluss

5.2.2.1 Grundsätzliches

Eine der grundlegendsten Regeln der Rechnungslegung besteht darin, dass Geschäfte innerhalb einer berichtenden Einheit nicht in den Jahresabschluss derselben aufgenom-men werden. Durch den Abschluss eines internen Geschäfts ändern sich weder das Vermögen noch die Schulden einer berichtenden Einheit,[670] denn sie kann weder Forde-rungen noch Schulden gegenüber sich selbst begründen bzw. haben.[671] Weil der Ab-schluss interner Geschäfte weder das (Brutto-) Vermögen noch die Schulden zu beein-flussen vermag, kann auch der Erfolg durch den Abschluss interner Kontrakte nicht berührt werden, handelt es sich bei ihm doch um nichts anderes als um eine Reinver-

---

668 HERZIG, NORBERT/MAURITZ, PETER (Bilanzrecht 1997), S. 154.

669 Zum gleichen Ergebnis SCHEFFLER, JAN (Hedge-Accounting 1994), S. 232.

670 Genau dies ist das Charakteristikum der in der Buchführung zu erfassenden Geschäftsvorfälle. Vgl. nur BALLWIESER, WOLFGANG (§ 238 HGB 2001), S. 9; QUICK, REINER/WOLZ, MATTHIAS (§ 238 HGB 2006), S. 6.

671 Vgl. SCHARPF, PAUL (Handbuch 2004), S. 250.

mögensänderung, also um eine Veränderung der Differenz zwischen (Brutto-) Vermögen und Schulden[672].

Eine Folge dieses Grundsatzes sind die bei Aufstellung eines Konzernjahresabschlusses vorzunehmenden Konsolidierungsmaßnahmen. Nach der Einheitstheorie wird der Konzern als eine fiktive rechtliche Einheit gesehen, weshalb sämtliche Geschäfte, die innerhalb dieser fiktiven Einheit stattgefunden haben, eliminiert werden müssen. Maßgeblich und damit mit Auswirkung auf den Periodenerfolg verbunden sind grundsätzlich nur solche Geschäfte, bei denen die Konzerngrenze überschritten wird, also bei Geschäften mit Handelnden außerhalb des Konzerns.[673]

So verwundert es nicht, dass der Wunsch, interne Geschäfte in der externen Rechnungslegung berücksichtigen zu wollen, bei vielen Autoren zumindest Unbehagen auslöst – um es vorsichtig auszudrücken.[674] Man stelle sich beispielsweise vor, dass das Ingolstädter Werk der AUDI AG kurz vor dem Abschlussstichtag noch über eine große Zahl nicht abgesetzter, auf Lager befindlicher PKW verfügt. Diese wären normalerweise mit ihren Herstellungskosten zu bewerten und in der Bilanz unter den Fertigen Erzeugnissen auszuweisen. Verkaufte das Ingolstädter Werk diese Lagerbestände an das Neckarsulmer Werk der AUDI AG, so ergäbe sich – würde man interne Geschäfte tatsächlich im externen Rechnungswesen analog zu Geschäften mit unternehmensfremden Vertragspartnern erfassen – im Einzelabschluss der AUDI AG ein völlig anderes Bild der Lage des Unternehmens. In Höhe des Verkaufspreises würden Umsatzerlöse generiert, die tatsächlich noch nicht am Absatzmarkt bestätigt wurden und demzufolge nach handelsrechtlichen Maßstäben eigentlich als unrealisiert einzustufen sind. Zudem erfolgte der Ausweis der PKW nun nicht mehr unter den Fertigen Erzeugnissen, sondern unter den Sachanlagen oder der Position Sonstige Vermögensgegenstände, wodurch der Bilanzleser über das offensichtliche Absatzproblem hinweggetäuscht würde. Ein solche Vorgehensweise ist mit dem HGB gänzlich unvereinbar, sie steht im

---

[672] Vgl. BIEG, HARTMUT (Buchführung 2006), S. 89ff.

[673] Vgl. KÜTING, KARLHEINZ/WEBER, CLAUS-PETER (Konzernabschluss 2005), S. 76ff.

[674] Vgl. HERZIG, NORBERT/MAURITZ, PETER (Bilanzrecht 1997), S. 154f.; KALTENHAUSER, HELMUT/BEGON, CORNELIA (Interne Geschäfte 1998), S. 1196; ELKART, WOLFGANG/SCHABER, MATHIAS (Interne Geschäfte 2003), S. 408.

krassen Widerspruch zu den HGB-Vorschriften, dem materiellen Bilanzzweck und somit den GoB.[675]

Grundsätzlich gilt das eben Gesagte auch für die in Abschnitt 2.2.5.3.3.2.2 angesprochene innerbetriebliche Übertragung einer Telekom-Aktie. Wenn diese mit 15 EUR in den Büchern steht und zu einem Preis von 20 EUR veräußert wird, so entstünde auch hier durch die innerbetriebliche Transaktion ein Ertrag, der bei Beachtung der handelsrechtlichen Grundsätze nicht gezeigt werden darf. Diese auf den ersten Blick völlig plausible und richtige Ansicht lässt sich m.E. allerdings bei einer genaueren Betrachtung nicht ohne weiteres aufrechterhalten. Unterstellt man etwa, dass der Veräußerungspreis, den die beiden Unternehmensabteilungen vereinbart haben, dem aktuellen Börsenpreis entspricht, so hätte das Unternehmen bei einem gleichzeitigen Kauf/Verkauf an der Börse exakt das gleiche Resultat erzielen können – mit einer Ausnahme: Bei dieser Alternative wären zusätzlich Transaktionskosten (Bank- und Börsengebühren) angefallen. Warum aber soll ein Unternehmen gezwungen werden, ein Geschäft zu schlechteren Konditionen über die Börse abzuschließen, nur um eine bestimmte Konsequenz für den Jahresabschluss zu erreichen?

Gegenstand dieser Arbeit ist nicht, eine umfassende und abschließende Antwort auf die Frage zu geben, wie interne Geschäfte grundsätzlich zu behandeln sind. Es sollte an dieser Stelle lediglich veranschaulicht werden, dass es durchaus Argumente bzw. Anwendungsfälle gibt, die ihre Berücksichtigung entgegen der vorherrschenden Meinung angebracht und sinnvoll erscheinen lassen. Es wäre falsch, sie generell abzulehnen. Im folgenden Abschnitt wird nun untersucht, inwieweit im Rahmen des Risikomanagements eingesetzte interne Geschäfte berücksichtigungsfähig sind.

5.2.2.2 Die internen Geschäfte im Risikomanagement

5.2.2.2.1 Vorbemerkungen

In Abschnitt 2.2.5.3.3.2.2 wurde ausführlich dargelegt, aus welchen Gründen interne Geschäfte in modernen Risikomanagementsystemen zum Einsatz kommen. Die im Hin-

---

[675]   Dieser Ansicht offenbar auch HERZIG, NORBERT/MAURITZ, PETER (Bilanzrecht 1997), S. 154f.

blick auf die Abbildung im Jahresabschluss verbundene Problematik wird im Folgenden an einem einfachen Beispiel erläutert.

5.2.2.2.2 Die Ausgangssituation

Ein Kreditinstitut hat einen 100.000 EUR Kredit über 10 Jahre zu einem festen Zinssatz von 6% vergeben und möchte das aus dieser Kreditvergabe resultierende Zinsrisiko ausschalten. Hierzu schließt es einen Swapvertrag mit einem externen Vertragspartner ab, in dem es sich verpflichtet, jährlich einen festen Zinssatz von 6% zu zahlen. Umgekehrt erhält es von seinem Kontraktpartner halbjährlich variable Zinszahlungen, deren Höhe sich an dem 6-Monats-EURIBOR orientiert. Im Ergebnis hat das Kreditinstitut damit den Festzinskredit in einen synthetischen, variabel verzinslichen Kredit umgewandelt. Der beizulegende Zeitwert (*fair value*) dieses synthetischen Produkts ist somit gegen Marktzinsänderungen immunisiert, das Zinsrisiko ist ausgeschaltet (vgl. Abbildung 25).

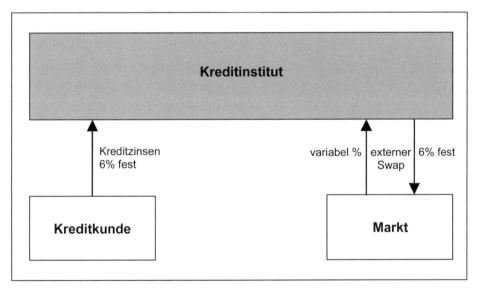

Abbildung 25: Sicherung eines Kredits ohne Verwendung interner Geschäfte

Um eine risikoadäquate Abbildung dieses Geschehens im Jahresabschluss zu erreichen, bildet das Kreditinstitut eine Mikrobewertungseinheit, bestehend aus dem Kreditvertrag einerseits und dem Swapvertrag andererseits; bewertet wird somit die synthetische Position. Dies geschieht in der Praxis in diesem Fall in aller Regel durch Anwendung der

Festbewertung.[676] Der Kredit unterliegt – bei Einzelbetrachtung – ohnehin keiner zins-induzierten Bewertung, d.h., Marktzinsänderungen wirken sich nicht auf den Bilanz-ansatz und die Gewinn- und Verlustrechnung aus. Der Swap findet – bei Einzelbetrach-tung – nur im Falle einer Marktwertverschlechterung im Vergleich zum Vertragsab-schluss Berücksichtigung in Bilanz und Gewinn- und Verlustrechnung. Sofern die zur kompensatorischen Bewertung notwendigen Voraussetzungen erfüllt sind, erreicht man eine den tatsächlichen Verhältnissen entsprechende Darstellung dadurch, indem man auf die Erfassung etwaiger negativer Erfolgsbeiträge aus dem Swap verzichtet.

5.2.2.2.3 Der Einsatz interner Geschäfte

Nun liegt das Mandat für den Abschluss des externen Swaps bei einer einzigen organisatorischen Einheit, der Handelsabteilung.[677] In der Praxis schließt daher die Kreditabteilung mit der Handelsabteilung einen internen Swapvertrag ab. Die in Abbildung 25 dargestellte Übersicht der Vertragsbeziehungen lässt sich somit im Be-reich des Kreditinstituts noch etwas genauer darstellen (vgl. Abbildung 26).

---

[676]   Vgl. KALTENHAUSER, HELMUT/BEGON, CORNELIA (Interne Geschäfte 1998), S. 1196; BIEG, HART-MUT (Swaps II 2003), S. 263.

[677]   Vgl. 2.2.5.3.3.2.2.

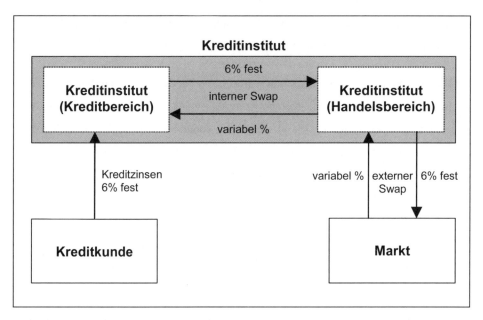

Abbildung 26:   Sicherung eines Kredits unter Verwendung interner Geschäfte

Im Jahresabschluss würde dieses Konstrukt bei Zulassung interner Kontrakte folgendermaßen abgebildet: Der Kredit und die Kreditseite des Swaps bilden eine Bewertungseinheit, genau wie dies der Kredit mit dem externen Swap in der Ausgangssituation taten. Dabei wird der Kredit wie üblich nicht zinsinduziert bewertet und auf eine Bewertung des Swaps gänzlich verzichtet (Festbewertung). Auch auf Seiten des Handels besteht ein Mikro-*hedge*. Hier werden sowohl der externe Swap als auch die Handelsseite des internen Swaps zum aktuellen Marktwert erfolgswirksam bewertet. Die hierbei entstehenden gegenläufigen und betragsgleichen Erfolgsbeiträge kompensieren sich und per Saldo ergeben sich keine Auswirkungen auf das Handelsergebnis. Unter dem Strich führt diese Vorgehensweise zu dem gleichen Resultat wie in der Ausgangssituation, d.h. ohne Einsatz interner Geschäfte. Im Grunde dient ihr Einsatz zur Herstellung der Dokumentation der Sicherungsbeziehung zwischen dem Kredit einerseits und dem von einer anderen Organisationseinheit kontrahierten externen Swap andererseits. Der interne Swap nimmt eine Art Stellvertreterfunktion ein: Auf der Kreditseite steht er stellvertretend für den externen Swap, auf der Handelsseite vertritt

er den abzusichernden Kredit. Insoweit lässt sich gegen die Berücksichtigung der internen Kontrakte nichts einwenden.[678]

An dieser Würdigung der Konstruktion würde sich auch dann nichts ändern, wenn – wie
im Regelfall – der Handel den internen Kontrakt nicht 1:1, d.h. durch Abschluss eines
gegenläufigen Swaps, an den Markt weitergibt, sondern zuvor noch ein *netting* unter
Einbeziehung anderer Zinspositionen durchführt.[679] Sowohl die Handelsseite des internen als auch des externen Swaps wären in diesem Zusammenhang Teil eines als Bewertungseinheit zu behandelnden Portfolios. Die Tatsache, dass die Absicherung des
Kredits letztlich über die Mitberücksichtigung im Handelsportfolio erreicht wird, ist
gerade ein wesentlicher Grund, weshalb auf interne Geschäfte nicht verzichtet werden
kann. Anders wäre es kaum möglich, die Zinsrisiken des Kredits im Portfolio zu berücksichtigen.[680]

Problematisch werden interne Geschäfte allerdings dann, wenn der Handel die internen
Sicherungsgeschäfte nicht an den Markt weitergibt – sei es nun auf Mikro- oder auf
Makro-Ebene. Berücksichtigte man den internen Swap auch in diesem Fall, bliebe im
Nicht-Handelsbereich alles unverändert: Kredit und Kreditseite des internen Swaps
bilden weiter eine Mikro-Bewertungseinheit, bei der beide Komponenten keiner Bewertung unterliegen. Anders verhält es sich jedoch im Handelsbereich. Hier stehen den
Erfolgsbeiträgen aus dem internen Swap keine gegenläufigen Erfolgsbeiträge aus einem
externen Swap gegenüber. Mit dem internen Kontrakt wird somit der Erfolg des Unternehmens beeinflusst. Es wird im Handelsbereich ein Erfolg gezeigt, der allein durch
Abschluss eines internen Kontrakts resultiert. Auf der Kreditseite hat der Kontrakt zwar
einen betragsmäßig identischen gegenläufigen Marktwert, dieser bleibt jedoch unberücksichtigt, weil der Swap hier zusammen mit dem Kredit eine im Wege der Festbewertung behandelte Bewertungseinheit bildet. Im Grunde wird durch diese Konstruk-

---

[678]   Vgl. WITTENBRINK, CARSTEN/GÖBEL, GERHARD (Interne Geschäfte 1997), S. 272; KALTEN-
HAUSER, HELMUT/BEGON, CORNELIA (Interne Geschäfte 1998), S. 1196; ELKART, WOLF-
GANG/SCHABER, MATHIAS (Interne Geschäfte 2003), S. 415f.

[679]   Vgl. WITTENBRINK, CARSTEN/GÖBEL, GERHARD (Interne Geschäfte 1997), S. 272; ELKART,
WOLFGANG/SCHABER, MATHIAS (Interne Geschäfte 2003), S. 415f.

[680]   So offenbar auch KALTENHAUSER, HELMUT/BEGON, CORNELIA (Interne Geschäfte 1998), S. 1196.

tion eine (im HGB nicht übliche) zinsinduzierte Bewertung des Kredits erreicht[681] und die dabei entstehenden Bewertungsergebnisse in den Handelsbereich transformiert.

Letztlich bleibt festzuhalten, dass gegen die bilanzielle Berücksichtigung interner Geschäfte im Rahmen des Risikomanagements nichts einzuwenden ist, wenn sie, wie im obigen Beispiel, lediglich eine Stellvertreterfunktion für ein externes Geschäft einnehmen. Dabei ist ohne Belang, ob das Risiko 1:1 an den Markt durchgeleitet wurde oder ob vorher eine Netto-Risikoposition berechnet und nur diese über externe Marktteilnehmer abgesichert wurde. Um einen Missbrauch zu vermeiden, müssen ferner die folgenden Voraussetzungen erfüllt sein:[682]

- Es ist festzulegen und zu dokumentieren, welche Organisationseinheiten bzw. Personen zu welchem Zweck interne Geschäfte abschließen dürfen.

- Angestoßen werden dürfen diese Geschäfte stets ausschließlich von Seiten des Nicht-Handelsbereichs. Es sollen Risiken vom Unternehmen an den Markt abgegeben und nicht von der mit dem Markt verbundenen Stelle (Handelsabteilung) durch Geschäfte mit externen Partnern aufgebaute Risiken an Organisationseinheiten innerhalb des Unternehmens weitergegeben werden.

- Die initiierende Stelle darf durch den internen Geschäftsabschluss keine offene Position aufbauen, d.h., das interne Geschäft ist nur zulässig, wenn damit eine bestehende Risikoposition geschlossen wird.

- Interne Geschäfte sind genau wie externe Geschäfte zu dokumentieren. Es ist systemtechnisch sicherzustellen, dass derartige Geschäfte nicht rückwirkend kontrahiert bzw. eliminiert oder gelöscht werden können.

- Interne Geschäfte sind im Risikomanagement grundsätzlich wie externe Geschäfte zu behandeln, d.h., sie sind insbesondere bei der Berechnung der Limite zu berücksichtigen.

---

[681] Vgl. KALTENHAUSER, HELMUT/BEGON, CORNELIA (Interne Geschäfte 1998), S. 1196.

[682] Vgl. hierzu WITTENBRINK, CARSTEN/GÖBEL, GERHARD (Interne Geschäfte 1997), S. 274; KALTENHAUSER, HELMUT/BEGON, CORNELIA (Interne Geschäfte 1998), S. 1196f.; PRAHL, REINHARD (Quo vadis 2004), S. 235f.; SCHARPF, PAUL (Handbuch 2004), S. 250ff.

- Interne Geschäfte dürfen ausschließlich zu marktgerechten Konditionen abgeschlossen werden. Sie müssen ferner so ausgestaltet sein, dass Sonderzahlungen
  wie *up-front payments*[683] überflüssig sind. Solche Zahlungen sind in der Regel
  erfolgswirksam zu erfassen und böten so z.B. die Möglichkeit, das Handelsergebnis zu manipulieren.

5.3 Die Abbildung nach IFRS

5.3.1 Zur Notwendigkeit und Zulässigkeit von *hedge accounting*-Vorschriften

Genau wie im HGB führt die Anwendung der in Abschnitt 4.2.2 erläuterten „herkömmlichen" Bilanzierungs- und Bewertungsvorschriften des IAS 39 für Finanzinstrumente
bei Vorliegen von Absicherungszusammenhängen zu einem nicht den tatsächlichen
Verhältnissen entsprechenden Bild der Lage des Unternehmens. Neben der auch nach
IFRS bestehenden Problematik antizipativer Sicherungsgeschäfte[684] resultiert die Notwendigkeit spezieller *hedge accounting*-Regeln aus dem *mixed model approach*,
wonach im Rahmen der Folgebewertung für die verschiedenen Bewertungsklassen
unterschiedliche Wertmaßstäbe heranzuziehen sind, sowie aus der unterschiedlichen
erfolgsrechnerischen Behandlung der dabei auftretenden Bewertungsergebnisse (vgl.
Abbildung 27).[685]

---

[683]   Vgl. Abschnitt 4.1.3.

[684]   Die diesbezüglichen Ausführungen für das HGB in Abschnitt 5.2.1.1.2 gelten entsprechend für die
        IFRS.

[685]   Vgl. PWC (IFRS 2005), S. 325.

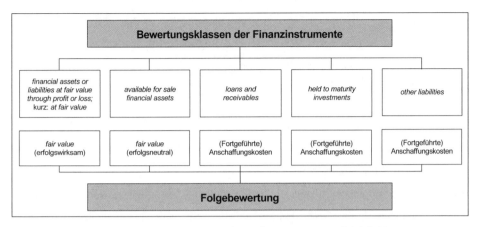

Abbildung 27:   Die Folgebewertung der Finanzinstrumente nach IAS 39

So gibt es auf der einen Seite die in der Kategorie *at fair value* befindlichen Finanz-instrumente, darunter insbesondere die häufig als Sicherungsinstrumente eingesetzten derivativen, die erfolgswirksam zum *fair value* bewertet werden. Marktpreisänderungen schlagen sich hier unabhängig von der Richtung der Wertänderung unmittelbar in Bilanz sowie Gewinn- und Verlustrechnung nieder. Auf der anderen Seite existieren mit *loans and receivables*, *held to maturity* und *other liabilities* Bewertungskategorien, die eine Bewertung zu (fortgeführten) Anschaffungskosten vorsehen. Marktpreisände-rungen beeinflussen bei den in diese Klassen eingestuften Instrumenten grundsätzlich weder die Bilanz noch die Gewinn- und Verlustrechnung. Schließlich gibt es noch die Kategorie *available for sale*, bei der im Falle von Marktpreisänderungen zwar eine Be-einflussung des Bilanzansatzes, nicht jedoch der Gewinn- und Verlustrechnung gegeben ist.

Eine automatische, d.h. bei Anwendung der herkömmlichen Regeln erreichte Kompen-sation der gegenläufigen Wertänderungen von Grund- und Sicherungsgeschäft(en) findet damit immer dann nicht statt, wenn ein Absicherungszusammenhang zwischen einem (oder mehreren) Finanzinstrument(en) der Kategorie *at fair value* einerseits und einem (oder mehreren) Finanzinstrument(en) aus den anderen Bewertungsklassen be-steht. Um im Jahresabschluss ein den tatsächlichen Verhältnissen entsprechendes Bild des Unternehmens zeigen zu können, bedarf es an dieser Stelle spezieller Regelungen.

Im Unterschied zum HGB gibt es bei Anwendung der IFRS keine Probleme im Rahmen der Abbildung von Handelsaktivitäten im Jahresabschluss. Sämtliche Handelsgeschäfte mit originären wie derivativen Finanzinstrumenten müssen zwingend der Teilkategorie *held for trading* zugeordnet werden und sind folglich erfolgswirksam mit ihrem *fair value* zu bewerten.[686] Damit werden sowohl negative als auch positive Erfolgsbeiträge automatisch berücksichtigt.

Ähnliches gilt für den Fall, dass von der *fair value option* Gebrauch gemacht wird und infolgedessen Grund- und Sicherungsgeschäft(e) erfolgswirksam zum *fair value* bewertet werden. Problematisch ist hier aber das Erfordernis, bereits bei Zugang eines finanziellen Vermögenswerts oder einer finanziellen Verbindlichkeit von dieser Option Gebrauch machen zu müssen.[687] Unterbleibt dies, z.B. weil im Zugangszeitpunkt noch keine Absicherung angestrebt wird, muss bei einem sich später ergebenden Absicherungsbedarf auf *hedge accounting*-Regeln zurückgegriffen werden. Ebenso könnte das Verbot, eine bei Zugang vorgenommene Einstufung in die Kategorie *at fair value* zu einem späteren Zeitpunkt zu revidieren, den Bilanzierenden von der Nutzung der Option möglicherweise abschrecken.

5.3.2 Die Typen von Sicherungsbeziehungen

5.3.2.1 Vorbemerkungen

IAS 39 kennt drei verschiedene Typen von Sicherungsbeziehungen: den *fair value hedge*, den *cash flow hedge* sowie den *hedge of a net investment in a foreign operation* (Absicherung einer Nettoinvestition in eine ausländische Teileinheit) gemäß IAS 21.[688] Die Regeln für die letztgenannte Sicherungsbeziehung ergänzen lediglich die Vorschriften des IAS 21 und werden daher in dieser Arbeit nicht weiter vertieft. Sie entsprechen zudem im Wesentlichen denen beim *cash flow hedge*.[689]

---

[686]   Vgl. Abschnitt 4.2.2.3.2.2.1.

[687]   Vgl. Abschnitt 4.2.2.3.2.2.1.

[688]   Vgl. IAS 39.86.

[689]   Vgl. PWC (IFRS 2005), S. 327.

5.3.2.2 Die *fair value hedges*

Bei einem *fair value hedge* handelt es sich um die Absicherung von bilanzierten Vermögenswerten und Verpflichtungen gegen Änderungen ihres *fair value*. Die *fair value*-Änderungen müssen dabei auf ein bestimmtes Risiko zurückzuführen sein und Auswirkungen auf den Erfolg des Unternehmens haben können.[690] Klassisches Beispiel für einen solchen *hedge* ist die Absicherung einer bilanzierten festverzinslichen Forderung bzw. Verbindlichkeit gegen einen Anstieg bzw. Rückgang des Marktzinsniveaus und die damit verbundenen *fair value*-Änderungen.[691] Die Tatsache, dass solche Instrumente in aller Regel in die Kategorien *loans and receivables* bzw. *other liabilities* gehören und sich somit Marktzins- bzw. *fair value*-Änderungen gar nicht auf den Bilanzansatz auswirken, macht eine Absicherung nicht überflüssig. Diese ist aus ökonomischer Sicht unabhängig vom Bewertungsmaßstab bzw. der erfolgsrechnerischen Behandlung etwaiger (negativer) Wertänderungen sinnvoll, kann es doch z.B. bei einem Abgang vor Laufzeitende zu einem Verlust und damit zu einer Beeinflussung des Periodenerfolgs kommen.[692]

Darüber hinaus lassen sich auch bilanzunwirksame feste Verpflichtungen (*unrecognised firm commitments*) im Rahmen eines *fair value hedge* gegen Zeitwertänderungen absichern.[693] Dabei handelt es sich um rechtlich bindende Vereinbarungen zum Austausch einer bestimmten Menge an Ressourcen zu einem festgesetzten Preis zu einem festgesetzten Zeitpunkt (oder Zeitpunkten)[694] und damit also um schwebende Geschäfte, genauer: um bilanz*unwirksame* schwebende Geschäfte. Da sämtliche schwebende Geschäfte, welche die Derivate-Definition des IAS 39.9 erfüllen, als finanzielle Vermögenswerte oder finanzielle Verbindlichkeiten in der Bilanz zu berücksichtigen und somit gleichsam bilanz*wirksam* sind,[695] können sie damit nicht gemeint sein. In Frage kommen daher nur solche schwebenden Geschäfte, die diese Definition des IAS 39.9

---

[690]   Vgl. IAS 39.86(a).

[691]   Vgl. IAS 39.AG102.

[692]   Vgl. hierzu und zum Folgenden IAS 39.AG102-104 sowie KRUMNOW, JÜRGEN ET AL. (Rechnungslegung 2004), S. 1555f.

[693]   Vgl. IAS 39.86(a).

[694]   Vgl. IAS 39.9.

[695]   Vgl. Abschnitt 4.2.3.

nicht erfüllen. Hierzu zählen insbesondere Kontrakte in nicht-finanziellen *underlyings*, welche die speziellen Anforderungen, die der Standard für eine Klassifizierung als Derivat in diesem Fall vorschreibt, nicht erfüllen.[696]

5.3.2.3 Die *cash flow hedges*

Auch bei einem *cash flow hedge* wird das *hedged item* gegen ein bestimmtes, den Erfolg des Unternehmens beeinflussendes Preisrisiko abgesichert. Gegenstand der Absicherung ist jedoch hier nicht der *fair value*, sondern der mit dem *hedged item* verbundene *cash flow*.[697] So hängen beispielsweise bei einer variabel verzinslichen Forderung die hieraus während der Laufzeit resultierenden Zinszahlungen von der zukünftigen Entwicklung des Marktzinsniveaus ab. Gegen das Risiko eines Marktzinsrückganges und der damit einhergehenden rückläufigen Zinszahlungen kann man sich etwa durch Abschluss eines Zinsswaps schützen, bei dem der Bilanzierende variable Zinsen an seinen Swappartner zahlt und von diesem fixe Zinsen erhält. Dadurch wird die ursprünglich variable Position in eine synthetische festverzinsliche Position umgewandelt.[698]

Als *hedged items* kommen neben bilanziell erfassten Vermögenswerten bzw. Verbindlichkeiten auch hoch wahrscheinliche zukünftige Transaktionen (*highly probable forecast transactions*) in Betracht.[699] Anders als im HGB sind damit grundsätzlich auch antizipative *hedges* zulässig, also etwa die Absicherung erwarteter Rohstoffkäufe oder Produktverkäufe, sofern das Zustandekommen des gesicherten Geschäfts hoch wahrscheinlich ist. Was unter einer hohen Wahrscheinlichkeit zu verstehen ist, wird im Standard selbst nicht weiter quantifiziert. So verwundert es nicht, dass dies eine der Fragen war, mit denen sich die Bilanzierenden und deren Prüfer an das *Implementation Guidance Committee* (IGC) gewandt haben, mit der Bitte, hier eine Hilfestellung zu geben.[700] Diese bestand zunächst in der wenig hilfreichen Feststellung, dass die Be-

---

[696]   Vgl. Abschnitt 2.2.1.3.

[697]   Vgl. IAS 39.86(b).

[698]   Für ein ähnliches Beispiel mit einer Verbindlichkeit vgl. IAS 39.AG103.

[699]   Vgl. IAS 39.86(b).

[700]   Vgl. hierzu und zum Folgenden IAS 39.IG F.3.7.

zeichnung *„highly probable"* eine viel höhere Wahrscheinlichkeit als der Ausdruck *„more likely than not"* beinhaltet. Zudem, so das IGC, könne es nicht sein, dass die hohe Wahrscheinlichkeit alleine auf die Absichten des Managements abstelle, weil diese nicht überprüfbar seien. Vielmehr müsse die Einschätzung auch durch beobachtbare Fakten und die Begleitumstände gestützt werden. Hierzu zählen etwa

- die Häufigkeit ähnlicher Transaktionen in der Vergangenheit,

- die finanzielle und betriebliche Fähigkeit des Unternehmens, die geplante Transaktion überhaupt tatsächlich durchführen zu können,

- wesentliche Mittelbindungen für eine bestimmte Geschäftstätigkeit (z.B. wenn eine Produktionsanlage kurzfristig nur einen bestimmten Rohstoff verarbeiten kann),

- das Ausmaß des Verlusts oder der Störungen, die bei Ausbleiben der geplanten Transaktion entstehen könnten,

- die Wahrscheinlichkeit, dass das Unternehmen das mit der geplanten Aktion anvisierte Ziel auch durch eine andersartige Maßnahme erreichen kann,

- der *business plan*,

- die Zeitspanne bis zum geplanten Durchführungszeitpunkt der Transaktion,

- das (Miss-) Verhältnis zwischen dem Volumen der erwarteten Transaktion und dem Volumen ähnlicher Transaktionen in der Vergangenheit und

- inwieweit in der Vergangenheit geplante Transaktionen tatsächlich umgesetzt worden sind.

Letztlich muss man festhalten, dass auch diese – zudem nicht bindenden! – Antworten des IGC die vage Formulierung im Standard nicht wirklich zu konkretisieren vermögen. Vielmehr wird eine unpräzise Anforderung – „hoch wahrscheinlich" – nur durch andere, ebenfalls mehr oder weniger unscharfe Formulierungen „präzisiert", denn nun stellt sich etwa die Frage, was z.B. *„wesentliche* Mittelbindungen" sind oder wie häufig geplante Transaktionen in der Vergangenheit durchgeführt worden sein müssen. Dem Bilanzierenden verbleibt damit ein erheblicher Manipulationsspielraum. Die geforderte hohe Wahrscheinlichkeit ist intersubjektiv kaum nachprüfbar und möglicherweise wird sich im Zweifel häufig eine Begründung für das Vorliegen einer solch hohen Wahrscheinlichkeit finden lassen. Damit können Verluste aus spekulativen Derivategeschäften kaschiert werden,[701] indem auf angeblich geplante Transaktionen verwiesen wird. Eine weitere Manipulationsmöglichkeit ergibt sich zudem in dem Moment, in dem die geplante Transaktion tatsächlich ausgeführt wird. Hier kommt es entscheidend darauf an, dass die geplante Transaktion bei Herstellung des Absicherungszusammenhangs möglichst genau spezifiziert wird,[702] d.h., es muss im Zeitpunkt der Ausführung klar sein, dass es sich bei dem Geschäftsvorfall um die abgesicherte Transaktion handelt und somit die *hedge accounting*-Regeln Anwendung finden müssen.

So häufig antizipative *hedges* in der Praxis auch tatsächlich wirksam durchgeführt werden und so wünschenswert eine entsprechende Behandlung dieser *hedges* damit in der Rechnungslegung wäre: Die fehlende Objektivierbarkeit und die damit verbundenen Manipulationsmöglichkeiten sprechen m.E. gegen eine Zulässigkeit solcher Absicherungsmaßnahmen in der Rechnungslegung. Insofern gilt für die Rechnungslegung nach IFRS nichts anderes als für die nach HGB.[703] Zumindest sollte der Jahresabschlussleser darüber informiert werden, in welcher Höhe Verluste aus Derivaten im Hinblick auf geplante Geschäfte unberücksichtigt[704] geblieben sind.[705]

---

[701]   Vgl. zur bilanziellen Abbildung eines *fair value hedge* Abschnitt 5.3.5.3.

[702]   Vgl. IAS 39.IG F3.10.

[703]   Vgl. Abschnitt 5.2.1.2.2.2.2.2.

[704]   Vgl. zur Abbildung von *cash flow hedges* in der Bilanz Abschnitt 5.3.5.3.

[705]   IFRS 7.23(c) verlangt nur die Angabe des gesamten Betrages, der in der Periode ins Eigenkapital gestellt wurde.

5.3.3 Die zulässigen Sicherungsgeschäfte und Grundgeschäfte

5.3.3.1 Die Sicherungsgeschäfte

5.3.3.1.1 Grundsätzliches

Soll eine Absicherungsmaßnahme mit Hilfe der *hedge accounting*-Regeln des IAS 39 abgebildet werden, so setzt dies grundsätzlich voraus, dass es sich bei dem Absicherungsinstrument um ein Derivat i.S.v. IAS 39[706] handelt, dessen Wertänderungen bzw. *cash flow*-Änderungen entsprechende gegenläufige Veränderungen beim abgesicherten Grundgeschäft ausgleichen.[707] Damit scheiden geschriebene Optionen, bei denen der Bilanzierende die Position des Stillhalters einnimmt, als Sicherungsinstrument aus, weil zur Kompensation des hohen, aus der Stillhalterposition resultierenden Verlustpotenzials lediglich die vergleichsweise geringe Optionsprämie zur Verfügung steht, die der Stillhalter bei Abschluss des Kontraktes erhält.[708]

5.3.3.1.2 Die Verwendung von originären Finanzinstrumenten

Originäre Finanzinstrumente können nur dann als *hedging instrument* designiert werden, wenn mit ihrem Einsatz die Absicherung gegen Fremdwährungsrisiken bezweckt wird.[709] Dies stellt eine Einschränkung dar, denn in der Praxis werden durchaus auch originäre Finanzinstrumente zu Absicherungszwecken eingesetzt. Hinzu kommt, dass gerade im zulässigen Fall, d.h. bei der Absicherung gegen Währungsrisiken, *hedge accounting*-Regeln für die Abbildung einer Sicherungsbeziehung mit zwei originären Finanzinstrumenten häufig nicht notwendig sind.[710] IAS 21, der sich mit den Fragen der Währungsumrechnung beschäftigt, bestimmt nämlich, dass monetäre Posten – und dazu zählen insbesondere Kassenbestände sowie Forderungen und Verbindlichkeiten, soweit

---

[706]   *Firm commitments* (schwebende Geschäfte), die die Definitionsmerkmale eines Derivats nicht erfüllen, können kein *hedging instrument* sein.

[707]   Vgl. IAS 39.9.

[708]   Vgl. IAS 39.AG94 sowie grundsätzlich BIEG, HARTMUT (Optionen III 2003), S. 379.

[709]   Vgl. IAS 39.9.

[710]   Vgl. IAS 39.IG F.1.1.

sie in Zukunft zu einer Ein- oder Auszahlung führen[711] – am Abschlussstichtag grundsätzlich erfolgswirksam zum Stichtagskurs umzurechnen sind. Dadurch wird automatisch eine Kompensation in der Gewinn- und Verlustrechnung erreicht, ohne dass es hierzu zusätzlicher Regeln bedürfte. Diese können nur dann erforderlich werden, sofern nicht-monetäre Posten beteiligt sind. Hier erfolgt die Umrechnung in Abhängigkeit von dem normalerweise bei dem konkreten Posten zugrundezulegenden Wertmaßstab entweder zum Stichtagskurs (im Falle einer Bewertung zum *fair value*) oder mit dem historischen Kurs (im Falle einer Bewertung zu fortgeführten Anschaffungskosten).[712] Die erfolgsrechnerische Behandlung der dabei möglicherweise entstehenden Umrechnungsdifferenzen orientiert sich daran, wie ansonsten Bewertungsergebnisse bei dem konkreten Posten behandelt werden.[713]

Im Zuge der Überarbeitung hat das *board* den Wegfall dieser Restriktion diskutiert und sich letztlich – obwohl es die Eignung originärer Finanzinstrumente für diesen Einsatzzweck nicht in Frage stellt – für deren Beibehaltung entschieden und diesen Schritt wie folgt begründet:[714]

- Die Notwendigkeit von *hedge accounting*-Regeln, so die erste Begründung, ergebe sich teilweise daraus, dass Derivate erfolgswirksam zum *fair value* bewertet werden, die abgesicherten Grundgeschäfte dagegen zu Anschaffungskosten. Bei nicht-derivativen Absicherungsgeschäften sei diese Problematik nicht gegeben, sofern deren Folgebewertung nicht erfolgswirksam zum *fair value* erfolgt (z.B., weil sie der Kategorie *held to maturity* zugeordnet sind), denn in diesem Fall, so die Argumentation, erfolge für beide Geschäfte eine erfolgsneutrale Folgebewertung.

  Zwar ist dies eine zutreffende Situationsbeschreibung. Es ist tatsächlich so, dass beim Einsatz originärer Instrumente *hedge accounting*-Regeln überflüssig sind, vorausgesetzt, sowohl Grund- als auch Sicherungsgeschäft werden nicht erfolgswirksam zum *fair value* bewertet. Das ist aber kein Argument gegen die Zu-

---

[711] Handelt es sich dagegen um eine Sachleistungsforderung bzw. -verbindlichkeit, so liegt ein nichtmonetärer Posten vor.

[712] Vgl. IAS 21.23.

[713] Vgl. IAS 21.30.

[714] Vgl. IAS 39.BC144f.

lassung von *hedges* mit originären Instrumenten. Denn wenn bei Grund- oder Sicherungsgeschäft eben keine erfolgsneutrale Behandlung im Rahmen der Folgebewertung stattfindet, dann sind *hedge accounting*-Regeln auch hier sehr wohl notwendig.

- Die Zulassung originärer Instrumente führe zu einer Divergenz mit US-GAAP. Obwohl auch diese Behauptung zutreffend ist und sie möglicherweise einer der wesentlichen Beweggründe für die Handlungsweise des *board* darstellen mag, so liefert sie trotzdem keine ökonomisch sinnvolle Begründung für die Nichtzulassung originärer Finanzinstrumente als *hedging instruments*. Es sollte sich in den IFRS die sinnvollere und nicht die vom amerikanischen *Financial Accounting Standards Board* (FASB) favorisierte Regelung durchsetzen.

- Die Zulassung originärer Instrumente, so eine weitere Begründung, würde den Standard komplizierter machen. Zudem sei *hedge accounting* stets nur als Ausnahme zu den normalerweise anzuwendenden Regelungen anzusehen.

  Es ist zunächst zutreffend, dass es bei Zulassung weiterer Regeln bedurft hätte. Allerdings würde der Standard hierdurch allenfalls geringfügig umfangreicher und nicht notwendigerweise in der Anwendung komplizierter, als er ohnehin schon ist. Betrachtet man diese Aussage des *board* etwa in Kenntnis des Komplexitätsgrades der noch zu besprechenden Regeln für die Absicherung von Portfolien gegen Zinsrisiken,[715] so erscheint sie geradezu absurd.

  Dass von den normalen Bewertungsregeln abweichende Vorschriften immer eine Ausnahme bleiben sollten, kann nicht bestritten werden. Allerdings lässt sich auch damit die Nichtzulassung originärer Finanzinstrumente nicht rechtfertigen, denn die Begründung, weshalb Ausnahmen von der Regel notwendig sind bzw. sein können, ist bei derivativen wie bei originären Instrumenten identisch. Würde das *board* seine eigene Begründung ernst nehmen – es dürfte gar keine *hedge accounting*-Regeln zulassen.

- Die Zulassung originärer Instrumente führe zu einem weitaus weniger disziplinierten Bilanzierungsmodell, weil außerhalb der *hedge accounting*-Regeln für

---

[715] Vgl. Abschnitt 5.3.6.

originäre Finanzinstrumente keine Wahlfreiheit hinsichtlich der Bewertung zum beizulegenden Zeitwert bestehe. Ein Unternehmen könne nämlich durch Bruch der (noch zu besprechenden weiteren)[716] Voraussetzungen ein Ende der Sicherungsbeziehung herbeiführen und somit eine für ein Sicherungsinstrument eigentlich vorgesehene Bewertung zum *fair value* umgehen.[717]

Auch diese Begründung kann nicht wirklich überzeugen. Es erscheint doch ziemlich unrealistisch, dass sich ein Unternehmen durch Bildung bzw. Auflösung von Sicherungsbeziehungen ein faktisches Wahlrecht schafft, originäre Finanzinstrumente zu Anschaffungskosten oder zum *fair value* zu bewerten. Bereits die (noch zu besprechenden) aufwändigen und komplizierten weiteren Voraussetzungen wirken hier abschreckend.

- Der wichtigste Einsatzzweck für originäre Finanzinstrumente liege im Rahmen der Absicherung gegen Wechselkursrisiken, die IAS 39 ausnahmsweise erlaubt. Auch diese unbezweifelte Tatsache vermag keine sinnvolle Begründung dafür zu liefern, weshalb in anderen Fällen, d.h. bei anderen Risiken, eine solche Absicherung nicht zulässig sein soll.

5.3.3.1.3 Die Verwendung von Teilen des Sicherungsinstruments

Der *standardsetter* geht davon aus, dass in der Regel für jedes Sicherungsinstrument in seiner Gesamtheit nur ein einziger *fair value* existiert und daher eine Sicherungsbeziehung für ein Sicherungsinstrument in seiner Gesamtheit[718] designiert wird.[719] Zulässig ist es jedoch, den *fair value* eines Optionskontraktes in den inneren Wert und den Zeitwert aufzuspalten und nur den inneren Wert der Option als Sicherungsinstrument zu designieren. Ähnliches gilt für die Zinskomponente und den Kassakurs eines Terminkontraktes; hier ist es erlaubt, nur den Kassakurs als *hedging instrument* zu bestimmen.

---

[716]   Vgl. Abschnitt 5.3.4.

[717]   Beim *fair value hedge* werden, wie in Abschnitt 5.3.5.2 noch gezeigt wird, Grund- und Sicherungsgeschäft erfolgswirksam zum *fair value* bewertet.

[718]   Mit Gesamtheit sind hier die preisbestimmenden Faktoren gemeint. Es ist z.B. durchaus möglich, wie im Folgenden ausgeführt wird, 50% des (gesamten, d.h. alle preisbestimmenden Faktoren umfassenden) Sicherungsinstruments als *hedging instrument* zu designieren.

[719]   Vgl. hierzu und zum Folgenden IAS 39.74.

Statthaft ist es ferner, mit einem Sicherungsinstrument verschiedene Risiken und gegebenenfalls auch verschiedene Grundgeschäfte abzusichern;[720] dabei kann es sich auch um verschiedene Sicherungstypen (*fair value hedge* vs. *cash flow hedge*) handeln.[721] So lassen sich etwa mit einem kombinierten Zins- und Währungsswap sowohl Währungs- als auch Zinsänderungsrisiken ausschalten. Voraussetzung ist, dass (1) die abzusichernden Risiken eindeutig ermittelt werden können, (2) die Wirksamkeit des Sicherungsgeschäfts nachweisbar und (3) eine spezifische Zuordnung der Sicherungsinstrumente zu den Grundgeschäften möglich ist. [722]

Zur Absicherung eines bestimmten Grundgeschäfts muss nicht notwendigerweise ein einziges Sicherungsgeschäft in entsprechender Höhe abgeschlossen werden. Es ist vielmehr auch möglich, mehrere kleinere Geschäfte gemeinsam oder Teile eines größeren Geschäfts (z.B. 50% des Nominalbetrages eines Derivats oder im Falle der Absicherung von Wechselkursrisiken eines originären Sicherungsinstruments) als *hedging instrument* zu designieren.[723] Selbst wenn mehrere Geschäfte für ein Grundgeschäft als Sicherungsinstrument designiert werden (1:n-Beziehung), so handelt es sich doch immer noch um einen Mikro-*hedge*. Ein Makro-*hedge* liegt bekanntlich nur vor, sofern es beim Grundgeschäft zu einer Saldierung und Ermittlung einer Nettoposition kommt.[724]

5.3.3.1.4 Die Verwendung von Sicherungsgeschäften mit abweichender Laufzeit

Die Laufzeit der Sicherungsbeziehung darf nicht kürzer sein als die Laufzeit des Sicherungsinstruments.[725] *Hedge accounting* ist also z.B. nicht gestattet, wenn ein Grundgeschäft für eine Zeitspanne von zwei Jahren durch ein Derivat gesichert wird, das erst in drei Jahren ausläuft. Eine Begründung für diese Restriktion bleibt der *standardsetter* schuldig; es dürfte m.E. auch sehr schwer fallen, eine sinnvolle Begründung für ein in so undifferenzierter Form ausgesprochenes Verbot zu finden. So ist bei einer Vielzahl

---

[720]   Vgl. IAS 39.76.

[721]   Vgl. IAS 39.IG F.1.12.

[722]   Vgl. IAS 39.76.

[723]   Vgl. IAS 39.75.

[724]   Vgl. Abschnitt 2.2.5.3.3.2.1.

[725]   Vgl. IAS 39.75.

derivativer Instrumente, etwa bei an der EUREX oder an anderen Börsen gehandelten Derivaten, eine jederzeitige Glattstellung der Kontrakte und damit eine Realisierung der kompensierenden Erfolgsbeiträge zu dem gewünschten Zeitpunkt möglich.[726] Das Bestehen auf einer zeitlichen Kongruenz zwischen Laufzeit der Sicherungsbeziehung und Laufzeit des Derivats ist umso verwunderlicher, als es umgekehrt zulässig ist, eine Sicherungsbeziehung für nur einen Teil der Laufzeit des Grundgeschäfts einzugehen (*partial term hedging*)[727]. Eine noch fünf Jahre laufende Anleihe kann also durchaus für drei Jahre abgesichert werden – allerdings nur mit einem ebenfalls über drei Jahre laufenden Derivat. An dieser Stelle wird die Unsinnigkeit dieser Restriktion besonders deutlich, denn die *hedge*-Effektivität wäre bei einem ebenfalls fünf Jahre laufenden Derivat, das für 3 Jahre als Sicherungsinstrument designiert wird, aufgrund der identischen Restlaufzeit wohl tendenziell höher.[728]

5.3.3.1.5 Weitere Einschränkungen

Neben der Einschränkung, dass originäre Finanzinstrumente außer bei der Absicherung von Währungsrisiken nicht als *hedging instrument* in Frage kommen, nimmt der *standardsetter* weitere potenzielle Sicherungsgeschäfte von der Anwendung der *hedge accounting*-Regeln aus. Hierzu gehören:

- **Geschriebene Optionen**

  Bei Optionen handelt es sich um bedingte Termingeschäfte, die nur dann tatsächlich erfüllt werden, wenn der Optionsberechtigte sein erworbenes Optionsrecht am Ende (europäische Option) oder während der Optionsfrist (amerikanische Option) tatsächlich ausübt.[729] Der Stillhalter hat dagegen keinerlei Einfluss auf die Erfüllung des Vertrages. Damit können durch das Eingehen einer Stillhalterverpflichtung auch keine Geschäfte abgesichert werden, weil der Kontraktpartner die Option immer nur dann ausüben wird, wenn dies für ihn vorteilhaft ist. Bei einer Kaufoption wäre das z.B. dann der Fall, wenn man das *under-*

---

[726]   Vgl. Abschnitt 2.2.4.2.

[727]   Vgl. IAS 39.IG F.2.17.

[728]   Vgl. KUHN, STEFFEN / SCHARPF, PAUL (Rechnungslegung 2005), S. 263f.

[729]   Vgl. BIEG, HARTMUT (Optionen I 2003), S. 288.

lying über die Option billiger beschaffen kann als zum aktuellen Marktwert über den Markt. Eine derartige vorteilhafte Situation beim Optionsberechtigten ist jedoch stets mit einer entsprechenden nachteiligen Situation beim Stillhalter verbunden, d.h., beim Stillhalter entsteht bei Ausübung der Option durch den Optionsinhaber grundsätzlich kein positiver Erfolgsbeitrag, mit dem etwaige Wertverluste einer anderen Position ausgeglichen werden könnten. Absicherungen sind also grundsätzlich nur durch den Kauf von Optionen und damit beim Optionsberechtigten möglich.[730] Eine Ausnahme von diesem grundsätzlichen Designationsverbot stellt die Glattstellung einer erworbenen Option dar.[731]

- **Eigene Eigenkapitalinstrumente bzw. Derivate, die als eigene Eigenkapitalinstrumente zu klassifizieren sind**
  Nach IAS 39.AG97 handelt es sich dabei nicht um finanzielle Vermögenswerte bzw. finanzielle Verbindlichkeiten i.S.v. IAS 39. Damit können sie auch nicht als *hedging instrument* designiert werden.

- **Finanzinstrumente, deren *fair value* nicht verlässlich ermittelt werden kann**
  Eine der wesentlichen Voraussetzungen für die Zulässigkeit eines Absicherungszusammenhangs für *hedge accounting*-Zwecke ist, wie später noch erläutert wird,[732] eine hohe prospektive und retrospektive Effektivität der Absicherung. Die verlässliche Ermittlung des *fair value* ist Grundvoraussetzung für die Beurteilung der *hedge*-Effektivität.[733]

- **Interne Geschäfte**
  Als Sicherungsinstrumente kommen grundsätzlich nur Verträge in Betracht, die mit außerhalb der berichtenden Einheit stehenden Vertragspartnern geschlossen wurden. Interne Kontrakte sind somit vollständig zu eliminieren.[734]

---

[730]   Vgl. BIEG, HARTMUT (Optionen III 2003), S. 379.

[731]   Vgl. IAS 39.72 sowie IAS 39.AG94.

[732]   Vgl. Abschnitt 5.3.4.2.

[733]   Vgl. IAS 39.88(d) und 39.AG96.

[734]   Vgl. IAS 39.73. Dies gilt gemäß IAS 39.80 analog für Grundgeschäfte.

5.3.3.2 Die Grundgeschäfte

5.3.3.2.1 Grundsätzliches

Als abgesicherte Grundgeschäfte (*hedged items*) kommen sowohl bei *fair value hedges* als auch bei *cash flow hedges* die im Bestand des Unternehmens befindlichen Vermögenswerte und Verbindlichkeiten sowie nicht bilanzwirksame, feste Verpflichtungen (*unrecognised firm commitments;* schwebende Geschäfte) in Frage; dabei muss es sich nicht zwangsläufig um finanzielle Posten handeln. Im Rahmen von *cash flow hedges* kommen zudem geplante und mit sehr hoher Wahrscheinlichkeit eintretende Geschäftsvorfälle (*highly probable forecast transactions*) in Betracht.[735] In allen Fällen ist Voraussetzung, dass das Unternehmen einem Risiko einer Änderung des beizulegenden Zeitwerts des Grundgeschäfts oder aus ihm resultierenden künftigen *cash flows* ausgesetzt ist.[736] Dabei muss es sich um ein spezifisches identifizier- und bestimmbares Risiko handeln; ein Verweis auf das allgemeine Geschäftsrisiko genügt nicht.[737]

5.3.3.2.2 Die Absicherung von mehreren Geschäften (Makro-*hedges*)

Bei den Grundgeschäften kann es sich sowohl um einzelne Geschäfte als auch um eine Gruppe (ein Portfolio) von mehreren Geschäften handeln.[738] Soll eine Gruppe von Geschäften abgesichert werden, so setzt dies voraus, dass die einbezogenen Geschäfte dem gleichen abzusichernden Risikofaktor unterliegen. Die auf das abgesicherte Risiko zurückzuführenden *fair value*-Änderungen bei den einzelnen Posten sollen sich annähernd proportional zu der gesamten *fair value*-Änderung des Portfolios verhalten.[739]

Die gerade erwähnte Absicherung einer Gruppe ist jedoch nicht gleichzusetzen mit dem oben erläuterten Makro-*hedge*.[740] Es geht an dieser Stelle immer um eine Gruppe von Vermögenswerten *oder* eine Gruppe von Verbindlichkeiten. Die Verrechnung von Posi-

---

[735]   Vgl. IAS 39.78.

[736]   Vgl. IAS 39.9.

[737]   Vgl. IAS 39.AG110.

[738]   Vgl. IAS 39.78.

[739]   Vgl. IAS 39.83.

[740]   Vgl. Abschnitt 2.2.5.3.3.2.1.

tionen und die Absicherung der sich dabei ergebenden Netto-Risikoposition, die einen Makro-*hedge* gerade kennzeichnet, ist nach IAS 39.84 explizit ausgeschlossen. Damit sind die in der Praxis weit verbreiteten und zudem ökonomisch sinn- und risikopolitisch wirkungsvollen Makro-*hedges* mit IAS 39 nicht adäquat abbildbar.[741] Begründet wird dies damit, dass ein Effektivitätsnachweis nur bei einem Vergleich der Wert- bzw. *cash flow*-Änderungen des Sicherungsinstruments mit denjenigen eines spezifischen Grundgeschäfts, nicht aber mit einer Nettoposition zu erbringen sei.

Der Standard lässt aber eine Vorgehensweise zu – oder besser gesagt, er macht auf eine durch die gerade erläuterten Vorschriften gedeckte Vorgehensweise aufmerksam – die, was die Abbildung in der Gewinn- und Verlustrechnung angeht, zu einem praktisch identischen Ergebnis führt (Quasi-Makro-*hedge*).[742] Hat ein Unternehmen beispielsweise USD-Forderungen von 100 und USD-Verbindlichkeiten von 90, so sieht es sich einer offenen Position in Höhe von 10 USD gegenüber, die mittels eines entsprechenden Devisentermingeschäfts geschlossen werden kann. Anstatt die Netto-Risikoposition selbst in Höhe von 10 USD als *hedged item* zu designieren, wird ein entsprechender Teil des Portfolios – im Beispiel aufgrund des Aktivüberhangs bestimmte Forderungen in Höhe von 10 USD – als abzusicherndes Grundgeschäft bestimmt.[743]

Sehr hinderlich für die praktische Anwendung ist die bereits angesprochene Forderung des IAS 39.83, wonach sich die auf das abgesicherte Risiko entfallenden *fair value*-Änderungen der einzelnen Positionen des Portfolios annähernd proportional[744] zu der gesamten *fair value*-Änderung des Portfolios verhalten müssen. Diese restriktive Vorschrift gestattet es beispielsweise noch nicht einmal, ein exakt dem DAX nachgebildetes Aktienportfolio mit Hilfe einer Put-Option auf den DAX gegen einen etwaigen Kursrückgang abzusichern.[745] Zwar verlaufen die Wertentwicklung von Portfolio und De-

---

[741] Vgl. KUHN, STEFFEN /SCHARPF, PAUL (Rechnungslegung 2005), S. 277f.

[742] Vgl. IAS 39. AG101.

[743] Als Gruppe bzw. Portfolio i.S.v. IAS 39.78 gelten hier die Forderungen in Höhe von 10 USD, nicht das Gesamtportfolio aus Forderungen und Verbindlichkeiten.

[744] Der *standardsetter* unterlässt es, den Ausdruck „annähernd proportional" genauer zu quantifizieren. In der Praxis geht man in Anlehnung an US-GAAP von einer maximal zulässigen Abweichung von 10% aus. Vgl. ECKES, BURKHARD/GEHRER, JUDITH (Wirtschaftsprüfung 2003), S. 588.

[745] Vgl. IAS 39.IG F.2.20.

rivat in diesem Fall regelmäßig[746] nahezu identisch und gewährleisten damit auch eine nahezu perfekte Absicherung des Portfolios, allerdings ist die nach IAS 39 für eine bilanzielle Abbildung dieser Sicherungsbeziehung notwendige Proportionalität der Wertänderungen des Derivats und jeder einzelnen Aktie nicht gegeben. So werden beispielsweise selbst dann, wenn der Indexwert steigt (fällt), einzelne Aktien fallen (steigen) und sich damit nicht nur unproportional, sondern sogar entgegengesetzt zur Portfolio-Wertänderung verhalten.

Insbesondere die fehlende Möglichkeit, eine Netto-Risikoposition abzusichern, war und ist ein zentraler Kritikpunkt sowohl an dem alten als auch an dem überarbeiteten Standard. Sie betrifft vor allem die Kreditwirtschaft, weil sie bei der Steuerung der Zinsänderungsrisiken des Bankbuches im Rahmen der Aktiv-/Passivsteuerung gerade auf die Netto-Zinsposition abstellt. Die hierbei erreichten Absicherungen ließen sich damit nicht sachgerecht im Jahresabschluss wiedergeben und es ergäbe sich ein nicht zutreffendes Bild der wirtschaftlichen Lage des Unternehmens.[747] Aufgrund der starken Kritik an diesem Umstand sah sich das IASB zum Handeln gezwungen und verabschiedete im März 2004 eine Ergänzung des IAS 39 mit dem Titel „*Fair Value Hedge Accounting for a Portfolio Hedge of Interest Rate Risk*".[748] Auf deren Inhalt wird später in Abschnitt 5.3.6 genauer eingegangen.

5.3.3.2.3 Die Absicherung von *held to maturity*-Vermögenswerten und *loans and receivables*

Explizit ausgeschlossen von der Designation *als hedged item* im Zusammenhang mit der Sicherung gegen Zinsänderungsrisiken bzw. Risiken der vorzeitigen Rückzahlung *(prepayment risk)*[749] sind sämtliche finanzielle Vermögenswerte der Kategorie *held to maturity*.[750] Diese enthält definitionsgemäß ausschließlich an einem aktiven Markt ge-

---

[746]   Dies gilt jedenfalls so lange, wie sich an der Zusammensetzung der im DAX enthaltenen Aktien bzw. deren Gewichtung nichts ändert.

[747]   Vgl. KUHN, STEFFEN /SCHARPF, PAUL (Rechnungslegung 2005), S. 277f.

[748]   Vgl. IAS 39.BC173.

[749]   Gemeint ist hiermit die Gefahr der vorzeitigen Rückzahlung durch den Schuldner zum im Vergleich zur Situation bei Endfälligkeit möglicherweise niedrigeren Marktwert. Gelegentlich spricht man auch vom Vorauszahlungsrisiko.

[750]   Vgl. zum Folgenden IAS 39.79 sowie IAS 39.IG F.2.9.

handelte Fremdkapitalinstrumente mit festen oder bestimmbaren Zahlungen, die das Unternehmen bis zur Endfälligkeit zu halten beabsichtigt (Halteabsicht) und zugleich wirtschaftlich zu halten in der Lage ist (Haltefähigkeit). Die Bewertung dieser Vermögenswerte erfolgt bekanntlich zu fortgeführten Anschaffungskosten,[751] d.h., Änderungen des Zinsniveaus während der Laufzeit wirken sich nicht auf den Bilanzansatz aus, sie beeinflussen auch nicht die Höhe des Rückzahlungsbetrages bei Fälligkeit und sind daher für das Unternehmen – solange keine vorzeitige Veräußerung stattfindet, was aber definitionsgemäß gerade nicht beabsichtigt ist – ohne Belang. Der *standardsetter* lässt daher *held to maturity*-Instrumente nur im Rahmen der Absicherung gegen Wechselkurs- und Kreditrisiken als *hedged items* zu.

Demgegenüber können Vermögenswerte der Kategorie *loans and receivables* als *hedged item* auch Gegenstand einer Absicherung gegen Zinsrisiken sein.[752] Dies ist m.E. nicht konsequent, denn mit ähnlichen Argumenten, mit denen der Ausschluss der *held to maturity*-Kategorie begründet wird, könnten in gleicher Weise auch die in die Kategorie *loans and receivables* eingestuften Vermögenswerte vom *hedge accounting* ausgeschlossen werden. Auch hier handelt es sich um Fremdkapitalinstrumente, die zu fortgeführten Anschaffungskosten bewertet werden. Zwar spielt das Kriterium der beabsichtigten Haltedauer bis zur Fälligkeit an dieser Stelle keine Rolle bei der Zuordnungsentscheidung, dennoch wird man einräumen müssen, dass diese häufig hier genauso gegeben sein wird, wenn man beispielsweise an den klassischen Bankkredit denkt. Eine vorzeitige Rückzahlung eines Kredites durch den Kunden ist – sofern vertraglich überhaupt zulässig – wohl nicht der Regelfall. Auch eine Veräußerung vor Fälligkeit stellt eher einen Ausnahmefall dar, zumal hier – ganz im Gegensatz zu *held to maturity*-Instrumenten! – gar kein aktiver Markt existiert, an dem eine Veräußerung ohne weiteres erfolgen könnte. Insofern ist eine vorzeitige Veräußerung der börsennotierten *held to maturity*-Instrumente sogar realistischer als ein Verkauf von unverbrieften Bankkrediten, für die kein Markt existiert. Zudem ist es nicht grundsätzlich untersagt, eine Zuordnungsentscheidung in die Kategorie *held to maturity* durch Verkauf oder Umgruppierung rückgängig zu machen. Durch die *tainting*-Vorschriften wird lediglich der Verkauf bzw. die Umgruppierung eines mehr als unwesentlichen Teils

---

[751]   Vgl. 4.2.2.3.4.

[752]   Vgl. IAS 39.79.

innerhalb von zwei Jahren sanktioniert, d.h., es können nach h.M. in diesen zwei Jahren durchaus 10% des Gesamtbestandes veräußert oder umgruppiert werden.[753] Es besteht daher m.E. kein Grund, Finanzinstrumente der Kategorien *held to maturity* und *loans and receivables* hinsichtlich der Zulässigkeit als *hedged item* unterschiedlichen Regelungen zu unterwerfen.[754]

Selbst wenn man unterstellt, dass die *held to maturity*-Vermögenswerte oder auch die *loans and receivables* stets bis zum Fälligkeitstag gehalten und infolgedessen zum Nominalwert zurückgezahlt werden, so macht diese Tatsache eine Absicherung aus ökonomischer Sicht nicht obsolet. Insbesondere für Kreditinstitute geht es bei der Absicherung solcher Bestände nicht darum, einen Veräußerungserlös abzusichern, sondern um das Festschreiben einer Zinsmarge.[755] Insofern ist die Argumentation des *board* nicht nur inkonsequent, sie läuft vielmehr völlig ins Leere.

5.3.3.2.4 Die Absicherung von Derivaten

Auch derivative Finanzinstrumente können grundsätzlich nicht als abzusicherndes Grundgeschäft im Rahmen einer Sicherungsbeziehung designiert werden.[756] Sie sind stattdessen, sofern sie nicht als Absicherungsinstrument zum Einsatz kommen, stets in die Teilkategorie *held for trading* einzustufen und erfolgswirksam zum *fair value* zu bewerten. Das Verbot, derivative Instrumente als Grundgeschäfte einzusetzen, ist ebenso wenig einleuchtend wie das bereits diskutierte grundsätzliche Verbot, originäre Finanzinstrumente als Sicherungsgeschäfte zu designieren.[757] Auch hier kann man einwenden, dass in der Praxis auch Derivate abgesichert werden, ganz zu schweigen von dem grundsätzlichen Kritikpunkt, dass eine eindeutige Unterscheidung in das abgesicherte und das sichernde Geschäft eigentlich nicht möglich ist. Im Hinblick auf die Vorschrift, dass als Sicherungsgeschäfte grundsätzlich ausschließlich Derivate in Frage kommen, ist das Verbot, Derivate als Grundgeschäfte zu designieren, wenigstens halb-

---

[753]   Vgl. Abschnitt 4.2.2.3.2.2.2.

[754]   Vgl. KRUMNOW, JÜRGEN ET AL. (Rechnungslegung 2004), S. 1569.

[755]   Vgl. KRUMNOW, JÜRGEN ET AL. (Rechnungslegung 2004), S. 1569.

[756]   Vgl. IAS 39.9. Ausnahme: IAS 39.AG94 erlaubt die Designation einer gekauften Option als *hedged item*.

[757]   Vgl. 5.3.3.1.2.

wegs konsequent. Denn wenn neben dem Sicherungsgeschäft auch das Grundgeschäft ein Derivat ist, sind *hedge accounting*-Regeln überflüssig, da beide Derivate in die Bewertungsklasse *held for trading* einzustufen sind und folglich erfolgswirksam zum *fair value* bewertet werden; damit käme es automatisch zu der gewünschten Kompensation in der Gewinn- und Verlustrechnung.

5.3.3.2.5 Die Absicherung von Teilen des Grundgeschäfts

Sofern das Grundgeschäft ein finanzieller Posten ist, ist es zulässig, lediglich bestimmte Risikokomponenten (z.B. nur das Währungsrisiko oder nur das Zinsänderungsrisiko oder nur das Kreditrisiko) oder nur einen prozentualen Anteil des *fair value* oder der *cash flows* eines finanziellen Vermögenswerts oder einer finanziellen Verbindlichkeit (z.B. trotz einer Laufzeit des Grundgeschäfts von zehn Jahren nur die *cash flows* der nächsten fünf Jahre) zu sichern (*partial term hedging*). Voraussetzung ist, dass die auf das gesicherte Risiko entfallenden Wertänderungen verlässlich bestimmt werden können.[758] Hierauf wurde bereits im vorangegangenen Abschnitt hingewiesen.

Bei nicht-finanziellen Posten hat der Bilanzierende dagegen nur die Möglichkeit, entweder nur das Währungsrisiko separat abzusichern oder aber den Posten in seiner Gesamtheit, also sämtliche damit verbundenen Risiken. Begründet wird die Einschränkung damit, dass eine Aufspaltung der *fair value*- bzw. *cash flow*-Änderungen auf die einzelnen Risiken, abgesehen vom Währungsrisiko, bei diesen Posten sehr schwierig ist. Dies erschwert die Messung der bei allen Sicherungszusammenhängen nachzuweisenden *hedge*-Effektivität.[759]

---

[758] Vgl. IAS 39.81, IAS 39.85(d) und IAS 39.IG F.2.17.
[759] Vgl. IAS 39.82.

5.3.4 Weitere Voraussetzungen für die Zulässigkeit einer Sicherungsbeziehung und Anwendung des *hedge accounting*

5.3.4.1 Die formale Voraussetzung: Designation und Dokumentation

Zu Beginn der Absicherung muss der Bilanzierende die Sicherungsbeziehung formal designieren und dokumentieren. Dazu gehören die Benennung des abgesicherten und des sichernden Instruments, der Art des gesicherten Risikos sowie die Erläuterung der im Risikomanagement des Unternehmens verfolgten Zielsetzung und Strategie. Ferner ist mitzuteilen, nach welcher Methode die Effektivität[760] des *hedges* gemessen wird.[761] Hierzu gehört etwa, anzugeben, ob im Rahmen der Effektivitätsmessung bei einem *hedge* mit einer Option der gesamte *fair value* der Option betrachtet oder lediglich auf den inneren Wert derselben abgestellt wird.[762]

Es ist nicht erforderlich, die Sicherungsbeziehung direkt bei Abschluss des Sicherungs- und/oder Grundgeschäfts zu designieren. Damit können also auch Geschäfte zusammengeführt werden, die bereits längere Zeit im Bestand des Unternehmens sind. Dies kann aber niemals rückwirkend geschehen, d.h., eine Sicherungsbeziehung kann niemals zeitlich vor dem Moment der Designation bestehen.[763]

5.3.4.2 Die materielle Voraussetzung: Hohe Effektivität der Absicherung

5.3.4.2.1 Hohe erwartete Wirksamkeit der Absicherung (prospektive Effektivität)

Die Anwendung der *hedge accounting*-Vorschriften ist nur dann gestattet, wenn eine hohe Effektivität (Wirksamkeit) der Absicherungsmaßnahme für die gesamte Sicherungsperiode oder – bei einer dynamischen *hedging*-Strategie – bis zum nächsten An-

---

[760]   Vgl. Abschnitt 5.3.4.2.

[761]   Vgl. IAS 39.88(a).

[762]   Vgl. IAS 39.AG107.

[763]   Vgl. IAS 39.IG F.3.8f.

passungszeitpunkt zu erwarten ist („*expected to be highly effective*"[764])[765]. Dieser Nachweis ist nicht nur bei der erstmaligen Designation der Sicherungsbeziehung, sondern auch an den folgenden (Zwischen-) Abschlussstichtagen immer wieder neu zu erbringen.[766]

Die Wirksamkeit eines *hedge* wird daran gemessen, inwiefern sich die auf das abgesicherte Risiko zurückzuführenden Änderungen des *fair value* bzw. *cash flow* beim Grund- und beim Sicherungsgeschäft ausgleichen.[767] Der *standardsetter* unterlässt es bewusst, für die Messung der Effektivität bestimmte Methoden vorzugeben, weil sich diese nach der individuell vom Unternehmen verfolgten Risikomanagementstrategie richten sollen.[768] Er belässt es bei dem Hinweis, dass das Unternehmen den Nachweis der prospektiven Effektivität z.B. unter Heranziehung historischer Daten oder statistischer Verfahren, wie der Regressionsanalyse, erbringen kann.[769]

Sofern die wesentlichen Konditionen von Grund- und Sicherungsgeschäft (z.B. bei einer Absicherung von Zinsrisiken mit einem Swap: Nominalbetrag, Laufzeit, Zinsanpassungstermine, Zahlungszeitpunkte sowie die Bemessungsgrundlage zur Festsetzung der Zinsen) übereinstimmen (*critical term match*), kann auf weitere Nachweise verzichtet werden, weil dies bereits für eine hohe Wirksamkeit der Absicherung spricht.[770]

5.3.4.2.2 Hohe tatsächliche Wirksamkeit der Absicherung (retrospektive Effektivität)

An jedem (Zwischen-) Abschlussstichtag muss zudem die retrospektive Wirksamkeit der Absicherungsmaßnahme durch einen Vergleich der bei Grund- und Sicherungsgeschäft tatsächlich eingetretenen Wert- bzw. *cash flow*-Änderungen überprüft werden, indem man die Wert- bzw. *cash flow*-Änderungen von Grund- und Sicherungsgeschäft

---

[764]   IAS 39.88(b).

[765]   Vgl. IAS 39.AG107.

[766]   Vgl. IAS 39.AG106.

[767]   Vgl. IAS 39.88(b).

[768]   Vgl. IAS 39.AG107.

[769]   Vgl. IAS 39.AG105(a).

[770]   Vgl. IAS 39.AG108.

zueinander ins Verhältnis setzt.[771] Eine sog. *shortcut*-Methode ist hier ausdrücklich nicht vorgesehen, d.h., anders als beim prospektiven Nachweis ist ein Verweis auf identische Konditionsmerkmale nicht ausreichend.

Hierin unterscheidet sich IAS 39 von den US-GAAP, die bei Übereinstimmung der Ausstattungsmerkmale bei Zinsswaps eine solche *shortcut method* für den retrospektiven Effektivitätsnachweis zulassen. Auch das *board* hatte die Einführung einer solchen Regelung diskutiert, nachdem zahlreiche Stellungnahmen sie für wünschenswert erklärten; letztlich wurde sie jedoch verworfen.[772] Begründet wurde dies vom *board* damit, dass eine Zulassung gegen den Grundsatz verstoße, Ineffektivitäten einer Sicherungsbeziehung erfolgswirksam zu erfassen. Dieser Sichtweise ist entgegenzuhalten, dass solche Ineffektivitäten bei der geforderten tatsächlichen Übereinstimmung der Konditionenmerkmale ja gerade nicht oder nur in einem sehr begrenzten, nicht wesentlichen Umfang auftreten können. Ebenso ist erstaunlich, dass die häufig als „Totschlagsargument" gebrauchte, vom *board* ausgegebene Zielsetzung, eine Konvergenz von IFRS und US-GAAP herzustellen, in diesem Fall nicht zur Adaption der US-amerikanischen Regelung führt, zumal gerade diese Regelung bei den Gesprächsrunden im Rahmen der Überarbeitung von den Diskussionsteilnehmern gewünscht wurde. Die Konvergenz mit US-GAAP und auch das Kriterium der Komplexität einer Regelung waren z.B. Grund für das *board*, originäre Finanzinstrumente von der Designation als Sicherungsinstrumente auszuschließen.[773] Es drängt sich der Eindruck auf, dass das *board* derartige Argumente doch sehr selektiv zur Durchsetzung und Rechtfertigung seiner eigenen Ansichten und Interessen einsetzt.

Anders als beim prospektiven macht der Standardsetzer beim retrospektiven Effektivitätstest Angaben dazu, wann von einer effektiven Sicherungsbeziehung auszugehen ist. Danach muss das *hedge*-Ergebnis in einer Bandbreite von 80 bis 125% liegen. Beträgt beispielsweise der Verlust beim Sicherungsgeschäft 120 EUR und der Gewinn beim Grundgeschäft 100 EUR, ergibt sich – je nach Bezugspunkt – ein Wert von 120/100 = 120% oder 100/120 = 83%; damit liegt hier also eine effektive Sicherungsmaßnahme im

---

[771]   Vgl. IAS 39.88(e) und IAS 39.AG106.

[772]   Vgl. hierzu und zum Folgenden IAS 39.BC132ff. und IAS 39.IG F.4.7.

[773]   Vgl. Abschnitt 5.3.3.1.2.

Sinne von IAS 39 vor. Die Wahl des Bezugspunktes beeinflusst die Entscheidung hinsichtlich der Wirksamkeit der Absicherung nicht. Wenn man im obigen Beispiel etwa von einem Verlust von 120 EUR ausgeht, ergibt sich ein *hedge*-Ergebnis von 125/100 = 125% bzw. 100/125 = 80%; man erreicht also unabhängig von der Wahl des Bezugspunktes die untere bzw. obere Intervallgrenze. Die Einhaltung dieser Bandbreite sollte sinnvollerweise auch für den Nachweis der prospektiven Effektivität Verwendung finden und genügen.[774]

5.3.4.2.3 Messbarkeit der Effektivität

Der Nachweis der prospektiven und retrospektiven Effektivität impliziert bereits deren Messbarkeit. Hierzu müssen *fair value*- bzw. *cash flow*-Änderungen von Grund- und Sicherungsgeschäft verlässlich bestimmt werden können.

Im Hinblick auf die anzuwendenden Methoden macht der *standardsetter* keine detaillierten Vorgaben. Er belässt es bei dem relativ unscharfen Erfordernis, dass sich die anzuwendende Methode nach der Risikomanagementstrategie zu richten hat. Die hierfür in der Praxis eingesetzten Verfahren zählen im Regelfall entweder in die Kategorie der *dollar offset*-Methoden oder es handelt sich um statistische Verfahren. Bei den vergleichsweise unkomplizierten *dollar offset*-Verfahren erfolgt ein Vergleich der Wertänderungen von Grund- und Sicherungsinstrument. Vergleichsweise einfach umzusetzen sind sie, weil die hierfür erforderlichen Daten größtenteils ohnehin im Rahmen der Bewertung und Bilanzierung vorliegen. Als problematisch erweist sich hier das sog. Gesetz der kleinen Zahlen.[775] Damit ist gemeint, dass es bei geringen absoluten Wertänderungen bei Grund- und Sicherungsgeschäft vorkommen kann, dass eine wirtschaftlich effektive Sicherungsbeziehung fälschlicherweise als ineffektiv eingestuft wird. Wenn beispielsweise bei der Absicherung eines Grundgeschäfts mit einem Volumen von 1 Mio. EUR eine positive *fair value*-Änderung von 100 EUR auftritt und bei dem sichernden Derivat eine gegenläufige von 150 EUR, dann besitzt dieser *hedge* eine Effektivität von (150/100 =) 150%. Damit wären die *hedge accounting*-Regeln nicht anwendbar. In der Praxis hilft man sich hier durch die Vorgabe bestimmter Toleranz-

---

[774] So auch PWC (Hedge Accounting 2004), S. 11.

[775] Vgl. hierzu HAILER, ANGELIKA C./RUMP, SIEGFRIED M. (Hedge-Effektivität 2003), S. 599ff.;
GÜRTLER, MARC (Hedge-Effektivität 2004), S. 586ff.

werte. So könnte man die absolute Wertänderung (hier 100 bzw. 150 EUR) ins Verhältnis setzen zu dem abgesicherten Volumen (hier 1 Mio. EUR) und bis zu einem bestimmten sich hierbei ergebendem Prozentsatz (z.B. 0,1%) auch unter Hinweis auf den Grundsatz der Wesentlichkeit von einer effektiven Wertänderung ausgehen.[776]

Demgegenüber verursachen statistische Verfahren wie etwa Regressionsanalysen[777] einen erheblich größeren Aufwand, sofern sie nicht ohnehin zur internen Steuerung vorgehalten werden. Als problematisch könnte sich außerdem z.B. das Fehlen entsprechender Daten, insbesondere zu Beginn der Sicherungsbeziehung, erweisen. Gegebenenfalls sind sie daher erst in einem späteren Stadium des *hedges* anwendbar.[778]

5.3.4.2.4 Hohe Wahrscheinlichkeit einer geplanten Transaktion

Sofern es sich um einen *cash flow hedge* einer vorgesehenen Transaktion handelt, muss dieses Grundgeschäft mit hoher Wahrscheinlichkeit abgeschlossen werden und dem Risiko schwankender *cash flows* unterliegen. Der Zeitpunkt, zu dem die Transaktion geplant ist, muss zwar nicht exakt festgelegt werden, es genügt die Angabe einer – allerdings grundsätzlich knapp bemessenen – Zeitspanne. Die Problematik im Zusammenhang mit der Objektivierung einer hohen Wahrscheinlichkeit wurde bereits in Abschnitt 5.3.2.3 diskutiert.[779]

5.3.5 Die Abbildung im Jahresabschluss

5.3.5.1 Vorbemerkungen

Sind die im vorangegangenen Abschnitt erläuterten Voraussetzungen gegeben, erfolgt die Abbildung der Absicherungsmaßnahmen im Jahresabschluss nach den speziellen *hedge accounting*-Vorschriften.[780] Mit ihrer Hilfe soll eine risikoadäquate Abbildung

---

[776]   Vgl. KUHN, STEFFEN /SCHARPF, PAUL (Rechnungslegung 2005), S. 308ff.

[777]   Hierbei wird die Effektivität des *hedges* anhand der Steigung der Regressionsgeraden gemessen; diese muss zwischen -0,8 und -1,25 liegen.

[778]   PWC (Hedge Accounting 2004), S. 15ff.

[779]   Vgl. IAS 39.IG F.3.1.11.

[780]   Vgl. IAS 39.71.

der wirksamen Sicherungsmaßnahmen erreicht werden.[781] Im Folgenden wird die Vorgehensweise bei *fair value* und *cash flow hedges* verdeutlicht.

5.3.5.2 Der *fair value hedge*

Im Falle eines *fair value hedge* sind die einbezogenen Geschäfte nach IAS 39.89 wie folgt zu bewerten:

- **Sicherungsgeschäft**

  Der Gewinn bzw. Verlust, der aus der Bewertung des Derivats zum *fair value* bzw. – im Falle einer Absicherung gegen Währungsrisiken mittels originärer Instrumente – aus der Bewertung der Fremdwährungskomponente des nach IAS 21 ermittelten Buchwerts[782] (im Falle eines originären Sicherungsinstruments) resultiert, ist erfolgswirksam in der Gewinn- und Verlustrechnung zu erfassen.[783] Soweit es sich bei dem Sicherungsinstrument also um ein Derivat handelt, bedeutet diese Regelung folglich keine Abweichung vom Vorgehen bei allein stehenden derivativen Kontrakten.

- **Grundgeschäft**

  Da sich, wie soeben ausgeführt, der Gewinn bzw. Verlust aus dem Sicherungsgeschäft erfolgswirksam in der Gewinn- und Verlustrechnung niederschlägt, wird eine risikoadäquate Abbildung der Sicherungsbeziehung im Jahresabschluss nur dann erreicht, wenn auch der auf das abgesicherte Risiko entfallende, zur Wertentwicklung des Sicherungsgeschäfts gegenläufige Gewinn bzw. Verlust des Grundgeschäfts erfolgswirksam behandelt wird. Um dies zu erreichen, sind in Abhängigkeit von der Bewertungsklasse, der das Grundgeschäft angehört, unterschiedliche Schritte notwendig.

  Bei finanziellen Vermögenswerten der Kategorie *available for sale* schlagen *fair value*-Änderungen ohnehin auf den Wertansatz in der Bilanz durch. Es bedarf daher in diesem Fall lediglich noch der Umbuchung des ansonsten erfolgsneutral

---

[781]   Vgl. IAS 39.85.

[782]   Vgl. zur Währungsumrechnung nach IAS 21 Abschnitt 5.3.3.1.2.

[783]   Vgl. IAS 39.89(a).

im Eigenkapital berücksichtigten und auf das abgesicherte Risiko entfallenden Gewinns oder Verlusts in die Gewinn- und Verlustrechnung. Handelt es sich dagegen um Finanzinstrumente, die zu (fortgeführten) Anschaffungskosten bewertet werden, weil sie den Kategorien *loans and receivables, held to maturity* oder *other liabilities* zugehörig sind oder aber um nicht-finanzielle Vermögenswerte, die zu Anschaffungskosten bewertet werden, muss zunächst eine Buchwertanpassung in Höhe des dem abgesicherten Risiko zuzurechnenden Gewinns oder Verlusts stattfinden. Die Gegenbuchung erfolgt in der Gewinn- und Verlustrechnung.[784]

Geht man davon aus, dass das Sicherungsinstrument ein Derivat ist, lässt sich also zusammenfassend feststellen, dass das oben in Abschnitt 5.3.1 erläuterte Grundproblem, dass für Grundgeschäft und (derivatives) Sicherungsgeschäft unterschiedliche Bewertungsvorschriften gelten, durch Anpassung der bilanziellen Behandlung des Grundgeschäfts an die des Sicherungsgeschäfts gelöst wird. Das folgende Beispiel soll die Vorgehensweise und den damit erreichten Effekt verdeutlichen.

Ein Unternehmen erwirbt am 1.01.01 ein festverzinsliches Wertpapier über nominal 1 Mio. EUR zum Kurs von 100% und ordnet es in die Kategorie *available for sale* ein. Um es gegen Zinsänderungsrisiken abzusichern, wird am gleichen Tag ein Swap abgeschlossen, bei dem das Unternehmen feste Zinsen an seinen Swappartner zahlt und von diesem variable Zinszahlungen erhält. Damit entsteht per Saldo ein synthetisches, variabel verzinsliches Wertpapier. Da der Swap zu marktgerechten Konditionen abgeschlossen wird, besitzt er im Abschlusszeitpunkt einen Marktwert von 0 EUR. Die für das *hedge accounting* notwendigen Voraussetzungen, insbesondere die prospektiven Effektivitätsanforderungen, seien erfüllt.

Am 31.12.02 notiert die Anleihe nur noch mit 94%. Der Kurswertrückgang um 60.000 EUR ist zum einen auf einen Anstieg des Zinsniveaus (43.750 EUR), zum anderen auf eine Verschlechterung der Bonität des Anleiheschuldners (16.250 EUR) zurückzuführen. Der Swap weist dagegen einen (positiven) Marktwert von 35.000 EUR auf.

---

[784]   Vgl. IAS 39.89(b).

Werden die herkömmlichen Bilanzierungs- und Bewertungsregeln angewandt, schlagen sich die Geschäfte wie folgt im Jahresabschuss nieder:

- **31.12.01**

Beide Geschäfte sind bei Geschäftsabschluss im Rechnungswesen mit dem *fair value*, der den Anschaffungskosten entspricht, zu erfassen:

Anleihe	1.000.000	an	Bank	1.000.000
Swap	0	an	Bank	0

- **31.12.02**

Die Folgebewertung ist abhängig von der Kategorisierung der Finanzinstrumente. Die Anleihe wurde als *available for sale* eingestuft und wird infolgedessen mit ihrem *fair value* angesetzt; Wertänderungen werden, sofern nicht ein *impairment* vorliegt, erfolgsneutral im Eigenkapital gebucht. Zwar ist im vorliegenden Fall ein bonitätsbedingter *fair value*-Rückgang zu verzeichnen, dieser soll aber die Voraussetzungen zur Vornahme eines *impairments* (*loss event*)[785] nicht erfüllen.

Das Derivat ist als *held for trading* zu klassifizieren und wird ebenfalls mit dem *fair value* angesetzt. Wertänderungen schlagen sich jedoch hier nicht erfolgsneutral im Eigenkapital, sondern erfolgswirksam in der Gewinn- und Verlustrechnung nieder. Damit ergeben sich die folgenden Buchungen:

Neubewertungsrücklage	60.000	an	Anleihe	60.000
Swap	35.000	an	Ertrag	35.000

Dadurch, dass die *fair value*-Änderungen der beiden Geschäfte erfolgsrechnerisch unterschiedlich behandelt werden, kommt es zu keiner risikoadäquaten Abbildung der Sicherungsbeziehung. Es wird per Saldo ein Ertrag ausgewiesen, obwohl dieser positive Erfolgsbeitrag eigentlich dazu dient, die (nicht erfolgswirksam erfassten) negativen Wertänderungen beim Grundgeschäft auszugleichen.

---

[785] Vgl. Abschnitt 4.2.2.3.4.1.2.

Wird stattdessen eine Sicherungsbeziehung designiert, so ergeben sich infolge der damit verbundenen Anwendung der *hedge accounting*-Regeln Änderungen im Rahmen der Folgebewertung. Während die *fair value*-Änderung des Sicherungsderivats weiterhin unverändert erfolgswirksam zu erfassen ist, wird die seit Beginn der Sicherungsbeziehung auf das abgesicherte Risiko entfallende *fair value*-Änderung des Grundgeschäfts nunmehr nicht mehr erfolgsneutral gegen das Eigenkapital gebucht, sondern in die Gewinn- und Verlustrechnung überführt. Zuvor ist aber zu überprüfen, ob der *hedge* die retrospektiven Effektivitätsanforderungen erfüllt. Hierzu sind die gegenläufigen, auf das abgesicherte Risiko entfallenden *fair value*-Änderungen der beiden Geschäfte zueinander ins Verhältnis zu setzen. Dabei ergibt sich, je nach Wahl des Bezugspunktes, eine *hedge*-Effektivität von (35.000/43.750 =) 80% bzw. (43.750/35.000 =) 125%. Damit liegt gerade noch eine i.S.v. IAS 39 wirksame Sicherungsbeziehung vor. Die *hedge accounting*-Regeln sehen nun vor, dass die *fair value*-Änderung des Derivats unverändert erfolgswirksam verbucht wird, während die auf das abgesicherte Zinsrisiko entfallende Wertänderung der Anleihe aus der Neubewertungsrücklage erfolgswirksam ausgebucht wird.

Am 31.12.02 ergeben sich somit folgende Buchungssätze:

Neubewertungsrücklage	60.000	an	Anleihe	60.000
Swap	35.000	an	Absicherungsertrag	35.000
Absicherungsaufwand	43.750	an	Neubewertungsrücklage	43.750

Durch diese Art der Verbuchung wird nicht nur der aus der Absicherung resultierende kompensatorische Effekt auch im Jahresabschluss sichtbar und damit eine risikoadäquate Abbildung erreicht, es werden auch automatisch Ineffektivitäten erfolgswirksam erfasst. Im vorliegenden Beispiel etwa vermag der Swap die zinsinduzierte Wertänderung des Grundgeschäfts nicht vollständig auszugleichen. Es entsteht per Saldo ein nicht durch entsprechende Gewinne auszugleichender Absicherungsaufwand in Höhe von (43.750 − 35.000 =) 8.750 EUR.

Handelte es sich in dem gerade besprochenen Beispiel nicht um eine als *available for sale* eingestufte Anleihe, sondern einen in die Kategorie *loans and receivables* einzustufenden Buchkredit, müsste zunächst eine Buchwertanpassung (*basis adjustment*) des im

Rahmen der Folgebewertung zu (fortgeführten) Anschaffungskosten zu bewertenden Kredits vorgenommen werden. Der seitherige Buchwert müsste also um die auf das abgesicherte Risiko, d.h. auf die Zinsniveauerhöhung zurückzuführende *fair value*-Änderung gekürzt werden. Die Bonitätsänderung beeinflusst den Wertansatz des Kredits dagegen nicht, solange es sich, wie angenommen, um kein *impairment* i.S.v. IAS 39 handelt. Am 31.12.02 wäre also wie folgt zu buchen:

Absicherungsaufwand	43.750	an	Kredit	43.750	
Swap	35.000	an	Absicherungsertrag	35.000	

In der Gewinn- und Verlustrechnung ergeben sich damit im Vergleich zur Einstufung als *available for sale* keine Änderungen; es verbleibt auch hier ein negativer Saldo aus der Sicherungsbeziehung in Höhe von 8.750 EUR. Lediglich beim Ansatz in der Bilanz ergeben sich Unterschiede aufgrund der unterschiedlichen Folgebewertungsregeln der Grundgeschäfte. Diese führen dazu, dass sich bei dem *available for sale*-Vermögenswert auch die Bonitätsänderung auf den ausgewiesenen Betrag auswirkt: im Beispiel steht die Anleihe mit 940.000 EUR in der Bilanz, der Buchkredit dagegen mit 956.250 EUR.

Die Anwendbarkeit der *hedge accounting*-Regeln endet, wenn

- das Sicherungsgeschäft ausläuft, es veräußert, beendet oder ausgeübt wird (Ausnahme: es besteht eine dokumentierte *rollover*-Strategie, d.h., das Sicherungsgeschäft soll durch ein neues Geschäft ersetzt werden),

- die für das *hedge accounting* notwendigen Voraussetzungen, insbesondere die Effektivitätsbedingungen, nicht mehr erfüllt werden oder

- das Unternehmen die Designation der Sicherungsbeziehung aufhebt.[786]

---

[786]   Vgl. IAS 39.91.

5.3.5.3 Der *cash flow hedge*

Anders als beim *fair value hedge* kann hier das Kompensationsproblem im Jahresabschluss nicht dadurch gelöst werden, dass die Behandlung des Grundgeschäfts der des Sicherungsderivats angepasst wird, da „das gesicherte Grundgeschäft zumindest hinsichtlich des abgesicherten Risikos bilanzunwirksam ist."[787] So hat etwa eine Zinsänderung gerade keine Auswirkung auf den *fair value* einer variabel verzinslichen Verbindlichkeit.

Das Problem wird hier stattdessen durch eine Modifikation bei der Behandlung des sichernden Derivats gelöst. Dieses erscheint zwar wie gewöhnlich mit seinem *fair value* in der Bilanz, aber hinsichtlich der Ergebniswirksamkeit der *fair value*-Änderungen dieses Derivats wird in einen effektiven Teil und einen ineffektiven Teil der Wertänderung unterschieden.[788] Eine effektive Wertänderung liegt vor, soweit die kumulative, d.h. periodenübergreifende Wertänderung des Derivats die des Grundgeschäfts betragsmäßig nicht übersteigt (*under-hedge*). Sie ist erfolgsneutral im Eigenkapital zu buchen; die Erfolgswirksamkeit wird also in die Zukunft verschoben. Ein ineffektiver Teil ist dagegen gegeben, wenn die Wertänderung des Derivats größer ist als die korrespondierende Wertänderung beim Grundgeschäft (*over-hedge*). Der Differenzbetrag ist dann erfolgswirksam in der Gewinn- und Verlustrechnung zu erfassen. Das nachfolgende Beispiel[789] soll die Vorgehensweise verdeutlichen.

Bei einem *cash flow hedge* sind folgende Daten gegeben (Angaben in TEUR):

Jahr	31.12.01 (in TEUR)	31.12.02 (in TEUR)	31.12.03 (in TEUR)
Barwert *cash flow* Grundgeschäft	550	530	516
Fair value des Sicherungsinstruments	0	23	32

Abbildung 28: Beispieldaten

---

[787]   PELLENS, BERNHARD ET AL. (Rechnungslegung 2004), S. 550.

[788]   Vgl. IAS 39.95.

[789]   In Anlehnung an PELLENS, BERNHARD ET AL. (Rechnungslegung 2004), S. 550f.

Die folgende Tabelle zeigt die kumulativen Abweichungen bei Grund- und Sicherungs-geschäft sowie den effektiven Teil der Wertentwicklung des Sicherungsinstruments, der in der Neubewertungsrücklage ausgewiesen wird.

Jahr	01 (in TEUR)	02 (in TEUR)	03 (in TEUR)
Kumulative Veränderung Barwert *cash flow* Grundgeschäft	0	-20	-34
Kumulative Veränderung Sicherungsinstrument	0	+23	+32
Neubewertungsrücklage (effektiver Teil)	0	20	32

Abbildung 29: Kumulative Wertabweichungen und Neubewertungsrücklage

In die Neubewertungsrücklage wird damit immer der niedrigere Wert der kumulativen Wertänderungen des Sicherungsinstruments oder der *cash flows* eingestellt.[790] Die Bu-chungssätze lauten:

31.12.02

Sicherungsinstrument	23	an	Neubewertungsrücklage	20
		an	Ertrag	3

31.12.03

Sicherungsinstrument	9	an	Neubewertungsrücklage	12
Aufwand	3			

Zu beachten ist, dass im Jahr 03 eine Zuführung in die Neubewertungsrücklage in Höhe von 12 TEUR stattfindet, obwohl das Sicherungsinstrument im Vergleich zum Vorjahr

---

[790] Vgl. IAS 39.96.

nur 9 TEUR an Wert gewonnen hat. „Insofern handelt es sich um eine Reklassifizierung von Erträgen der Vorperiode in die ergebnisneutrale Komponente des Eigenkapitals."[791]

Die in der Neubewertungsrücklage geparkten Beträge werden grundsätzlich zeitlich parallel zur Ergebniswirksamkeit der gesicherten Zahlungen aufgelöst. Dabei gilt im Einzelnen Folgendes:

- Führt das Grundgeschäft unmittelbar zu einem Aufwand oder Ertrag, wie etwa bei der Absicherung variabler Zinszahlungen oder eines geplanten Verkaufs, so wird die Rücklage unmittelbar ergebniswirksam aufgelöst.[792]

- Führt das Grundgeschäft dagegen zur Erfassung eines Vermögenswerts oder einer Verbindlichkeit, so ist mit den in die Neubewertungsrücklage eingestellten Beträgen in Abhängigkeit davon, ob es sich um einen finanziellen oder nicht-finanziellen Posten handelt, wie folgt zu verfahren:

  - Bei Zugang eines finanziellen Postens verbleiben die eingestellten Beträge zunächst in der Neubewertungsrücklage. Sie werden erst in der Periode bzw. den Perioden erfolgswirksam ausgebucht, in denen sich das gesicherte Geschäft im Periodenergebnis etwa durch Zinserträge oder Zinsaufwendungen niederschlägt. Handelt es sich bei den in die Neu-bewertungsrücklage eingestellten Beträgen um einen Verlust und er-wartet der Bilanzierende, dass dieser Verlust in den Folgeperioden ganz oder teilweise nicht wieder hereingeholt werden kann, so ist der voraus-sichtlich nicht wieder hereinzuholende Betrag in die Gewinn- und Ver-lustrechnung umzubuchen.[793]

  - Handelt es sich dagegen um einen nicht-finanziellen Posten, so kann das Unternehmen die eingestellten Beträge wahlweise neben der gerade be-schriebenen Vorgehensweise[794] auch im Rahmen der Zugangsbewertung

---

[791]   PELLENS, BERNHARD ET AL. (Rechnungslegung 2004), S. 551.

[792]   Vgl. IAS 39.100.

[793]   Vgl. IAS 39.97.

[794]   Wurde beispielsweise der geplante Kauf einer Maschine abgesichert, bleibt das Eigenkapital im Moment des tatsächlichen Kaufs und damit des Zugangs unangetastet. Erst wenn die Maschine abgeschrieben bzw. veräußert wird, wird die Rücklage (anteilig) aufgelöst.

vollständig mit den Anschaffungskosten des Postens verrechnen (*basis adjustment*).[795] Das Wahlrecht ist einmalig und stetig für alle Sicherungsbeziehungen anzuwenden.[796]

Die gerade dargestellten Vorschriften unterscheiden sich von der Vorgängerfassung des IAS 39 (rev. 2000). Dieser sah auch für finanzielle Posten ein *basis adjustment*, also eine einfache Verrechnung der in die Neubewertungsrücklage eingestellten Beträge im Rahmen der Zugangsbewertung vor.[797] Die Neuregelung bedeutet in der praktischen Umsetzung eine erhebliche Zunahme an Komplexität. So weisen KUHN/SCHARPF zutreffend darauf hin, es müsse nun „eine Verknüpfung zwischen den zugegangenen finanziellen Vermögenswerten und finanziellen Verbindlichkeiten und der *cash flow*-Rücklage geschaffen werden, um buchungstechnisch die aus der Rücklage zu entnehmenden Anpassungsbeträge zu bestimmen. Es bedarf hierzu ggf. umfangreicher Nebenrechnungen"[798].

Insofern verwundert es nicht, dass die Änderung im Zuge der Beratung und Diskussion des überarbeiteten Standards zu Recht von der Praxis kritisch beurteilt wurde, zumal – und das gesteht selbst das *board* ein – beide Varianten in der Gewinn- und Verlustrechnung zu identischen Ergebnissen führen; sie unterscheiden sich lediglich im Bilanzausweis.[799] Das *board* ließ sich von den negativen Kommentaren in seiner Haltung allerdings nicht mehr umstimmen. Es begründet seine ablehnende Haltung damit, dass der sich beim *basis adjustment* ergebende Wert nicht dem *fair value* entspräche und somit IAS 39.43, der die Zugangsbewertung zum *fair value* vorsieht, zuwider liefe.[800] Bei nicht-finanziellen Posten erfolgt die Bewertung dagegen mit den Anschaffungskosten.[801]

---

[795]   Vgl. IAS 39.98.

[796]   Vgl. IAS 39.99.

[797]   Vgl. IAS 39.160 (rev. 2000).

[798]   KUHN, STEFFEN /SCHARPF, PAUL (Rechnungslegung 2005), S. 351.

[799]   Vgl. IAS 39.BC156.

[800]   Vgl. IAS 39.BC161.

[801]   Vgl. IAS 39.BC163.

Die Argumentation des *board* kann nicht überzeugen. Nach IAS 39.AG64 entspricht der *fair value* bei der Zugangsbewertung dem „*transaction price*"[802], genauer der „*consideration given or received*"[803]. M.E. ist hier der wirtschaftliche Zusammenhang zwischen dem Sicherungs- und dem Grundgeschäft zu berücksichtigen, d.h., es muss honoriert werden, dass sich der Wert der Gegenleistung – und die soll nach IAS 39.AG64 bekanntlich maßgeblich sein – aufgrund des Sicherungsgeschäfts verändert hat. Der Wert der Gegenleistung bestimmt sich demnach nicht allein nach dem aktuellen Marktpreis, sondern ist auch abhängig von etwaigen Sicherungsgeschäften, die sich auf den effektiv zu zahlenden bzw. erhaltenen Betrag auswirken. Dass der eingebuchte Wert sich vom momentanen Marktpreis unterscheidet, ist keineswegs ungewöhnlich oder gar unzulässig. Wenn beispielsweise ein Finanzinstrument, das an der Börse mit 100 EUR notiert, ohne den Umweg über die Börse von einem Dritten für einen anderen Betrag, z.B. 95 EUR oder 105 EUR, erworben würde, dann beträgt der *fair value*, d.h. der Wert der Gegenleistung und damit der bei Zugang einzubuchende Wert, 95 EUR bzw. 105 EUR – unabhängig davon, ob dies nun dem momentanen Marktpreis entspricht oder nicht. Dass der Marktpreis des Finanzinstruments sich von dem Wert der Gegenleistung unterscheidet, kann – in Abhängigkeit von der Bewertungsklasse, in die das Finanzinstrument eingestuft wird – erst im Rahmen der Folgebewertung eine Rolle spielen.

Selbst wenn man entgegen der hier vertretenen Auffassung ein *basis adjustment* mit dem Wortlaut von IAS 39.AG64 als unvereinbar ansieht und somit Sicherungsgeschäfte bei der *fair value*-Ermittlung außer Acht lässt, so ist diese Tatsache alleine noch keine Begründung dafür, weshalb der *standardsetter* die entsprechende Vorschrift nicht umgestaltet bzw. für Zwecke des *hedge accounting* eine Ausnahme von der Regel zugelassen hat – schließlich sind die gesamten *hedge accounting*-Vorschriften Ausnahmen von der Regelbilanzierung und -bewertung. M.E. hätte der *standardsetter* hier bei der Abwägung zwischen dem dogmatischen Ziel, die Zugangsbewertung zum *fair value* durchzuführen, einerseits und der Praktibilität des Standards andererseits zu der Einsicht gelangen müssen, dass das bei einem Verzicht auf das *basis adjustment* erreichte Mehr an Information für den Jahresabschlussleser in keinem Verhältnis zu dem damit

---

[802]   IAS 39.AG64.

[803]   IAS 39.AG64.

verbundenen Aufwand steht. Schließlich unterscheiden sich beiden Verfahren nur im Bilanzausweis – in der Gewinn- und Verlustrechnung führen beide zum gleichen Ergebnis!

So könnte der eigentliche Grund für ein Verbot des *basis adjustment* darin zu finden sein, dass ein derartiges Vorgehen nach US-GAAP nicht zulässig ist und somit eine Angleichung an die US-amerikanischen Regeln erfolgt. Auf diesen „Nebeneffekt" weist das *board* in IAS 39.AG157 hin. Damit hätte also einmal mehr der Zwang, sich dem Diktat der US-GAAP beugen zu müssen, über die Vernunft gesiegt.

Die Voraussetzungen, unter denen das Unternehmen das *hedge accounting* einstellen muss, entsprechen den im vorangegangenen Abschnitt beim *fair value hedge* genannten. Beim *cash flow hedge* ergibt sich diese Notwendigkeit darüber hinaus, wenn mit dem Eintritt der geplanten Transaktion nicht mehr gerechnet werden kann.[804]

Zusätzlich stellt sich bei der Absicherung geplanter Transaktionen die Frage, wie bei Beendigung des *hedge accounting* mit den seither in die Neubewertungsrücklage eingestellten Beträgen zu verfahren ist. Hier bestimmt der Standard, dass sie dort solange verbleiben, bis die geplante Transaktion eingetreten ist. Tritt die Transaktion ein, sind die gerade erläuterten Regeln der Paragrafen IAS 39.97, 39.98 bzw. 39.100 anzuwenden. Lediglich im letztgenannten Fall, d.h., wenn mit dem Eintritt der geplanten Transaktion nun nicht mehr gerechnet wird, erfolgt eine sofortige Umbuchung der seither erfolgsneutral im Eigenkapital geparkten Beträge in die Gewinn- und Verlustrechnung.[805]

5.3.6 *Portfolio hedge of interest rate risk*

5.3.6.1 Vorbemerkungen

Es wurde bereits wiederholt darauf hingewiesen, dass Risiken in modernen Risikomanagementsystemen nicht auf Einzelgeschäftsebene, sondern auf aggregierter

---

[804]   Vgl. IAS 39.101.

[805]   Vgl. IAS 39.101.

Basis gesteuert werden. Es werden also „natürliche" Risikokompensationseffekte von bestehenden Positionen berücksichtigt und nur noch die offene Netto-Risikoposition abgesichert. Derartige *hedging*-Strategien sind jedoch mit den eben erläuterten Vorschriften für den *fair value hedge* und den *cash flow hedge* nur sehr eingeschränkt auch im Jahresabschluss abbildbar; die *hedge accounting*-Regeln gehen grundsätzlich von einer Absicherung auf Mikro-Ebene aus.[806]

Die fehlende Möglichkeit, Sicherungsbeziehungen auf Makro-Ebene im Jahresabschluss entsprechend darzustellen, betrifft nicht die Portfolios im Handelsbereich – also das, was im Rahmen dieser Arbeit als Portfolio-Handels-*hedge* bezeichnet wird –, denn bei Zuordnung der Handelsbestände in die Teilkategorie *held for trading* werden aufgrund der erfolgswirksamen Bewertung dieser Bestände zum *fair value* spezielle *hedge accounting*-Vorschriften überflüssig. Problematisch ist die restriktive Haltung des Standards vielmehr für solche Absicherungen, die außerhalb des Handelsbuches stattfinden, insbesondere im Zusammenhang mit der Absicherung von Zinsänderungsrisiken des Bankbuches im Rahmen der Aktiv-/Passivsteuerung von Kreditinstituten. Hier „stehen die Anforderungen des IAS 39 den modernen Techniken des Risikomanagements von Unternehmen diametral entgegen"[807], sodass künftig zu befürchten ist, „dass Unternehmen zur Vermeidung artifizieller Ergebnisvolatilitäten auf wirtschaftlich sinnvolle Absicherungen verzichten und letztlich tragfähige Geschäftsmodelle durch die Rechnungslegung in Frage gestellt werden."[808] Auch die Ausnutzung der *fair value option* trägt an dieser Stelle wenig zur Lösung bei, weil die Instrumente häufig über keinen Marktwert verfügen und derzeit noch keine wirklich ausgereiften Bewertungsmodelle zur Bestimmung des *fair value* existieren.[809] Außerdem würde die Anwendung der

---

[806]   Vgl. ausführlich die Abschnitte 2.2.5.3.3.2.1 und 5.3.3.2.2.

[807]   KUHN, STEFFEN /SCHARPF, PAUL (Rechnungslegung 2005), S. 335.

[808]   KROPP, MATTHIAS/KLOTZBACH, DANIELA (Vorschlag 2003), S. 1181.

[809]   Vgl. EZB (Monatsbericht 2004), S. 84. Während beim *hedge accounting* nur die auf das abgesicherte Risiko entfallende *fair value*-Änderung berechnet werden muss (*hedged fair value*), müssten bei einer Bewertung zum *full fair value* sämtliche preisbestimmenden Faktoren, insbesondere auch die Bonität des Schuldners, Berücksichtigung finden. Vgl. CHRISTIAN, CLAUS-JÖRG (Informationsbasis 1991), S. 224ff.

Option, wie bereits an anderer Stelle ausgeführt,[810] mit einer größeren Ergebnisvolatilität einhergehen, was aus Sicht der Banken unerwünscht ist.[811]

So verwundert es nicht, dass insbesondere die Kreditwirtschaft im Zuge der Überarbeitung der Standards die fehlende Möglichkeit, Sicherungsbeziehungen auf Makro-Ebene abbilden zu können, heftig kritisierte.[812] Das IASB hat diese Kritik aufgenommen[813] und infolgedessen parallel zu den Beratungen der neuen Standardentwürfe IAS 32 und IAS 39 die Arbeiten an einem Teil-Standardentwurf begonnen, der ein mit der bestehenden Risikomanagementpraxis besser zu vereinbarendes *hedge accounting* bei der Absicherung von Zinsrisiken auf Portfolioebene ermöglichen sollte. Die Diskussionen mit den Vertretern der Kreditwirtschaft mündeten schließlich in den *„Exposure Draft of Proposed Amendmends to IAS 39 on Fair Value Hedge Accounting for a Portfolio Hedge of Interest Rate Risk"*, der im August 2003 veröffentlich wurde. Nach weiteren Diskussionen – das *board* erhielt allein mehr als 120 schriftliche Stellungnahmen – wurde die endgültige Fassung schließlich im März 2004 verabschiedet und somit der im Dezember 2003 veröffentlichte überarbeitete IAS 39 ergänzt.[814]

Im Folgenden wird zunächst erläutert, welche Defizite das *board* bei den vorhandenen (Mikro-) *hedge accounting*-Regeln identifiziert hat, die eine Anwendung auf die insbesondere in Kreditinstituten mit Hilfe moderner Risikomanagementsysteme erzielten

---

[810]   Vgl. Fußnote 424.

[811]   Der *fair value* eines Kredits ist, wie in Fußnote 809 erläutert, nicht nur von der Zinsentwicklung abhängig ist, sondern beispielsweise auch von der Bonität des Schuldners. Konjunkturelle Schwankungen oder Krisen in einzelnen Branchen, z.B. der Automobilindustrie, würden bei einer *fair value*-Bewertung auf die Bewertung der Kredite und damit auf den Periodenerfolg durchschlagen.

[812]   Vgl. KEMMER, MICHAEL/NAUMANN, THOMAS K. (Anwendung Teil 2 2003), S. 796f. Der ZENTRALE KREDITAUSSCHUSS [(Stellungnahme 2002), S. 2.] hierzu in einer Stellungnahme an das IASB: *"Both German banks and other industries have repeatedly pointed out that the central weaknesses of the existing rules lie in the restrictive and economically nonsensical provisions on hedge accounting and in the treatment of internal contracts. These rules are totally at odds with companies' risk management policies, whose objective is to hedge net risk exposures. We firmly reject any departure from this modern and efficient risk management methodology in the interests of compliance with accounting standards. Accounting should follow risk management – not vice versa."*

[813]   Dies geschah nicht zuletzt auch auf Druck der EU. In einem offenen Brief an Kommissionspräsident Prodi hatte der französische Staatspräsident Chirac IAS 39 zuvor als nicht ausgereift kritisiert und das *endorsement* in Frage gestellt. Vgl. LA FEDERATION BANCAIRE FRANÇAISE (Report 2003), S. 7; SCHRUFF, WIENAND (IASB 2003), S. I.

[814]   Vgl. IAS 39.BC11A und BC11B.

Absicherungen erschweren oder gar unmöglich machen. Anschließend wird gezeigt, wie die ergänzenden Regeln zum Portfolio-*hedge accounting* diese Probleme beheben sollen. Die Vorschriften werden ausführlich vorgestellt und bewertet.

5.3.6.2 Die vom *board* identifizierten Probleme und deren Lösung

5.3.6.2.1 Die identifizierten Probleme

Möchte ein Kreditinstitut die mit den modernen Zins-Risikomanagementmethoden auf Makro-Ebene erreichten Sicherungsmaßnahmen auch im Jahresabschluss entsprechend abbilden, so ergeben sich aus Sicht des *board*[815] bei Anwendung der bisher vorgestellten *hedge accounting*-Regeln die folgenden Probleme:[816]

- Die Anwendung der *hedge accounting*-Regeln wird dadurch erschwert, dass viele finanzielle Vermögenswerte – insbesondere die Forderungen an Kunden – dadurch gekennzeichnet sind, dass der Vertragspartner ein Recht auf vorzeitige Rückzahlung und Begleichung seiner Schuld hat. Letztlich kann man ein solches *asset* damit in eine nicht vorzeitig rückzahlbare Forderung und eine Vorfälligkeitsoption aufspalten, wobei sich der *fair value* beider Bestandteile in Abhängigkeit vom gesicherten Risiko, nämlich dem Zinssatz, ändert. Daraus resultieren zwei Probleme: Erstens besitzen nicht alle einbezogenen Geschäfte eine solche Vorfälligkeitsoption. Ändert sich nun das Zinsniveau, so werden die einbezogenen Geschäfte folglich unterschiedlich darauf reagieren. Damit ist die in IAS 39.83 formulierte Voraussetzung, dass sich jeder einzelne der in der Gruppe zusammengefassten Posten annähernd proportional (*„approximately proportional"*[817]) zu der Wertänderung des gesamten Portfolios verhalten muss, möglicherweise nicht erfüllt.

  Zweitens besitzt das Derivat, das als Sicherungsinstrument zum Einsatz kommt,

---

[815]   An dieser Stelle werden zunächst ausschließlich diejenigen Probleme diskutiert, die das *board* selbst in den *Basis for Conclusions* eingeräumt hat und mit Hilfe des *Amendments* ausräumen möchte. Ob und inwiefern darüber hinaus noch weitere Schwierigkeiten bestehen, ist Gegenstand des Abschnitts 5.3.6.4.

[816]   Vgl. IAS 39.BC176.

[817]   IAS 39.83.

im Regelfall keine solche Vorfälligkeitsoption. Damit ist sehr fraglich, ob die Wertänderungen der im Portfolio zusammengefassten (zumindest teilweise vorzeitig rückzahlbaren) Grundgeschäfte mit denen der (nicht vorzeitig rückzahlbaren) Sicherungsgeschäfte betragsmäßig soweit übereinstimmen, dass die vom Standard geforderte Wirksamkeit der Absicherung erfüllt wird.

- IAS 39.78 erlaubt zwar auch die Absicherung einer Gruppe (eines Portfolios), jedoch unter sehr restriktiven Bedingungen. So darf ein solches Portfolio entweder nur aus Vermögenswerten *oder* nur aus Verbindlichkeiten bestehen. Dies steht im Widerspruch zur Risikomanagementpraxis, die sich insbesondere durch die Ermittlung der offenen Netto-Risikoposition (und damit durch die gleichzeitige Einbeziehung von *assets* und *liabilities* in eine Gruppe) auszeichnet. Die in IAS 39.AG101 erwähnte Vorgehensweise, nämlich die ersatzweise Designation konkreter Vermögenswerte oder Verbindlichkeiten in Höhe der offenen Netto-Risikoposition, die hier als Quasi-Makro-*hedge* bezeichnet wurde, vermag ebenfalls keine Konvergenz mit den betrieblichen Risikomanagementsystemen herzustellen. Diese sehen eine derartige individuelle Verknüpfung mit einzelnen Grundgeschäften nicht vor, schon weil es sich häufig um dynamische *hedges* handelt. Die Nettoposition ändert sich im Zeitablauf, was im Falle einer konkreten Zuordnung eine permanente Dedesignation und Neudesignation und damit einen erheblichen Buchungsaufwand nach sich ziehen würde.

- Ebenfalls problematisch ist die in IAS 39.89 vorgesehene Buchwertanpassung der gesicherten Grundgeschäfte. Es müssten also die Buchwerte tausender Positionen immer wieder angepasst und spätestens bei Auflösung des *hedges* über die jeweilige Restlaufzeit der einzelnen Positionen amortisiert werden. Dies steht nicht nur im Widerspruch zum Risikomanagementsystem, das bekanntlich nicht auf die Einzelgeschäftsebene abstellt und folglich auch keine solchen Buchwertanpassungen vorsieht. Es brächte darüber hinaus auch einen kaum vertret- und beherrschbaren Buchungs- und Berechnungsaufwand mit sich.

5.3.6.2.2 Die Lösung der Probleme

5.3.6.2.2.1 Die Prämissen

Das *board* war durchaus bereit, eine Lösung für die eben erläuterten Probleme zu finden, bestand jedoch darauf, dass an den elementaren Prinzipien des IAS 39 und der *hedge accounting*-Regeln nicht gerüttelt werden darf. Hierzu zählen insbesondere die Folgenden:[818]

- Derivate müssen mit dem beizulegenden Zeitwert bewertet werden und als finanzielle Vermögenswerte bzw. finanzielle Verbindlichkeiten in die Bilanz aufgenommen werden.

- Wesentliche Ineffektivitäten müssen erkannt und ergebniswirksam erfasst werden.

- In die Bilanz dürfen ausschließlich Posten aufgenommen werden, welche die Definition eines Vermögenswerts bzw. einer Verbindlichkeit erfüllen. Damit ist es z.B. nicht möglich, Verluste aus einem Derivat anstatt erfolgswirksam über die Gewinn- und Verlustrechnung stattdessen erfolgsneutral über einen aktivischen Korrekturposten zu buchen, weil ein solcher Verlust keinen Vermögenswert darstellt.

5.3.6.2.2.2 Das Risiko einer vorzeitigen Rückzahlung

Um das Problem der unterschiedlichen Kündigungsrechte und der daraus möglicherweise resultierenden mangelnden Effektivität der Absicherung zu lösen, bieten sich zwei Vorgehensweisen an. Die erste Alternative besteht darin, die vorzeitig rückzahlbaren Forderungen in der oben beschriebenen Art und Weise in eine nicht rückzahlbare Forderung und eine Vorfälligkeitsoption aufzuspalten und nur die nicht rückzahlbare Forderung als Grundgeschäft zu designieren.[819] Dies, so stellt das *board* jedoch zu Recht fest, steht wiederum im Gegensatz zur Risikomanagementpraxis, in der im Regel-

---

[818]   Vgl. IAS 39.AG177.
[819]   Vgl. IAS 39.BC178.

fall keine derartige Zerlegung stattfindet.[820] Stattdessen hat sich das *board* für die zweite Alternative entschieden, die vom Grundsatz her der Vorgehensweise im Risiko- management entspricht. Hierbei wird die mögliche vorzeitige Rückzahlung im Falle von Forderungen mit Kündigungsrecht seitens des Kunden dadurch berücksichtigt, dass die in dem Portfolio zusammengefassten Positionen in Laufzeitbänder eingestellt werden, die ihrer erwarteten, nicht der vertraglichen Fälligkeit entsprechen. Sofern sich diese Erwartungen in der Folgezeit nicht erfüllen, beeinflusst dies die Effektivität des *hedges*.[821]

Das auch aufgrund unterschiedlicher Kündigungsrechte problematische Erfordernis des IAS 39.83, wonach (bei einem „Quasi-Makro-*hedge*") sich jeder einzelne der einbezo- genen Posten annähernd proportional zu der Wertänderung des gesamten Portfolios ver- halten muss, wurde im Falle eines Portfolio-*hedges* von Zinsrisiken aufgehoben. Es genügt vielmehr, wenn die einbezogenen Geschäfte dem gleichen Risiko, nämlich einem Zinsänderungsrisiko, ausgesetzt sind.[822]

5.3.6.2.2.3 Die Designation einer Nettoposition

Um das Regelwerk mit der in der Praxis vorherrschenden Absicherung von Netto- Risikopositionen kompatibel zu machen, sah das *board* ebenfalls zwei alternative Möglichkeiten. Die erste und offensichtlichste Lösungsmöglichkeit bestand darin, die Designation einer Nettoposition zuzulassen. Hierzu konnte sich das *board* jedoch nicht durchringen. Begründet wurde die ablehnende Haltung u.a.[823] mit der fehlenden Möglichkeit, *hedge*-Gewinne und -Verluste mit spezifischen Grundgeschäften in Ver- bindung zu bringen. Damit sei zum einen ein Effektivitätstest, bei dem die Wertände- rungen des Grund- mit denen des Sicherungsgeschäfts verglichen werden müssen, nicht durchführbar.[824] Zum anderen könne aufgrund der fehlenden Zuordnung zu bestimmten

---

[820]   Vgl. IAS 39.BC179.

[821]   Vgl. IAS 39.BC180.

[822]   Vgl. IAS 39.BC181.

[823]   Ein weiterer Aspekt, der bei der Entscheidung eine Rolle spielte, wird in Abschnitt 5.3.6.4.2.2 besprochen.

[824]   Vgl. IAS 39.BC184.

Geschäften nicht objektiv bestimmt werden, wann diese Gewinne und Verluste ergebniswirksam werden sollen.[825]

Die andere Alternative, für deren Anwendung sich der *standardsetter* letztlich entschied, besteht darin, nicht die Nettoposition selber, sondern in Höhe der Nettoposition einen Teil der Vermögenswerte (sofern die Vermögenswerte die Verbindlichkeiten übersteigen) oder der Verbindlichkeiten (sofern die Verbindlichkeiten die Vermögenswerte übersteigen) abzusichern, ohne dabei jedoch spezifische *assets* bzw. *liabilities* als Grundgeschäfte designieren zu müssen. Es wird ein bestimmter Betrag von Vermögenswerten bzw. Verbindlichkeiten abgesichert.

Obwohl sich die beiden Alternativen auf den ersten Blick im Ergebnis kaum voneinander unterscheiden, hat die Entscheidung für die eine oder andere Alternative insbesondere erhebliche Auswirkungen auf den Effektivitätstest. Sie sind Gegenstand der Ausführungen in Abschnitt 5.3.6.4.2.1.

5.3.6.2.2.4 Die Buchwertanpassungen

Durch die gerade erläuterte Lösung des Designationsproblems relativiert sich auch das dritte vom *board* identifizierte Problem, denn wenn keine konkreten, genau identifizierbaren Geschäfte mehr designiert werden, dann können auch keine Buchwertanpassungen bei konkreten Geschäften vorgenommen werden. Die Buchwertanpassung erfolgt stattdessen indirekt mittels eines separaten Bilanzpostens auf der Aktiv- bzw. Passivseite (*line item*).[826]

5.3.6.3 Die Vorgehensweise bei einem Portfolio-*hedge*

5.3.6.3.1 Vorbemerkungen

Der *standardsetter* beschreibt in IAS 39.AG114 einen mehrstufigen Prozess, der im Rahmen eines *hedge accounting* auf Portfolioebene zu durchlaufen ist (vgl. Abbildung

---

[825]   Vgl. IAS 39.IG F.6.1.

[826]   Vgl. IAS 39.89A.

30). Er wird im Folgenden ausführlich dargestellt und mit Hilfe eines einfachen Beispiels erläutert.[827]

---

[827] Vgl. zum Folgenden IAS 39.AG114 sowie KUHN, STEFFEN/SCHARPF, PAUL (Hedging 2003), S. 2293ff.; KRUMNOW, JÜRGEN ET AL. (Rechnungslegung 2004), S. 1606ff.; PWC (Hedge Accounting 2004), S. 21ff.

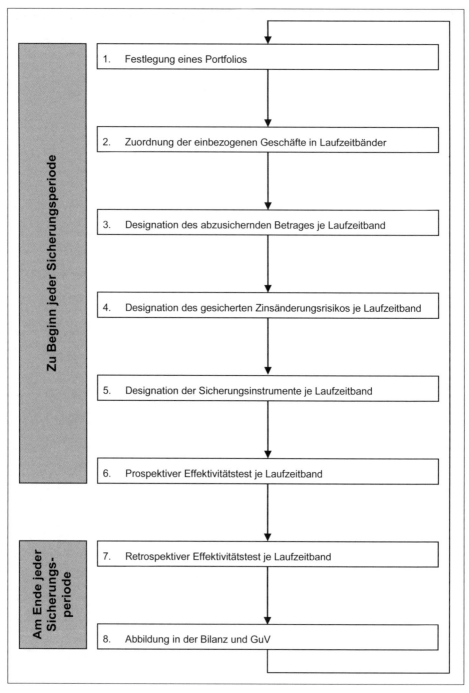

Abbildung 30:   Prozess des *hedge accounting* auf Portfolio-Ebene

5.3.6.3.2 Die Festlegung eines Portfolios

Der erste Schritt besteht in der Identifizierung eines (oder auch mehrerer) Portfolios und damit der festverzinslichen Forderungen und Verbindlichkeiten, die gegen eine Änderung des Zinsniveaus abgesichert werden sollen; proportionale Wertänderungen des Gesamt-Portfolios und einzelner Positionen in Bezug auf das abgesicherte Risiko sind, wie bereits erwähnt, nicht erforderlich. Ein Portfolio muss nicht ausschließlich aus Forderungen oder ausschließlich aus Verbindlichkeiten bestehen, sondern darf beide Komponenten beinhalten.[828]

Hinsichtlich der Geschäfte, die für ein Portfolio-*hedge accounting* zugelassen sind, gelten grundsätzlich die beim *fair value hedge* auf Mikro-Ebene gemachten Ausführungen, d.h., es müssen insbesondere IAS 39.78 bis 39.80 beachtet werden.[829] Damit können nur solche Positionen einbezogen werden, die auch im Rahmen eines einzelgeschäftsbezogenen *fair value hedge* zugelassen sind. Hierdurch ist es etwa untersagt, *held to maturity investments* oder interne Geschäfte in ein solches Portfolio mit einzubeziehen.[830]

5.3.6.3.3 Die Zuordnung der einbezogenen Geschäfte in Laufzeitbänder

Für jedes Portfolio definiert das Unternehmen bestimmte Laufzeitbänder, in welche die zuvor identifizierten Finanzinstrumente entsprechend ihrer erwarteten Fälligkeiten oder Zinsanpassungstermine eingestellt werden.[831] Dies geschieht unter Rückgriff auf die Erfahrungen der Vergangenheit und unter Berücksichtigung zukünftiger Erwartungen, z.B. hinsichtlich der zukünftigen Zinsentwicklung und deren Auswirkung auf die vorzeitige Rückzahlung ausgereichter Gelder. Verfügt das Unternehmen über keine oder unzureichende eigene Erfahrungen und Informationen über die zukünftig erwartete

---

[828] Vgl. IAS 39.AG116. Vgl. auch die Ausführungen in Abschnitt 5.3.3.2.

[829] Vgl. Abschnitt 5.3.3.2.

[830] Vgl. IAS 39.AG118.

[831] Vgl. IAS 39.114(b). Maßgeblich ist der frühere der beiden Zeitpunkte. Vgl. IAS 39.AG117.

Entwicklung, greift es auf die Daten anderer Unternehmen (etwa Beratungsgesellschaften) zurück.[832]

Der Standard macht keine Vorgaben hinsichtlich der Breite der Laufzeitbänder (z.B. Ein-Monats-Bänder), so dass sie vom Bilanzierenden in Übereinstimmung mit seiner Risikomanagementpraxis frei definiert werden können.[833] Die definierten Laufzeitbänder müssen auch keine identische Breite aufweisen, sondern sie können z.B. mit zunehmender Laufzeit verbreitert werden, wie das im Zinsrisikomanagement üblich ist. Bei der Wahl der Laufzeitbänder gilt es zu beachten, dass die *hedge*-Effektivität tendenziell höher sein wird, je enger die Bänder definiert werden.[834]

Die Zuordnung zu den Laufzeitbändern kann auf verschiedene Art und Weise und damit wiederum unter Berücksichtigung des unternehmensspezifischen Risikomanagements erfolgen. So kann etwa der Rückzahlungsbetrag in das Laufzeitband der erwarteten Endfälligkeit eingestellt werden, er kann entsprechend der Rückzahlungswahrscheinlichkeit auf mehrere Laufzeitbänder verteilt werden oder es kann bei der Zuordnung auf die erwarteten Zahlungsströme (Zinsen und Tilgung) abgestellt werden.[835]

Im Beispiel soll das Portfolio zum 1. Januar eines Jahres aus Vereinfachungsgründen aus lediglich zwei Laufzeitbändern bestehen, in die das Unternehmen die in der folgenden Tabelle angegebenen Nominalbeträge eingestellt hat.

Laufzeitband	Aktiva nominal (EUR)	Passiva nominal (EUR)
1	500.000	300.000
2	450.000	800.000

Abbildung 31: Nominalbeträge pro Laufzeitband

---

[832]   Vgl. IAS 39.117.

[833]   Vgl. IAS 39.IE2.

[834]   Vgl. IAS 39.AG125 sowie PWC (Hedge Accounting 2004), S. 25.

[835]   Vgl. IAS 39.AG114(b).

5.3.6.3.4 Die Designation des abzusichernden Betrages je Laufzeitband

Nach der Einteilung in die Laufzeitbänder wird für jedes Laufzeitband die offene Netto-Risikoposition bestimmt, d.h., es findet eine Saldierung der Aktiva mit den Passiva statt. Auch die neuen Regeln gestatten es jedoch nicht, diese aus Aktiva und Passiva bestehende Nettoposition selbst als *hedged item* zu designieren. Vielmehr wird ein der Nettoposition entsprechender Betrag[836] der Aktiva (bei einem Aktivüberhang) bzw. der Passiva (bei einem Passivüberhang) des jeweiligen Laufzeitbandes als abzusicherndes Grundgeschäft designiert.[837] Damit muss keine Zuordnung mehr zu konkreten Positionen in Höhe der Nettoposition vorgenommen werden, wie dies beim „Quasi-Makrohedge" nach IAS 39.AG101 erforderlich ist. Es wird stattdessen ein bestimmter Prozentsatz aller Aktivpositionen (bei einem Aktivüberhang) bzw. Passivpositionen (bei einem Passivüberhang) des jeweiligen Laufzeitbandes gesichert.

Die folgende Tabelle zeigt für das Beispiel die absolute Höhe der Nettoposition und deren prozentualen Anteil am jeweiligen Laufzeitband. Letzterer wird im Zusammenhang mit der späteren Messung der Effektivität des *hedges* benötigt.

Laufzeitband	Aktiv-überhang (EUR)	Passiv-überhang (EUR)	in %
1	200.000	–	200.000/500.000 = 40%
2	–	350.000	350.000/800.000 = 43,75%

Abbildung 32: Absolute und relative Überhänge pro Laufzeitband

Im Beispiel designiert das Unternehmen damit im Laufzeitband 1 Vermögenswerte in Höhe von 200.000 EUR und im Laufzeitband 2 Verbindlichkeiten in Höhe von

---

[836] Der abzusichernde Betrag muss nicht zwingend exakt der Höhe der Nettoposition entsprechen, es kann auch ein anderer Betrag designiert werden (vgl. IAS 39.AG118). Im Regelfall werden die beiden Größen allerdings betragsmäßig übereinstimmen (vgl. PWC (Hedge Accounting 2004), S. 25).

[837] Vgl. IAS 39.AG114 sowie IAS 39.AG118.

350.000 EUR als zu sicherndes Grundgeschäft, ohne dabei aber konkrete Vermögenswerte bzw. Verbindlichkeiten zu benennen.

5.3.6.3.5 Die Designation des gesicherten Zinsänderungsrisikos

Das Unternehmen muss das Zinsrisiko, gegen das es sich absichern möchte, designieren. Dabei kann es sich, analog zum *hedging* auf Mikro-Ebene, um einen Teil des gesamten Zinsänderungsrisikos handeln, d.h., es kann z.B. ein Referenzzinssatz wie der EURIBOR als abgesichertes Risiko bestimmt werden.[838] Damit bleiben die *credit spreads* der einbezogenen Posten, also der bonitätsbedingte Aufschlag auf diesen risikofreien Zinssatz, sowie deren Veränderung im Zeitablauf unberücksichtigt. Sie werden auch bei der Ermittlung der Effektivität nicht berücksichtigt.[839]

Es sei an dieser Stelle erneut darauf hingewiesen, dass ausschließlich Zinsänderungsrisiken Gegenstand eines solchen Portfolio-*hedges* sein können. Die Absicherung gegen andere Preisrisiken, wie etwa Aktien-, Währungs- oder sonstige Risiken, ist damit nicht zulässig.

5.3.6.3.6 Die Designation der Sicherungsinstrumente

Den in den jeweiligen Laufzeitbändern ermittelten abzusichernden Beträgen werden anschließend geeignete Sicherungsgeschäfte zugeordnet.[840] In der betrieblichen Praxis werden hierfür meist Swaps verwendet. Um den Effektivitätsanforderungen des IAS 39 zu genügen, sollte die Laufzeit des Swaps möglichst mit der des Laufzeitbandes übereinstimmen und der Festzinssatz des Swaps der durchschnittlichen Verzinsung des *hedged item* entsprechen.[841]

Beim Sicherungsinstrument kann es sich – wie beim *hedge* auf Mikro-Ebene[842] – um ein einzelnes Instrument, also beispielsweise um einen einzigen Swap handeln, es kann

---

[838]   Vgl. IAS 39.AG114(d).

[839]   Vgl. KUHN, STEFFEN /SCHARPF, PAUL (Rechnungslegung 2005), S. 341f.

[840]   Vgl. IAS 39.114(e).

[841]   Vgl. PWC (Hedge Accounting 2004), S. 26.

[842]   Vgl. hierzu und zum Folgenden IAS 39.77.

aber auch ein Portfolio aus mehreren Sicherungsgeschäften designiert werden. Im Zuge des *Portfolio Hedge Amendments* wurde eine Regelung in den Standard aufgenommen, wonach diese Sicherungs-Portfolien auch gegenläufige Geschäfte enthalten dürfen. Dies ist wichtig, wenn es darum geht, auf eine Veränderung der Nettoposition zu reagieren. In der Praxis geschieht dies nämlich nicht durch das Eingehen eines neuen, auf die veränderte Nettoposition passenden Swapvertrages, sondern durch Abschluss zusätzlicher und mitunter eben auch gegenläufiger Swaps.[843] Würden keine gegenläufigen Geschäfte zugelassen, müsste bei Änderungen der Risikoposition gegebenenfalls ein Teil der bestehenden Swapverträge dedesigniert und – sofern sie nicht eliminiert werden – als *held for trading* behandelt werden.[844]

Im Beispiel kann eine Sicherung gegen Zinsänderungsrisiken beispielsweise durch den Abschluss von Swapgeschäften erreicht werden, bei denen der Bilanzierende feste Zinsen an seinen Kontraktpartner zahlt und von diesem variable Zinsen erhält (*payer*-Zinsswap, Laufzeitband 1), oder aber variable Zinsen zahlt und im Gegenzug fixe Zinsen erhält (*receiver*-Swap, Laufzeitband 2).

5.3.6.3.7 Der Effektivitätstest

Genau wie beim Mikro-*hedge* müssen auch beim Makro-*hedge* sowohl prospektive als auch retrospektive Effektivitätstests durchgeführt werden.[845] Der Nachweis der prospektiven Effektivität ist insofern erleichtert, als er nicht für die Gesamtdauer des *hedges* zu erbringen ist. Es genügt vielmehr, die Periode (Sicherungsperiode) bis zur nächsten Anpassung des *hedges* zu betrachten.[846] Ansonsten gilt das im Rahmen des Mikro-*hedging* in Abschnitt 5.3.4.2 Gesagte entsprechend.

Da bei einem Portfolio-*hedge* aber keine konkrete Zuordnung von Grund- und Sicherungsgeschäft existiert, gestaltet sich insbesondere der Nachweis der retrospektiven Effektivität am Ende jeder Sicherungsperiode schwierig. Hierzu ist völlig analog zur Absicherung auf Einzelgeschäftsebene zu überprüfen, inwieweit sich *fair value-*

---

[843]   Vgl. BOHN, ANDREAS/WONDRAK, BERNHARD (Zinsmanagement 2004), S. 136.

[844]   Vgl. LÖW, EDGAR/LORENZ, KARSTEN (Bewertung 2005), S. 594.

[845]   Vgl. IAS 39.AG114(g).

[846]   Vgl. IAS 39.AG107.

Änderungen des *hedged item* einerseits und der Sicherungsgeschäfte andererseits entsprechen. Als wirksam gilt eine Absicherung auch hier, wenn das Verhältnis der Wertänderungen in der Bandbreite von 80-125% liegt.[847]

Während die Bestimmung der *fair value*-Änderung der Sicherungsgeschäfte als unproblematisch anzusehen ist, liegen die Probleme an dieser Stelle bei der Bestimmung der Wertänderung der Grundgeschäfte. Hier gilt es zu berücksichtigen, dass sich das Portfolio am Ende der Sicherungsperiode im Vergleich zum Beginn der Sicherungsperiode regelmäßig verändert haben wird: So werden einige der zu Beginn im Portfolio befindlichen Geschäfte möglicherweise nicht mehr im Bestand des Unternehmens sein, z.B., wenn ein Kunde einen Kredit zurückgezahlt oder eine Einlage abgezogen hat. Andererseits hat das Unternehmen mittlerweile möglicherweise neue Geschäfte abgeschlossen. Darüber hinaus wird die Zusammensetzung der Laufzeitbänder auch beeinflusst, wenn sich die Erwartungen hinsichtlich der Fälligkeit der einbezogenen Geschäfte, die für die Einordnung in die Laufzeitbänder maßgeblich waren, in der Folgezeit ändern. Damit ergibt sich in dem Laufzeitband, in welches ein Geschäft ursprünglich eingestuft wurde, ein Abgang, während in einem anderen Laufzeitband, das der neuen Erwartung entspricht, ein Zugang zu verzeichnen ist. Ineffektivitäten ergeben sich somit beim Portfolio-*hedge* nicht nur aufgrund einer nicht vollständig kongruenten Wertentwicklung von Grundgeschäften einerseits und Sicherungsgeschäften andererseits, sondern möglicherweise auch, weil sich die Bestände der abzusichernden Geschäfte im Vergleich zum Designationszeitpunkt geändert haben. Es stellt sich also die Frage, wie mit diesen Ab- und Zugängen umzugehen ist.

Zunächst sei daran erinnert, dass das eigentliche *hedged item* nicht eine aus Aktiva und Passiva bestehende *overall net position*, sondern ein Währungsbetrag der Aktiva (im Beispiel im Laufzeitband 1) *oder* ein Währungsbetrag der Passiva (im Beispiel im Laufzeitband 2) ist. Wenn folglich etwa die *fair value*-Änderung des *hedged item* im Laufzeitband 1 bestimmt werden soll, dann spielen bei der Bemessung der Wertänderung auch nur die Aktiva eine Rolle; ob und wie sich die Passiva im Laufzeitband 1 entwickelt haben, ist hierbei völlig unbeachtlich. Analog gilt für Laufzeitband 2, dass nur auf die Wertänderungen der Passiva abzustellen ist.

---

[847]   Vgl. IAS 39.AG105(b).

Angenommen, im Laufzeitband 1 seien nominal 80.000 EUR abgegangen, dann stellt sich die Frage, in welcher Beziehung diese 80.000 EUR zu dem abgesicherten Betrag von 200.000 EUR stehen. Oder anders ausgedrückt: Handelt es sich bei diesen abgegangenen 80.000 EUR um Vermögenswerte, die zu den 200.000 EUR gesicherten Vermögenswerten gehörten oder waren sie Bestandteil des ungesicherten Teils dieses Laufzeitbandes von 300.000 EUR? Da der gesicherte Betrag von 200.000 EUR bekanntlich in keiner direkten Verbindung zu konkreten Vermögenwerten steht, muss hier, ähnlich wie bei den Verbrauchsfolgeverfahren im Rahmen der Vorratsbewertung, ein fiktiver Zusammenhang hergestellt werden. Unterstellt man, dass die abgehenden Vermögenswerte zunächst den Block der gesicherten Vermögenswerte mindern, spricht man von dem sog. *top layer approach*. Im zweiten Fall, wenn man also annimmt, dass Abgänge zunächst von den ungesicherten Vermögenswerten gespeist werden, handelt es sich dagegen um den *bottom layer approach.*[848]

Die Wahl des Verfahrens hat erhebliche Auswirkungen auf die Bestimmung der Wirksamkeit des *hedges*, denn hierbei muss auf die am Ende der Sicherungsperiode noch vorhandenen gesicherten Vermögenswerte abgestellt werden. Verfolgt man etwa den *top layer approach*, dann hat sich das Volumen der gesicherten Vermögenswerte um nominal 80.000 EUR auf nun 120.000 EUR verringert. Die *fair value*-Änderung, die auf diese verbliebenen 120.000 EUR fällt, dürfte kaum in der von IAS 39 geforderten Bandbreite von 80-125% der korrespondieren Wertänderung des Swaps liegen, denn dieser lautete bekanntlich über einen Nominalbetrag von 200.000 EUR. Würde man stattdessen den *bottom layer approach* anwenden, so hätte der Abgang von 80.000 EUR die abgesicherten 200.000 EUR gänzlich unberührt gelassen. Aus dem Abgang entstehen somit keine Ineffektivitäten. Die im Laufzeitband nicht als gesichertes Grundgeschäft designierten 300.000 EUR wirken praktisch wie ein Puffer. Erst wenn Abgänge in einer Größenordnung von mehr als 300.000 EUR zu verzeichnen sind, wirken sich diese (in Höhe des 300.000 EUR übersteigenden Betrages) auf die Effektivität aus. Beiden Ansätzen ist zudem gemeinsam, dass Zugänge im Laufzeitband die abgesicherte Schicht von Vermögenswerten nicht beeinflussen; sie wirken sich somit nicht auf die Effektivität des *hedges* aus.

---

[848]   Vgl. hierzu und zum Folgenden IAS 39.BC195ff.

Neben diesen beiden *layer approaches* wurde noch ein dritter Ansatz diskutiert, der sog. *percentage approach*;[849] für diesen hat sich das *board* letztlich entschieden.[850] Er geht gedanklich davon aus, dass ein bestimmter Prozentsatz des Portfolios und damit ein bestimmter Prozentsatz jedes Vermögenswerts abgesichert wird. Im Laufzeitband 1 sind dies 40%. Im Rahmen des Effektivitätstests wird dieser Prozentsatz auf die am Ende der Sicherungsperiode vorhandenen Vermögenswerte angewendet und so der abgesicherte Betrag, dessen *fair value*-Änderung mit der des Swaps zu vergleichen ist, ermittelt. Damit führen sowohl Abgänge als auch Zugänge anteilig zu Ineffektivitäten. Bei einem Abgang von 80.000 EUR ergibt sich am Ende der Sicherungsperiode somit ein ge-sicherter Betrag von (40% · 420.000 =) 168.000 EUR; das sind 32.000 EUR (= 40% · 80.000 EUR) weniger als zu Beginn der Periode.

Zu- und Abgänge dürfen und müssen nach IAS 39.AG121 und IAS 39.AG127 bei der Berechnung des am Ende der Sicherungsperiode maßgebenden Bestandes nur dann be-rücksichtigt werden, wenn sie einen Bezug zum abgesicherten Risiko haben. Hierzu gehören:

- Abgänge, die in einer Zinsänderung begründet sind. Ein Beispiel hierfür ist die Rückzahlung eines festverzinslichen Kredites aufgrund eines Marktzinsrück-ganges;

- Abgänge, die auf veränderte Erwartungen hinsichtlich der Restlaufzeiten zu-rückzuführen sind und diese veränderte Erwartung ihre Ursachen in einer Zins-änderung hat. Wenn etwa bei einer Forderung, deren Begleichung ursprünglich innerhalb eines Jahres erwartete wurde, aufgrund von Änderungen des Zins-niveaus nun von einem wesentlich späteren Zahlungszeitpunkt ausgegangen wird, mindert dies den Bestand im betreffenden Laufzeitband. Solche Abgänge bedeuten gleichzeitig

- Zugänge in anderen Laufzeitbändern aufgrund der veränderten Erwartung.

---

[849]   Vgl. IAS 39.BC199.

[850]   Vgl. IAS 39.BC202.

Nicht berücksichtigt werden dürfen dagegen alle anderen Zu- und Abgänge. Hierzu gehören neu ausgereichte Kredite oder neu eingegangene Verbindlichkeiten und sämtliche Abgänge, die ihre Ursache nicht in einer Veränderung des Marktzinsniveaus haben.[851]

Die Ursache eines Abgangs wird sich dabei nicht immer zweifelsfrei klären lassen. So kann die Rückzahlung eines festverzinslichen Kredits dadurch motiviert sein, dass die Marktzinsen für neu ausgereichte vergleichbare Kredite mittlerweile gesunken sind. Sie könnte aber auch deshalb erfolgt sein, weil der Kreditnehmer eine Erbschaft gemacht hat und damit auf den Kredit nicht mehr angewiesen ist. Was die tatsächliche Ursache ist, ließe sich häufig nur durch Befragung des Kreditnehmers herausfinden. Dies ist nicht nur mit einem gewissen Bearbeitungsaufwand verbunden, es ist auch nicht gewährleistet, dass das Unternehmen hierbei eine befriedigende Antwort erhält, schon weil der Kreditnehmer nicht verpflichtet ist, derartige Fragen zu beantworten. Kann die tatsächliche Ursache für den Abgang nicht ermittelt werden, so ist nach IAS 39.AG121 im Zweifel von einer zinsinduzierten Bestandsveränderung auszugehen, welche die *hedge*-Effektivität beeinflusst.

Um die auf das abgesicherte Risiko zurückzuführende *fair value*-Änderung des *hedged item* unter Berücksichtigung der eben genannten Bestandsveränderungen zu berechnen, gibt der Standard ein vereinfachtes Verfahren vor, mit dem der gesuchte Wert approximativ bestimmt werden kann.[852] Es wird anhand des hier gegebenen Beispiels erläutert.

Ausgangspunkt ist dabei die seit Beginn der Sicherungsperiode eingetretene *fair value*-Änderung des zu Beginn der Sicherungsperiode vorhandenen gesicherten Bestandes an Vermögenswerten (Laufzeitband 1) bzw. Verbindlichkeiten (Laufzeitband 2). Zu Beginn der Sicherungsperiode (01.01.) belief sich der *fair value* der im Laufzeitband 1 – die nachfolgenden Ausführungen beziehen sich allein auf dieses Laufzeitband; die Vorgehensweise im Laufzeitband 2 ist analog – eingestellten Vermögenswerte auf 490.000 EUR. Am Ende der Sicherungsperiode ist der *fair value* dieser zu Beginn der Sicherungsperiode vorhandenen Vermögenswerte auf 495.000 EUR gestiegen, was eine absolute Wertänderung von 5.000 EUR bedeutet. Da im Laufzeitband 1 nur 40% der

[851] Vgl. auch PWC (Hedge Accounting 2004), S. 25f.
[852] Vgl. IAS 39.AG126(b) sowie das Anwendungsbeispiel in IAS 39.IE1ff.

Vermögenswerte gesichert waren, sind folglich zunächst auch nur 40% der Wertänderung, also 2.000 EUR, relevant.

(1)	(2)	(3)	(4)	(5)	(6)	(7)	(8)
Lauf-zeit-band	Aktiva fair value		Passiva fair value		Änderung absolut	Gesicher-ter Prozent-satz	Gesicherte fair value-Änderung bezogen auf 01.01.
	01.01.	31.01.	01.01.	31.01.	(3)-(2) bzw. (4)-(5)		(7) · (6)
	(EUR)	(EUR)	(EUR)	(EUR)	(EUR)		(EUR)
1	490.000	495.000	–	–	5.000	40%	2.000
2	–	–	780.000	790.000	-10.000	43,75%	-4.375

Abbildung 33: Ermittlung der gesicherten *fair value*-Änderung pro Laufzeitband bezogen auf den Bestand am 01.01.

Bei den gerade ermittelten 2.000 EUR handelt es sich um die gesicherte *fair value*-Änderung bezogen auf den Bestand zu Beginn der Sicherungsperiode (01.01.). Anders ausgedrückt: Zwischenzeitliche (zinsinduzierte) Zu- und Abgänge wurden bei der Ermittlung noch nicht mit einbezogen. Dies geschieht näherungsweise, indem die gesicherte *fair value*-Änderung bezogen auf den Bestand zu Beginn der Sicherungsperiode (im Beispiel 2.000 EUR) multipliziert wird mit dem Quotienten aus dem abzusichernden Betrag am Ende der Sicherungsperiode und dem abzusichernden Betrag zu Beginn der Sicherungsperiode (vgl. Abbildung 34).[853] Die beiden Größen lassen sich bestimmen, indem der gesicherte Prozentsatz mit dem am Beginn bzw. Ende der Sicherungsperiode vorhandenen Nominalbetrag der Aktiva (Laufzeitband 1) multipliziert wird. Im Beispiel wird ein nominaler Aktiv- bzw. Passivbestand zum 31.01 von 420.000 EUR bzw. 700.000 EUR unterstellt.

---

[853]   Vgl. hierzu und zum Folgenden PWC (Hedge Accounting 2004), S. 30.

Fair value- Änderung des ab- gesicherten Betra- ges bezogen auf den Bestand am Ende der Periode	=	*Fair value-*Änderung des abgesicherten Betrages bezogen auf den Bestand am Be- ginn der Periode	•	$\dfrac{\text{Abgesicherter Nominalbetrag am Ende der Periode}}{\text{Abgesicherter Nominalbetrag zu Beginn der Periode}}$

Abbildung 34: Formel zur Ermittlung der gesicherten *fair value*-Änderung pro Laufzeitband bezogen auf den Bestand am 31.01.

Der abgesicherte Betrag im Laufzeitband 1 betrug zu Beginn der Sicherungsperiode 200.000 EUR (40% von nominal 500.000 EUR), bezogen auf den nominalen Endbestand waren es 168.000 EUR (40% von nominal 420.000 EUR).

(1)	(2)	(3)	(4)	(5)
Lauf- zeit- band	Aktiva nominal 31.01. (EUR)	Passiva nominal 31.01. (EUR)	gesicherter Prozentsatz	Abgesicherter Nominalbetrag 31.01. (EUR)
1	420.000	–	40%	168.000
2	–	700.000	43,75%	306.250

Abbildung 35: Ermittlung des abgesicherten Nominalbetrages am Ende der Periode pro Laufzeitband

Damit ergibt sich im Laufzeitband 1 unter Verwendung der obigen Formel eine *fair value*-Änderung des abgesicherten Betrags bezogen auf den Bestand am Ende der Periode von (2.000 EUR · 168.000 EUR/200.000 EUR =) 1.680 EUR. Für das Laufzeitband 2 errechnet sich auf analoge Weise ein Betrag von -3.828,13 EUR. Zur besseren Übersicht sind alle für diese Berechnung relevanten Werte nochmals in der folgenden Abbildung 36 zusammengestellt.

(1)	(2)	(3)	(4)	(5)
Lauf-zeit-band	Fair value-Änderung des abgesicherten Betrages bezogen auf den Bestand am 01.01. (EUR)	Abgesicherter Nominalbetrag am 31.01. (EUR)	Abgesicherter Nominalbetrag am 01.01. (EUR)	Fair value-Änderung des abgesicherten Betrages bezogen auf den Bestand am 31.01. (EUR)
1	2.000	168.000	200.000	1.680
2	-4.375	306.250	350.000	-3.828,13

Abbildung 36:   Ermittlung der gesicherten *fair value*-Änderung pro Laufzeitband bezogen auf den Bestand am 31.01.

Nun kann die *hedge*-Effektivität analog zu der Vorgehensweise bei Mikro-*hedges* bestimmt werden, indem die Wertänderung der Grundgeschäfte zu der Wertänderung des Sicherungsinstrumentes ins Verhältnis gesetzt wird. Auch hier gilt es, die Bandbreite von 80-125% einzuhalten. Die nachfolgende Tabelle zeigt die Ermittlung der *hedge*-Effektivität für beide Laufzeitbänder, wobei beim Sicherungsinstrument eine *fair value*-Änderung von -2.000 EUR (Laufzeitband 1) bzw. 4.375 EUR (Laufzeitband 2) angenommen wird.[854]

---

[854]   Nach IAS 39.AG119(f) ist es auch zulässig, die Effektivität für mehrere Laufzeitbänder kumuliert zu messen.

(1)	(2)	(3)	(4)
Laufzeit- band	*Fair value*-Änderung des abge- sicherten Betrages bezogen auf den Bestand am 31.01. (EUR)	*Fair value*- Änderung des Sicherungs- instrumentes (EUR)	Hedge- Effektivität[855] (2) / (3)
1	1.680	-2.000	84%
2	-3.828,13	4.375	87,5%

Abbildung 37:   Ermittlung der Effektivität des *hedges*

Damit liegen in beiden Fällen wirksame Sicherungsbeziehungen vor, für deren Abbildung im Jahresabschluss die speziellen *hedge accounting*-Regeln angewandt werden
dürfen. Diese sind Gegenstand des folgenden Abschnitts.

5.3.6.3.8 Die Abbildung in Bilanz und Gewinn- und Verlustrechnung

Der Standard schreibt im Falle einer wirksamen Sicherungsbeziehung vor, die *fair
value*-Änderung des Sicherungsgeschäfts in voller Höhe erfolgswirksam vorzunehmen,
genau wie das beim *hedge accounting* auf Mikro-Ebene vorgesehen ist.[856] Gleiches gilt
für die *fair value*-Änderungen des abgesicherten Betrages. Die Gegenbuchung erfolgt
hierbei allerdings nicht über die direkte Anpassung der Buchwerte der abgesicherten
Grundgeschäfte, sondern durch Bildung einer separaten Bilanzposition (*line item*) auf
der Aktivseite (sofern der abgesicherte Betrag einen Vermögenswert darstellt) oder auf
der Passivseite (sofern der abgesicherte Betrag eine Verpflichtung darstellt).[857] In Abhängigkeit von der Richtung der Anpassung kann damit auch ein negativer Betrag in
dem separaten Bilanzposten erscheinen.[858] Beide Posten sind brutto auszuweisen, d.h.,

---

[855]   Die Ineffektivität resultiert hier allein aus den Bestandsveränderungen.

[856]   Vgl. IAS 39.89(a) sowie IAS 39.AG114(h).

[857]   Vgl. IAS 39.89A.

[858]   Vgl. LÖW, EDGAR/LORENZ, KARSTEN (Bewertung 2005), S. 599.

eine Saldierung des aktivischen mit dem passivischen *line item* ist unzulässig.[859] Am 31. Januar sind damit folgende Buchungen durchzuführen.

	Laufzeitband 1	Laufzeitband 2
Sicherungs-geschäft	Absicherungsaufwand an Sicherungsderivat 2.000	Sicherungsderivat an Absicherungsertrag 4.375
Grundgeschäfte	*line item* Aktivseite an Absicherungsertrag 1.680	Absicherungsaufwand an *line item* Passivseite 3.828,13

Abbildung 38: Buchungssätze am 31.01.

Obwohl eine wirksame Sicherungsbeziehung im Sinne des Standards vorliegt, gleichen sich die Wertänderungen der Grund- und Sicherungsgeschäfte in beiden Laufzeitbändern nicht vollständig aus. So liefern etwa im Laufzeitband 1 die Grundgeschäfte einen positiven Erfolgsbeitrag von 1.680 EUR, die Sicherungsgeschäfte dagegen einen betragsungleichen negativen Erfolgsbeitrag von 2.000 EUR. Damit verbleibt ein negativer Saldo von 320 EUR, der nicht durch entsprechende Gewinne ausgeglichen werden kann. Diese Ineffektivität schlägt sich durch die im obigen Buchungssatz deutlich werdende erfolgswirksame Erfassung sowohl der Grund- als auch der Sicherungsgeschäfte automatisch im Jahresabschluss nieder.

Läge dagegen für ein Laufzeitband eine im Sinne des Standards ineffektive Sicherungsbeziehung vor, dürfte in dem betreffenden Laufzeitband auch keine Anpassungsbuchung bei den Grundgeschäften vorgenommen werden. Sofern ein *line item* aus den Vorperioden gebildet wurde, wäre es auf die im nächsten Abschnitt beschriebene Weise aufzulösen. Die *fair value*-Änderungen des Derivats wären entsprechend seiner Einstufung in die Teilkategorie *held for trading* erfolgswirksam im Handelsergebnis zu erfassen.

---

[859]   Vgl. IAS 39.AG123.

5.3.6.3.9 Die Behandlung des *line item* in der Folgezeit

Durch die Verwendung der *line items* entfällt die Notwendigkeit, die Buchwerte sämtlicher zum abgesicherten Betrag gehörenden Positionen anpassen zu müssen. Damit wird nicht nur eine Konvergenz zur Risikomanagementpraxis erreicht, es stellt – was den Bilanzausweis angeht – zunächst auch eine Vereinfachung dar. Dies darf jedoch nicht darüber hinweg täuschen, dass die weitere Behandlung eines *line item* im Rechnungswesen mit einem erheblichen Aufwand verbunden ist.

Um sicherzustellen, dass ein einmal gebildetes *line item* nicht unbegrenzt in der Bilanz verbleibt, bestimmt IAS 39.92, dass es über die Restlaufzeit des Laufzeitbandes erfolgswirksam aufzulösen ist; die entsprechenden Beträge sind – wie bei grundsätzlich allen im Folgenden besprochenen Veränderungen des *line item* – dem Zinsergebnis zuzurechnen.[860] Mit der Amortisation muss spätestens bei Beendigung der Sicherungsbeziehung, z.B. bei Nichterfüllung der Effektivitätsbedingungen, begonnen werden; dies kann jedoch auch bereits zum Zeitpunkt der Bildung geschehen. Obwohl derartige Verteilungen in den IFRS in aller Regel nach der Effektivzinssatzmethode erfolgen, hatte das *board* in diesem Zusammenhang ein Einsehen und gestattet eine lineare Verteilung des fraglichen Betrages über die Restlaufzeit des betreffenden Laufzeitbandes.[861]

Gehen Finanzinstrumente, die Bestandteil des abgesicherten Betrags waren, z.B. infolge eines Verkaufs ab, so ist der anteilig auf das abgehende Finanzinstrument entfallende Betrag der separaten Bilanzposition sofort erfolgswirksam auszubuchen[862] und in den Gewinn oder Verlust, der bei der Ausbuchung des Postens entsteht, einzubeziehen.[863] Eine sofortige Ausbuchung, diesmal allerdings über das Zinsergebnis, ist auch vorzunehmen, wenn das zu einem *line item* gehörende Laufzeitband ausläuft.[864]

Veränderungen des *line item* ergeben sich zudem im Regelfall bei jeder nachfolgenden Anpassung der Netto-Risikoposition, wenn sich der abzusichernde Betrag vermindert

---

[860]   Vgl. PWC (Hedge Accounting 2004), S. 33f.

[861]   Vgl. IAS 39.92 und IAS 39.BC212.

[862]   Vgl. IAS 39.89A.

[863]   Vgl. IAS 39.AG128.

[864]   Vgl. IAS 39.92.

und sich die Finanzinstrumente, die Bestandteil des ursprünglich gesicherten Betrages waren, noch immer im Bestand befinden.[865] Dies hat zur Folge, dass der anteilige Betrag über die Restlaufzeit des Laufzeitbandes aufgelöst werden muss. Im obigen Beispielfall lag am Ende der Sicherungsperiode ein gesicherter Betrag von 168.000 EUR vor, für den ein aktivisches *line item* in Höhe von 1.680 EUR gebucht wurde. Beträgt der Aktivüberhang zu Beginn der nächsten Sicherungsperiode nur noch 126.000 EUR und wird infolgedessen für die neue Sicherungsperiode auch nur ein Betrag in dieser Höhe als *hedged item* designiert, so ist der auf die Differenz von 42.000 EUR entfallende Anteil des *line item* über die Restlaufzeit des Laufzeitbandes zu amortisieren. Im vorliegenden Fall müssten damit (25% von 1.680 EUR =) 420 EUR über die verbleibende Laufzeit aufgelöst werden. Ähnlich ist zu verfahren, wenn im Zuge der Neuberechnung der Nettoposition die maßgebliche Bilanzseite wechselt, wenn also aus einem Aktiv- ein Passivüberhang oder umgekehrt aus einem Passiv- ein Aktivüberhang wird. In diesem Fall ist das gesamte vormals gebildete *line item* über die Restlaufzeit des Laufzeitbandes aufzulösen.[866]

5.3.6.4 Kritische Würdigung des Portfolio-*hedge*-Ansatzes

5.3.6.4.1 Grundsätzliche Würdigung

Die Ergänzung des ursprünglichen Standards um Regelungen zum Porfolio-*hedge accounting* im Zinsbereich stellt – und das konstatieren insbesondere die Stellungnahmen aus der von der Problematik besonders betroffenen Kreditwirtschaft[867] – unzweifelhaft eine Verbesserung des Standards dar. Zahlreiche Hürden, die eine Abbildung der mit Hilfe der heutigen Risikomanagementsysteme erreichten Absicherungs-

---

[865]   Die Verminderung des abgesicherten Betrags muss folglich aus einem Anstieg der kleineren Bilanzseite (im Laufzeitband 1 des Beispiels war dies die Passivseite) resultieren. Vermindert sich der abzusichernde Betrag dagegen infolge von Abgängen auf der größeren Bilanzseite (im Laufzeitband 1 die Aktivseite), ist nach der im vorangegangenen Absatz beschrieben Art und Weise zu verfahren.

[866]   Vgl. PWC (IFRS 2005), S. 367.

[867]   Vgl. etwa BASEL COMMITTEE ON BANKING SUPERVISION (Amendments 2003), S. 2f.; BUNDES-VERBAND DEUTSCHER BANKEN (Amendments 2003), S. 1; DEUTSCHE BUNDESBANK (Exposure Draft 2003), S. 1; PRAHL, REINHARD/KROPP, MATTHIAS (Neuregelungen 2003), S. 18.

zusammenhänge im Jahresabschluss erschwert oder gar unmöglich machten, sind mit In-Kraft-Treten des Teilstandards aus dem Weg geräumt worden.

Zu erwähnen sind in diesem Zusammenhang folgende Punkte:

- Die restriktiven Regeln zur Portfoliobildung wurden entschärft. So können jetzt Vermögenswerte *und* Verbindlichkeiten in einem Portfolio zusammengefasst werden, wobei die Wertänderungen der einbezogenen Geschäfte überdies nicht mehr proportional zu der gesamten Wertänderung des Portfolios sein müssen.

- Das Erfordernis, konkrete *assets* oder *liabilities* als *hedged item* zu bestimmen, wurde durch die Designation eines der offenen Nettoposition entsprechenden Währungsbetrages ersetzt. Dies hat zur Konsequenz, dass auch keine Buchwert-anpassungen bei einzelnen Geschäften vorgenommen werden kann bzw. muss; diese erfolgen nun mittels eines separaten bilanziellen Korrekturpostens (*line item*).

- Es ist zulässig, bei der Einstellung in Laufzeitbänder von den erwarteten Lauf-zeiten auszugehen.

Die genannten Punkte führen grundsätzlich zu einer besseren Vereinbarkeit der Rech-nungslegungsvorschriften mit der betrieblichen Risikomanagementpraxis und sie sind somit unzweifelhaft als Fortschritt gegenüber der vor der Verabschiedung des Teilstan-dards bestehenden Situation zu bewerten.[868] Erste Anwendungsversuche in der Praxis haben gezeigt, dass der überwiegende Teil der in den Laufzeitbändern durchgeführten *hedges* die Effektivitätsanforderungen erfüllt und es damit grundsätzlich gelingt, „Makro-Zins-Hedges im Banking Book von Kreditinstituten entsprechend ihrer wirt-schaftlichen Zweckbestimmung in der Rechnungslegung nach IAS abzubilden."[869]

Dennoch verbleiben einige gewichtige Probleme, die zu erheblichen Inkompatibilitäten zwischen Risikomanagement und Rechnungslegung führen können; sie sind Gegenstand der nachfolgenden Ausführungen.

---

[868] Vgl. KROPP, MATTHIAS/KLOTZBACH, DANIELA (Vorschlag 2003), S. 1192.

[869] Vgl. ARNOLDI, ROMAN/LEOPOLD, TOBIAS (Buchungsregeln 2005), S. 38.

5.3.6.4.2 Verbleibende Probleme im Detail

5.3.6.4.2.1 Das Verbot der Designation einer Nettoposition

Wie im vorangegangenen Abschnitt erläutert, war der *standardsetter* bereit, auf die bei *hedges* normalerweise geforderte konkrete Verknüpfung zwischen Grund- und Sicherungsgeschäft zu verzichten und stattdessen die Designation eines der Nettoposition entsprechenden Betrages der *assets* oder *liabilities* als gesichertes Grundgeschäft zuzulassen. Dieses Zugeständnis führt zwar zu einer Annäherung an die Risikomanagementpraxis, allerdings sind die beiden Systeme immer noch nicht deckungsgleich. Es darf nämlich noch immer nicht die Nettoposition selbst als *hedged item* designiert werden.

Auf den ersten Blick mögen sich die beiden Alternativen – Designation eines der Nettoposition entsprechenden Betrages der Vermögenswerte oder Schulden einerseits versus Designation der Nettoposition selbst andererseits – nicht wesentlich unterscheiden. Man könnte etwa mit Blick auf das oben verwendete Beispiel meinen, dass es doch unerheblich ist, ob nun im Laufzeitband 1 ein Betrag der Aktiva in Höhe der Nettoposition – im Beispiel 200.000 EUR – oder die Nettoposition selber, die ebenfalls 200.000 EUR beträgt, als *hedged item* designiert wird.

Dass es sich hierbei um mehr als nur einen sprachlich-formalen oder akademischen Unterschied handelt, sondern vielmehr um eine Formulierung mit handfesten Konsequenzen, wird beim Blick auf den Effektivitätstest deutlich. Hierbei ist es von entscheidender Bedeutung, was genau als *hedged item* definiert wurde, denn dessen Wertänderung ist bekanntlich mit der des *hedging instrument* zu vergleichen und entscheidet letztlich darüber, ob eine im Sinne des Standards wirksame Sicherungsbeziehung vorliegt oder nicht. Wird beispielsweise, wie im Standard vorgesehen, ein Betrag der Aktiva *oder* Passiva als *hedged item* bestimmt, so ist im Rahmen des Effektivitätstests auch nur darauf abzustellen. Veränderungen auf der jeweils anderen Bilanzseite spielen bei der Bestimmung der Effektivität dagegen keinerlei Rolle.[870]

Dies verdeutlicht auch das obige Beispiel, denn bei der Berechnung der retrospektiven Effektivität im Laufzeitband 1, in dem ein Betrag der Aktiva als *hedged item* designiert

---

[870]   Vgl. Abschnitt 5.3.6.3.7.

wurde, interessierten ausschließlich Wert- und Bestandsänderungen auf der Aktivseite. In Abbildung 33 und Abbildung 35 konnte daher eine Angabe von Werten für die Passiva im Laufzeitband 1 unterbleiben. Wird dagegen entsprechend der Vorgehensweise im Risikomanagement eine aus *assets* und *liabilities* bestehende Nettoposition designiert, so müssten beim Effektivitätstest auch Veränderungen der jeweils anderen Bilanzseite einbezogen werden. Bei der Beurteilung der Wirksamkeit der Absicherung kann man somit zu einem abweichenden Ergebnis kommen, was im Folgenden unter Rückgriff auf das obige Beispiel verdeutlicht werden soll.

Die Ineffektivität im Laufzeitband 1 resultiert einzig und allein aus der Bestandsveränderung bei den *assets*, denn bezogen auf den Bestand am 01.01. ergab sich bei dem *hedged item* eine Wertänderung, die exakt der des Sicherungsinstruments entspricht (2.000 EUR). Zwar liegt die Effektivität des *hedges* gerade noch in der vom Standard definierten Bandbreite, weshalb eine wirksame Sicherungsbeziehung i.S.v. IAS 39 vorliegt. Es ist jedoch offensichtlich, dass schon ein geringfügig stärkerer Bestandsrückgang – nämlich auf einen Nominalbestand von unter 400.000 EUR – zu einem Nicht-Bestehen des Effektivitätstests geführt hätte. Damit läge nach IAS 39 keine wirksame Sicherungsbeziehung vor, mit der Folge, dass die *hedge accounting*-Regeln nicht angewandt werden dürften. Völlig außer Acht gelassen werden bei dieser Berechnungsmethode jedoch die Bestandsveränderungen auf der Passivseite. Angenommen, der Bestand der Passiva hätte sich parallel zu dem der Aktiva entwickelt und es läge daher auch am Ende der Sicherungsperiode immer noch eine offene Nettoposition von 200.000 EUR vor. In diesem Fall kann man vermuten, dass tatsächlich eine hoch wirksame Sicherungsbeziehung vorgelegen hat, denn schließlich hat man zu Beginn der Sicherungsperiode in dem Laufzeitband eine offene Position in genau dieser betragsmäßigen Höhe abgesichert. Die Fokussierung auf eine Bilanzseite kann also dazu führen, dass ein eigentlich wirksamer *hedge* im Jahresabschluss nicht als solcher dargestellt werden darf.

Umgekehrt können Bestandsveränderungen auf der Passivseite dazu führen, dass eine im Sinne des Standards effektive Absicherung tatsächlich wenig erfolgreich war. Hätte etwa der Bestand der im Laufzeitband 1 einzustellenden Passiva bis zum Ende der Sicherungsperiode *ceteris paribus* z.B. um 50.000 EUR zugenommen, bestünde zum 31.01. eine Netto-Risikoposition von (420.000 – 370.000 =) 50.000 EUR. Da zu Anfang der Sicherungsperiode jedoch eine offene Nettoposition von 200.000 EUR gesichert wurde, spricht einiges dafür, dass die Sicherungsbeziehung tatsächlich vergleichsweise ineffektiv war.

Als Ergebnis bleibt festzuhalten, dass eine ökonomisch sinnvolle Einschätzung der Effektivität nur dann möglich ist, wenn die Veränderungen beider Bilanzseiten in die Betrachtung mit einfließen, analog der Vorgehensweise im Risikomanagement. Dies wiederum würde voraussetzen, dass die aus Vermögenswerten *und* Verbindlichkeiten bestehende Nettoposition als *hedged item* designiert wird.

5.3.6.4.2.2 Das Verbot der Designation von kurzfristig rückzahlbaren Verbindlichkeiten

Große Probleme bereitet den europäischen Banken eine IFRS-Vorschrift für solche Verbindlichkeiten, die mit dem Risiko der vorzeitigen Rückzahlung verbunden sind, also etwa für von Kunden überlassene Sichteinlagen[871] (*core deposits*) oder Kündigungsgelder[872] (*demand deposits*). Diese dürfen zwar nach der erwarteten Fälligkeit in die Laufzeitbänder eingestellt werden und damit bei der Ermittlung der offenen Nettoposition mit einbezogen werden, sie können jedoch nicht selbst Bestandteil des *hedged item* sein.[873] IAS 39.49 legt nämlich fest, dass der *fair value* einer solchen Verbindlichkeit „nicht niedriger als der auf Sicht zahlbare Betrag [ist], der vom ersten Tag an, an dem der Betrag zurückgezahlt werden muss, abgezinst wird."[874] Das *board* weist darauf hin, dass die beobachtbaren Marktpreise derartiger Verbindlichkeiten in der Regel dem „*demand amount*"[875] und damit dem Betrag, zu dem die Verbindlichkeit begründet wurde, entsprechen.[876] Mit anderen Worten: Der *fair value* einer solchen Verbindlichkeit ist unabhängig von Änderungen des Zinsniveaus. Dies bedeutet zugleich, dass Zinsänderungen auch keine Auswirkungen auf die Gewinn- und Verlustrechnung haben können. Genau dies, nämlich eine drohende negative Beeinflussung der Gewinn- und

---

[871]   Sichteinlagen sind Einlagen bei Kreditinstituten, über die der Bankkunde „bei Sicht", d.h. ohne Einhaltung einer Kündigungsfrist verfügen kann.

[872]   Kündigungsgelder sind Einlagen, über die der Bankkunde nach Kündigung und Einhaltung einer Kündigungsfrist verfügen kann.

[873]   Vgl. IAS 39.AG118(b) sowie IAS 39.BC185.

[874]   IAS 39.49.

[875]   IAS 39.BC94.

[876]   Vgl. IAS 39.BC94.

Verlustrechnung, ist aber grundlegende Voraussetzung für die Anwendung der *hedge accounting*-Regeln, sei es nun auf Mikro- oder Makro-Ebene. Der Standard legt daher fest, dass derartige Verbindlichkeiten in kein Band eingestellt werden können, dessen Laufzeit die des vertraglich frühest möglichen Kündigungstermins übersteigt.[877]

Das *board* verweist zudem darauf, dass zurzeit in anderen IFRS-Projekten intensiv darüber diskutiert wird, wie der *fair value* einer vorzeitig rückzahlbaren Verbindlichkeit bestimmt werden soll. Diesen Diskussionen wollte es durch Einführung einer Ausnahmeregelung für das Portfolio-*hedging* nicht vorgreifen; stattdessen soll der Ausgang dieser Projekte abgewartet und im Anschluss die diesbezüglichen Regelungen in IAS 39 möglicherweise überdacht werden.[878]

Das Verbot, vorzeitig rückzahlbare Verbindlichkeiten als *hedged item* zu definieren, ist dann unproblematisch, wenn, wie im Laufzeitband 1 des Beispiels, ein Aktivüberhang gegeben ist. Bei dieser Konstellation wird ein Prozentsatz der Aktiva als *hedged item* designiert; die Passiva (Verbindlichkeiten) sind insoweit unbeachtlich.[879] Anders verhält es sich, wenn in einem Laufzeitband ein Passivüberhang besteht (Laufzeitband 2). Im vorliegenden Beispiel kann das Unternehmen den Betrag von 350.000 EUR nur dann als Grundgeschäft designieren, wenn unter dem Gesamtbestand der Passiva von 800.000 EUR nicht vorzeitig rückzahlbare Verbindlichkeiten in dieser Höhe vorhanden sind. Befinden sich unter den 800.000 EUR beispielsweise 700.000 EUR *demandable liabilities*, kann nur ein Betrag von 100.000 EUR designiert werden. Die Existenz vorzeitig rückzahlbarer Verbindlichkeiten ist auch bei der Berechnung des abgesicherten Prozentsatzes zu berücksichtigen. Sind beispielsweise im Laufzeitband 2 des Beispiels 100.000 EUR der insgesamt 800.000 EUR mit dem Risiko der vorzeitigen Rückzahlung verbunden, dann berechnet sich der abgesicherte Prozentsatz zu (350.000/(800.000-100.000) =) 50%.

Die Nichtanerkennung kurzfristig rückzahlbarer Verbindlichkeiten als *hedged items* steht im Widerspruch zur Risikomanagementpraxis, die von der sog. Bodensatztheorie

---

[877]   Vgl. IAS 39.BC189(b).

[878]   Vgl. IAS 39.BC188(d).

[879]   Vgl. IAS 39.BC190.

ausgeht.[880] Sie besagt, dass ein gewisser Prozentsatz der kurzfristig rückzahlbaren Verbindlichkeiten dem Unternehmen längerfristig zur Verfügung steht. Verantwortlich dafür ist einerseits, dass die Bankkunden von ihrem Geldabzugsrecht nicht in vollem Umfang Gebrauch machen (Prolongationseffekt) und andererseits der Umstand, dass abfließende Gelder durch Einlagen anderer Kunden ausgeglichen werden können (Substitutions- oder Kompensationseffekt).[881] De facto handelt es sich bei diesem Bodensatz damit um eine langfristige festverzinsliche Verbindlichkeit und als solche wird sie im Risikomanagement auch behandelt.

Das *board* wollte sich dieser Argumentation nicht anschließen. Es rechtfertigt seine ablehnende Haltung damit, dass es sich bei dem Bodensatz tatsächlich nicht um bestimmte, dem Unternehmen dauerhaft verbleibende Einlagen handele. Vielmehr käme der Bodensatz dadurch zustande, dass abgezogene Gelder durch neue ersetzt würden (revolvierende Einlagen). Streng genommen handele es sich damit um den *hedge* einer geplanten Transaktion, nämlich um den Ersatz einer bestehenden Einlage durch eine neue. IAS 39 erlaubt jedoch keinen *fair value hedge* einer geplanten Transaktion (*forecast transaction*); Gegenstände eines solchen *hedges* können ausschließlich bilanzierte Vermögenswerte oder Verbindlichkeiten sowie bilanzunwirksame schwebende Geschäfte (*firm commitments*) sein.[882]

Darüber hinaus, so der *standardsetter*, gelte für Verbindlichkeiten aus Lieferungen und Leistungen (*trade payables*) Ähnliches. Auch hier gebe es einen gewissen Grundstock, der im Zeitablauf stabil ist.[883] Als Argument gegen die Zulassung von *demand deposits* ist dieser Verweis aber nicht wirklich stichhaltig. Der Widerspruch könnte dadurch aufgehoben werden, indem eben auch solche Forderungen zugelassen werden. Eine solche Erleichterung hätte wohl kaum gravierende Auswirkungen auf den Jahresabschluss von Kreditinstituten, für die der Teil-Standard letztlich entwickelt wurde, denn bekanntlich nehmen derartige Forderungen in Bankbilanzen alles andere als einen großen Raum ein. Auch Bilanzen von Unternehmen anderer Branchen, bei denen diese Position eine größere Rolle spielt, etwa bei Handelsunternehmen, dürften von einer Zulassung kaum

---

[880]   Vgl. o.V. (Bodensatztheorie 1999), S. 227f.

[881]   Vgl. hierzu o.V. (Bodensatz 1999), S. 227.

[882]   Vgl. IAS 39.BC187(a).

tangiert werden, denn es ist äußerst fraglich, ob diese Unternehmen ihre Zinsrisiken – wenn überhaupt – auf Makro-Ebene steuern bzw. über das zur Steuerung der Zinsänderungsrisiken auf Makro-Ebene erforderliche Instrumentarium und *know how* verfügen. Darüber hinaus entbehrt es nicht einer gewissen Komik, dass ein *standardsetter*, der einen mehrere hundert Seiten umfassenden kasuistischen Standard in die Welt gesetzt hat, sich nun ausgerechnet in dieser Angelegenheit auf die Einhaltung von Prinzipien beruft und eine Ausnahme von der Regel ablehnt. Es ist nicht nachvollziehbar, dass einerseits die Bereitschaft besteht, mit *hedge accounting*-Regeln Ausnahmen von der Regel zuzulassen, um eine sinnvolle Darstellung bestimmter Sachverhalte im Jahresabschluss zu ermöglichen, und dass gleichzeitig bei der Schaffung dieser Sonderregeln bestimmte Modifikationen mit dem Hinweis abgelehnt werden, es handele sich um eine Vorgehensweise, die mit den vorhandenen Vorschriften nicht im Einklang steht. Es ist gerade das Wesen des *hedge accounting*, dass bestimmte ansonsten gültige Vorschriften außer Kraft gesetzt bzw. modifiziert werden.

Die Problematik mit den *demandable liabilities* benutzt das *board* auch als Rechtfertigung für die ablehnende Haltung bezüglich einer Designation der Netto-Risikoposition selbst. Sobald ein Portfolio solche Verbindlichkeiten enthält, wird die Frage, ob sie als *hedged item* bestimmt werden können, relevant, denn sie sind in diesem Fall Bestandteil der Nettoposition. Verfolgt man stattdessen den vom *board* favorisierten Lösungsweg und designiert einen bestimmten Betrag der *assets* (bei einem Aktivüberhang) oder der *liabilities* (bei einem Passivüberhang), wird die Problematik bekanntlich nur dann relevant, wenn das Laufzeitband erstens einen Passivüberhang aufweist und zweitens gleichzeitig keine nicht rückzahlbaren Verbindlichkeiten in Höhe des Passivüberhangs im Laufzeitband zur Verfügung stehen.

Die EU-Kommission hat im Zuge des Anerkennungsverfahrens die Bestimmung des IAS 39.118(b) modifiziert, so dass eine Designation von kurzfristig rückzahlbaren Verbindlichkeiten in der EU erlaubt ist.

---

[883]   Vgl. IAS 39.BC187(b).

5.3.6.4.2.3 Die internen Geschäfte

In Abschnitt 2.2.5.3.3.2.2 wurde ausgeführt, dass interne Geschäfte ein zentraler Bestandteil insbesondere der bankinternen Risikomanagementsysteme darstellen. Das *board* kann und will den Unternehmen nicht verbieten, solche Kontrakte als Risikomanagementinstrument einzusetzen, es versagt ihnen jedoch die Anerkennung für die externe Rechnungslegung. Sie sind vollständig zu eliminieren.[884]

Das *board* ist lediglich bereit, interne Kontrakte als „*tracking device*" im Rahmen des *hedge accounting* zu akzeptieren, also gewissermaßen als Mittel, um die Verknüpfung des abzusichernden Geschäfts (im Beispiel in Abschnitt 5.2.2.2.3 war dies ein festverzinslicher Kredit) mit dem externen Sicherungsinstrument (im Beispiel ein Swap) herzustellen. Voraussetzung hierfür ist aber stets, dass der interne Vertragspartner (im Beispiel die Handelsabteilung) das Risiko vom Unternehmen bzw. Konzern auf Einzelgeschäftsebene, also 1:1 an den Markt durchreicht, indem er einen entsprechenden Swapvertrag mit einem (externen) Marktteilnehmer abschließt. Werden diese Voraussetzungen erfüllt, so ist es grundsätzlich möglich, den Kredit und das am Markt durchgeführte Sicherungsgeschäft nach den *hedge accounting*-Regeln abzubilden.

Dieses Entgegenkommen bedeutet jedoch für die Praxis keine Verbesserung, weil hier im Regelfall vor der Weiterreichung an den Markt ein *pre-netting* durchgeführt wird.[885] Es wird also kein einzelner externer Swapkontrakt kontrahiert, der sich mit dem abzusichernden Kredit im Wege eines (mit Hilfe des internen Geschäfts dokumentierten) Mikro-*hedge* in Verbindung bringen ließe. Es handelt sich vielmehr um eine nach IAS 39 unzulässige Absicherung auf Makro-Ebene.

5.3.6.4.2.4 Die Komplexität und der Dokumentations- und Buchungsaufwand

Die ausführlich vorgestellten Regelungen zum Makro-Zins-*hedge* zeichnen sich durch eine hohe Komplexität, insbesondere im Hinblick auf die Messung der Effektivität, und einen hohen Dokumentations- und Buchungsaufwand aus. Dies verdeutlicht bereits das

---

[884]   Vgl. IAS 39.73 und IAS 39.80.

[885]   Vgl. Abschnitt 2.2.5.3.3.2.1.

vergleichsweise einfache Beispiel, das den Ausführungen in Abschnitt 5.3.6 zugrunde liegt.

Hinzu kommt, dass es in der Praxis nicht nur ein Portfolio geben wird, sondern mehrere und dass diese nicht nur wie in dem hier verwendeten Beispiel aus 2 Laufzeitbändern bestehen werden. Geht man beispielsweise davon aus, dass ein Portfolio Posten mit einer Laufzeit von bis zu 5 Jahren enthält und monatliche Laufzeitbänder eingerichtet werden, dann verfügt allein dieses Portfolio über insgesamt 60 Laufzeitbänder. Für jedes dieser Bänder müssen monatlich (!) die in 5.3.6 erläuterten Schritte – von der Designation der Grund- und Sicherungsgeschäfte sowie des abgesicherten Risikos, über den Effektivitätstest bis hin zu der eigentlichen Verbuchung – durchgeführt werden. Insbesondere verfügt jedes Laufzeitband über ein eigenes *line item*[886], das auf die in Abschnitt 5.3.6.3.9 dargestellte Weise zu behandeln ist. Allein um die Amortisierung bzw. Ausbuchung vornehmen zu können, ist ein immenser Dokumentationsaufwand erforderlich. Zwar gestattet der Standard ein approximatives Verfahren, wonach vorzeitige Rückzahlungen von dem frühesten Laufzeitband abzuziehen sind und ausgebuchte bzw. abgeschriebene Posten „in einer systematischen und vernünftigen Weise"[887] auf die Laufzeitbänder verteilt werden. Dieses Vorgehen fördert allerdings möglicherweise Ineffektivitäten.[888]

Nicht zu vernachlässigen ist, dass in dem hier angeführten Beispiel, das allein zur Verdeutlichung der grundsätzlichen Vorgehensweise diente, keine „erschwerenden Umstände", wie etwa (unter Verwendung der Effektivzinsmethode zu verteilende) Disagien oder *impairments*, auftraten. Auch waren alle relevanten Werte im Beispiel vorgegeben und mussten nicht hergeleitet bzw. berechnet werden. Diese sind jedoch in der Praxis, wie ARNOLDI/LEOPOLD[889] eindrucksvoll zeigen, ohne ausgeprägte finanzmathematische Kenntnisse kaum zu ermitteln. Dies gilt vor allem für die auf das gesicherte Risiko entfallende Wertänderung des *hedged item*. Selbst wenn es etwa für börsennotierte Anleihen *fair value*s gäbe, könnte man die interessierende Wertänderung nicht einfach

---

[886] Für die Bilanz werden die *line items* der Laufzeitbänder pro Bilanzseite aufaddiert und in einem Betrag ausgewiesen.

[887] IAS 39.AG128.

[888] Vgl. BOHN, ANDREAS/WONDRAK, BERNHARD (Zinsmanagement 2004), S. 143.

[889] Vgl. hierzu ARNOLDI, ROMAN/LEOPOLD, TOBIAS (Buchungsregeln 2005), S. 24ff.

durch Vergleich der Börsenkurse zu Beginn und am Ende der Sicherungsperiode be-rechnen. Da das abgesicherte Risiko im Regelfall nämlich ein risikofreier Zinssatz wie etwa der EURIBOR ist, müssen *credit spreads* eliminiert werden.[890] Darüber hinaus ist der Restlaufzeiteffekt zu berücksichtigen. Darunter versteht man die Tatsache, dass sich der *fair value* einer festverzinslichen Position im Zeitablauf nicht nur aufgrund von Marktzinsänderungen verändert, sondern bereits aufgrund der Restlaufzeitverkürzung. Wenn etwa eine Position mit 95 EUR in den Büchern steht und diese Position nach fünf Jahren zu 100 EUR getilgt wird, dann wird sich ihr *fair value* im Laufe der kommenden fünf Jahre immer näher an den Rückzahlungsbetrag annähern, selbst wenn die sonstigen preisbestimmenden Faktoren wie Marktrendite oder Bonität unverändert bleiben. Auch diese Wertänderung steht nicht in Zusammenhang mit dem abgesicherten Zinsrisiko und muss folglich eliminiert werden.

Vor diesem Hintergrund hat die EU-Kommission beim *endorsement* des IAS 39 erneut von der Möglichkeit Gebrauch gemacht, den Standardtext zu modifizieren und die in Abschnitt 5.3.6.3.7 erläuterten Vorschriften zur Effektivitätsmessung, insbesondere IAS 39.AG126, nicht übernommen. Die EU-Fassung des Standards verlangt in EU-IAS 39.AG126 lediglich die regelmäßige Überprüfung der Wirksamkeit und schreibt nicht weiter vor, wie dieser Nachweis zu erbringen ist. Der modifizierte Standard soll so lange in Kraft bleiben, bis der Europäische Bankenverband und das IASB eine ange-messene Lösung erarbeitet haben. Bis dahin ist es den europäischen Unternehmen in Ermangelung einer eigenständigen EU-Rechtsvorschrift auch ausdrücklich gestattet, die ausgeklammerten IASB-Vorschriften anzuwenden.[891]

---

[890]   Vgl. auch LANTZIUS-BENINGA, BERTHOLD/GERDES, ANDREAS (Effektivitätstest 2005), S. 109f.

[891]   Vgl. EU-KOMMISSION (Finanzinstrumente 2005).

6 Die Änderung des HGB mit der Umsetzung der *fair value*-Richtlinie durch das BilMoG

6.1 Die *fair value*-Richtlinie

6.1.1 Überblick und Begründung

Noch vor dem Erlass der IFRS-Verordnung hat das EU-Parlament am 31. Mai 2001 die so genannte *fair value*-Richtlinie verabschiedet und damit drei bestehende Richtlinien – die Bilanzrichtlinie, die Konzernbilanzrichtlinie und die Bankbilanzrichtlinie – modifiziert. Neben einigen Erweiterungen im Bereich der Anhang- und Risikoberichterstattung geht es hierbei in erster Linie um grundlegende Änderungen bei den Bewertungsvorschriften. So wird das bisher vorherrschende Anschaffungskostenprinzip für bestimmte Bilanzpositionen – genauer gesagt: für bestimmte Finanzinstrumente – durch eine Bewertung zum *fair value* ersetzt bzw. ergänzt.

Die Richtlinie trägt aus Sicht der Kommission dem Umstand Rechnung, dass Bedeutung und Verbreitung der in Rede stehenden Finanzinstrumente enorm zugenommen haben und internationale *standardsetter* eine Bewertung zu historischen Kosten im Hinblick auf die Vermittlung eines den tatsächlichen Verhältnissen entsprechenden Bildes der Unternehmenslage als nicht mehr angemessen erachten. International – so die Kommission in der Begründung zu ihrem Vorschlag[892] – habe sich vielmehr eine Bewertung zum *fair value* als sachgerechteres Bewertungsmodell für derartige Finanzinstrumente durchgesetzt. Insofern passt die EU ihre Rechnungslegungsregeln an die internationalen Tendenzen in der Rechnungslegung – insbesondere im Bereich der IFRS – an, nicht zuletzt, „damit europäische Unternehmen zu gleichen Bedingungen aktiv werden können wie ihre nichteuropäischen Wettbewerber."[893] Seit der Veröffentlichung

---

[892]   Vgl. hierzu und zum Folgenden EU-KOMMISSION (Vorschlag fair value 2000), S. 3f.

[893]   Vgl. EU-KOMMISSION (Vorschlag fair value 2000), S. 4.

der „Neuen Rechnungslegungsstrategie" der Kommission ist die Anpassung des EU-Rechts an die IFRS erklärte Politik der Kommission.[894]

Eine Anpassung der Richtlinien an die IFRS ist – oder besser gesagt: war – darüber hinaus auch aufgrund der in vielen Mitgliedstaaten zulässigen befreienden Konzernabschlüsse nach internationalen Normen erforderlich. So erlaubte der deutsche Gesetzgeber, ähnlich wie sechs weitere Mitgliedstaaten, in § 292a HGB kapitalmarktorientierten Unternehmen, anstelle eines HGB-Konzernabschlusses einen Abschluss nach international anerkannten Rechnungslegungsgrundsätzen aufzustellen.[895] Obwohl nicht explizit genannt, bezog sich diese Vorschrift insbesondere auf die supranationalen IFRS und die US-GAAP.[896] Eine der dabei zu beachtenden Restriktionen besagte allerdings, dass diese Abschlüsse im Einklang mit den bestehenden Bilanzrichtlinien stehen müssen. Ob dies überhaupt möglich sein kann, ist zumindest fraglich, wenn die internationalen Rechnungslegungsnormen eine *fair value*-Bewertung der Finanzinstrumente vorsehen, während die EG-Bilanzrichtlinie grundsätzlich eine Bewertung zu (fortgeführten) Anschaffungskosten verlangt. Diese bei der erstmaligen Vorlage der *fair value*-Richtlinie ins Feld geführte Begründung des historischen Richtliniengebers für den Erlass der Richtlinie sollte mittlerweile allerdings ins Leere laufen, da sich die Zulässigkeit eines IFRS-Abschlusses für europäische Unternehmen zukünftig unmittelbar aus der IFRS-Verordnung ergibt. Folgerichtig hat der deutsche Gesetzgeber den § 292a HGB bei der Umsetzung des BilReG 2004 ersatzlos gestrichen.[897]

Als Begründung für die *fair value*-Richtlinie verbleiben somit zum einen noch die Einsicht, dass eine Bewertung zu (fortgeführten) Anschaffungskosten jedenfalls für bestimmte Finanzinstrumente nicht zweckmäßig ist, und zum anderen das grundsätzliche Ziel, die EG-Richtlinien den IFRS anzunähern.

---

[894]   Vgl. EU-KOMMISSION (Rechnungslegungsstrategie 2000), S. 6f.

[895]   Vgl. EU-KOMMISSION (Vorschlag fair value 2000), S. 4.

[896]   Vgl. hierzu KÜTING, KARLHEINZ/WEBER, CLAUS-PETER (Konzernabschluss 2005), S. 118f.

[897]   Vgl. Artikel 1 Nr. 11 BilReG.

6.1.2 Die wesentlichen Inhalte

6.1.2.1 Die *fair value*-Bewertung bestimmter Finanzinstrumente

Kernpunkt der *fair value*-Richtlinie ist die Änderung der EG-Bilanzrichtlinie, in die ein Abschnitt 7a eingefügt wird, der die Artikel 42a, 42b, 42c und 42d umfasst. Der neue Artikel 42a verpflichtet die Mitgliedstaaten im Abs. 1, die *fair value*-Bewertung von „Finanzinstrumente[n] einschließlich derivativer Finanzinstrumente"[898] zuzulassen oder verpflichtend vorzuschreiben. Es besteht jedoch die Möglichkeit, die *fair value*-Bewertung auf den Konzernabschluss oder auf bestimmte Gruppen von Gesellschaften[899] zu beschränken. Zwingend erforderlich ist es damit lediglich, die *fair value*-Bewertung im Konzernabschluss zu erlauben – und zwar zusätzlich neben dem bisherigen *historical cost*-Konzept. Über diese Minimallösung hinaus sind den nationalen Gesetzgebern praktisch keine Grenzen gesetzt. Sie können den Anwendungsbereich auch auf Einzelabschlüsse ausdehnen und zudem die *fair value*-Bewertung als einzig zulässiges Bewertungskonzept für Finanzinstrumente festschreiben.

Der Richtliniengeber unterlässt es ausdrücklich, die neu eingeführten Begriffe wie etwa Finanzinstrumente, derivative Finanzinstrumente oder *fair value* zu definieren. Begründet wird dies erstens mit der praktischen Unmöglichkeit, aufgrund der Dynamik der Produktentwicklung auf diesem Gebiet eine über längere Zeit haltbare Definition zu geben, und zweitens mit der Tatsache, dass „in den Richtlinien [...] niemals ein Definitionsansatz verfolgt"[900] wurde. So fänden sich in der Bilanzrichtlinie auch keine Begriffsbestimmungen zu anderen Ausdrücken wie etwa Aktiva, Passiva oder Eigenkapital. Dies sei nicht Aufgabe von Rahmenvorschriften, sondern von Rechnungslegungsstandards und der Rechnungslegungsliteratur.[901]

---

[898]   Artikel 42a Abs. 1 EGBRL.

[899]   Unklar bleibt, was der Richtliniengeber mit „bestimmten Gruppen" im Sinn hatte. Möglicherweise soll damit eine Begrenzung auf kapitalmarktorientierte Unternehmen oder Unternehmen bestimmter Rechtsformen ermöglicht werden.

[900]   EU-KOMMISSION (Vorschlag fair value 2000), S. 8.

[901]   Vgl. EU-KOMMISSION (Vorschlag fair value 2000), S. 8.

Letztlich kann davon ausgegangen werden, dass der Richtliniengeber v.a. die IFRS-Regelungen und damit deren Definitionen im Sinn hatte. Dies ergibt sich nicht nur aus dem eigentlichen Zweck der Richtlinie, sondern zeigt sich auch daran, dass dieselben Begriffe wie in IAS 32 bzw. 39 – genauer gesagt: in der zum damaligen Zeitpunkt gültigen Fassung dieser Standards! – Verwendung finden. Sehr deutlich tritt dies im Abs. 4 des neuen Artikel 42a zu Tage, wo diejenigen Finanzinstrumente aufgeführt sind, die von der grundsätzlichen *fair value*-Bewertung der Finanzinstrumente wiederum ausgenommen sind. Dabei handelt es sich um

- bis zur Fälligkeit gehaltene nicht-derivative Finanzinstrumente,

- von der Gesellschaft vergebene Darlehen und von ihr begründete Forderungen, die nicht zu Handelszwecken gehalten werden sowie

- Finanzinstrumente, die nach gängiger Auffassung bilanzmäßig in anderer Form erfasst werden, z.B. Anteile an Tochterunternehmen, assoziierten Unternehmen und Jointventures.

Die ersten beiden genannten Ausnahmen spielen offensichtlich auf die IAS-Kategorien *held to maturity* und *loans and receivables originated by the enterprise*[902] an. Der Richtliniengeber nimmt also indirekt Bezug auf die Bewertungskategorien des IAS 39, ohne sie selbst zu definieren. Die dritte Ausnahme umfasst Instrumente, die grundsätzlich von der Anwendung des IAS 39 – und damit der *fair value*-Bewertung für Finanzinstrumente – ausgenommen sind.

Bei denjenigen Finanzinstrumenten, die zum *fair value* bewertet werden, erfolgt die Gegenbuchung der *fair value*-Änderung gemäß Artikel 42c Abs. 1 grundsätzlich in der Gewinn- und Verlustrechnung. Die Mitgliedstaaten können zulassen oder vorschreiben, die *fair value*-Änderung einer nicht-derivativen, zur Veräußerung verfügbaren Finanzanlage erfolgsneutral im Eigenkapital zu erfassen – eine Anspielung auf die IAS-

---

[902]   An dieser Stelle wird deutlich, dass dem Richtlinientext der alte IAS 39 zugrunde liegt. Im neuen Standard ist die Voraussetzung „*originated by the enterprise*" bekanntlich entfallen. Vgl. Abschnitt 4.2.2.3.2.2.3.

Kategorie *available for sale*, bei der *fair value*-Änderungen zu der damaligen Zeit[903] wahlweise erfolgsneutral oder erfolgswirksam erfasst werden durften.[904]

6.1.2.2 Die Methoden zur Bestimmung des *fair value*

Der Richtliniengeber gibt zwar keine Legaldefinition des *fair value*, macht aber in dem neuen Artikel 42b immerhin Angaben dazu, auf welche Art und Weise er zu bestimmen ist. Die diesbezüglichen Vorgaben stimmen grundsätzlich mit dem Modell überein, nach dem der *fair value* nach IAS 39 zu bestimmen ist.[905]

Demnach entspricht der *fair value* eines Finanzinstruments grundsätzlich dessen Marktwert, sofern ein verlässlicher Markt existiert. Lässt er sich nicht für das Instrument als Ganzes bestimmen, so kann er aus den Marktwerten seiner Bestandteile oder dem Marktwert eines gleichartigen Finanzinstruments abgeleitet werden.[906] Existiert dagegen kein verlässlicher Markt, so wird der *fair value* mit Hilfe anerkannter Bewertungsverfahren bestimmt, die eine angemessene Annäherung an den Marktwert gewährleisten.[907]

6.1.2.3 Die *hedge accounting*-Vorschriften

Die Richtlinie enthält keine detaillierten Vorschriften zum *hedge accounting*, die mit denen des IAS 39 vergleichbar sind. Insbesondere macht sie keine Aussagen hinsichtlich der geforderten Voraussetzungen oder der Zu- oder Unzulässigkeit bestimmter *hedge*-Beziehungen. Sie enthält lediglich Bestimmungen, die eine mit den *hedge accounting*-Vorschriften des IAS 39 konforme Bewertung bzw. Abbildung in der Bilanz ermöglichen.

---

[903]   Vgl. IAS 39.103 (rev. 2000).

[904]   Auch dies hat sich mittlerweile geändert. Das Wahlrecht besteht nach IAS 39 nicht mehr. Sofern kein *impairment* im Sinne von IAS 39 vorliegt, werden sämtliche *fair value*-Änderungen von *available for sale*-Instrumenten erfolgsneutral im Eigenkapital gebucht. Vgl. die Ausführungen in Abschnitt 4.2.2.3.2.2.4 sowie 4.2.2.3.4.1.2.

[905]   Vgl. Abschnitt 4.2.2.3.1.

[906]   Vgl. Art. 42b Abs. 1 Buchstabe a) EGBRL.

[907]   Vgl. Art. 42b Abs. 1 Buchstabe b) EGBRL.

Hierzu muss erstens sichergestellt sein, dass die Wertänderung eines Derivats, das mit einer anderen Position in einem Sicherungszusammenhang steht, gegebenenfalls anders als in Artikel 42a vorgeschrieben, nicht erfolgswirksam in der Gewinn- und Verlustrechnung, sondern erfolgsneutral im Eigenkapital erfasst werden kann. Die Regelung, welche die Richtlinie durch Artikel 42c Abs. 1 in die EG-Bilanzrichtlinie einfügt, ist notwendig zur Abbildung von *cash flow hedges*.

Zweitens muss es zur Abbildung von *fair value hedges* möglich sein, ansonsten nicht zum *fair value* zu bewertende Grundgeschäfte analog dem derivativen Sicherungsinstrument erfolgswirksam zum *fair value* zu bewerten. Ein derartiges Vorgehen ermöglicht der neu geschaffene Artikel 42a Abs. 5.

6.1.3 Kritische Würdigung

In Abschnitt 3.2.4.3.1 wurde dargelegt, weshalb das Anschaffungskostenprinzip bei (börsennotierten) Finanzinstrumenten in einem HGB-Abschluss nicht angebracht ist und dass stattdessen eine Bewertung zu aktuellen Marktpreisen, d.h. zum *fair value*, im Hinblick auf die Zwecke der Handelsbilanz die vorzuziehende Alternative darstellt. Insofern ist die *fair value*-Richtlinie zu begrüßen, setzt sie doch genau diese Einsicht in die Praxis um.

Nicht überzeugen kann jedoch die Art und Weise, wie dies geschieht. So wäre es erstens im Hinblick auf die Vergleichbarkeit der Abschlüsse zweckmäßiger, wenn nicht sogar unbedingt erforderlich gewesen, die *fair value*-Bewertung nicht nur zuzulassen, sondern sie zumindest im Konzernabschluss für alle verbindlich vorzuschreiben. Wenn jedoch stattdessen neben die bisherigen Bewertungsregeln alternative Vorschriften gestellt werden, die den seitherigen Regeln diametral entgegenstehen, dann hat dieses Vorgehen der EU nichts mehr mit Harmonisierung zu tun.

Zweitens lässt die Richtlinie sehr viele Fragen offen. Zu denken ist hier nicht nur an die angesprochenen fehlenden Begriffsbestimmungen, sondern auch an viele andere Aspekte. Die große Lücke, die hier klafft, wird einem plastisch vor Augen geführt, wenn man den nicht einmal fünf Seiten umfassenden Richtlinientext neben die zusammen mehrere hundert Seiten starken IAS 32, IAS 39 und IFRS 7 legt. So fehlen etwa in der Richtlinie z.B. Aussagen zur Kategorisierung der Finanzinstrumente, zur Notwendigkeit, bei *available for sale*-Instrumenten erfolgsneutral gebuchte Wertminderungen im Falle einer dauerhaften Wertminderung erfolgswirksam zu erfassen oder zum *hedge accounting*, insbesondere zu den diesbezüglichen Anwendungsvoraussetzungen. Diese Lücken – und dies sind nur einige wenige Beispiele – müssen geschlossen werden und es liegt nahe, sich dabei vor allem auf die IFRS selbst zu stützen. Hierfür spricht die Tatsache, dass es gerade Ziel der Richtlinie ist, eine Konvergenz zu den IFRS herzustellen. Dann stellt sich aber die Frage, warum man – zumindest im Konzernabschluss, wo es keine Konflikte mit der Ausschüttung und Besteuerung gibt – nicht von vornherein die IFRS selbst als anzuwendendes Recht erklärt hat. Wenn der Grund hierfür war, dass insbesondere den kleineren Konzernen der komplexe Regelungsinhalt insbesondere von IAS 39 nicht zugemutet werden sollte,[908] dann hätten einige dieser Vorschriften ausgeklammert werden können. Zwar entstünde dann eine Art „IFRS *light*" und es ergäben sich im Detail auch Regelungslücken, offene Fragen und somit Gestaltungs- und Ermessensspielräume. Auf die jetzige mit der *fair value*-Richtlinie umgesetzte Lösung trifft dies aber wohl noch in erheblich größerem Umfang zu.

Drittens – und auf dies wurde in den vorangegangenen Abschnitten mehrfach hingewiesen – ist die Richtlinie bereits wieder als veraltet einzustufen, bezieht sie sich doch auf die alten Fassungen von IAS 32 und 39. Sämtliche Neuerungen, wie etwa die Erweiterungen der Kategorien *held for trading* und *loans and receivables* oder die Abschaffung des Wahlrechts, Wertänderungen in der Klasse *available for sale* erfolgswirksam durchzuführen, finden sich nicht in der Richtlinie wieder. Und es darf bezweifelt werden, dass der Richtliniengeber zukünftig mit dem Änderungstempo des IASB Schritt halten kann[909] – ganz zu schweigen von der Tatsache, dass bis zur Anwendbarkeit von geänderten Vorschriften durch die Unternehmen nach dem Erlass einer erneuten Änderungsrichtlinie auch noch die nationalen Gesetzgeber tätig werden müssen. In Zukunft

---

[908] Fraglich ist, inwieweit kleinere und mittlere Unternehmen von den besonders komplexen IFRS-Regeln überhaupt betroffen sind. HOFFMANN, WOLF-DIETER (Konzepte 2005), S. 35, stellt hierzu fest: „Die wirklich uneingeschränkt als kompliziert zu bezeichnenden Regelungsinhalte der IFRS sind in typischen Bilanzierungsbereichen des Big Business anzutreffen und nicht beim Mittelstand." Dessen ungeachtet wird zur Zeit beim IASB an dem Projekt „*Accounting Standards for Small and Medium-sized Entities* (SME)" gearbeitet. Ziel ist die Erarbeitung eines vereinfachten Regelwerks für kleine und mittlere Unternehmen. Vgl. hierzu HALLER, AXEL (Szenario 2003), S. 413ff.; HALLER, AXEL/EIERLE, BRIGITTE (Standards 2004), S. 1838ff.; ZABEL, MARTIN/CAIRNS, DAVID (IFRS 2005), S. 207ff.

[909] Für bereits absehbare Ergänzungsnotwendigkeiten bei den Richtlinien vgl. BUSSE VON COLBE, WALTHER (Harmonisierung 2002), S. 1535.

werden wir es also nicht nur mit sich ständig ändernden IFRS-Standards zu tun haben –
was aufgrund der Geschwindigkeit, die das IASB an den Tag legt, schon schwierig
genug ist. Hinzu kommen auch noch lückenhafte nationale Gesetze, die sich – jedenfalls
wenn die Angleichung an die IFRS weiter Ziel der EU ist – ebenfalls mit einiger Ver-
zögerung regelmäßig ändern, den IFRS-Standards also gewöhnlich hinterherhinken, und
deren Lücken unter Rückgriff auf die sich ständig ändernden Standards geschlossen
werden sollen. Mit Harmonisierung der Rechnungslegungsvorschriften, dem eigentlichen Ziel der EU, hat dies nun endgültig nichts mehr zu tun.

6.2 Das Bilanzrechtsmodernisierungsgesetz

6.2.1 Die Möglichkeiten des deutschen Gesetzgebers

Die vorstehenden Ausführungen haben gezeigt, dass die Richtlinie den Mitgliedstaaten
einen großen Spielraum eröffnet, wenn es darum geht, festzulegen, in welchen Abschlüssen die *fair value*-Bewertung von Finanzinstrumenten Anwendung finden darf
oder muss. Wie sich der deutsche Gesetzgeber verhalten wird, kann derzeit noch nicht
mit Sicherheit gesagt werden, da noch keinerlei offizielle Verlautbarung aus dem zu-
ständigen Bundesjustizministerium vorliegt.

Entscheidet sich der deutsche Gesetzgeber für eine Minimallösung und setzt er nur die
Vorschriften in nationales Recht um, die er aufgrund der Richtlinie zwingend umsetzen
muss, dann wird die *fair value*-Bewertung von Finanzinstrumenten auf den Konzernabschluss beschränkt bleiben und zudem als Wahlrecht ausgestaltet. Machen die deutschen Konzerne von der neu eröffneten Bewertungsmethode fortan Gebrauch, dann
würde die Bewertung ihrer Finanzinstrumente der in IAS 39 vorgesehenen Systematik
ähneln, d.h., sie werden grundsätzlich[910] (erfolgswirksam) zum *fair value* bewertet. Im
Unterschied zum bisherigen Recht würden somit bei allen zum *fair value* zu bewertenden Finanzinstrumenten künftig auch Marktwertsteigerungen über die Anschaffungskosten hinaus bilanziell und – mit Ausnahme von solchen Instrumenten, die Teil

---

[910]   Ausgenommen hiervon sind als *loans and receivables* bzw. *held to maturity* eingestufte Finanzinstrumente. Eine weitere Ausnahme existiert für *available for sale*-Intrumente hinsichtlich der
Erfolgswirksamkeit der Wertänderung.

der Kategorie *available for sale* sind – auch in der Gewinn- und Verlustrechnung berücksichtigt. Es käme insoweit zu einem Ausweis unrealisierter Erträge. Damit einher ginge – und dies stellt ebenfalls eine entscheidende Änderung dar – die grundsätzliche Bilanzierung derivativer Finanzinstrumente, die seither nur im Falle eines drohenden Verlusts in Form einer Rückstellung sichtbar waren. Zudem würden erstmals allgemeine[911] – wenn auch rudimentäre – Regeln zum *hedge accounting* in das deutsche Handelsrecht Einzug halten.

Der deutsche Gesetzgeber könnte die eben skizzierten Regelungen aber auch durch Ausnutzung der Mitgliedstaatenwahlrechte auf den Einzelabschluss ausdehnen, wobei hier wiederum zwei Varianten denkbar sind. So könnte er die Novelle auf den Einzelabschluss der Kapitalgesellschaften und der ebenfalls unter den Zweiten Abschnitt des Dritten Buches des HGB fallenden haftungsbeschränkten Personengesellschaften beschränken, denn streng genommen sind nur die Abschlüsse dieser Unternehmen Gegenstand der EG-Bilanzrichtlinie.[912] Für Gesellschaften anderer Rechtsformen existieren dagegen keine harmonisierten Rechnungslegungsvorschriften, so dass die von diesen Gesellschaften zu befolgenden Regeln allein ins Ermessen des jeweiligen Mitgliedslandes fallen. So gesehen könnte der Bundestag auf der anderen Seite die Gesetzesänderungen auch auf diese und somit letztlich auf alle Gesellschaften ausdehnen (Maximallösung).

6.2.2 Kritische Würdigung

Auch wenn eine möglichst weitgehende Umsetzung der Richtlinie und damit die eben skizzierte Maximallösung nach der hier vertretenen Auffassung eindeutig dem materiellen Zweck der Handelsbilanz dienen würde, so darf doch nicht übersehen werden, dass eine Ausweitung der Neuregelungen auf den Einzelabschluss erhebliche Konsequenzen für die Steuerbemessung[913] und bei Kapitalgesellschaften zudem für die Aus-

---

[911] Mit § 340h HGB, der im Zuge der Transformation der Bankbilanzrichtlinie in deutsches Recht aufgenommen wurde, gibt es speziell für Kredit- und Finanzdienstleistungsinstitute eine Vorschrift, die eine kompensatorische Bewertung bei gedeckten Fremdwährungsgeschäften erlaubt. Teilweise wird eine Anwendung dieser Vorschrift auch außerhalb dieses Geschäftszwigs für zulässig gehalten. Vgl. hierzu m.w.N. BIEG, HARTMUT (Rechnungslegung 1999), S. 494f.

[912] Vgl. Art. 1 der EGBRL.

[913] Vgl. hierzu KUßMAUL, HEINZ (Maßgeblichkeit 2005), S. 179ff.

schüttungsbemessung[914] hätte.[915] Weil der im handelsrechtlichen Einzelabschluss ermittelte Gewinn sowohl dem Steuerrecht als auch dem Gesellschaftsrecht als Anknüpfungspunkt dient, würden folglich unrealisierte Ertragsbestandteile der Besteuerung und der Ausschüttung unterworfen, was unter Kapitalerhaltungsgesichtspunkten abzulehnen ist.[916] Eine solche Umsetzung in deutsches Recht wäre daher m.E. nur denkbar, wenn flankierend in das Steuerrecht und das Gesellschaftsrecht Bestimmungen aufgenommen werden würden, die genau dies verhindern, indem also die unrealisierten Ertragsbestandteile für diese Zwecke aus dem Periodengewinn wieder herausgerechnet werden. Speziell im Hinblick auf die steuerliche Gewinnermittlung, würde dies im Grunde nichts anderes als das endgültige Ende des Maßgeblichkeitsprinzips bedeuten. Obwohl sich die Steuerbilanz längst „selbständig gemacht"[917] hat und von einem Grundsatz der Maßgeblichkeit vor dem Hintergrund der so zahlreichen im Steuerrecht kodifizierten Durchbrechungen eigentlich schon heute nicht mehr gesprochen werden kann,[918] ist eine Abschaffung dieses „Prinzips" momentan politisch offensichtlich nicht gewollt.[919] Daher ist eher mit einer restriktiven Umsetzung der Richtlinie in deutsches Recht im Sinne der oben skizzierten Minimallösung zu rechnen.[920] Die Gesetzesänderung würde somit erneut lediglich die rechtsformspezifischen Teile des HGB betreffen und den für alle Kaufleute geltenden Teil unangetastet lassen. Aus den in Abschnitt 3.2.3.1 erläuterten Gründen können sich folglich keine Auswirkungen auf die zu beachtenden Grundsätze ordnungsmäßiger Buchführung ergeben.

---

[914]   Vgl. hierzu HOSSFELD, CHRISTOPHER (Ausschüttung 2005), S. 154ff.

[915]   Auch der Deutsche Standardisierungsrat empfiehlt dem Gesetzgeber grundsätzlich, die Möglichkeiten der Richtlinie voll auszuschöpfen und die *fair value*-Bewertung für Finanzinstrumente sowohl für den Einzelabschluss als auch für den Konzernabschluss verpflichtend vorzuschreiben. Voraussetzung sei allerdings, dass die steuerlichen Konsequenzen einer solchen Vorgehensweise „annehmbar sind". Vgl. DEUTSCHER STANDARDISIERUNGSRAT (Stellungnahme 2001), S. 4. Ähnlich ERNST, CHRISTOPH (HGB 2001), S. 252f.

[916]   Vgl. BIEG, HARTMUT/KUßMAUL, HEINZ (Rechnungswesen 2003), S. 23ff.

[917]   JACOBS, OTTO H. (Steuerbilanz 2004), S. 6.

[918]   Vgl. JACOBS, OTTO H. (Steuerbilanz 2004), S. 6.

[919]   Vgl. ERNST, CHRISTOPH (Perspektiven 2005), S. 3f.

[920]   So auch HUTHMANN, ANDREAS/HOFELE, FRANK (Umsetzung 2005), S. 188. Auch bei der Umsetzung der Bilanzrichtlinie hat sich der Gesetzgeber zur Beibehaltung der Maßgeblichkeit entschieden und stattdessen eine steuerneutrale Umsetzung der Richtlinie versucht, um den bilanzierenden Kaufleuten weiterhin die Aufstellung einer Einheitsbilanz zu ermöglichen. Vgl. DÖLLERER, GEORG (Handelsbilanz 1983), S. 160; KESSLER, HARALD (Vorsichtsprinzip 1997), S. 2.

Die skizzierte Lösung hat zwar den Vorteil, dass sich der im handelsrechtlichen Einzelabschluss ermittelte Gewinn wie bisher unmittelbar, d.h. ohne Änderungen des geltenden Steuer- und Gesellschaftsrechts, zur Steuer- und Ausschüttungsbemessung verwenden ließe. Gleichzeitig entsteht jedoch bei Gesellschaften, die einen Konzernabschluss unter Beachtung der neuen Bewertungsregeln entweder freiwillig aufstellen bzw. aufstellen müssen, ein anderes „Kompatibilitätsproblem", nämlich zwischen dem Einzel- und dem Konzernabschluss. Bisher galt zwischen beiden Rechenwerken auch so etwas wie ein Maßgeblichkeitsprinzip, d.h., vom Grundsatz her war der Konzernabschluss nichts anderes als die (konsolidierte) Summe der Einzelabschlüsse der einbezogenen Unternehmen. Zwar war es auch bisher denkbar, dass ein bestimmter Bilanzposten im Einzel- und Konzernabschluss mit unterschiedlichen Wertansätzen erschien, weil nämlich nach h.M.[921] die Bewertungswahlrechte auf Konzernebene erneut – und somit möglicherweise anders als im Einzelabschluss – ausgeübt werden dürfen. Allerdings lag beiden Rechenwerken immer noch die gleiche Grundkonzeption zugrunde. Zukünftig wären bei Finanzinstrumenten jedoch Wertansätze im Konzernabschluss möglich oder gar verpflichtend, die nicht nur nicht mit denen des Einzelabschlusses übereinstimmen, sondern die dort gänzlich unzulässig sind. Insoweit käme es zu einer Abkopplung des Konzernabschlusses vom Einzelabschluss. Zwar würden die neuen Bewertungsregeln zunächst lediglich bestimmte Finanzinstrumente betreffen und somit wären die daraus resultierenden Unterschiede zwischen den Rechenwerken insbesondere bei solchen Unternehmen, die einen vergleichsweise geringen Bestand an den in Rede stehenden Instrumenten unterhalten, möglicherweise nicht so gravierend. Es muss aber damit gerechnet werden, dass der Umfang der zum *fair value* zu bewertenden Bilanzpositionen in den IFRS zukünftig eher zu- als abnehmen wird. Dies würde – vorausgesetzt, die EU hält an ihrer Strategie fest, die Bilanzrichtlinien den IFRS anzugleichen – dazu führen, dass auch im HGB der Umfang der zum *fair value* zu bewertenden bzw. bewertbaren Positionen im Zeitablauf zunehmen wird.[922] Einzel- und Konzernabschluss würden sich folglich immer mehr entfremden.

Ein weiterer mit der Umsetzung der Minimallösung verbundener negativer Aspekt ist die Tatsache, dass die Analyse eines Konzernabschlusses und insbesondere der zwi-

---

[921]   Vgl. nur KÜTING, KARLHEINZ/WEBER, CLAUS-PETER (Konzernabschluss 2005), S. 189.

[922]   So etwa durch die Modernisierungsrichtlinie, auf die in Kapitel 1 hingewiesen wurde.

schenbetriebliche Vergleich enorm erschwert würde. Einem Konzernabschluss eines deutschen Unternehmens könnten zukünftig drei mehr oder weniger unterschiedlich ausgestaltete Bewertungsregime zugrunde liegen und zwar entweder

- die „klassische", gänzlich auf den historischen Anschaffungskosten basierende HGB-Bewertung oder

- die novellierte HGB-Bewertung, die im Bereich der Finanzinstrumente die historischen Anschaffungskosten durch den *fair value* ersetzt oder

- die IFRS in Reinform, sofern das Unternehmen unter die IFRS-Verordnung fällt oder von dem Wahlrecht, die IAS anzuwenden, Gebrauch macht.

Ein Bilanzleser müsste sich zukünftig folglich zuerst exakt informieren, auf Grundlage welcher Normen, insbesondere welcher Bewertungsvorschriften, der Abschluss aufgestellt wurde. Er müsste sich darüber hinaus in allen drei Rechnungslegungswelten auskennen, nicht zuletzt, um den Abschluss mit dem anderer Unternehmen vergleichen zu können, die nach den anderen Regeln bilanzieren. Bevor ein Vergleich möglich ist, müssten die zu vergleichenden Abschlüsse gewissermaßen auf einen Nenner gebracht werden. Dies könnte für HGB-Abschlüsse gänzlich unmöglich werden, wenn der Gesetzgeber die *fair value*-Bewertung als Wahlrecht neben die tradierten Bewertungsvorschriften stellt und es gleichzeitig versäumt, zu verlangen, dass dieses Wahlrecht einheitlich ausgeübt werden muss.

Eine weitere Dimension gewinnt diese Problematik freilich, wenn nicht nur ein Vergleich mit Abschlüssen deutscher Unternehmen, sondern auch mit solchen aus anderen Mitgliedsländern vorgenommen werden soll, denn jedes Mitgliedsland kann bei der Umsetzung der Richtlinie eine andere Strategie im Hinblick auf die Ausübung seiner Wahlrechte verfolgen.

M.E. wiegen die hier aufgezeigten Nachteile bei der Umsetzung der Minimallösung so schwer, dass der deutsche Gesetzgeber stattdessen den Mut finden sollte, eine grundlegende Reform des deutschen Handelsbilanz-, Steuer- und Gesellschaftsrechts anzustreben. Am Anfang einer Neuordnung sollte die Erkenntnis stehen, dass mit einer einzigen Bilanz die Bilanzzwecke Information, Ausschüttungs- und Steuerbemessung nicht zugleich verfolgt werden können. Dass dies unmöglich ist, hat STÜTZEL[923] bereits vor fast vier Jahrzenten eindrucksvoll dargelegt. Vielmehr bedingen unterschiedliche Bilanzzwecke unterschiedliche Bilanzierungsregeln. Daher muss streng zwischen Handels-, Steuer- und Gesellschaftsrecht unterschieden werden.

Der handelsrechtlichen Bilanz kommt derzeit wie auch in Zukunft neben der Dokumentations- in erster Linie eine Informationsfunktion im Hinblick auf die Schuldendeckungsfähigkeit des Unternehmens zu. Mit einer derartigen „Informationsbilanz" ist m.E. ein regelmäßiges Abstellen auf historische Anschaffungskosten nicht vereinbar, denn den Adressaten – ganz gleich, ob das nun der Kaufmann selbst oder ein Dritter ist – interessiert nicht, was ein Vermögensgegenstand einmal gekostet hat, welchen Wert er einmal besaß, sondern welchen Wert er heute darstellt. Nur so ist er in der Lage zu beurteilen, inwieweit ein Unternehmen fähig ist, seine Schulden begleichen zu können.

Natürlich bringt eine derartige Bewertung dort, wo keine Börsenpreise vorhanden sind, Objektivierungsprobleme mit sich. Wertansätze könnten mehr oder weniger willkürlich entstehen und somit auch im Rahmen der Abschlussprüfung nur sehr schwer zu kontrollieren sein. Möglicherweise sind die hierbei auftretenden Probleme bei einer konkreten Bilanzposition so groß, dass, um einer willkürlichen Bewertung zu entgehen, letztlich doch auf die historischen Anschaffungskosten zurückgegriffen werden muss. Zu untersuchen, für welche Vermögensgegenstände und Schulden eine Bewertung zum *fair value* sinnvoll wäre und für welche die damit einhergehenden Objektivierungsprobleme zu groß sind, würde den Rahmen dieser Arbeit sprengen. Es genügt an dieser Stelle zu erkennen, dass in einer Handelsbilanz, deren Ziel es ist, über die tatsächliche Schuldendeckungsfähigkeit des Unternehmens zu informieren, grundsätzlich der Zeitwert die sachgerechte Information liefert. Wo immer dies unter der Nebenbedingung einer willkürfreien Bilanzierung vertretbar ist, so etwa bei börsennotierten Finanzinstrumenten, sollte auf diesen Wert zurückgegriffen werden.[924] Denn worin liegt der Nutzen einer auf Anschaffungskosten basierenden Lagedarstellung, die zwar auf vorbildliche

---

[923]   Vgl. STÜTZEL, WOLFGANG (Bemerkungen 1967), S. 314ff. Ähnlich MOXTER, ADOLF (Rechnungslegung 2003), S. 221ff.

[924]   Vgl. auch HERZIG, NORBERT/MAURITZ, PETER (Grundkonzeption 1997), S. 2ff.

Weise intersubjektiv nachprüfbar und damit objektivierbar ist, wenn diese Darstellung gleichzeitig nichts mit der tatsächlichen Lage des Unternehmens zu tun hat?[925]

Als Steuerbilanz bzw. Ausschüttungsbilanz taugt ein solcher, möglichst auf den *fair value* abstellender Abschluss, nicht. Es käme zur Besteuerung sowie bei Kapitalgesellschaften zur Ausschüttung unrealisierter Gewinne. Trotzdem kann eine solche Handelsbilanz weiterhin grundsätzlich Anknüpfungspunkt für die Besteuerung und die Ausschüttung sein, es bedarf jedoch einiger Korrekturen, um den handelsrechtlichen Gewinn in einer Nebenrechnung um unrealisierte Ertragsbestandteile zu bereinigen. An Vorschlägen, wie auch mit einer auf dem *fair value* basierenden Bilanz der bisherige Gläubigerschutz gesichert werden kann, mangelt es nicht.[926]

---

[925]   Stellt man sich beispielsweise ein Grundstück vor, dass das Unternehmen vor 50 Jahren für 100.000 DM gekauft hat und das heute einen Verkehrswert von 500.000 EUR besitzt, dann würde das Vermögen bei Anwendung des *historical cost*-Modells mit einem viel zu niedrigen Betrag ausgewiesen. Ein solcher Wertansatz hätte auch nichts mit einer vorsichtigen Information zu tun – dies wäre schlicht und einfach eine falsche Information. Vorsichtig zu bewerten hieße hier nicht, einen längst überkommenen Wert anzusetzen, sondern den aktuellen Wert des Grundstücks vorsichtig zu schätzen, etwa indem man vom momentan geschätzten Verkehrswert einen gewissen Abschlag vornimmt, wie das Banken z.B. bei der Bewertung von Kreditsicherheiten machen. Selbst bei der Wahl eines überhöhten Abschlags, z.B. 50%, käme man in dem angeführten Beispiel zu einem Bilanzausweis, der einem den tatsächlichen Verhältnissen entsprechenden Bild der Vermögenslage allemal näher kommt, als das unreflektierte Festklammern an den historischen Anschaffungskosten.

[926]   Vgl. SCHÖN, WOLFGANG (Zukunft 2004), S. 162ff.; HERZIG, NORBERT (IFRS 2005), S. 211ff.; HOSSFELD, CHRISTOPHER (Ausschüttung 2005), S. 154ff.

7 Fazit

Die Überwachung und Steuerung von Risiken stellt für Unternehmen nicht nur eine die Existenz sichernde betriebswirtschaftliche Notwendigkeit dar, sie ergibt sich darüber hinaus aufgrund vielfältiger gesetzlicher Vorgaben. Dies gilt im besonderen Maße für Kreditinstitute. Eine entscheidende Rolle spielen dabei derivative Finanzinstrumente. Sie eignen sich aufgrund ihrer Charakteristik besonders gut zum Einsatz im Risikomanagement.

Gegenstand der Arbeit war die Frage, inwiefern die mit den heute üblichen Risikomanagementstrategien erzielten Absicherungen auch in HGB- und IFRS-Bilanzen gezeigt werden können. Dabei wurde zunächst deutlich, dass in beiden Rechnungslegungswelten mit den herkömmlichen Bilanzierungs- und Bewertungsregeln häufig keine sachgerechte, die erzielten Kompensationseffekte berücksichtigende Darstellung möglich ist. Es bedarf daher sowohl nach HGB als auch nach IFRS spezieller *hedge accounting*-Regeln.

Das häufig belächelte, als veraltet und unzeitgemäß verschriene HGB erweist sich an dieser Stelle als das flexiblere System. Es verdankt dies der Tatsache, dass der deutsche Gesetzgeber auf einen prinzipienorientierten Ansatz gesetzt und auf die Vorgabe einengender konkreter Vorschriften weitestgehend verzichtet hat. Durch den Verweis auf die Grundsätze ordnungsmäßiger Buchführung ist es möglich, zweckorientierte Abbildungsregeln zu entwickeln, die durchaus in der Lage sind, für eine risikoadäquate Abbildung sowohl von Mikro- als auch von Makro-*hedges* zu sorgen. Selbst eine risikokompensierende Effekte berücksichtigende Darstellung der Handelsaktivitäten ist, wenn auch nur bei Erfüllung strenger Voraussetzungen, grundsätzlich möglich. Die Notwendigkeit eines *hedge accounting* könnte an dieser Stelle allerdings überflüssig werden, sofern der deutsche Gesetzgeber im Zuge der BilMoG-Reform die *fair value*-Bewertung von (börsennotierten) Finanzinstrumenten auch im Einzelabschluss zulässt. Eine derartige Reform stünde im Einklang mit den Bilanzzwecken, brächte aber zugleich das Erfordernis mit sich, durch Änderungen im Gesellschafts- bzw. Steuerrecht die Ausschüttung (bei Kaitalgesellschaften) bzw. Besteuerung noch nicht realisierter Gewinne zu verhindern.

Die IFRS verfolgen eine andere Konzeption, indem sie dem Bilanzierenden ein enges Korsett detaillierter Regeln vorgeben, die ein möglichst exaktes Bild der Vermögens-, Finanz- und Ertragslage vermitteln sollen. Sie zeichnen sich durch eine hohe Komplexität aus. M.E. steht der mit Implementierung und Umsetzung von IAS 39 verbundene Aufwand in keinem Verhältnis zu dem damit verbundenen Nutzen auf Seiten der Adressaten. Genau wie es einem Arzt wenig nützt, die Fiebertemperatur seines Patienten bis auf die dritte, vierte, oder fünfte Nachkommastelle zu messen, bringt auch etwa eine Disagioverteilung unter Verwendung der Effektivzinsmethode dem Adressaten im Vergleich zu einer simplen linearen Verteilung kaum ein Mehr an Information. Man könnte manchmal den Eindruck gewinnen, als läge der Sinn und Zweck von Unternehmen darin, Bilanzen aufzustellen – und nicht etwa ihrer Geschäftstätigkeit nachzugehen. Hinzu kommt noch, dass eine Bilanz im Hinblick auf die zukünftige Entwicklung bzw. zukünftige Nettozahlungen eines Unternehmens doch einen eher begrenzten Aussagewert hat. STÜTZEL hat bereits 1967 darauf hingewiesen, dass hierzu kein vergangenheitsorientierter Jahresabschluss, sondern lediglich ein Finanzplan in der Lage ist;[927] diese Feststellung gilt auch heute noch.[928] Wenn etwa Analysten ein Urteil über das Kaufen, Halten und Verkaufen einer bestimmten Aktie abgeben, dann spielt bei der Urteilsfindung zwar auch die Bilanz des betreffenden Unternehmens eine gewisse Rolle, viel wichtiger sind dabei jedoch beispielsweise Informationen über das Geschäftsmodell und dessen Zukunftsfähigkeit, über die Fähigkeiten des Managements und die Qualifikation der Mitarbeiter, die voraussichtliche Entwicklung der betreffenden Branche usw. – kurzum Dinge, über die eine Bilanz keine Auskunft geben kann.

Im Hinblick auf die in dieser Arbeit untersuchte bilanzielle Abbildung von Absicherungsmaßnahmen ist zu konstatieren, dass es die vermeintlich so modernen IFRS dem Bilanzierenden im Vergleich zum tradierten HGB hier sehr viel schwerer – wenn nicht gar häufig unmöglich machen. So ist es ausdrücklich nicht zulässig, die heute üblichen Sicherungsstrategien auf aggregierter Basis (Makro-*hedges*) auch im Jahresabschluss abzubilden. Auf massiven Druck der europäischen Banken hat das *board* zwar für Zins-

---

[927]   Vgl. STÜTZEL, WOLFGANG (Bemerkungen 1967), S. 332ff.

[928]   Vgl. hierzu unlängst KESSLER, HARALD (Fair Value 2005), S. 71ff., der mehrere empirische Studien aufführt, die diese These stützen. Ähnlich BÜHLER, WOLFGANG/GEHRING, HERMANN/GLASER, HORST (Finanzplanung 1979), S. 13f.; MOXTER, ADOLF (Rechnungslegung 2003), S. 247ff.; SCHULZE-OSTERLOH, JOACHIM (Buchführung 2003), S. 1571f.

Makro-*hedges* eine Ausnahme zugelassen, diese erscheint aufgrund der Komplexität der Regelungen und dem damit verbundenen Buchungs- und Dokumentationsaufwand in dieser Form allerdings wenig praktikabel. Die starre, unnachgiebige, wenn nicht uneinsichtige Haltung des IASB in dieser Frage ist kaum nachvollziehbar, ist es doch grundsätzlich[929] und auch an anderer Stelle – etwa bei der Firmenwertbilanzierung nach IAS 36[930] – bereit, Daten der internen Steuerung als Grundlage für die bilanzielle Abbildung zu akzeptieren (*management approach*). Vor diesem Hintergrund erscheinen insbesondere die Regeln zum Makro-Zins-*hedge* wie „die Rache der unterlegenen Full Fair Value-Jünger, nach dem Motto: 'Wenn ihr schon den in hohem Maße objektivierten und aus Sicht der reinen Lehre unübertrefflichen Full Fair Value-Ansatz nicht zu akzeptieren bereit seid, bestrafen wir euch durch einen unhandlichen IAS 39'"[931].

---

[929]   Vgl. die Bemerkungen zum *management approach* in Abschnitt 3.3.3.

[930]   Vgl. hierzu WIRTH, JOHANNES (Firmenwertbilanzierung 2005), S. 17f.

[931]   KEMMER, MICHAEL/NAUMANN, THOMAS K. (Anwendung 2003), S. 568.

Literaturverzeichnis

ACKERMANN, ULRICH (Marktwertbilanzierung 2001): Marktwertbilanzierung von Finanzinstrumenten nach US-GAAP/IAS – Auswirkungen auf Managemententscheidungen. Bochum 2001.

ADLER, HANS ET AL. (Konzeptionelle Grundlagen 2005): Abschnitt 1: Konzeptionelle Grundlagen. In: Rechnungslegung nach Internationalen Standards – Kommentar, bearbeitet von Hans-Friedrich Gelhausen et al., Stuttgart 2002, Loseblattwerk, Stand Dezember 2005.

ADLER, HANS ET AL. (Rechnungslegung 1995): Rechnungslegung und Prüfung der Unternehmen – Kommentar zum HGB, AktG, GmbHG, PublG nach den Vorschriften des Bilanzrichtlinien-Gesetzes – Teilband 1, bearbeitet von Karl-Heinz Forster et al., 6. Aufl., Stuttgart 1995.

ADLER, HANS ET AL. (Rechnungslegung 1997): Rechnungslegung und Prüfung der Unternehmen – Kommentar zum HGB, AktG, GmbHG, PublG nach den Vorschriften des Bilanzrichtlinien-Gesetzes – Teilband 5, bearbeitet von Karl-Heinz Forster et al., 6. Aufl., Stuttgart 1997.

ADLER, HANS ET AL. (Rechnungslegung 1998): Rechnungslegung und Prüfung der Unternehmen – Kommentar zum HGB, AktG, GmbHG, PublG nach den Vorschriften des Bilanzrichtlinien-Gesetzes – Teilband 6, bearbeitet von Karl-Heinz Forster et al., 6. Aufl., Stuttgart 1998.

ANSTETT, CHRISTOF WERNER (Futures 1997): Financial Futures im Jahresabschluss deutscher Kreditinstitute. Wiesbaden 1997.

ARBEITSKREIS „EXTERNE UNTERNEHMENSRECHNUNG" DER SCHMALENBACH-GESELLSCHAFT (Bilanzierung 1997): Bilanzierung von Finanzinstrumenten im Währungs- und Zinsbereich auf der Grundlage des HGB. In: Der Betrieb 1997, S. 637-642.

ARNOLDI, ROMAN/LEOPOLD, TOBIAS (Buchungsregeln 2005): Portfolio Fair Value Hedge Accounting: Entwicklung IAS-konformer und praxistauglicher Buchungsregeln. In: Zeitschrift für internationale und kapitalmarktorientierte Rechnungslegung 2005, S. 22-38.

BABEL, MATHIAS (Ansatz 1997): Ansatz und Bewertung von Nutzungsrechten. Frankfurt am Main 1997.

BAETGE, JÖRG ET AL. (§ 248 HGB 2005): Kommentar zu § 248 HGB. In: Handbuch der Rechnungslegung – Einzelabschluss, hrsg. v. Karlheinz Küting und Claus-Peter Weber, 5. Aufl., Stuttgart 2002, Loseblattwerk, Stand September 2005.

BAETGE, JÖRG ET AL. (Bilanzen 2005): Bilanzen. 8. Aufl., Düsseldorf 2005.

BAETGE, JÖRG/KIRSCH, HANS-JÜRGEN (GoB 2005): Kapitel 4 – Grundsätze ordnungsmäßiger Buchführung. In: Handbuch der Rechnungslegung – Einzelabschluss, hrsg. v. Karlheinz Küting und Claus-Peter Weber, 5. Aufl., Stuttgart 2002, Loseblattwerk, Stand September 2005.

BAETGE, JÖRG/ZIESEMER, STEFAN (§ 252 HGB 2006): Kommentar zu § 252 HGB. In: Bilanzrecht – Handelsrecht mit Steuerrecht und den Regelungen des IASB, Kommentar, hrsg. v. Jörg Baetge et al., Bonn/Berlin 2002, Loseblattwerk, Stand März 2006.

BAETGE, JÖRG/ZÜLCH, HENNING (Rechnungslegungsgrundsätze 2005): Abt. I/7: Rechnungslegungsgrundsätze nach HGB und IFRS. In: Handbuch des Jahresabschlusses in Einzeldarstellungen, hrsg. v. Klaus v. Wysocki et al., Köln 1984, Loseblattwerk, Stand Dezember 2005.

BAFIN (Risikomanagement 2005): BaFin-Regeln zum Risikomanagement auf den Weg gebracht – Pressemitteilung vom 3.2.2005. Abrufbar unter: www.bafin.de.

BAILEY, GEORGETTE T./WILD, KEN (Accounting 2000): International Accounting Standards: A Guide to Preparing Accounts. 2. Aufl., London 2000.

BALLWIESER, WOLFGANG (§ 238 HGB 2001): Kommentar zu § 238 HGB. In: Münchener Kommentar zum Handelsgesetzbuch – Band 4, hrsg. v. Karsten Schmidt, München 2001.

BALLWIESER, WOLFGANG (§ 252 HGB 2001): Kommentar zu § 252 HGB. In: Münchener Kommentar zum Handelsgesetzbuch – Band 4, hrsg. v. Karsten Schmidt, München 2001.

BALLWIESER, WOLFGANG (GoB 2005): Grundsätze ordnungsmäßiger Buchführung (B 105). In: Beck'sches Handbuch der Rechnungslegung, hrsg. v. Edgar Castan et al., München 1987, Loseblattwerk, Stand Dezember 2005.

BALLWIESER, WOLFGANG (Grundsätze 2005): Grundsätze der Aktivierung und Passivierung (B 131). In: Beck'sches Handbuch der Rechnungslegung, hrsg. v. Edgar Castan et al., München 1987, Loseblattwerk, Stand Dezember 2005.

BAMBERG, GÜNTER/BAUR, FRANZ (Statistik 2002): Statistik. 12. Aufl., München/Wien 2002.

BANK FÜR INTERNATIONALEN ZAHLUNGSAUSGLEICH (März 2006): BIZ-Quartalsbericht März 2006 – Statistischer Anhang. Abrufbar unter: www.bis.org.

BANK, GERHARD (EG-Richtlinien 1995): Sonstige gesellschaftsrechtliche EG-Richtlinien, Bankbilanz- und Versicherungsbilanzrichtlinie. In: Handbuch der Rechnungslegung – Einzelabschluss, hrsg. v. Karlheinz Küting und Claus-Peter Weber, 4. Aufl., Stuttgart 1995, S. 25-30.

BARCKOW, ANDREAS (Bilanzierung 2004): Die Bilanzierung von derivativen Sicherungsinstrumenten und Sicherungsbeziehungen – Eine Gegenüberstellung des deutschen Bilanzrechts mit SFAS 133 und IAS 32/39. Düsseldorf 2004.

BARTH, HERBERT (Risiken 1984): Financial Futures: Neue Risiken für die Kreditinstitute? In: Kredit und Kapital 1984, S. 120-145.

BARTH, KUNO (Entwicklung 1953): Die Entwicklung des deutschen Bilanzrechts – Band I – Handelsrechtlich. Stuttgart 1953.

BARTH, KUNO (Entwicklung 1955): Die Entwicklung des deutschen Bilanzrechts – Band II – Steuerrechtlich. Stuttgart 1955.

BASEL COMMITTEE ON BANKING SUPERVISION (Amendments 2003): Comments on the IASB Exposure Draft of Proposed "Amendments to IAS 39, Financial Instruments: Recognition and Measurement – Fair Value Hedge Accounting for a Portfolio Hedge of Interest Rate Risk" vom 25. November 2003. Abrufbar unter: www.iasb.org.

BAUER, HEINRICH (Schwebende Geschäfte 1981): Schwebende Geschäfte im Steuerrecht. Erlangen-Nürnberg 1981.

BECKER, ULRICH (Terminhandel 1994): Lexikon Terminhandel – Finanz- und Rohstoff-Futures. Wiesbaden 1994.

BEIKE, ROLF/BARCKOW, ANDREAS (Risk-Management 2002): Risk-Management mit Finanzderivaten. 3. Aufl., München/Wien 2002.

BEISSE, HEINRICH (GoB 1990): Rechtsfragen der Gewinnung von GoB. In: Betriebswirtschaftliche Forschung und Praxis 1990, S. 499-514.

BENNE, JÜRGEN (Bewertungseinheit 1991): Einzelbewertung und Bewertungseinheit. In: Der Betrieb 1991, S. 2601-2610.

BERGER, MANFRED (Hedging 1990): Hedging – Effektive Kursabsicherung festverzinslicher Wertpapiere mit Finanzterminkontrakten. Wiesbaden 1990.

BIEG, HARTMUT (Bankbilanzen 1983): Bankbilanzen und Bankenaufsicht. München 1983.

BIEG, HARTMUT (Bewertungsvorschriften 1976): Wider den Ausschließlichkeitsanspruch der Bewertungsvorschriften bei der Bestimmung des Inhalts der Handelsbilanz! In: Steuer und Wirtschaft 1976, S. 339-350.

BIEG, HARTMUT (Buchführung 2006): Buchführung – eine systematische Anleitung mit umfangreichen Übungen und einer ausführlichen Erläuterung der GoB. 3. Aufl., Herne/Berlin 2006.

BIEG, HARTMUT (Buchführungspflichten 2005): Buchführungspflichten und Buchführungsvorschriften (A 100). In: Beck'sches Handbuch der Rechnungslegung, hrsg. v. Edgar Castan et al., München 1987, Loseblattwerk, Stand Dezember 2005.

BIEG, HARTMUT (FRA 2003): Bilanzierung und Bewertung von Forward Rate Agreements. In: Der Steuerberater 2003, S. 174-180.

BIEG, HARTMUT (Futures I 2003). Bilanzierung und Bewertung von Financial Futures – Teil I. In: Der Steuerberater 2003, S. 92-96.

BIEG, HARTMUT (Futures II 2003): Bilanzierung und Bewertung von Financial Futures – Teil II. In: Der Steuerberater 2003, S. 126-130.

BIEG, HARTMUT (Grundlagen I 2002): Grundlagen der Bilanzierung und Bewertung von Derivaten – Teil I. In: Der Steuerberater 2002, S. 429-433.

BIEG, HARTMUT (Grundlagen II 2002): Grundlagen der Bilanzierung und Bewertung von Derivaten – Teil II. In: Der Steuerberater 2002, S. 472-477.

BIEG, HARTMUT (Optionen I 2003): Bilanzierung und Bewertung von Optionen und Zinsbegrenzungsvereinbarungen – Teil I. In: Der Steuerberater 2003, S. 288-292.

BIEG, HARTMUT (Optionen II 2003): Bilanzierung und Bewertung von Optionen und Zinsbegrenzungsvereinbarungen – Teil II. In: Der Steuerberater 2003, S. 324-329.

BIEG, HARTMUT (Optionen III 2003): Bilanzierung und Bewertung von Optionen und Zinsbegrenzungsvereinbarungen – Teil III. In: Der Steuerberater 2003, S. 377-383.

BIEG, HARTMUT (Rechnungslegung 1999): Die externe Rechnungslegung der Kreditinstitute und Finanzdienstleistungsinstitute 1999. München 1999.

BIEG, HARTMUT (Schwebende Geschäfte 1977): Schwebende Geschäfte in der Handels- und Steuerbilanz. Frankfurt am Main/Bern 1977.

BIEG, HARTMUT (Schwierigkeiten 1977): Lassen sich die buchhaltungstechnischen Schwierigkeiten bei der Erfassung schwebender Geschäfte lösen? In: Die Wirtschaftsprüfung 1977, S. 113-127.

BIEG, HARTMUT (Swaps I 2003): Bilanzierung und Bewertung von Financial Swaps – Teil I. In: Der Steuerberater 2003, S. 209-214.

BIEG, HARTMUT (Swaps II 2003): Bilanzierung und Bewertung von Financial Swaps – Teil II. In: Der Steuerberater 2003, S. 259-263.

BIEG, HARTMUT ET AL. (IFRS 2006): Handbuch der Rechnungslegung nach IFRS – Grundlagen und praktische Anwendung. Düsseldorf 2006.

BIEG, HARTMUT/KRÄMER, GREGOR/WASCHBUSCH, GERD (Bankenaufsicht 2004): Bankenaufsicht in Theorie und Praxis. 2. Aufl., Frankfurt am Main 2004.

BIEG, HARTMUT/KUßMAUL, HEINZ (Entscheidungen 2000): Investitions- und Finanzierungsmanagement – Band III: Finanzwirtschaftliche Entscheidungen. München 2000.

BIEG, HARTMUT/KUßMAUL, HEINZ (Finanzierung 2000): Investitions- und Finanzierungsmanagement – Band II: Finanzierung. München 2000.

BIEG, HARTMUT/KUßMAUL, HEINZ (Rechnungswesen 2003): Externes Rechnungswesen. 3. Aufl., München/Wien 2003.

BIEG, HARTMUT/RÜBEL, MARKUS (Ausweis 1988): Ausweis und Bewertung von Devisen- und Zinstermingeschäften in Bankbilanzen – Teil I. In: Kredit und Kapital 1988, S. 253-277.

BIENER, HERBERT/BERNEKE, WILHELM (Bilanzrichtlinien-Gesetz 1986): Bilanzrichtlinien-Gesetz – Textausgabe des Bilanzrichtlinien-Gesetzes vom 19.12.1985 (Bundesgesetzbl. I S. 2355) mit Bericht des Rechtsausschusses des Deutschen Bundestages, Regierungsentwürfe mit Begründung, EG-Richtlinien mit Begründung, Entstehung und Erläuterung des Gesetzes. Düsseldorf 1986.

BIRCK, HEINRICH/MEYER, HEINRICH (Bankbilanz 1979): Die Bankbilanz – 4. Teillieferung. 3.Aufl., Wiesbaden 1979.

BLEI, REINHARD (Früherkennung 1984): Früherkennung von Bankenrisiken, dargestellt am Beispiel der Herstatt-Bank. Berlin 1984.

BÖCKING, HANS-JOACHIM/BENECKE, BIRKA (§ 340e HGB 2001): Kommentar zu § 340e HGB. In: Münchener Kommentar zum Handelsgesetzbuch – Band 4, hrsg. v. Karsten Schmidt, München 2001.

BOELKE, WILFRIED (Bewertungsvorschriften 1970): Die Bewertungsvorschriften des Aktiengesetzes 1965 und ihre Geltung für die Unternehmen in anderer Rechtsform – Eine Untersuchung der aktienrechtlichen Bewertungsvorschriften und der Grundsätze ordnungsmäßiger Buchführung. Berlin 1970.

BOFINGER, PETER (Währungssysteme 2001): Währungssysteme. In: Handwörterbuch des Bank- und Finanzwesens, hrsg. v. Wolfgang Gerke und Manfred Steiner. 3. Aufl., Stuttgart 2001, Sp. 2194-2202.

BOHN, ANDREAS/WONDRAK, BERNHARD (Zinsmanagement 2004): IAS im Zinsmanagement – Die Bedeutung von IAS 39 und IAS 19 für Treasury und Asset-Liability-Management. Köln 2004.

BRACKERT, GERHARD/PRAHL, REINHARD/NAUMANN, THOMAS K. (Verfahren 1995): Neue Verfahren der Risikosteuerung und ihre Auswirkung auf die handelsrechtliche Gewinnermittlung – Ein Plädoyer für die Zulässigkeit von imperfekten Mikro-Bewertungseinheiten auf modifizierter Mark-to-Market-Basis. In: Die Wirtschaftsprüfung 1995, S. 544-554.

BUCHHEIM, REGINE/GRÖNER, SUSANNE/KÜHNE, MAREIKE (Übernahme 2004): Übernahme von IAS/IFRS in Europa: Ablauf und Wirkung des Komitologieverfahrens auf die Rechnungslegung. In: Betriebs-Berater 2004, S. 1783-1788.

BUCHHOLZ, RAINER (Rechnungslegung 2005): Internationale Rechnungslegung – Die Vorschriften nach IFRS und HGB im Vergleich – mit Aufgaben und Lösungen, 5. Aufl., Berlin 2005.

BÜHLER, WOLFGANG/GEHRING, HERMANN/GLASER, HORST (Finanzplanung 1979): Kurzfristige Finanzplanung unter Sicherheit, Risiko und Ungewißheit. Wiesbaden 1979.

BUNDESFINANZHOF (Urteil 1974): Urteil vom 17.7.1974, I R 195/72. In: BStBl. II 1974, S. 684-686.

BUNDESFINANZHOF (Urteil 1975): Urteil vom 28.11.1974, V R 36/74. In: BStBl. II 1975, S. 398-400.

BUNDESMINISTERIUM DER FINANZEN (Finanzbericht 2004): Finanzbericht 2005. Berlin 2004.

BUNDESREGIERUNG (BilReG-Begründung 2004): Entwurf eines Gesetzes zur Einführung internationaler Rechnungslegungsstandards und zur Sicherung der Qualität der Abschlussprüfung (Bilanzrechtsreformgesetz – BilReG). BT-Drucksache 15/3419 vom 24.06.2004.

BUNDESREGIERUNG (KonTraG 1997): Entwurf eines Gesetzes zur Kontrolle und Transparenz im Unternehmensbereich (KonTraG). BR-Drucksache 872/97 vom 7.11.1997.

BUNDESVERBAND DEUTSCHER BANKEN (Amendments 2003): Amendments to IAS 39 Financial Instruments: Recognition and Measurement – Fair Value Hedge Accounting for a Portfolio Hedge of Interest Rate Risk – Stellungnahme vom 17. November 2003. Abrufbar unter: www.iasb.org.

BÜSCHGEN, HANS E. (Finanzmanagement 1997): Internationales Finanzmanagement. 3. Aufl., Frankfurt am Main 1997.

BUSSE VON COLBE, WALTHER (Harmonisierung 2002): Vorschlag der EG-Kommission zur Anpassung der Bilanzrichtlinien an die IAS – Abschied von der Harmonisierung? In Betriebs-Berater 2002, S. 1530-1536.

CHRISTIAN, CLAUS-JÖRG (Informationsbasis 1991): Die Informationsbasis der Bankenaufsicht – eine Konzeption zur laufenden Überwachung der Geschäftstätigkeit und der Risikostrukturen von Kreditinstituten. Stuttgart 1991.

COENENBERG, ADOLF GERHARD (Jahresabschluss 2005): Jahresabschluss und Jahresabschlussanalyse – betriebswirtschaftliche, handelsrechtliche, steuerrechtliche und internationale Grundsätze; HGB, IFRS und US-GAAP. 20. Aufl., Stuttgart 2005.

COMMERZBANK (Geschäftsbericht 2005): Geschäftsbericht 2005 Commerzbank Konzern. Abrufbar unter: www.commerzbank.de.

COMMERZBANK (Jahresabschluss 2005): Jahresabschluss und Lagebericht 2005. Abrufbar unter: www.commerzbank.de.

CULP, CHRISTOPHER/MILLER, MERTON (Metallgesellschaft 1995): Metallgesellschaft and the Economics of Synthetic Storage. In: Zeitschrift für Bankrecht und Bankwirtschaft 1995, S. 2-14.

DEUTSCHE BANK (Finanzbericht 2005): Jahresbericht 2005. Abrufbar unter: www.deutschebank.de.

DEUTSCHE BANK (Jahresabschluss 2005): Jahresabschluss und Lagebericht der Deutschen Bank AG 2005. Abrufbar unter: www.deutschebank.de.

DEUTSCHE BÖRSE GROUP (Geschäftsbericht 2005): Geschäftsbericht 2005. Abrufbar unter: www.deutsche-boerse.de.

DEUTSCHE BUNDESBANK (Exposure Draft 2003): Exposure Draft of Proposed Amendments to IAS 39: Recognition and Measurement „Fair Value Hedge Accounting for a Portfolio Hedge of Interest Rate Risk – Stellungnahme vom 18. November 2003. Abrufbar unter: www.iasb.org.

DEUTSCHER STANDARDISIERUNGSRAT (Stellungnahme 2001): Aufforderung zur Stellungnahme durch den Deutschen Standardisierungsrat (DSR) zum Vorschlag der Umsetzung der EU-Fair-Value-Richtlinie in deutsches Recht vom 20.11.2001. Abrufbar unter: www.standardsetter.de.

DÖLLERER, GEORG (Handelsbilanz 1983): Handelsbilanz ist gleich Steuerbilanz. In: Der Jahresabschluß im Widerstreit der Interessen, hrsg. v. Jörg Baetge, Düsseldorf 1983, S. 157-178.

ECKES, BURKHARD/GEHRER, JUDITH (Wirtschaftsprüfung 2003): IAS 39 aus Sicht der Wirtschaftsprüfung. In: Zeitschrift für das gesamte Kreditwesen 2003, S. 585-592.

EILENBERGER, GUIDO (Derivate 1996): Derivate. In: Lexikon der Finanzinnovationen. 3. Aufl., München/Wien 1996, S. 111.

EILENBERGER, GUIDO (Finanzinnovationen 1996): Finanzinnovationen. In: Lexikon der Finanzinnovationen. 3. Aufl., München/Wien 1996, S. 172-174.

EILENBERGER, GUIDO (Optionspositionen 1996): Optionspositionen. In: Lexikon der Finanzinnovationen, 3. Aufl., München/Wien 1996, S. 314-315.

ELKART, WOLFGANG/SCHABER, MATHIAS (Interne Geschäfte 2003): Hedge-accounting und interne Geschäfte im Spannungsfeld tradierter Rechnungslegungsgrundsätze und modernem Finanzmanagement. In: Neuere Finanzprodukte: Anwendung, Bewertung, Bilanzierung – Festschrift zum 65. Geburtstag von Wolfgang Eisele, hrsg. v. Alois Paul Knobloch, München 2003.

ERNST & YOUNG (Rechnungslegung 2004): Rechnungslegung von Financial Instruments nach IAS 39 – Eine Darstellung der Bilanzierung auf Basis von IAS 32 und IAS 39 (revised 2003). 3. Aufl., Stuttgart 2004.

ERNST, CHRISTOPH (HGB 2001): Zeitwertbilanzierung für Finanzinstrumente nach 4. EU-Richtlinie und HGB – Zu erwartende Änderungen für alle Kaufleute. In: Die Wirtschaftsprüfung 2001, S. 245-252.

ERNST, CHRISTOPH (Perspektiven 2005): Stand und Perspektiven der deutschen Bilanzrechtsmodernisierung. In: Bilanzreform und Bilanzdelikte, hrsg. v. Carl-Christian Freidank, Wiesbaden 2005, S. 1-16.

EU-KOMMISSION (Agreement 2005): Accounting Standards: EU Commissioner McCreevy sees agreement with S.E.C. as progress toward equivalence Brussels. Presseerklärung IP/05/469 vom 22. April 2005. Abrufbar unter: http://ec.europa.eu/internal_market/accounting/index_de.htm.

EU-KOMMISSION (Finanzinstrumente 2005): Rechnungslegungsstandards: Kommission übernimmt IAS 39 "Finanzinstrumente: Ansatz und Bewertung – Wahlrecht der Bewertung zum beizulegenden Zeitwert". Presseerklärung IP/05/1423 vom 15. November 2005. Abrufbar unter: http://ec.europa.eu/internal_ market/accounting/index_de.htm.

EU-KOMMISSION (Rechnungslegungsstrategie 2000): Mitteilung der Kommission an den Rat und das Europäische Parlament: Rechnungslegungsstrategie der EU: Künftiges Vorgehen. KOM(2000) 359 vom 13. Juni 2000.

EU-KOMMISSION (Vorschlag fair value 2000): Vorschlag für eine Richtlinie des Europäischen Parlaments und des Rates zur Änderung der Richtlinien 78/660/EWG und 83/349/EWG im Hinblick auf die im Jahresabschluß bzw. im konsolidierten Abschluß von Gesellschaften bestimmter Rechtsformen zulässigen Wertansätze. KOM(2000) 80 endgültig vom 24.02.2000.

EULER, ROLAND (System 1996): Das System der Grundsätze ordnungsmäßiger Bilanzierung. Stuttgart 1996.

EUREX (Clearing 2003): Clearing – Risk Based Margining. Frankfurt 2003.

EZB (Fair value 2001): Fair value accounting in the banking sector – ECB comments on the „Draft standard and basis for conclusions – financial instruments and similar items" issued by the Financial Instruments Joint Working Group of Standard Setters vom 8.11.2001. Abrufbar unter: www.ecb.int.

EZB (Monatsbericht 2004): Monatsbericht Februar 2004. Abrufbar unter: www.bundesbank.de.

FEDERMANN, RUDOLF (BILANZIERUNG 2000): Bilanzierung nach Handelsrecht und Steuerrecht – Gemeinsamkeiten, Unterschiede und Abhängigkeiten von Handels- und Steuerbilanz unter Berücksichtigung internationaler Rechnungslegungsstandards. 11. Aufl., Berlin 2000.

FINNE, THOMAS (Kurssicherungen 1991): Bilanzielle Berücksichtigung von Kurssicherungen. In: Betriebs-Berater 1991, S. 1295-1304.

FÖRSCHLE, GERHART (§ 246 HGB 2006): Kommentar zu § 246 HGB. In: Beck'scher Bilanzkommentar, hrsg. v. Axel Berger et al., 6. Aufl., München 2006.

FÜSER, KARSTEN/WEBER, MAX (Mindestanforderungen 2005): Mindestanforderungen an das Risikomanagement (MaRisk) – synoptischer Vergleich mit MaK, MaH und MaIR. Stuttgart 2005.

GEBHARDT, GÜNTHER (Probleme 1996): Probleme bei der bilanziellen Abbildung von Finanzinstrumenten. In: Betriebswirtschaftliche Forschung und Praxis 1996, S. 557-584.

GEBHARDT, GÜNTHER/NAUMANN THOMAS K. (Grundzüge 1999): Grundzüge der Bilanzierung von Financial Instruments und von Absicherungszusammenhängen nach IAS 39. In: Der Betrieb 1999, S. 1461-1469.

GÖPPL, HERMANN/MADJLESSI, FORUHAR (Derivate 1999): Derivate – Risiken und Risikopolitik. In: Knapps Enzyklopädisches Lexikon des Geld-, Bank- und Börsenwesens – Band 1, hrsg. v. der Redaktion der Zeitschrift für das gesamte Kreditwesen et al., 4. Aufl., Frankfurt am Main 1999, S. 356-362.

GÖTTGENS, MICHAEL (Bankbilanz 1997): Kompensation von Zinsänderungs- und Währungsrisiken. Wiesbaden 1997.

GÖTTGENS, MICHAEL/PRAHL, REINHARD (Bilanzierung 1993): Bilanzierung und Prüfung von Financial Futures und Forward Rate Agreements. In: Die Wirtschaftsprüfung 1993, S. 503-513.

GROH, MANFRED (Fremdwährungsgeschäfte 1986): Zur Bilanzierung von Fremdwährungsgeschäften. In: Der Betrieb 1986, S. 869-877.

GRUBERT, THOMAS (Rückstellungsbilanzierung 1978): Rückstellungsbilanzierung in der Ertragssteuerbilanz – Ein Beitrag zur Objektivierung der Bilanzierung dem Grunde nach. München 1978.

GRÜNEWALD, ANDREAS (Finanzterminkontrakte 1993): Finanzterminkontrakte im handelsrechtlichen Jahresabschluß – Ansatz, Bewertung und Ausweis von Zinstermin- und Aktienindexterminkontrakten. Düsseldorf 1993.

GÜRTLER, MARC (Hedge-Effektivität 2004): IAS 39: Verbesserte Messung der Hedge-Effektivität. In: Zeitschrift für das gesamte Kreditwesen 2004, S. 586-588.

HAILER, ANGELIKA C./RUMP, SIEGFRIED M. (Hedge-Effektivität 2003): Hedge-Effektivität: Lösung des Problems der kleinen Zahlen. In: Zeitschrift für das gesamte Kreditwesen 2003, S. 599-603.

HALLER, AXEL (Szenario 2003): IFRS für alle Unternehmen – ein realisierbares Szenario in der Europäischen Union? In: Zeitschrift für internationale und kapitalmarktorientierte Rechnungslegung 2003, S. 413-424.

HALLER, AXEL/EIERLE, BRIGITTE (Standards 2004): Accounting Standards for Small and Medium-sized Entities - erste Weichenstellung durch das IASB. In: Betriebs-Berater 2004, S. 1838-1845.

HANENBERG, LUDGER/HILLEN, KARL-HEINZ (Bankenaufsicht 2003): IAS 39 aus Sicht der Bankenaufsicht. In: Zeitschrift für das gesamte Kreditwesen 2003, S. 574-578.

HAPPE, PETER (Grundsätze 1996): Grundsätze ordnungsmäßiger Buchführung für Swapvereinbarungen. Düsseldorf 1996.

HARBRECHT, WOLFGANG (Währungsfonds 2001): Internationaler Währungsfonds. In: Handwörterbuch des Bank- und Finanzwesens, hrsg. v. Wolfgang Gerke und Manfred Steiner, Stuttgart 2001, Sp. 1076-1085.

HARTMANN, ALOIS/MARTENS, KLAUS (Börsenterminhandel 1970): Der Börsentermin-handel in der Bundesrepublik. München 1970.

HATTENHAUER, HANS/BERNERT, GÜNTHER (Landrecht 1994): Allgemeines Landrecht für die Preußischen Staaten von 1794. Neuwied 1994.

HAYN, SVEN (Standards 1994): Die International Accounting Standards (Teil 1) – Ihre grundlegende Bedeutung für die internationale Harmonisierung der Rechnungs-legung sowie eine Darstellung wesentlicher Unterschiede zu den einzelgesell-schaftlichen Normen des HGB. In: Die Wirtschaftsprüfung 1994, S. 713-720.

HENSE, BURKHARD/GEIßLER, HORST (§ 252 HGB 2003): Kommentar zu § 252 HGB. In: Beck'scher Bilanzkommentar, hrsg. v. Axel Berger et al., 5. Aufl., München 2003.

HERZIG, NORBERT (IFRS 2005): IAS/IFRS und steuerliche Gewinnermittlung. In: Die Wirtschaftsprüfung 2005, S. 211-235.

HERZIG, NORBERT/MAURITZ, PETER (Analyse 1998): Ökonomische Analyse von Kon-zepten zur Bildung von Bewertungseinheiten: Micro-Hedges, Macro-Hedges und Portfolio-Hedges für derivative Finanzinstrumente – wünschenswert im deutschen Bilanzrecht? In: Zeitschrift für betriebswirtschaftliche Forschung 1998, S. 99-128.

HERZIG, NORBERT/MAURITZ, PETER (Bilanzrecht 1997): Micro-Hedges, Macro-Hedges und Portfolio-Hedges für derivative Finanzinstrumente: Kompatibel mit dem deutschen Bilanzrecht? In: Die Wirtschaftsprüfung 1997, S. 141-155.

HERZIG, NORBERT/MAURITZ, PETER (Grundkonzeption 1997): Grundkonzeption einer bilanziellen Marktbewertungspflicht für originäre und derivative Finanzinstrumente. In: Betriebs-Berater 1997, S. 1-16.

HEUSER, PAUL/THEILE, CARSTEN (IFRS 2005): IAS/IFRS Handbuch – Einzel- und Konzernabschluss. 2. Aufl., Köln 2005.

HINZ, MICHAEL (Zweck 2005): Zweck und Inhalt des Jahresabschlusses und Lageberichts (B 100). In: Beck'sches Handbuch der Rechnungslegung, hrsg. v. Edgar Castan et al., München 1987, Loseblattwerk, Stand Dezember 2005.

HOFFMANN, WOLF-DIETER (Konzepte 2005): Konzepte zur Reform der Rechnungslegung im Mittelstand. In: Bilanzreform und Bilanzdelikte, hrsg. v. Carl-Christian Freidank, Wiesbaden 2005, S. 17-40.

HOHL, STEFAN/LIEBIG, THILO (Kreditderivate 1999): Kreditderivate – ein Überblick. In: Handbuch Kreditrisikomodelle und Kreditderivate, hrsg. v. Rolf Eller et al., Stuttgart 1999, S. 499-525.

HOMMEL, MICHAEL (§ 249 HGB 2006): Kommentar zu § 249 HGB. In: Bilanzrecht – Handelsrecht mit Steuerrecht und den Regelungen des IASB, Kommentar, hrsg. v. Jörg Baetge et al., Bonn/Berlin 2002, Loseblattwerk, Stand März 2006.

HOPT, KLAUS J. (§ 122 HGB 2003): Kommentar zu § 122 HGB. In: Handelsgesetzbuch – mit GmbH & Co., Handelsklauseln, Bank- und Börsenrecht, Transportrecht (ohne Seerecht), hrsg. v. Klaus J. Hopt und Adolf Baumbach. 31. Aufl., München 2003.

HOSSFELD, CHRISTOPHER (Ausschüttung 2005): Fair Value-Bewertung und Ausschüttung. In: Fair Value – Bewertung in Rechnungswesen, Controlling und Finanzwirtschaft, hrsg. v. Hartmut Bieg und Reinhard Heyd, München 2005, S. 155-177.

HOSSFELD, CHRISTOPHER (Jahresabschlüsse 1996): Die Jahresabschlüsse deutscher und französischer Kreditinstitute – Untersuchung der Vergleichbarkeit nach Umsetzung der EG-Bankbilanzrichtlinie. Stuttgart 1996.

HUTHMANN, ANDREAS/HOFELE, FRANK (Umsetzung 2005): Teilweise Umsetzung der Fair Value-Richtlinie in deutsches Recht und Folgen für die handelsrechtliche Bilanzierung. In: Zeitschrift für internationale und kapitalmarktorientierte Rechnungslegung 2005, S. 181-188.

HVB (Geschäftsbericht AG 2005): Geschäftsbericht HVB AG. Abrufbar unter: www.hypovereinsbank.de.

HVB GROUP (Geschäftsbericht 2005): Geschäftsbericht 2005. Abrufbar unter: www.hypovereinsbank.de.

IASB (Update February 2004): IASB Update. London February 2004. Abrufbar unter: www.iasb.org.

IASC (Discussion Paper 1997): Accounting for Financial Assets and Financial Liabilities – A Discussion Paper issued for comment by the Steering Committee on Financial Instruments, July 1997.

IDW BFA (Futures 1993): BFA-Stellungnahme 2/1993: Bilanzierung und Prüfung von Financial Futures und Forward Rate Agreements. In: Die Wirtschaftsprüfung 1993, S. 517-518.

IDW BFA (Optionsgeschäfte 1995): BFA-Stellungnahme 2/1995: Bilanzierung von Optionsgeschäften. In: Die Wirtschaftsprüfung 1995, S. 421-422.

IDW BFA (Währungsumrechnung 1995): BFA-Stellungnahme 3/1995: Währungsumrechnung bei Kreditinstituten. In: Die Wirtschaftsprüfung 1995, S. 735-737.

IDW HFA (Entwurf 1986): Geänderter Entwurf einer Verlautbarung zur Währungsumrechnung im Jahres- und Konzernabschluß. In: Die Wirtschaftsprüfung 1986, S. 664-667.

IDW HFA (Währung 1962): Stellungnahme des Hauptfachausschusses 1/1962: Zur Bilanzierung langfristiger Verbindlichkeiten in ausländischer Währung. In: Die Wirtschaftsprüfung 1962, S. 356.

IDW HFA (Währung 1972): Zur Bilanzierung von langfristigen Verbindlichkeiten in ausländischer Währung. In: Die Wirtschaftsprüfung 1972, S. 46.

IGC (Guidance 2003): IAS 39 Implementation Guidance. London 2003.

JACOBS, OTTO H. (Steuerbilanz 2004): „Die Steuerbilanz hat sich selbständig gemacht". In: Börsen-Zeitung vom 6.01.2004, S. 6.

JERZEMBEK, LOTHAR/GROßE, JAN-VELTEN (Option 2005): Die Fair Value-Option nach IAS 39 – Ende des Wechselbads der Gefühle in Sicht? In: Zeitschrift für internationale und kapitalmarktorientierte Rechnungslegung 2005, S. 221-228.

JUTZ, MANFRED (Swaps 1989): Swaps und Financial Futures und ihre Abbildung im Jahresabschluss. Stuttgart 1989.

KALTENHAUSER, HELMUT/BEGON, CORNELIA (Interne Geschäfte 1998): Interne Geschäfte. In: Zeitschrift für das gesamte Kreditwesen 1998, S. 1191-1198.

KAMMANN, EVERT (Stichtagsprinzip 1988): Stichtagsprinzip und zukunftsorientierte Bilanzierung. Köln 1988.

KEMMER, MICHAEL/NAUMANN, THOMAS K. (Anwendung 2003): IAS 39: Warum ist die Anwendung für deutsche Banken so schwierig? In: Zeitschrift für das gesamte Kreditwesen 2003, S. 568-573.

KEMMER, MICHAEL/NAUMANN, THOMAS K. (Anwendung Teil 2 2003): IAS 39: Warum ist die Anwendung für deutsche Banken so schwierig? (Teil 2). In: Zeitschrift für das gesamte Kreditwesen 2003, S. 794-798.

KESSLER, HARALD (Fair Value 2005): Ist der Fair Value fair? In: Fair Value – Bewertung in Rechnungswesen, Controlling und Finanzwirtschaft, hrsg. v. Hartmut Bieg und Reinhard Heyd, München 2005, S. 57-81.

KESSLER, HARALD (Imparitätsprinzip 1994): Verabschiedet sich der Bundesfinanzhof vom Imparitätsprinzip? In: Deutsches Steuerrecht 1994, S. 1289-1296.

KESSLER, HARALD (Rückstellungen 1992): Rückstellungen und Dauerschuldverhältnisse – Neue Ansätze zur Lösung aktueller Passivierungsfragen der Handels- und Steuerbilanz. Stuttgart 1992.

KESSLER, HARALD (Vorsichtsprinzip 1997): Die Wahrheit über das Vorsichtsprinzip?! – Zugleich eine Stellungnahme zum Beitrag von Weber-Grellet, DB 1996 S. 2089. In: Der Betrieb 1997, S. 1-7.

KEYßNER, HUGO (Bilanz 1875): Aktienzinsen, Dividende, Bauzinsen, Bilanz. In: Archiv für Theorie und Praxis des Allgemeinen Deutschen Handels- und Wechselrechts, Band 32, Berlin 1875, S. 99-145.

KNOBBE-KEUK, BRIGITTE (Unternehmenssteuerrecht 1993): Bilanz- und Unternehmenssteuerrecht. 9. Aufl., Köln 1993.

KNOBLAUCH, UWE VON/HAGEMANN, MATTIS (Markt 2004): Der aktive Markt – Schlüsselparameter des überarbeiteten IAS 39? In: Kredit & Rating Praxis 2004, S. 25-27.

KNÜWER, THOMAS (Orion 2005): Am Tag, als Raumstation Orion abstürzte. In: Handelsblatt.com vom 24.1.2005. Abrufbar unter: www.handelsblatt.com/pshb/fn/relhbi/sfn/cn_artikel_drucken/strucid/200012/pageid/200039/docid/850318/SH/0/depot/0/index.html.

KÖNIG-SCHICHTEL, SUSANNE (Begrenzung 2004): Die Begrenzung des Optionspreisrisikos in Instituten – eine Analyse unter besonderer Berücksichtigung bankenaufsichtsrechtlicher Vorschriften, interner Risikomodelle und dem Conditional-Value-at-Risk. Aachen 2004.

KPMG (Financial Instruments 1995): Financial Instruments: Einsatzmöglichkeiten, Risikomanagement und Risikocontrolling, Rechnungslegung, Besteuerung. 2. Aufl., Frankfurt am Main 1995.

KRÄMER, GREGOR (Bankenaufsicht 2000): Ziele, Adressaten und Risiken der Banken-aufsicht. Aachen 2000.

KREUTZER WOLFGANG (Kodex 1970): Enthalten die aktienrechtlichen Vorschriften über den Jahresabschluß einen Kodex allgemeiner Grundsätze ordnungsmäßiger Bilan-zierung? Saarbrücken 1970.

KROPFF, BRUNO (Vorsichtsprinzip 1995): Vorsichtsprinzip und Wahlrechte. In: Jahresabschluß und Jahresabschlußprüfung – Probleme, Perspektiven, internatio-nale Einflüsse, Festschrift zum 60. Geburtstag von Jörg Baetge, hrsg. v. Thomas R. Fischer und Reinhold Hömberg, Düsseldorf 1997, S. 65-95.

KROPP, MATTHIAS (Öltermingeschäfte 1994): Öltermingeschäfte als Auslöser der Krise bei der Metallgesellschaft. In: Wirtschaftswissenschaftliches Studium 1994, S. 301-304.

KROPP, MATTHIAS/KLOTZBACH, DANIELA (Vorschlag 2003): Der Vorschlag des IASB zum Macro Hedge Accounting. In: Die Wirtschaftsprüfung 2003, S. 1180-1192.

KRUMNOW, JÜRGEN (Motor 1995): Derivates Geschäft als Motor des Wandels für das Bankcontrolling. In: Die Betriebswirtschaft 1995, S. 11-20.

KRUMNOW, JÜRGEN ET AL. (Rechnungslegung 2004): Rechnungslegung der Kreditinsti-tute – Kommentar zum deutschen Bilanzrecht unter Berücksichtigung von IAS/IFRS. 2. Aufl., Stuttgart 2004.

KRUSE, HEINRICH WILHELM (GoB 1970): Grundsätze ordnungsmäßiger Buchführung – Rechtsnatur und Bestimmung. Köln 1970.

KUHN, STEFFEN (Option 2005): Finanzinstrumente: Fair Value-Option in IAS 39 über-arbeitet. In: Der Betrieb 2005, S. 1341-1348.

KUHN, STEFFEN/SCHARPF, PAUL (Hedging 2003): Finanzinstrumente: Neue Vorschläge zum Portfolio Hedging zinstragender Positionen nach IAS 39 – Überwindung „tradierter Abbildungsregeln" oder lediglich Reparatur? In: Der Betrieb 2003, S. 2293-2299.

KUHN, STEFFEN/SCHARPF, PAUL (Rechnungslegung 2005): Rechnungslegung von Financial Instruments nach IAS 39. 2. Aufl., Stuttgart 2005.

KUHNER, CHRISTOPH (Bilanzierung 2006): Kommentar zu § 246 HGB – Exkurs: Bilanzierung derivativer Finanzinstrumente. In: Bilanzrecht – Handelsrecht mit Steuerrecht und den Regelungen des IASB, Kommentar, hrsg. v. Jörg Baetge et al., Bonn/Berlin 2002, Loseblattwerk, Stand März 2006.

KUPSCH, PETER (Bewertungseinheit 1994): Abgrenzung der Bewertungseinheit in Handels- und Steuerbilanz: Grenzbereich Einzelbewertung und Saldierungsverbot – Vortrag anlässlich des 46. Fachkongresses der Steuerberater in Köln am 18./19. Oktober 1994. In: Bamberger betriebswirtschaftliche Beiträge, Nr. 100, Bamberg 1994.

KUßMAUL HEINZ/LUTZ, RICHARD (Grundlagen 1993): Grundlagen der Bilanzpolitik. In: Wirtschaftswissenschaftliches Studium 1993, S. 342-347.

KUßMAUL, HEINZ (Maßgeblichkeit 2005): Fair Value-Bewertung und Maßgeblichkeit. In: Fair Value – Bewertung in Rechnungswesen, Controlling und Finanzwirtschaft, hrsg. v. Hartmut Bieg und Reinhard Heyd, München 2005, S. 179-202.

KUßMAUL, HEINZ (Nutzungsrechte 1987): Nutzungsrechte an Grundstücken in Handels- und Steuerbilanz. Hamburg 1987.

KÜTING, KARLHEINZ/WEBER, CLAUS-PETER (Konzernabschluss 2005): Der Konzernabschluss. 9. Aufl., Stuttgart 2005.

LA FÉDÉRATION BANCAIRE FRANÇAISE (Report 2003): Management Report. Paris 2003.

LANGENBUCHER, GÜNTHER (Umrechnung 1988): Die Umrechnung von Fremdwährungsgeschäften: eine Untersuchung nach handels- und steuerrechtlichen Grundsätzen, Stuttgart 1988.

LANTZIUS-BENINGA, BERTHOLD/GERDES, ANDREAS (Effektivitätstest 2005): Abbildung von Mikro Fair Value Hedges gemäß IAS 39 – Bewertung, Ergebnisermittlung und Effektivitätstest. In: Zeitschrift für internationale und kapitalmarktorientierte Rechnungslegung 2005, S. 105-115.

LARENZ, KARL (Methodenlehre 1991): Methodenlehre der Rechtswissenschaft. 6. Aufl., Berlin 1991.

LEFFSON, ULRICH (GoB 1987): Grundsätze ordnungsmäßiger Buchführung. 7. Aufl., Düsseldorf 1987.

LION, MAX (Bilanzsteuerrecht 1922): Das Bilanzsteuerrecht. Berlin 1922.

LION, MAX (Bilanztheorie 1928): Geschichtliche Betrachtungen zur Bilanztheorie bis zum Allgemeinen deutschen Handelsgesetzbuch. In: Vierteljahresschrift für Steuer- und Finanzrecht 1928, S. 401-441.

LOCAREK-JUNGE, HERMANN (Hedging 2001): Hedging. In: Handwörterbuch des Bank- und Finanzwesens, hrsg. v. Wolfgang Gerke und Manfred Steiner, Stuttgart 2001, Sp. 1016-1022.

LÖW, EDGAR (Bewertung 2004): Verlustfreie Bewertung antizipativer Sicherungsge- schäfte nach HGB – Anlehnung an internationale Rechnungslegungsvorschriften. In: Die Wirtschaftsprüfung 2004, S. 1109-1123.

LÖW, EDGAR/BLASCHKE, SILKE (Amendment 2005): Verabschiedung des Amendment zu IAS 39 Financial Instruments: Recognition and Measurement – The Fair Value Option. In: Betriebs-Berater 2005, S. 1727-1736.

LÖW, EDGAR/LORENZ, KARSTEN (Bewertung 2005): Ansatz und Bewertung von Finanz- instrumenten. In: Rechnungslegung für Banken nach IFRS – Praxisorientierte Einzeldarstellungen, hrsg. v. Edgar Löw, 2. Aufl., Wiesbaden 2005, S. 415-604.

LÜDENBACH, NORBERT/HOFFMANN, WOLF-DIETER (IFRS 2005): Haufe IFRS– Kommentar. 3. Aufl., Freiburg im Breisgau 2005.

LUTZ, STEFAN (Börse 1999): Börse. In: Knapps Enzyklopädisches Lexikon des Geld-, Bank- und Börsenwesens – Band 1, hrsg. v. der Redaktion der Zeitschrift für das gesamte Kreditwesen et al., 4. Aufl., Frankfurt am Main 1999, S. 229-231.

MARTENS, KLAUS-PETER (§ 120 HGB 1992): Kommentar zu § 120 HGB. In: Schlegelberger Handelsgesetzbuch – Band III/1. Halbband, hrsg. v. Ernst Geßler et al., 5. Aufl., München 1992.

MARTENS, KLAUS-PETER (§ 122 HGB 1992): Kommentar zu § 122 HGB. In: Schlegelberger Handelsgesetzbuch – Band III/1. Halbband, hrsg. v. Ernst Geßler et al., 5. Aufl., München 1992.

MARTIN, HANS GÜNTER (Bilanzierung 1958): Die Bilanzierung von Forderungen und Schulden in der Handels- und Steuerbilanz. Frankfurt am Main 1958.

MASSENBERG, HANS-JOACHIM (Währungssystem 1999): Europäisches Währungssystem II (EWS II). In: Knapps Enzyklopädisches Lexikon des Geld-, Bank- und Börsenwesens – Band 1, hrsg. v. der Redaktion der Zeitschrift für das gesamte Kreditwesen et al., 4. Aufl., Frankfurt am Main 1999, S. 578-580.

MAURITZ, PETER (Konzepte 1997): Konzepte der Bilanzierung und Besteuerung derivativer Finanzinstrumente. Wiesbaden 1997.

MAYER-WEGELIN, EBERHARD ET AL. (§ 249 HGB 2005): Kommentar zu § 249 HGB. In: Handbuch der Rechnungslegung – Einzelabschluss, hrsg. v. Karlheinz Küting und Claus-Peter Weber, 5. Aufl., Stuttgart 2002, Loseblattwerk, Stand September 2005.

MEISTER, EDGAR (Derivate 1999): Derivate: Überblick. In: Knapps Enzyklopädisches Lexikon des Geld-, Bank- und Börsenwesens – Band 1, hrsg. v. der Redaktion der Zeitschrift für das gesamte Kreditwesen et al., 4. Aufl. 1999, S. 362-366.

MENNINGER, JUTTA (Abbildung 1994): Die Abbildung von Hedge-Geschäften mittels Zins-Futures im Jahresabschluß großer Kapitalgesellschaften. In: Recht der internationalen Wirtschaft 1994, S. 300-310.

MENNINGER, JUTTA (Futures 1993): Financial Futures und deren bilanzielle Behandlung. Frankfurt 1993.

MOXTER, ADOLF (Bilanzlehre 1976): Bilanzlehre. 2. Aufl., Wiesbaden 1976.

MOXTER, ADOLF (Bilanzlehre I 1984): Bilanzlehre – Band 1: Einführung in die Bilanztheorie. 3. Aufl., Wiesbaden 1984.

MOXTER, ADOLF (Bilanzlehre II 1986): Bilanzlehre – Band 2: Einführung in das neue Bilanzrecht. 3. Aufl., Wiesbaden 1986.

MOXTER, ADOLF (Realisationsprinzip 1984): Das Realisationsprinzip – 1884 und heute. In: Betriebs-Berater 1984, S. 1780-1786.

MOXTER, ADOLF (Rechnungslegung 2003): Grundsätze ordnungsgemäßer Rechnungslegung. Düsseldorf 2003.

MÜLLER-DAHL, FRANK (Probleme 1979): Betriebswirtschaftliche Probleme der handels- und steuerrechtlichen Bilanzierungsfähigkeit. Berlin 1979.

MÜLLER-MÖHL, ERNST (Optionen 2002): Optionen und Futures – Grundlagen und Strategien für das Termingeschäft in Deutschland, Österreich und in der Schweiz. 5. Aufl., Stuttgart 2002.

NAGEL, BERNHARD (Gesellschaftsrecht 2000): Deutsches und europäisches Gesellschaftsrecht – eine Einführung. München 2000.

NAUMANN, THOMAS K. (Bewertungseinheiten 1995): Bewertungseinheiten im Gewinnermittlungsrecht der Banken. Düsseldorf 1995.

NIEMEYER, KAI (IAS 2003): Bilanzierung von Finanzinstrumenten nach International Accounting Standards (IAS) – eine kritische Analyse aus kapitalmarktorientierter Sicht. Düsseldorf 2003.

O.V. (Bodensatz 1999): Bodensatz. In: Knapps Enzyklopädisches Lexikon des Geld-, Bank- und Börsenwesens – Band 1, hrsg. v. der Redaktion der Zeitschrift für das gesamte Kreditwesen et al., 4. Aufl., Frankfurt am Main 1999, S. 227.

O.V. (Bodensatztheorie 1999): Bodensatztheorie. In: Knapps Enzyklopädisches Lexikon des Geld-, Bank- und Börsenwesens – Band 1, hrsg. v. der Redaktion der Zeitschrift für das gesamte Kreditwesen et al., 4. Aufl., Frankfurt am Main 1999, S. 227f.

O.V. (Diskretion 1974): Herstatt: "Diskretion bleibt gewahrt". In: Der Spiegel vom 5.08.1974, S. 24-29 und 80.

O.V. (Neudrucke 1973): Neudrucke privatrechtlicher Kodifikationen und Entwürfe des 19. Jahrhunderts – Band 1: Allgemeines deutsches Handelsgesetzbuch, Allgemeine deutsche Wechselordnung. Aalen 1973.

O.V. (Wirtschaftsgesetze 2006): Wichtige Wirtschaftsgesetze – NWB-Textausgabe. 19. Aufl., Herne/Berlin 2006.

OECHELHÄUSER, WILHELM (Reform 1878): Die Nachteile des Aktienwesens und die Reform der Aktiengesetzgebung, Berlin 1878.

OESTREICHER, ANDREAS (Grundsätze 1992): Grundsätze ordnungsmäßiger Bilanzierung von Zinsterminkontrakten – Das Prinzip der Einzelbewertung bei funktional verknüpften Finanzgeschäften. Düsseldorf 1992.

PAPE, JOCHEN (JWG 2001): Financial Instruments: Standard der Joint Working Group of Standard Setters – Entwurf eines Rechnungslegungsstandards zur Zeitwertbilanzierung von Finanzinstrumenten. In: Die Wirtschaftsprüfung 2001, S. 1458-1467.

PASSOW, RICHARD (Bilanzen 1918): Die Bilanzen der privaten und öffentlichen Unternehmungen – Band I: Allgemeiner Teil. 2. Aufl., Leipzig/Berlin 1918.

PATEK, GUIDO ANDREAS (Finanzprodukte 2002): Abbildung derivativer Finanzprodukte im handelsrechtlichen Jahresabschluß. Lohmar/Köln 2002.

PELLENS, BERNHARD (Rechnungslegung 2001): Internationale Rechnungslegung. 4. Aufl., Stuttgart 2001.

PELLENS, BERNHARD ET AL. (Rechnungslegung 2004): Internationale Rechnungslegung. 5. Aufl., Stuttgart 2004.

PFITZER, NORBERT/OSER, PETER (Zwecke 2005): Kapitel 2 – Zwecke des handelsrechtlichen Jahresabschlusses. In: Handbuch der Rechnungslegung – Einzelabschluss, hrsg. v. Karlheinz Küting und Claus-Peter Weber, 5. Aufl., Stuttgart 2002, Loseblattwerk, Stand September 2005.

PÖßL, WOLFGANG (Saldierungen 1984): Die Zulässigkeit von Saldierungen bei der Bilanzierung von wirtschaftlich ineinandergreifenden Vorgängen. In: Deutsches Steuerrecht 1984, S. 428-435.

PRAHL, REINHARD (Quo vadis 2004): Bilanzierung von Financial Instruments: quo vadis? In: Rechnungslegung, Steuerung und Aufsicht von Banken – Kapitalmarktorientierung und Internationalisierung – Festschrift zum 60. Geburtstag von Jürgen Krumnow, hrsg. v. Thomas A. Lange und Edgar Löw, Wiesbaden 2004.

PRAHL, REINHARD/KROPP, MATTHIAS (Neuregelungen 2003): „Neuregelungen zu IAS 39 sind zu begrüßen". In: Börsen-Zeitung vom 22.08.2003, S. 18.

PRAHL, REINHARD/NAUMANN THOMAS K. (Bewertungseinheit 1994): Die Bewertungseinheit am Bilanzstichtag – und was dann? In: Zeitschrift für Bankrecht und Bankwirtschaft 1994, S. 1-9.

PRAHL, REINHARD/NAUMANN, THOMAS K. (Bilanzierung 1991): Zur Bilanzierung von portfolio-orientierten Handelsaktivitäten der Kreditinstitute. In: Die Wirtschaftsprüfung 1991, S. 729-739.

PRAHL, REINHARD/NAUMANN, THOMAS K. (Instruments 2005): Abt. II/10: Financial Instruments. Handbuch des Jahresabschlusses in Einzeldarstellungen, hrsg. v. Klaus v. Wysocki et al., Köln 1984, Loseblattwerk, Stand Dezember 2005.

PREUßISCHE REGIERUNG (Entwurf 1857): Motive zum Entwurf eines Handelsgesetzbuches für die Preußischen Staaten. In: Entwurf eines Handelsgesetzbuches für die Preußischen Staaten nebst Motiven (1857), hrsg. v. Werner Schubert, Frankfurt am Main 1986.

PWC (Hedge Accounting 2004): Die Vorschriften zum Hedge Accounting nach IAS 39. Frankfurt am Main 2004.

PWC (IFRS 2005): IFRS für Banken. 3. Aufl., Frankfurt am Main 2005.

PWC (Risikomanagement 2001): Risikomanagement bei Kapitalanlagegesellschaften. Ein ganzheitlicher Risikoansatz. Frankfurt/Main 2001.

QUICK, REINER/WOLZ, MATTHIAS (§ 238 HGB 2006): Kommentar zu § 238 HGB. In: Bilanzrecht – Handelsrecht mit Steuerrecht und den Regelungen des IASB, Kommentar, hrsg. v. Jörg Baetge et al., Bonn/Berlin 2002, Loseblattwerk, Stand März 2006.

REICHS-JUSTIZAMT (Denkschrift 1896): Denkschrift zu dem Entwurf eines Handels-gesetzbuchs. In: Entwurf eines Handelsgesetzbuches mit Ausschluß des See-handelsrechts nebst Denkschrift, aufgestellt im Reichs-Justizamt, Amtliche Aus-gabe, Berlin 1896.

REICHSTAG DES NORDDEUTSCHEN BUNDES (Entwurf 1870): Motive zu dem Entwurf eines Gesetzes betreffend die Kommanditgesellschaften auf Aktien und die Aktien-Gesellschaften. In: Stenographische Berichte über die Verhandlungen des Reichstages des Norddeutschen Bundes, I. Legislaturperiode, Session 1870, 4. Band, Anlagen zu den Verhandlungen des Reichstages, Aktenstück Nr. 158, Berlin 1870, S. 649-660.

RÜBEL, MARKUS (Bankbilanz 1989): Devisen- und Zinstermingeschäfte in der Bank-bilanz – Eine Konzeption zur Abbildung von Wechselkurs- und Zinsrisiken im Jahresabschluß. Berlin 1989.

RUDOLPH, BERND (Risikomanagement 1995): Derivative Finanzinstrumente: Entwick-lung, Risikomanagement und bankenaufsichtliche Regulierung. In: Derivative Finanzinstrumente, hrsg. v. Bernd Rudolph. Stuttgart 1995.

RUDOLPH, BERND/SCHÄFER, KLAUS (Finanzmarktinstrumente 2005): Derivative Finanz-marktinstrumente – eine anwendungsbezogene Einführung in Märkte, Strategien und Bewertung. Berlin at al. 2005.

SCHARPF, PAUL (Finanzinnovationen 2005): Kapitel 6 – Ausgewählte Bilanzierungs-probleme – Finanzinnovationen. In: Handbuch der Rechnungslegung – Einzelab-schluss, hrsg. v. Karlheinz Küting und Claus-Peter Weber, 5. Aufl., Stuttgart 2002, Loseblattwerk, Stand September 2005, S. 251-295.

SCHARPF, PAUL (Finanzinstrumente 1995): Derivative Finanzinstrumente im Jahresabschluß. In: Betriebswirtschaftliche Forschung und Praxis 1995, S. 166-208.

SCHARPF, PAUL (Handbuch 2004): Handbuch Bankbilanz, 2. Aufl., Düsseldorf 2004.

SCHARPF, PAUL (Rechnungslegung 2001): Rechnungslegung von Financial Instruments nach IAS 39. Stuttgart 2001.

SCHARPF, PAUL/LUZ, GÜNTHER (Bilanzierung 2000): Risikomanagement, Bilanzierung und Aufsicht von Finanzderivaten. 2 Aufl., Stuttgart 2000.

SCHEFFLER, JAN (Hedge-Accounting 1994): Hedge-Accounting – Die Darstellung des Risikos im Jahresabschluß von Banken. Wiesbaden 1994.

SCHLAG, CHRISTIAN (Derivate 1999): Derivate. In: Knapps Enzyklopädisches Lexikon des Geld-, Bank- und Börsenwesens – Band 1, hrsg. v. der Redaktion der Zeitschrift für das gesamte Kreditwesen et al., 4. Aufl., Frankfurt am Main 1999, S. 348-354.

SCHLITTGEN, RAINER (Statistik 2000): Einführung in die Statistik – Analyse und Modellierung von Daten. 9. Aufl., München/Wien 2000.

SCHMALENBACH, EUGEN (Bilanz 1926): Dynamische Bilanz. 4. Aufl., Leipzig 1926.

SCHMALENBACH, EUGEN (Bilanz 1962): Dynamische Bilanz. Bearbeitet von Richard Bauer, 13. Aufl., Köln/Opladen 1962.

SCHMALENBACH, EUGEN (Buchführung 1950): Die doppelte Buchführung. Köln/Opladen 1950.

SCHMALENBACH, EUGEN (GoB 1933): Grundsätze ordnungsmäßiger Bilanzierung. In: Zeitschrift für handels-wissenschaftliche Forschung 1933, S. 225-233.

SCHMIDT, CLAUDE R. (Hedge Accounting 1996): Hedge Accounting mit Optionen und Futures – ein Konzept für die Schweiz unter Berücksichtigung nationaler und internationaler Rahmenbedingungen. Zürich 1996.

SCHMIDT, MARTIN (Amendments 2005): Neue Amendments zu IAS 39 im Juni 2005: die revidierte Fair Value-Option. In: Zeitschrift für internationale und kapitalmarktorientierte Rechnungslegung 2005, S. 269-275.

SCHÖN, WOLFGANG (Entwicklung 1997): Entwicklung und Perspektiven des Handelsbilanzrechts: vom ADHGB zum IASC. In: Zeitschrift für das gesamte Handels- und Wirtschaftsrecht 1997, S. 133-159.

SCHÖN, WOLFGANG (Zukunft 2004): Die Zukunft der Kapitalaufbringung/-erhaltung. In: Der Konzern 2004, S. 162-170.

SCHRUFF, WIENAND (IASB 2003): Einsichtiger IASB im Fall IAS 39: ...Und er bewegt sich doch! In: Betriebs-Berater 2003, S. I.

SCHULZ, BETTINA (Fall Barings 1999): Derivate: Der Fall Barings. In: Knapps Enzyklopädisches Lexikon des Geld-, Bank- und Börsenwesens – Band 1, hrsg. von der Redaktion der Zeitschrift für das gesamte Kreditwesen et al., 4. Aufl., Frankfurt am Main 1999, S. 355-356.

SCHULZE-OSTERLOH, JOACHIM (Buchführung 2003): Zweigeteilte Rechnungslegung – eine zeitgemäße Sicht der Grundsätze ordnungsmäßiger Buchführung. In: Betriebs-Berater 2003, S. 1571-1572.

SCHULZE-OSTERLOH, JOACHIM (HGB-Reform 2004): HGB-Reform: Der Einzelabschluß nicht kapitalmarktorientierter Unternehmen unter dem Einfluß von IAS/IFRS. In: Betriebs-Berater 2004, S. 2567-2570.

SCHUMACHER, ANDREAS (Finanztermingeschäfte 1995): Kompensatorische Bewertung bei der Sicherung von Bilanzpositionen durch Finanztermingeschäfte in Handels- und Steuerbilanz. In: Der Betrieb 1995, S. 1473-1478.

SCHUMACHER, HUBERTUS (Herstatt-Pleite o.J.): Die Herstatt-Pleite. Abrufbar unter: www.agrarverlag.at/raiffeisenblatt/401023.html.

SCHWARZ, CHRISTIAN (Notwendigkeit 2005): Zur Notwendigkeit und Ausgestaltung von hedge accounting-Vorschriften unter besonderer Berücksichtigung des überarbeiteten IAS 39. In: Fair Value – Bewertung in Rechnungswesen, Controlling und Finanzwirtschaft, hrsg. v. Hartmut Bieg und Reinhard Heyd, München 2005, S. 469-494.

SCHWARZ, GÜNTER CHRISTIAN (Europäisches Gesellschaftsrecht 2000): Europäisches Gesellschaftsrecht – ein Handbuch für Wissenschaft und Praxis. Baden-Baden 2000.

SCHWARZE, JOCHEN (Statistik 1998): Grundlagen der Statistik I – Beschreibende Verfahren. 8. Aufl., Herne/Berlin 1998.

SCHWITTERS, JÜRGEN/BOGAJEWSKAJA, JANINA (Bilanzierung 2005): Bilanzierung von derivativen Finanzinstrumenten (B 730). In: Beck'sches Handbuch der Rechnungslegung, hrsg. v. Edgar Castan et al., München 1987, Loseblattwerk, Stand Dezember 2005.

SEIDL, ALBERT (Hedge-Accounting 2000): Hedge-Accounting und Risikomanagement – Operationalisierung von Anforderungs- und Bewertungskriterien. Wiesbaden 2000.

SELCHERT, FRIEDRICH WILHELM (§ 252 HGB 2005): Kommentar zu § 252 HGB. In: Handbuch der Rechnungslegung – Einzelabschluss, hrsg. v. Karlheinz Küting und Claus-Peter Weber, 5. Aufl., Stuttgart 2002, Loseblattwerk, Stand September 2005.

SIEBERS, ALFRED (Warentermingeschäfte 1996): Warentermingeschäfte – Risiken und Chancen für ihre Kapitalanlage. Stuttgart 1996.

SIMON, HERMAN VEIT (Bilanzen 1910): Die Bilanzen der Aktiengesellschaften und der Kommanditgesellschaften auf Aktien. 4. Aufl., Berlin 1910.

SPRIßLER, WOLFGANG (Derivategeschäft 1996): Das Derivategeschäft und seine Bilanzierung bei deutschen Kreditinstituten. In: Rechnungslegung - warum und wie? – Festschrift für Hermann Clemm zum 70. Geburtstag, München 1996, S. 365-388.

STAUDT, ANTON/WEINBERGER, GERMAN (Cross-Hedging 1997): Cross-Hedging von Währungspositionen und deren bilanzielle Bewertung am Beispiel von Devisentermingeschäften – Theoretische Grundlagen und empirische Untersuchung. In: Die Wirtschaftsprüfung 1997, S. 44-62.

STEINER, MANFRED/TEBROKE, HERMANN-JOSEF/WALLMEIER, MARTIN (Finanzderivate 1995): Konzepte der Rechnungslegung von Finanzderivaten. In: Die Wirtschaftsprüfung 1995, S. 533-544.

STULZ, RENÉ M. (Risk 2003): Risk Management and Derivatives. Mason 2003.

STÜTZEL, WOLFGANG (Bemerkungen 1967): Bemerkungen zur Bilanztheorie. In: Zeitschrift für betriebswirtschaftliche Forschung 1967, S. 314-340.

STÜTZEL, WOLFGANG (Publizitätsgespräch 1962): Das Frankfurter Publizitätsgespräch – Vorträge und Diskussionen der gleichnamigen Tagung in Königstein/Ts. am 13. und 14. April 1962, hrsg. v. Carl Hans Barz et al., Frankfurt am Main 1962.

TEBROKE, HERMANN-JOSEF (Finanzinnovationen 2001): Finanzinnovationen. In: Handwörterbuch des Bank- und Finanzwesens, hrsg. v. Wolfgang Gerke und Manfred Steiner, Stuttgart 2001, Sp. 811-825.

THEILEIS, ULRICH ET AL. (MaRisk 2006): MaRisk – Ein Vergleich mit den MaK, MaH und MaIR. München 2006.

THIELE, STEFAN ET AL. (Rechnungslegung 2006): Einführung – A. Rechnungslegung im Einzelabschluss. In: Bilanzrecht – Handelsrecht mit Steuerrecht und den Regelungen des IASB, Kommentar, hrsg. v. Jörg Baetge et al., Bonn/Berlin 2002, Loseblattwerk, Stand März 2006.

THIEßEN, FRIEDRICH (Währungssystem 1999): Europäisches Währungssystem (EWS). In: Knapps Enzyklopädisches Lexikon des Geld-, Bank- und Börsenwesens – Band 1, hrsg. v. der Redaktion der Zeitschrift für das gesamte Kreditwesen et al., 4. Aufl., Frankfurt am Main 1999, S. 575-578.

THURMAYR, GEORG (Vorsichtsprinzip 1992): Vorsichtsprinzip und Pensionsrückstellungen. Wiesbaden 1992.

TRAIN, JOHN (Pleiten 1986): Berühmte Pleiten – die schönsten Finanzskandale der Welt. Stuttgart 1986.

TREUBERG, HUBERT VON/SCHARPF, PAUL (Aktienoptionen 1991): DTB-Aktienoptionen und deren Abbildung im Jahresabschluß von Industrieunternehmen. In: Der Betrieb 1991, S. 661-668.

WALTER, ROBERT (Portfolio-Bewertung 1995): Portfolio-Bewertung im Risikocontrolling und im Jahresabschluß. Wiesbaden 1995.

WASCHBUSCH, GERD (Bankenaufsicht 2000): Bankenaufsicht – Die Überwachung der Kreditinstitute und Finanzdienstleistungsinstitute nach dem Gesetz über das Kreditwesen. München/Wien 2000.

WASCHBUSCH, GERD (Universalaktienbanken 1992): Die handelsrechtliche Jahresabschlußpolitik der Universalaktienbanken – Ziele - Daten - Instrumente. Stuttgart 1992.

WASCHBUSCH, GERD/KRÄMER, GREGOR (Probleme 2005): Probleme der Fair Value-Bewertung für die Bankenaufsicht. In: Fair Value – Bewertung in Rechnungs-wesen, Controlling und Finanzwirtschaft, hrsg. v. Hartmut Bieg und Reinhard Heyd, München 2005, S. 417-442.

WEBER, MANFRED (Wirtschaftsgut 1969): Zur Lehre vom Wirtschaftsgut – zugleich ein Beitrag zur Lösung von Bilanzierungsproblemen bei schwebenden Geschäften. Berlin 1969.

WEBER-BRAUN, ELKE (Umsetzung 1995): Kapitel I – Umsetzung der Richtlinien in den EU-Mitgliedstaaten 1995. In: Handbuch der Rechnungslegung – Einzelabschluss, hrsg. v. Karlheinz Küting und Claus-Peter Weber, 4. Aufl., Stuttgart 1995, S. 3-24.

WENDLANDT, KLAUS/KNORR, LIESEL (Bilanzrechtsreformgesetz 2005): Das Bilanz-rechtsreformgesetz – Zeitliche Anwendung der wesentlichen bilanzrechtlichen Änderungen des HGB und Folgen für die IFRS-Anwendung in Deutschland. In: Zeitschrift für internationale und kapitalmarktorientierte Rechnungslegung 2005, S. 53-57.

WIEDEMANN, HARALD (Bewertungseinheit 1994): Die Bewertungseinheit im Handels-recht. In: Bilanzrecht und Kapitalmarkt – Festschrift zum 65. Geburtstag von Adolf Moxter, hrsg. v. Wolfgang Ballwieser et al., Düsseldorf 1994, S. 453-482.

WIEDEMANN, HARALD (Realisationsprinzip 1995): Bewertungseinheit und Realisations-prinzip. In: Neuorientierung der Rechenschaftslegung – eine Herausforderung für Unternehmer und Wirtschaftsprüfer – Bericht über die Fachtagung 1994 des Insti-tuts der Wirtschaftsprüfer in Deutschland e.V., 27.-28. Oktober 1994 in Stuttgart. Düsseldorf 1995.

WILLNOW, JOACHIM (Finanzinstrumente 1996): Derivative Finanzinstrumente – Vom Europäischen zum Exotischen. Wiesbaden 1996.

WINDMÖLLER, ROLF/BREKER, NORBERT (Bilanzierung 1995): Bilanzierung von Optionsgeschäften. In: Die Wirtschaftsprüfung 1995, S. 389-401.

WIRTH, JOHANNES (Firmenwertbilanzierung 2005): Firmenwertbilanzierung nach IFRS – Unternehmenszusammenschlüsse, Werthaltigkeitstest, Endkonsolidierung. Stuttgart 2005.

WITT, MARKUS (Eigenhandel 1994): Der Eigenhandel von Universalbanken – Aufbauorganisation, Erfolgsausweis und Möglichkeiten der Steuerung. Wiesbaden 1994.

WITTENBRINK, CARSTEN/GÖBEL, GERHARD (Interne Geschäfte 1997): Interne Geschäfte - ein trojanisches Pferd vor den Toren des Bilanzrechts? In: Die Bank 1997, S. 270-275.

ZABEL, MARTIN/CAIRNS, DAVID (IFRS 2005): Vereinfachte IFRS für ausgewählte Unternehmen des Mittelstands – ein Diskussionsbeitrag und eine Bestandsaufnahme zu Bedeutung, Prozess und Lösungsansätzen des IASB-Projekts "Accounting Standards for Small and Medium-sized Entities". In: Zeitschrift für internationale und kapitalmarktorientierte Rechnungslegung 2005, S. 207-216.

ZENTRALER KREDITAUSSCHUSS (Stellungnahme 2002): Amendments to IAS 32 "Financial Instruments: Disclosure and Presentation" and IAS 39 Financial Instruments "Recognition and Measurement" – Stellungnahme vom 14.10.2002. Abrufbar unter: www.iasb.org.

Rechtsquellenverzeichnis

Achte Richtlinie des Rates vom 10. April 1984 aufgrund von Artikel 54 Absatz 3 Buchstabe g) des Vertrages über die Zulassung der mit der Pflichtprüfung der Rechnungslegungsunterlagen beauftragten Personen (84/253/EWG) – kurz: EG-Prüferbefähigungsrichtlinie. Konsolidierte Fassung abrufbar unter: http://ec.europa.eu/internal_market/accounting/officialdocs_de.htm.

Aktiengesetz vom 6. September 1965, zuletzt geändert durch Artikel 1 des Gesetzes zur Unternehmensintegrität und Modernisierung des Anfechtungsrechts (UMAG) vom 22. September 2005. Abgedruckt in: O.V. (Wirtschaftsgesetze 2006), S. 186ff. Zitiert als: AktG.

Aktiengesetz vom 6. September 1965. Abgedruckt in: BGBl. I 1965, S. 1089ff. Zitiert als: AktG 1965.

Allgemeines Deutsches Handelsgesetzbuch von 1861. Abgedruckt in: O.V. (Neudrucke 1973), S. 1ff. Zitiert als: ADHGB.

Allgemeines Landrecht für die Preußischen Staaten von 1794. Abgedruckt in: HATTENHAUER, HANS/BERNERT, GÜNTHER (Landrecht 1994), S. 1ff. Zitiert als: ALR.

Amendment to IAS 39: Financial Instruments: Recognition and Measurement – The Fair Value Option vom 15. Juni 2005. Abrufbar unter: www.iasb.org.

Amendments to IAS 39 Financial Instruments: Recognition and Measurement Fair Value Hedge Accounting for a Portfolio Hedge of Interest Rate Risk vom 31. März 2004. Abrufbar unter: www.iasb.org.

Amendments to IAS 39: Financial Instruments: Recognition and Measurement – Cash Flow Hedge Accounting of Forecast Intragroup Transactions vom 14. April 2005. Abrufbar unter: www.iasb.org.

Amendments to IAS 39: Financial Instruments: Recognition and Measurement – Financial Guarantee Contracts vom 18. August 2005. Abrufbar unter: www.iasb.org.

Code de Commerce von 1807. Abgedruckt (Auszug; mit deutscher Übersetzung) in: BARTH, KUNO (Entwicklung 1955), S. 268ff.

Einkommensteuergesetz vom 19. Oktober 2002, zuletzt geändert durch das Gesetz zur Beschränkung der Verlustverrechnung im Zusammenhang mit Steuerstundungsmodellen vom 22.12.2005. Abrufbar unter: www.gesetze-im-internet.de. Zitiert als: EStG.

Gesetz betreffend die Erwerbs- und Wirtschaftsgenossenschaften vom 19. August 1994 – Genossenschaftsgesetz, zuletzt geändert durch Artikel 2 des Gesetzes zur Fortentwicklung der Berufsaufsicht über Abschlussprüfer in der Wirtschaftsprüferordnung (Abschlussprüferaufsichtsgesetz – APAG) vom 27.12.2004. Abgedruckt in: O.V. (Wirtschaftsgesetze 2006), S. 355ff. Zitiert als: GenG.

Gesetz betreffend die Gesellschaften mit beschränkter Haftung vom 20. April 1892 – GmbH-Gesetz, zuletzt geändert durch Art. 12 des Gesetzes über die Verwendung elektronischer Kommunikationsformen in der Justiz (Justizkommunikationsgesetz – JKomG) vom 22. März 2005. Abgedruckt in: O.V. (Wirtschaftsgesetze 2006), S. 321ff. Zitiert als: GmbHG.

Gesetz betreffend die Kommanditgesellschaften auf Aktien und die Aktiengesellschaften vom 11. Juni 1870. Abgedruckt (Auszug) in: BARTH, KUNO (Entwicklung 1955), S. 286. Zitiert als: ADHGB 1870.

Gesetz betreffend die Kommanditgesellschaften auf Aktien und die Aktiengesellschaften vom 18. Juli 1884. Abgedruckt (Auszug) in: BARTH, KUNO (Entwicklung 1955), S. 286ff. Zitiert als: ADHGB 1884.

Gesetz über das Kreditwesen in der Neufassung der Bekanntmachung vom 9. September 1998 – Kreditwesengesetz, zuletzt geändert durch Art. 4a des Gesetzes zur Neuorganisation der Bundesfinanzverwaltung und zur Schaffung eines Refinanzierungsregisters vom 22. September 2005. Abrufbar unter: www.bafin.de/gesetze/kwg.htm. Zitiert als: KWG.

Gesetz über den Wertpapierhandel in der Fassung der Bekanntmachung vom 9. September 1998 – Wertpapierhandelsgesetz, zuletzt geändert durch Art. 10a des Gesetzes zur Neuordnung des Pfandbriefrechts vom 22. Mai 2005. Abrufbar unter: http://www.bafin.de/gesetze/wphg.htm. Zitiert als: WpHG.

Gesetz über die Rechnungslegung von bestimmten Unternehmen und Konzernen vom 15. August 1969 – Publizitätsgesetz, zuletzt geändert durch Art. 3 des Gesetzes zur Einführung internationaler Rechnungslegungsstandards und zur Sicherung der Qualität der Abschlussprüfung (Bilanzrechtsreformgesetz – BilReG) vom 4.12.2004. Zitiert als: PublG.

Gesetz zur Durchführung der Vierten, Siebenten und Achten Richtlinie des Rates der Europäischen Gemeinschaften zur Koordinierung des Gesellschaftsrechts (Bilanzrichtlinien-Gesetz - BiRiLiG) vom 19. Dezember 1985. Abgedruckt in: BIENER, HERBERT/BERNEKE, WILHELM (Bilanzrichtlinien-Gesetz 1986), S. 35ff.

Gesetz zur Einführung internationaler Rechnungslegungsstandards und zur Sicherung der Qualität der Abschlussprüfung (Bilanzrechtsreformgesetz – BilReG) vom 4. Dezember 2004. Abgedruckt in: BGBl. I 2004, S. 3166-3182.

Handelsgesetzbuch vom 10. Mai 1897, zuletzt geändert durch Art. 145 des Gesetzes über die Offenlegung der Vorstandsvergütungen (Vorstandsvergütungs-Offenlegungsgesetz – VorstOG) vom 3. August 2005. Abgedruckt (Auszug) in: O.V. (Wirtschaftsgesetze 2006), S. 1ff. Zitiert als: HGB.

Handelsgesetzbuch vom 10. Mai 1897. abgedruckt in: RGBl. 1897, S. 219ff. Zitiert als: HGB 1897.

IAS 21 The Effects of Changes in Foreign Exchange Rates i.d.F. vom 31. Dezember 2004. Abrufbar unter: www.iasb.org. Zitiert als: IAS 21.

IAS 32 Financial Instruments: Presentation i.d.F. vom 18. August 2005. Abrufbar unter: www.iasb.org.

IAS 39 Financial Instruments: Recognition and Measurement i.d.F. vom Oktober 2000. Zitiert als IAS 39 (rev. 2000). Abrufbar unter: www.iasb.org. Zitiert als: IAS 39 (rev. 2000).

IAS 39 Financial Instruments: Recognition and Measurement i.d.F. vom 18. August 2005. Zitiert als IAS 39. Abrufbar unter: www.iasb.org. Zitiert als: IAS 39.

IFRS 7 Financial Instruments: Disclosures i.d.F. vom 18. August 2005. Abrufbar unter: www.iasb.org. Zitiert als: IFRS 7.

Insolvenzordnung, zuletzt geändert durch Art. 9 des Gesetzes über die Verwendung elektronischer Kommunikationsformen in der Justiz (Justizkommunikationsgesetz – JKomG) vom 22. März 2005. Abrufbar unter: www.gesetze-im-internet.de. Zitiert als: InsO.

Mindestanforderungen an das Betreiben von Handelsgeschäften der Kreditinstitute. Verlautbarung des BAKred vom 23. Oktober 1995. Abgedruckt in: THEILEIS, ULRICH ET AL. (MaRisk 2006), S. 561ff. Zitiert als: MaH.

Mindestanforderungen an das Kreditgeschäft der Kreditinstitute. Rundschreiben 34/2002 der BaFin vom 17. Januar 2000. Abgedruckt in: THEILEIS, ULRICH ET AL. (MaRisk 2006), S. 541ff. Zitiert als: MaK.

Mindestanforderungen an das Risikomanagement. Rundschreiben 18/2005 der BaFin vom 20. Dezember 2005. Abgedruckt in: THEILEIS, ULRICH ET AL. (MaRisk 2006), S. 473ff. Zitiert als: MaRisk.

Mindestanforderungen an die Ausgestaltung der Internen Revision der Kreditinstitute. Rundschreiben 1/2000 des BAKred vom 17. Januar 2000. Abgedruckt in: THEILEIS, ULRICH ET AL. (MaRisk 2006), S. 579ff. Zitiert als: MaIR.

Ordonnance de Louis XIV pour le Commerce vom 23.3.1673. Abgedruckt (Auszug; mit deutscher Übersetzung) in: BARTH, KUNO (Entwicklung 1955), S. 264ff.

Richtlinie 2001/65/EG des Europäischen Parlaments und des Rates vom 27. September 2001 zur Änderung der Richtlinien 78/660/EWG, 83/349/EWG und 86/635/EWG des Rates im Hinblick auf die im Jahresabschluss bzw. im konsolidierten Abschluss von Gesellschaften bestimmter Rechtsformen und von Banken und anderen Finanzinstituten zulässigen Wertansätze – kurz: fair value-Richtlinie. Abrufbar unter: http://ec.europa.eu/internal_market/accounting/officialdocs_de.htm. Zitiert als: FV-RL.

Richtlinie 2003/51/EG des Europäischen Parlaments und des Rates vom 18. Juni 2003 zur Änderung der Richtlinien 78/660/EWG, 83/349/EWG, 86/635/EWG und 91/674/EWG über den Jahresabschluss und den konsolidierten Abschluss von Gesellschaften bestimmter Rechtsformen, von Banken und anderen Finanzinstituten sowie von Versicherungsunternehmen – kurz: Modernisierungsrichtlinie. Abrufbar unter: http://ec.europa.eu/internal_market/accounting/officialdocs_de.htm. Zitiert als: MRL.

Richtlinie 86/635/EWG des Rates vom 8. Dezember 1986 über den Jahresabschluß und den konsolidierten Abschluß von Banken und anderen Finanzinstituten – kurz: EG-Bankbilanzrichtlinie. Konsolidierte Fassung abrufbar unter: http://ec.europa.eu/internal_market/accounting/officialdocs_de.htm.

Richtlinie 91/674/EWG des Rates vom 19. Dezember 1991 über den Jahresabschluß und den konsolidierten Abschluß von Versicherungsunternehmen – kurz: EG-Versicherungsbilanzrichtlinie. Konsolidierte Fassung abrufbar unter: http://ec.europa.eu/internal_market/accounting/officialdocs_de.htm.

Schreiben des Bundesaufsichtsamtes für das Kreditwesen vom 24. Februar 1975. Abgedruckt in: BIRCK, HEINRICH/MEYER, HEINRICH (Bankbilanz 1979), S. VIII/214f.

Siebente Richtlinie des Rates vom 13. Juni 1983 aufgrund von Artikel 54 Absatz 3 Buchstabe g) des Vertrages über den konsolidierten Abschluß (83/349/EWG) – kurz: EG-Konzernbilanzrichtlinie. Konsolidierte Fassung abrufbar unter: http://ec.europa.eu/internal_market/accounting/officialdocs_de.htm.

Strafgesetzbuch vom 13.11.1998, zuletzt geändert durch das Neunundreißigste Strafrechtsänderungsgesetz vom 1. September 2005. Abrufbar unter: www.gesetze-im-internet.de. Zitiert als: StGB.

Verordnung (EG) Nr. 1606/2002 des Europäischen Parlaments und des Rates vom 19. Juli 2002 betreffend die Anwendung internationaler Rechnungslegungsstandards – kurz: IFRS-Verordnung. Abrufbar unter: http://ec.europa.eu/internal_market/accounting/officialdocs_de.htm. Zitiert als: IFRS-VO.

Verordnung (EG) Nr. 1864/2005 der Kommission vom 15. November 2005 zur Änderung der Verordnung (EG) Nr. 1725/2003 betreffend die Übernahme bestimmter internationaler Rechnungslegungsstandards in Übereinstimmung mit der Verordnung (EG) Nr. 1606/2002 des Europäischen Parlaments und des Rates im Hinblick auf die Einfügung von International Financial Reporting Standard (IFRS) 1 und der International Accounting Standards (IAS) 32 und 39. Abrufbar unter: http://ec.europa.eu/internal_market/ accounting/ias_de.htm.

Verordnung (EG) Nr. 2086/2004 der Kommission vom 19. November 2004 zur Änderung der Verordnung (EG) Nr. 1725/2003 betreffend die Übernahme bestimmter internationaler Rechnungslegungsstandards in Übereinstimmung mit der Verordnung (EG) Nr. 1606/2002 des Europäischen Parlaments und des Rates und im Hinblick auf die Einführung von IAS 39 vom 19.11.2004. Abrufbar unter: http://ec.europa.eu/internal_market/accounting/ias_de.htm.

Vierte Richtlinie 78/660/EWG des Rates vom 25. Juli 1978 über den Jahresabschluß von Gesellschaften bestimmter Rechtsformen (78/660/EWG) – EG-Bilanzrichtlinie. Konsolidierte Fassung abrufbar unter: http://ec.europa.eu/internal_market/accounting/officialdocs_de.htm. Zitiert als: EGBRL.

Stichwortverzeichnis